Não tenho inimigos, desconheço o ódio

Escritos e poemas escolhidos

LIU XIAOBO

Não tenho inimigos, desconheço o ódio
Escritos e poemas escolhidos

Organizado por T<small>IENCHI</small> M<small>ARTIN</small>-L<small>IAO</small> *e* L<small>IU</small> X<small>IA</small>
Prefácio de V<small>ÁCLAV</small> H<small>AVEL</small>
Tradução de P<small>ETÊ</small> R<small>ISSATTI</small>

Texto de acordo com a nova ortografia.
Título original: *Ich habe keine Feinde, ich kenne keinen Hass: Ausgewählte Schriften und Gedichte*

Organizado por Tienchi Martin-Liao e Liu Xia
Prefácio: Václav Havel
Tradução: Petê Rissatti
Capa: Retrato do ganhador do Prêmio Nobel da Paz de 2010 e dissidente chinês Liu Xiaobo projetado na fachada de um hotel durante manifestação pela sua libertação. Oslo, 10 de dezembro de 2010. © ODD ANDERSEN/AFP/Getty Images
Preparação: Jó Saldanha
Revisão: Simone Diefenbach

CIP-Brasil. Catalogação na Fonte
Sindicato Nacional dos Editores de Livros, RJ

L76n

Liu, Xiaobo, 1955-
   Não tenho inimigos, desconheço o ódio: escritos e poemas escolhidos / Liu Xiaobo; organizado por Tienchi Martin-Liao e Liu Xia; prefácio de Václav Havel; tradução de Petê Rissatti. – Porto Alegre, RS: L&PM, 2012.
   360p. : 23 cm

   Tradução de: *Ich habe keine Feinde, ich kenne keinen Hass*
   Apêndice: Biografia de Liu Xiaobo
   Inclui bibliografia
   ISBN 978-85-254-2701-4

   1. Liu, Xiaobo, 1955- Crítica e interpretação. 2. Poesia chinesa. 3. Ensaio chinês. 4. Literatura chinesa - História e crítica. I. Martin-Liao, Tienchi. II. Liu, Xia, 1959-. III. Título. IV. Série.

12-4331.   CDD: 895.109
                      CDU: 821.581(09)

© 2011 S. Fischer Verlag GmbH, Frankfurt am Main.

Todos os direitos desta edição reservados a L&PM Editores
Rua Comendador Coruja 314, loja 9 – Floresta – 90220-180
Porto Alegre – RS – Brasil / Fone: 51.3225.5777 – Fax: 51.3221-5380

Pedidos & Depto. comercial: vendas@lpm.com.br
Fale conosco: info@lpm.com.br
www.lpm.com.br

Impresso no Brasil
Primavera de 2012

Sumário

Prefácio – *Václav Havel* 7
Apresentação: A resistência de Liu Xiaobo contra os poderosos – *Tienchi Martin-Liao*..9

Parte I – Política sob presságios chineses
    As vozes das Mães da Praça Tian'anmen 21
    A paisagem intelectual na era pós-totalitária........................30
    Mudança do regime pela mudança da sociedade 40
    O novo esclarecimento da época de reformas no exemplo do Muro da Democracia..47
    A vulgarização e a marcialização do patriotismo..................56
    O manifesto pela terra dos camponeses chineses 78
    A terra sob propriedade pública 85
    Que aconteceu com as crianças escravas? 95
    Reflexões sobre o "incidente de Weng'an" 108

Parte II – A China e o mundo
    Os bastidores do milagre econômico chinês........................117
    Os bastidores da "ascensão das grandes potências" 122
    Dez anos da devolução de Hong Kong à China na minha visão 134
    Os chineses não têm liberdade, os tibetanos, nenhuma autonomia...141
    O Partido Comunista Chinês e a síndrome da medalha de ouro 145
    A contribuição dos republicanos para a eleição do presidente Obama 155

Parte III – Cultura e sociedade chinesas
    Posfácio de *Os intelectuais chineses e a política chinesa contemporânea*.....163
    O testamento que Lin Zhao escreveu com sua vida é hoje a única voz de liberdade na China 174
    A orgia...178
    Da ironia de Wang Shuo às paródias de Hu Ge...................203
    Viver e viver com dignidade 214
    Ba Jin, uma bandeira branca indolente................................217

  A atual perseguição da palavra e o apoio da sociedade civil e da opinião pública 225
  Ontem, cão sem dono; hoje, cão de guarda 235
  A internet e eu 247

Parte IV – Poemas
  O segundo aniversário do "4 de Junho"..257
  Sob a maldição do tempo...259
  Solidão de um dia de inverno 263
  Amor, meu cãozinho está morto 264
  Pés frios tão pequenos 266
  Aguentar..267
  Sou seu prisioneiro, por toda a vida 268
  Faca lançada no mundo 270
  Van Gogh e você 272
  Você – Fantasmas – Perdedores...274
  Olhando Jesus 276
  Para santo Agostinho 278
  Levantando o chapéu para Kant 280
  Uma manhã 283
  Distância...285

Parte V – Textos documentais
  Declaração de greve de fome de 2 de junho de 1989 289
  Carta de Liu Xiaobo a Liao Yiwu..295
  Um sistema desonesto subvertido pela verdade 298
  Carta 08 306
  Minha autodefesa (ou defesa pela minha inocência) 316
  Não tenho inimigos – uma última declaração 323
  A sentença contra Liu Xiaobo 328

Anexos
  Biografia de Liu Xiaobo..343
  Bibliografia..346
  Índice remissivo 348

Prefácio

por *Václav Havel**

Há bons trinta anos, foi formado um grupo de 242 cidadãos preocupados com os direitos civis da Tchecoslováquia para assinar um manifesto que ficou conhecido como Carta 77. Esse documento fazia um apelo ao Partido Comunista para que ele respeitasse os direitos humanos e expressava com clareza que não queríamos mais viver com temor diante das repressões estatais. Em nosso grupo bastante heterogêneo reuniram-se ex-comunistas, católicos, protestantes, operários, intelectuais liberais, artistas e escritores para falar numa única voz. O que nos unia era nossa insatisfação com um regime que exigia quase diariamente provas de obediência. Após a publicação da Carta 77, o governo fez o possível para nos dispersar: fomos encarcerados e, no fim das contas, quatro de nós permaneceram por muitos anos na cadeia. A vigilância foi reforçada, nossas residências e escritórios, investigados, e um bombardeio de ataques da imprensa tentou desacreditar a nós e ao nosso movimento com calúnias da pior espécie. No entanto, os ataques apenas fortaleceram nossa união. A Carta 77 lembrava ainda a muitos de nossos concidadãos que sofriam ensimesmados em silêncio que eles não estavam sozinhos. Grande parte das ideias expostas na Carta 77 foi bastante disseminada na Tchecoslováquia. Uma onda de reformas democráticas semelhante se espalhou a partir de 1989 em toda a Europa Oriental.

Em dezembro de 2008, um grupo de chineses, entre eles ativistas, advogados, intelectuais, acadêmicos, oficiais aposentados, operários e agricultores, apresentou seu próprio manifesto, intitulado Carta 08, no qual defendia um estado de direito, a observância dos direitos humanos e outras reformas democráticas. Apesar de todos os esforços dos oficiais do governo para manter a

---

* Intelectual e político tcheco. Último presidente da Tchecoslováquia e primeiro presidente da República Tcheca. O prefácio aqui apresentado é uma versão reduzida do artigo "Um prêmio Nobel para um dissidente chinês" (2010), de Havel, Dana Neěmcová e Václav Malý.

Carta 08 longe das telas dos computadores chineses, ela alcançou o público de todo o país e o número de signatários ultrapassou 10 mil pessoas.

Como na Tchecoslováquia dos anos 70, a reação do governo chinês veio rápida e brutal. Dúzias, se não centenas, de signatários foram convocados a depor. Um punhado de líderes conhecidos foram presos. Promoções de cargos foram revogadas, bolsas de pesquisa e pedidos de viagem, negados, jornais e editoras, intimados, qualquer um que assinasse a Carta 08 era inscrito numa lista negra. O famoso escritor e dissidente político Liu Xiaobo, um dos principais autores da carta, foi encarcerado e, em dezembro de 2009, condenado a onze anos de prisão.

Ainda que tenham conseguido trancafiar Liu Xiaobo, não foi possível fazer o mesmo com suas ideias. A Carta 08 trouxe a visão de uma outra China e com isso desafiou a posição oficial, segundo a qual todas as decisões reformistas são exclusivamente assunto do Estado. Ela encorajou jovens chineses a se engajarem politicamente e clamava com ousadia pela soberania da lei e por uma democracia multipartidária fundamentada constitucionalmente. Também provocou uma série de discussões e ensaios sobre a questão de como se poderia chegar a esse objetivo.

Talvez o mais importante tenha sido que a Carta 08, como na Tchecoslováquia dos anos 70, estabeleceu um contato com grupos diversos que não existia anteriormente. Antes da Carta 08, "tínhamos de viver em isolamento e solidão", escrevera um dos signatários, "não éramos bons em expressar nossas experiências pessoais àqueles que nos cercavam".

Liu Xiaobo e a Carta 08 voltam-se a um ambiente político que se diferencia muito daquele existente na Tchecoslováquia dos anos 70. No seu esforço pelo crescimento econômico, a China parecia aceitar algumas coisas que estavam muito distantes do comunismo tradicional. Acima de tudo para os jovens engravatados, urbanos e bem-educados, a China podia parecer um país pós-comunista. E ainda assim o Partido Comunista Chinês conta com princípios dos quais não pode abdicar. Como um dos protagonistas da redação da Carta 08, Liu Xiaobo feriu o mais inviolável desses princípios: em hipótese alguma questionar o monopólio do poder do Partido Comunista e de maneira alguma sugerir que os problemas da China – inclusive a corrupção que ali grassa, as agitações entre os trabalhadores e a destruição do meio ambiente – poderiam ter qualquer relação com o avanço inexistente no âmbito das reformas políticas. E por ter feito essa ligação de maneira excessivamente pública, Liu passará mais de uma década na prisão.

Versão reduzida do artigo "Um prêmio Nobel para um dissidente chinês" (2010), de Václav Havel, Dana Němcová e Václav Malý

Apresentação: A resistência de Liu Xiaobo contra os poderosos

por *Tienchi Martin-Liao**

Nos cem anos de história do comitê do prêmio Nobel, Liu Xiaobo é, ao lado de Carl von Ossietzky, perseguido pelo regime nazista, o segundo a ser laureado com o prêmio Nobel da Paz na prisão. Como seus familiares não conseguiram permissão para sair da República Popular da China a fim de receber o prêmio em seu lugar, a medalha do prêmio Nobel da Paz e o certificado puderam apenas ficar sobre uma cadeira vazia durante a festa de entrega do prêmio em Oslo, em 10 de dezembro de 2010. As pessoas ali reunidas e grande parte do mundo tinham uma curiosidade natural sobre o dissidente e escritor, e com razão, pois há anos ele lutava sem qualquer violência pela proteção dos direitos humanos universais e dos direitos civis fundamentais. Tendo como modelo a Carta 77, redigiu com outros dissidentes a Carta 08 – um documento moderado e razoável, apresentando princípios das reformas sociais para uma China renovada, que, no entanto, o levou à prisão em dezembro de 2008 sob a acusação de realizar "atividades subversivas". Um ano mais tarde foi condenado a onze anos de detenção e está encarcerado até hoje na prisão de Jinzhou, província de Liaoning. Liu Xiaobo é o caso mais emblemático da "perseguição da palavra" na China de hoje. Além disso, é um dos intelectuais que buscaram um caminho para a modernidade, que assumiram para si essa responsabilidade com consciência e por isso precisam pagar o mais alto preço.

A obra de Liu Xiaobo é imensa. Em mais de trinta anos de carreira ele escreveu muitas centenas de artigos, publicou onze livros, entre eles, junto com sua mulher, uma coletânea de poemas. Os temas são bastante variados, como comentários críticos sobre literatura, história, filosofia e sociedade de uma perspectiva que compara as culturas chinesa e ocidental. Entre os intelectuais

---

* Escritora chinesa e presidente do PEN Clube chinês.

contemporâneos, não há nenhum que se compare a ele na riqueza conteudística e formal de sua obra. Neste livro estão reunidos textos de Liu Xiaobo sobre os assuntos mais diversos, que enfatizam a análise de questões do nosso tempo e comentários políticos sobre temas recentes, refletindo o ponto central que determina seu pensamento: o espinhoso caminho da China para a modernidade, desde o império até o Estado moderno constitucional e de direito.

A compilação dessa parte do presente texto foi possível apenas com a ajuda indispensável de um grande amigo de Liu Xiaobo, o cientista político Hu Ping. Agradeço a ele neste momento. Não seria exagero descrever a mulher de Liu Xiaobo, a poeta e fotógrafa Liu Xia, como sua musa literária e fonte inspiradora para criação poética, pois a poesia de Liu Xiaobo, exceto pelos incontáveis versos que tiveram como inspiração o massacre da praça Tian'anmen em 4 de Junho de 1989, em grande parte concentra-se em seus períodos na prisão, sendo todos dedicados a Liu Xia. Os poemas aqui reproduzidos foram escolhidos pessoalmente por ela.

Considerado um "herege" entre os intelectuais chineses modernos, Liu Xiaobo é um observador e conselheiro impassível dos caminhos dolorosos da "segunda modernização" que a China empreendeu na passagem do século XX para o XXI. Suas primeiras obras mostram claramente a influência da filosofia clássica moderna e do iluminismo. Sendo um jovem graduado não convencional e enérgico, não apenas Marx, mas também Nietzsche e Hegel o fascinavam. Esse "desertor" desconhecido no *métier* literário chinês – com frequência foi denominado *ovelha negra* – vivenciou a aridez que a Revolução Cultural deixou para a área de cultura e a catástrofe que o maoísmo, como ideologia dominante, significou desde o início para a sociedade chinesa. Contudo, não teve clemência ao censurar a civilização chinesa tradicional – em suma, decepcionou muitos dogmáticos entre seus antigos colegas.

Em 25 de junho de 1988, algumas centenas de pessoas se reuniram entre as imensas colunas do salão de convenções da Universidade de Beijing, entre elas jovens alunos e professores de meia-idade e já mais velhos, e talvez também alguns patrulheiros do Partido, quando Liu Xiaobo defendeu sua tese. É possível descrever esse evento como uma celebração intelectual pioneira para a capital Beijing. Nove respeitáveis professores, entre eles homens com reputação de longa data como Wang Yuanhua, Xie Mian, Jiang Peikun e Gao Ertai, chegaram ao seguinte texto de aprovação, lido pelo professor Tong Qingbin:

> A tese de doutorado de Liu Xiaobo, "Estética e liberdade", apresenta sob um ponto de vista relativamente amplo, no qual se

unem aspectos filosóficos, antropológicos, psicológicos e sociológicos, a relação entre a estética e a liberdade humana. O trabalho é rico em espírito de pesquisa criativo. O autor incorporou e trabalhou adequada e intensamente as teorias de seus predecessores com seu pensamento independente. A tese demonstra muita originalidade, riqueza de ideias e forte atualidade numa série de questões, como a dos mecanismos psíquicos e da essência transcendental da estética. A argumentação do trabalho é profunda, poderosa, tem paixão e poesia, e seu estilo contém um encanto sem precedentes. Em algumas questões, como sobre a relação de sujeito estético e objeto, de sentimento e razão e de transcendência e limitação, o trabalho mostra-se, contudo, parcial e fantasioso, o que mereceria aperfeiçoamento e mais reflexão. A tese cumpre as exigências do doutoramento. As respostas que Liu Xiaobo deu à banca examinadora foram satisfatórias. Os nove membros da banca recomendam por unanimidade a outorga ao senhor Liu Xiaobo do título de doutor em literatura.

Sob o nome "estética", o trabalho foi o grito de libertação anímica de um jovem que vivia encarcerado numa sociedade totalmente deprimida e deformada. Os intelectuais mais velhos compreenderam muito bem e mostraram simpatia para com ele – o que poderia ser mais tocante do que uma cena como essa?

Após ter enfrentado o evento dramático de 4 de Junho de 1989 e o batismo de fogo de diversas passagens pela prisão, Liu Xiaobo não mais se levantou dessa maneira, mas viveu e acompanhou com a sobriedade do observador vinte anos de reforma política. Seu principal enfoque era a transformação da sociedade chinesa numa estrutura pluralista, multifacetada, heterogênea e contraditória – sim, deformada. Seus pensamentos e percepções atravessaram um processo de purificação e reflexão mais maduro. Liu Xiaobo reconheceu como a concepção kantiana de "esclarecimento" e "crítica da razão" seria importante para uma sociedade chinesa refém do caos intelectual. Nesse tempo, criou não apenas a partir das ideias de filósofos e cientistas ocidentais como Kant, Foucault e Isaiah Berlin, como pesquisou e absorveu também a política prática anglo-americana e europeia de, por exemplo, Abraham Lincoln, Martin Luther King, Václav Havel, teorias do liberalismo e da ciência econômica, como as de Friedrich A. von Hayek, e por último, mas não menos importante, elementos cristãos da tradição ocidental ética e político-filosófica também deixaram marcas profundas em sua nova orientação intelectual.

Nos últimos anos, a China experimentou um crescimento econômico rápido; contudo, o conservadorismo e a regressão política começaram a afligir Liu Xiaobo e ele sugeriu que "o florescer superficial das reformas chinesas" caminhava no sentido errado, pois "o objetivo das reformas não é a libertação do homem e o bem-estar do povo, mas o aumento da prosperidade nacional e o fortalecimento do Estado. O caminho das reformas não é o de um movimento justo em cuja frente avançada luta a sociedade civil, mas um movimento de glorificação da busca por um novo salvador e redentor. Por isso o resultado dessa evolução é uma totalização em todas as áreas da economia, da política e da sociedade. Na esteira desse suposto milagre econômico vem a 'maravilha' de um colapso do sistema político, da injustiça social cada vez maior, de um declínio moral, de um desperdício de fontes para o futuro – todas consequências quase incontroláveis, cujos custos econômicos e humanos são extremamente altos, cujos custos à sociedade como um todo são muito difíceis de estimar" ("Os bastidores do milagre econômico chinês", p. 139).

No prefácio de seu livro *A sociedade civil é o futuro da liberdade na China* (*Wei lai de ziyou zhongguo zai minjian*, Washington: Laogai Research Foundation, 2005), ele explica que a modernização da China "é um caminho equivocado": primeiro acreditou-se, no caminho reformista do fim da dinastia Qing, "que nosso regime institucional era ruim, no Movimento de 4 de Maio, que nosso sistema político era ruim e então que nossa civilização era menor, o que resultou em se preterir, na segunda metade do século XX, o modelo do liberalismo anglo-americano e optar pelo despotismo da União Soviética – que, no fim das contas, se converteu numa catástrofe monstruosa aos direitos humanos".

Qual o caminho da China hoje? Liu Xiaobo demonstra com clareza que o futuro e a esperança da China estão no desenvolvimento e na ligação espontâneos de diferentes forças da sociedade civil. Dito de outro modo: pelo desenvolvimento de forças da sociedade civil e aumento de sua área de atuação, uma virada para a democratização política terá início ou mesmo será forçada, a partir da qual surgirá um Estado constitucional livre e democrático que possa prestar sua contribuição para a paz mundial e para os direitos humanos. Há muitos anos, Liu Xiaobo observa uma valorização dos direitos civis e, com isso, uma desvalorização dos direitos da autoridade, bem como o crescimento contínuo de todas as organizações possíveis da sociedade civil – uma dinâmica que para a sociedade civil na China já abriria um "pedaço do céu". Cada vez mais ocorrem greves e manifestações de trabalhadores, além das ações do movimento de defesa dos direitos da sociedade civil, e surge uma autonomia comunal básica nas regiões rurais. Isso faz com que a força do Partido diminua num ritmo acelerado.

Mesmo que uma evolução cada vez maior da internet e uma maior consciência da liberdade do povo mais simples sejam boicotadas, filtradas, bloqueadas e oprimidas pelo âmbito oficial, essa força espontânea, protetora e autêntica da sociedade civil não pode mais ser detida. Até essas tendências da evolução social na China serão claramente expressas nos ensaios políticos escolhidos para este livro. O leitor observará que Liu Xiaobo não é um profeta, mas um observador e analista preciso.

Quatro de junho de 1989 foi um marco na vida do escritor e poeta Liu Xiaobo, um dos "quatro nobres da praça Tian'anmen" e um dos mais importantes participantes do antigo movimento. Em *Monólogo de um sobrevivente do declínio do mundo* (*Mori xingcunzhe de dubai*, Taipei: Shibao wenhua chuban qiye gongsi, 1992), Liu Xiaobo submete seu próprio papel e seu próprio comportamento a uma reflexão autocrítica estrita. A dimensão de sua franqueza é perturbadora, essa forma de "confissão" é uma raridade pronunciada na literatura chinesa. Até hoje ele sofre muito com a abnegação na "confissão de culpa" escrita por "crimes" não cometidos e à qual foi forçado – como de costume – após a greve de fome na cadeia.

Embora visse com olhos críticos o movimento de resistência de 1989, não há dúvida de que em princípio aprovava e identificava-se emocionalmente com ele. O pesadelo do 4 de Junho teve impacto poderoso em sua vida, sentimentos, pensamento e escritos posteriores. Liu Xiaobo transformou o apoio às "Mães da Praça Tian'anmen" e a memória do movimento em parte importante de sua obra. Quando Liu Xia lhe deu a notícia de que havia ganhado o prêmio Nobel da Paz, a primeira frase que ele proferiu entre lágrimas foi: "É para os mortos do 4 de Junho".

Liu Xiaobo é participante de movimentos sociais, nos quais ele compõe uma unidade de palavras e atos. Nos últimos meses e anos, sempre quando os poderosos feriram os direitos do indivíduo ou de grupos minoritários, como no caso de Sun Zhigang, Yang Jia e Deng Yujiao, dos "quatro nobres da nova juventude", dos praticantes de Falun Gong*, dos camponeses de Taishicun

---

* Prática avançada de meditação com exercícios realizados para se obter vitalidade, serenidade e paz de espírito. Seus participantes têm como base a aplicação de três princípios: verdade, benevolência e tolerância (*zhen-shan-ren*). O movimento, também conhecido como Falun Dafa, foi perseguido pelo Partido Comunista Chinês, por ser considerado um culto diabólico e contrário ao Partido. (N.T.)

e no episódio dos "Incidentes com as olarias clandestinas" (p. 95), ele não apenas agarrou a pena e escreveu artigos reveladores e críticos, mas também publicou diversas cartas abertas e iniciou ações de abaixo-assinados, advogando a justiça e apoiando as vítimas. Também o que diz respeito à questão do Tibete e à questão das minorias étnicas ele registra de forma coerente sob critérios de legalidade e razão.

Num artigo com o título "A contribuição dos republicanos para a eleição do presidente Obama" (p. 155), ele expressa até mesmo a percepção de que "a fama internacional extraordinária e a autoridade elevada de Dalai Lama entre os tibetanos" contribuíram também para que cada vez mais chineses da etnia han aceitassem a fé budista: "Se o regime dos comunistas chineses tem sabedoria política suficiente, e os chineses da etnia han, tolerância suficiente, então pedirão ao Dalai Lama que se torne presidente do Estado e atenue a 'questão do Tibete'". Tal tolerância, franqueza e perspicácia são raras nos intelectuais chineses e explicam também por que Liu Xiaobo é um pacifista. Sua crença na ausência da violência baseia-se no conhecimento sagaz, na bondade e na indulgência, que carregam traços quase religiosos.

Para Liu Xiaobo, contudo, essa mentalidade filosófica não é apenas um credo particular, mas condição para possibilidades de uma libertação das obrigações ideológicas na busca por uma renovação moral da política chinesa. Por isso, apresenta-se como figura representativa em toda a China, no entendimento da ordem como uma tensão já experimentada entre poder e espírito, que deve equilibrá-los socialmente de forma pacífica.

Liu Xiaobo será libertado em 2020, com 65 anos. Em sua carreira de escritor, esses onze anos parecem perdidos. Mas, segundo meu entendimento, Liu Xiaobo não se arrependerá de nada e deixará para trás esse longo período com paz e serenidade interiores. Como disse Sócrates antes de beber o cálice de cicuta: "Eu irei, vocês ficarão, não sei o que é melhor". Liu Xiaobo não pode escrever na prisão, mas pode recordar. Seus pensamentos são como o famoso cavalo celestial que cavalga pelo ar, são livres e ele poderá ficar perto de sua amada, Liu Xia, todos os dias. Pode olhar para o céu estrelado e daqui a dez anos o veremos novamente, como santo, como buda ou simplesmente como Liu Xiaobo, como ele mesmo gostaria de ser, sem precisar renegar a si mesmo. Não é uma alegria também?

Tienchi Martin-Liao
Colônia, 22 de janeiro de 2011

Adendo em 8 de abril de 2011

Desde a Revolução de Jasmim no mundo árabe, chegam diariamente más notícias da China, mais de cem autores, advogados, jornalistas foram presos, pois os poderosos em Beijing temem um movimento popular semelhante. A prisão de Ai Weiwei, artista renomado internacionalmente, mostra a desoladora situação dos direitos humanos na China. Em sua última declaração de dezembro de 2009, "Não tenho inimigos", Liu Xiaobo escreveu: "Espero muito que eu seja a última vítima da inquisição literária neste país e que a partir de agora nenhuma pessoa seja julgada por suas palavras". Infelizmente, o desejo de Liu Xiaobo não foi atendido. No entanto, a luta por uma China livre e melhor continuará, seguindo a trilha do autor.

Não tenho inimigos, desconheço o ódio

Parte I

Política sob preságios chineses

As vozes das Mães da Praça Tian'anmen
Leitura dos "Relatos de uma busca" dos familiares das vítimas

Jiang Jielian, dezessete anos, filho de Ding Zilin, ex-professora de filosofia da Universidade Popular da China (Zhongguo renmin daxue), foi morto ao ser atingido por uma bala disparada pelas tropas especiais da força de segurança na noite de 3 de junho de 1998. A professora Ding fundou nos anos de 1990 uma associação dos familiares das vítimas dos acontecimentos de 4 de Junho na praça Tian'anmen e tomou medidas para que os assassinatos cometidos nessa data fossem investigados; com grande esforço, publicou no décimo aniversário do 4 de Junho de 1989 um pequeno livro intitulado As vítimas do massacre buscam por justiça. *Nesse livro são relacionados nomes, histórias e fotos de 155 vítimas e 25 "relatos de busca".*
Por ter sido aluno dela na universidade, Liu Xiaobo travou amizade com o marido de Ding Zilin e apoiou desde o início o Movimento das Mães da Praça Tian'anmen. O artigo aqui reproduzido foi escrito na noite anterior ao dia 4 de Junho de 2004. Três das mais importantes representantes das Mães da Praça Tian'anmen, Ding Zilin, Zhang Xianling, que perdera seu filho de 19 anos, e Huang Jinping, que perdera o marido, foram detidas e pouco tempo depois encarceradas. Até hoje as Mães da Tian'anmen são alvo do controle interno. O artigo original, relativamente longo, foi reduzido aqui às suas partes essenciais.

Nota da organizadora

A LEITURA DAS LEMBRANÇAS DE familiares das vítimas me mostrou a torpeza dos executores em detalhes concretos, além de descortinar para mim o reluzir da humanidade em todo esse terror.

O 4 de Junho mal havia terminado quando foram divulgados relatos oficiais da perversidade dos agitadores, como foram chamados, contra as tropas especiais, notícias disseminadas pelos meios de comunicação já monopolizados, nos quais a realidade é virada de cabeça para baixo – nelas não se fez menção às maldades contra cidadãos comuns infligidas com todas as forças pelas tropas especiais. Contudo, há tempos é possível buscar na lembrança os detalhes da vilania das tropas especiais envolvidas no grande massacre, apesar da proibição de veiculação. Por exemplo, emergiu há muito na memória das testemunhas oculares a cena tão inclemente nas proximidades do Xidan, onde tropas especiais perseguiram estudantes e cidadãos com tanques. Hoje, parentes das vítimas prestam novamente o testemunho vivo dessas atrocidades.

Nesses "Relatos de uma busca" qualquer um pode ler como as tropas especiais abriram fogo cegamente em todas as direções, fazendo com que diversos civis inocentes encontrassem a morte. Por volta das dez horas da noite do dia 3 de junho, os soldados das tropas pedestres à frente das tropas especiais avançavam de oeste para leste e, quando passaram pela ponte de Muxidi, receberam ordem de se lançar ao chão. Um oficial ficou de joelhos, levantou o rifle automático na direção da rua e disparou friamente duas saraivadas de balas. Muitas pessoas caíram, a multidão se dispersou em pânico. Um estudante que tentou evitar esse massacre às cegas foi baleado e morreu. Por volta das onze horas da noite do dia 3 de junho, os veículos militares que corriam a toda velocidade de oeste para leste abriram fogo inescrupulosamente contra os cidadãos nas ruas.

E foi a ação desses atiradores cegos que matou muitas pessoas dentro de suas próprias casas. Entre os 182 mortos de 4 de Junho que foram contados, uma porção deles não havia participado do movimento de 1989, tampouco se pôs à frente do comboio militar, nem sequer tinha percebido o tumulto – e, mesmo assim, essas pessoas foram assassinadas pela lamentável artilharia. Muitos morreram em casa por uma bala perdida, como, por exemplo, Ma Chengfen, soldada aposentada que foi morta enquanto estava sentada na escada de sua casa, conversando com vizinhos. Ou o trabalhador Zhang Fuyuan, 66 anos, que foi atingido fatalmente no pátio interno da casa de parentes pelas tropas especiais. Uma senhora da cidade de Wan, em Sichuan, que trabalhava como babá na casa de um ministro no edifício número 22, próximo à ponte de Muxidi, deu uma única olhada da varanda no décimo quarto andar e teve a vida roubada por um projétil das tropas especiais. O genro de um procurador-geral substituto, que morava no mesmo prédio, foi atingido na cozinha de sua residência.

O mais impressionante é que as pessoas que estavam nas ruas e por acaso encontraram as tropas especiais foram acossadas até a morte pelos soldados que tinham os olhos rasos de sangue devido aos assassinatos. Yang Ziping, Wang Zhengsheng e An Ji morreram nas proximidades da Rua Nanlishi em função da caça insana das tropas especiais. Naquele momento, uma tropa especial atacou um total de sete pessoas – cinco homens e duas mulheres –, matando três e ferindo duas delas.

Além disso, os relatos mostram que as tropas especiais eram cruéis o suficiente para negar ajuda àqueles que estavam à beira da morte. A senhora Zhang Xianling deu os seguintes detalhes: quando as tropas abriram fogo, um jovem deu um salto para tirar fotos e foi levado ao chão por uma bala; as pessoas que testemunharam tal cena quiseram correr para salvá-lo, mas as tropas não permitiram que ninguém se aproximasse do ferido; uma senhora chegou a se ajoelhar diante dos soldados e implorar:

– É uma criança ainda, eu imploro, deixem-nos ajudá-lo!

Um soldado apontou brutalmente o cano de sua metralhadora para a velhinha e disse:

– É um agitador, vou atirar em quem der mais um passo!

Mais tarde duas ambulâncias se aproximaram e também foram interceptadas pelas tropas. Quando o médico saltou da segunda ambulância para realizar o atendimento também foi impedido e não lhe restou alternativa senão recuar. Assassinar e não permitir a retirada dos corpos é crueldade ao quadrado!

Nos relatos ainda consta como os carrascos tentaram camuflar seus atos vergonhosos: fizeram com que os cadáveres desaparecessem e destruíram provas. Muitas pessoas que sumiram durante o grande massacre de 4 de Junho sem deixar rastros não reapareceram até hoje e seus corpos tampouco foram encontrados.

Wang Nan, filho de Zhang Xianling, devia ter sido enterrado pelas tropas especiais sob a grama do portal principal da Escola Secundária 28 (cujo nome foi alterado para Escola Secundária Chang'an) em frente à praça Tian'anmen e, apenas porque seu corpo estava num uniforme e trazia um cinturão com coldre de revólver, as tropas especiais o confundiram com um soldado e por isso levaram o cadáver dele para o hospital. Quando Zhang Xianling encontrou o corpo do filho, as tropas especiais em princípio não permitiam que os familiares recolhessem os cadáveres e gritaram para ela:

– Não é permitido levá-lo. Vá embora, senhora, ou vamos prendê-la!

Mais tarde, Zhang Xianling, correndo para lá e para cá, ouviu que haviam jogado no mínimo três corpos sem nome na vala e outros dois haviam sido incinerados como mortos desconhecidos. Zhang Xianling disse:

– Em nossas buscas posteriores, encontramos pelo menos uma dúzia de famílias cujos parentes haviam desaparecido sem deixar pistas, cujos corpos nunca mais apareceram. É bem possível que estivessem entre os incinerados.

Quando li os "Relatos de uma busca", fiquei muito atormentado, e o fato de serem pessoas de todas as faixas etárias cujas vidas foram levadas tão levianamente pelos executores me causou as dores mais profundas na consciência – muitos com 66 anos, muitas crianças de nove anos, pessoas entre trinta e quarenta anos, na melhor fase de suas vidas, adolescentes de dezessete anos e jovens adultos com vinte anos. Nenhum deles pertencia a uma elite, por assim dizer, muito menos eram, como eu na época, figuras marcadas – ao contrário, não desejavam nada além de levar uma vida totalmente normal, viver um destino secular e, no entanto, naquela noite sangrenta, muitos seguiram o chamado de seu coração condoído e seu sentimento de justiça, deixaram suas casas resolutos e se lançaram ao perigo.

Alguns deles participaram do movimento de 1989 e permaneceram na praça até o último momento, até serem assassinados pelos projéteis criminosos.

Por exemplo, Cheng Renxing, estudante de 25 anos da Universidade Popular da China, que se preparava para sair da Praça da Paz Celestial, perdeu sua vida sob as inúmeras descargas de tiros das tropas especiais. Foi ao chão exatamente sob o mastro da bandeira erguido na praça.

Dai Jinping, 27 anos, mestre e doutorando em agropecuária da Universidade de Beijing, foi morto a tiros em 3 de junho de 1989, por volta das onze horas da noite, nas proximidades do Salão e Memorial de Mao Zedong, na praça Tian'anmen.

Li Haocheng, estudante do Instituto de Química da Universidade de Tianjin, seguiu com mais de 5 mil colegas e professores para apoiar as manifestações – quando, na manhã de 4 de Junho, as tropas especiais tomaram de assalto a praça Tian'anmen. Li estava a sudeste da praça para tirar fotos e, quando seu flash reluziu, foi metralhado por soldados das tropas especiais.

Aos 21 anos, o estudante Wu Xiangdong participava do movimento desde seu início e pagou com a vida a promessa que fizera: "Todos precisam se sentir afetados pela decadência do Estado; portanto, não recuarei nem diante da morte...!".

Quando os estudantes se expuseram ao perigo na praça Tian'anmen, muitos deles sentiram sua responsabilidade como pessoas e se mantiveram nos locais mais perigosos, enquanto o grande massacre já principiava.

Por exemplo, Jiang Jielian, dezessete anos, aluno do ensino secundário, que na noite do grande massacre, em 3 de junho de 1989, apesar das admoestações chorosas de sua mãe e da porta de casa trancada, pulou pela janela do banheiro, correu para o sangrento trecho oeste do bulevar Chang'an e se alinhou às fileiras que apelavam para a consciência das tropas especiais. E, ainda assim, não pôde detê-las. Ao contrário: foi assassinado por uma bala criminosa.

Wang Nan, aluno da escola secundária que contava apenas dezenove anos de idade, correndo com uma câmera e o desejo de "fazer um retrato histórico verdadeiramente confiável" para tornar-se uma testemunha ocular da História, mal havia chegado com seu equipamento e precisou prestar tributo com sua juventude a um massacre encarniçado.

O estudante de 23 anos da Universidade de Beijing juntou-se aos seus colegas e seguiu com uma câmera debaixo do braço para a ponte Muxi, onde queriam verificar a situação no local e fazer um registro histórico. Um tiro atingiu a coxa de Yan Wen rompendo a aorta, ele teve uma grande hemorragia, os procedimentos de salvamento não surtiram efeito e logo sua respiração parou.

Houve ainda pessoas que, mesmo em perigo, cuidavam dos outros, salvavam vidas e ajudavam os feridos.

Como, por exemplo, Yang Yansheng, trinta anos, que às sete da manhã do dia 4 de Junho de 1989 resgatava um ferido por puro sentimento humanitário, mas foi atingido na região do abdômen por um projétil execrável que, em seguida, explodiu em seu corpo – para ele, qualquer ajuda teria sido inútil.

O trabalhador de 24 anos Du Guangxue era um rapaz de sangue quente que sempre ia até a praça Tian'anmen. Pouco antes da meia-noite do dia 3 para o dia 4 de Junho ouviu que pessoas estavam morrendo na praça, quis fazer algo pelos estudantes, mas quando chegou às proximidades de Xinhuamen com sua bicicleta foi morto por uma bala.

Zhou Deping, 25 anos, mestre e doutorando do Instituto de Radioengenharia da Universidade de Qinghua, recebeu em 4 de Junho a convocação de seus colegas para ir à praça e cuidar dos estudantes de sua universidade: seguiu sozinho de bicicleta em direção à Tian'anmen e, no entanto, não voltou mais para a universidade.

Sun Hui, aluno de dezenove anos do departamento de Química da Universidade de Beijing, aderiu por vontade própria à missão de seus colegas de procurar pelo professor que saíra da praça mas ainda não havia retornado e por alguns colegas – seguia de bicicleta pela ponte Fuxingmen quando foi atingido por um tiro e morreu.

No relato acima ainda são comentadas outras três fatalidades – se os atos dessas pessoas naquele momento pudessem ser registrados por uma câmera, o jovem que se pôs sozinho à frente dos tanques não teria se transformado no único símbolo heroico do 4 de Junho.

Duan Changlong, 24 anos, aluno do departamento de Engenharia Química que havia se formado naquele ano, foi ao centro de primeiros socorros naqueles minutos nos quais nem o tiroteio, nem as notícias de mortes cessavam, para prestar cuidados aos feridos. À noite, tentou apaziguar o confronto com as tropas especiais, mas não contava que, quando corresse na direção de um oficial que tinha a aparência de um comandante, uma bala funesta seria disparada por este em sua direção.

Aos 25 anos, Wang Weiping, graduada pela Universidade de Medicina de Beijing e prestes a começar a carreira como jovem médica no departamento de Ginecologia e Obstetrícia do Hospital Popular, engrossou espontaneamente as fileiras daqueles que ajudavam os feridos. De acordo com relatos de testemunhas, era uma mulher muito corajosa; enquanto as balas voavam faiscando em torno dela, não mostrou medo algum e cuidava dos feridos que jaziam sobre o próprio sangue, um após o outro. E, assim mesmo, bem quando estava ali para cuidar de um ferimento e num breve momento levantou a cabeça, uma bala a atingiu na testa e ela caiu sem dizer uma última palavra.

Yuan Li, 29 anos, funcionário do Instituto de Automatização do Ministério da Indústria Eletrônica e de Maquinário, não aguentava mais ver cidadãos inocentes sendo assassinados quando as tropas especiais atiravam selvagemente à sua volta – ergueu-se, aprumado, levantou o braço direito e gritou aos soldados que disparavam à sua volta: "Sou doutorando da Universidade de Qinghua...", mas não conseguiu continuar, um tiro, e sua vida se perdeu na escuridão.

Exceto por esses casos, grande parte dos presos políticos do 4 de Junho que conheço e foram condenados a penas pesadas de mais de dez anos de prisão são pessoas totalmente normais.

Wang Yi, aluno da Academia de Rádio de Beijing, foi condenado a onze anos de prisão pela participação num bloqueio de veículos militares; Chen Lantao, um jovem de Qingdao, foi condenado a dezoito anos de prisão apenas porque, no início do grande massacre, fez um discurso público contra essa ação; entre os presos políticos que foram encarcerados com o poeta Liao Yiwu, de Sichuan, muitos foram condenados a mais de dez anos de prisão em virtude das manifestações na praça Tian'anmen. Em todo o país, diversos presos políticos desconhecidos estão na cadeia desde 4 de Junho até hoje.

E dos heróis da época, tão arrogantes ao olhar os cidadãos comuns com desprezo, nenhum um foi morto ou ferido no massacre de 4 de Junho de 1989 e poucos foram condenados a mais de dez anos de prisão. Todos escaparam da lâmina do carrasco e sobreviveram, seja num exílio ou em alguma prisão chinesa, todos vivem, mais ou menos famosos, e desfrutam em maior ou menor medida de grande respeito. Das famosas "eminências pardas do 4 de Junho", apenas Wang Juntao e Chen Ziming foram condenados a treze anos de prisão, e tiveram autorização para serem mantidos fora da prisão em meados dos anos 90 em virtude de tratamentos médicos. Desde junho de 1989, eu, também uma "eminência parda" do 4 de Junho, fui preso três vezes, mas não perdi sequer seis anos da minha liberdade.

Se digo que para mim não se trata de forma alguma de uma "disputa de sacrifícios", quero apenas questionar, na qualidade de eminência parda e personalidade pública, no que consiste exatamente a verdade do 4 de Junho. Quando as coisas tomaram esse rumo horrendo, por que as pessoas que se impuseram para ajudar os feridos fatais e receberam as penas mais graves ou morreram no massacre eram todas pessoas normais, se o movimento de 89 foi liderado por estudantes e pela elite intelectual?

Por que as pessoas que tiveram de pagar o preço mais alto que existe – pagar com a vida – estão em grande parte entre aquelas que não têm direito de falar sobre a História, enquanto a elite está entre os sobreviventes e arvora-se no direito de continuar com sua arrogância?

Por que o sangue dessas tantas pessoas precisou ser novamente sugado após o 4 de Junho para alimentar grandes e pequenos oportunistas e permitir que alguns devotos desavergonhados da fogueira de vaidades rivalizassem com o "movimento democrático"?

Passaram-se quinze anos e o sangue de 4 de Junho parece não ter feito nosso povo indiferente avançar um único passo significativo, se não se levar em conta o odor do "heroísmo" com o qual se alimentam as pessoas famosas, acostumadas a mergulhar seus *mantous** em sangue humano.

Que significa sofrimento, que quer dizer sacrifício? Qual é o preço de uma vida, do sangue derramado? Há muito em nosso território existe um abismo gigantesco na distribuição da felicidade. Não dá para acreditar que o sofrimento evocado pelo massacre se torne fonte de moralidade e justiça, e também em sua divisão sempre existiu um imenso abismo. Difícil de acreditar, como bem disse Lu Xun: "O tempo está sempre em movimento, nas cidades ainda é grande a paz, umas poucas vidas perdidas não contam na China, no máximo servem como assunto para um vadio malevolente após o jantar ou para um vadio malevolente satisfazer a calúnia". A chamada elite deste país não fez qualquer progresso, até hoje são uma raridade o

---

* Pãezinhos cozidos no vapor feitos basicamente com água, farinha e fermento biológico. (N.T.)

sentimento de vergonha e o sentimento de culpa, e também não aprendemos a transformar o sofrimento numa fonte espiritual a fim de cuidarmos do sofrimento das pessoas simples e reais, como seres humanos, com dignidade e de cabeça erguida.

O que pessoas como eu, que nos anos 80 se denominavam elite intelectual, o que pessoas como eu, pessoas públicas de 89, fizeram em nome das almas daquelas pessoas? Nesses quinze anos, sempre me acomete um sentimento de culpa. Na prisão de Qincheng escrevi uma confissão de culpa, e, enquanto eu vendia minha dignidade, vendia também o sangue das almas de 4 de Junho. Após minha soltura, estava ficando mais ou menos famoso e recebia a atenção de muitos lugares. Mas e quanto às vítimas comuns? Esses inválidos que há muito perderam tudo? E os desconhecidos, que até hoje amargam nas prisões? O que eles receberam? O poeta Liao Yiwu, que passou quatro anos na cadeia pela composição de dois poemas, "Massacre" e "Réquiem", pergunta a si mesmo no fim de um poema: "Quem são os sobreviventes? Os sobreviventes são canalhas!".

No entanto, diante do destino amargo das pessoas simples que está registrado nesses "Relatos", nunca tive, penso eu, o direito de ser um "sobrevivente"! Mesmo tendo sido o último a sair da praça Tian'anmen, não me levantei em meio ao terror sangrento, após o massacre, para mostrar um sentimento de humanidade que existe apenas nos atos. Após ter deixado a praça, não retornei à minha alma mater, à Universidade Normal de Beijing, para ver como estavam os estudantes que haviam voltado da praça, muito menos fui para a rua para recolher os mortos e ajudar os feridos; fugi da praça Tian'anmen para o conjunto relativamente seguro de edifícios do Departamento de Assuntos Estrangeiros. Não seria surpresa se as pessoas simples, que sentiram o encarniçado 4 de Junho na própria pele, perguntassem: quando o grande terror do massacre de Beijing se desenrolava, em que lugar da praça estavam vocês, "eminências pardas"?

O 4 de Junho completou quinze anos e, embora ainda não possa aquecer o sangue frio daqueles que organizaram o massacre, ao menos é possível perguntar às pessoas públicas de outrora, que andam por aí com uma plaquinha de vítima no peito: se vocês não têm responsabilidade alguma pelas vítimas que nada possuem, ou até menos que nada, como não ficam com dor na consciência? Vocês não deveriam manter o mínimo de humanidade, como estima pela liberdade e pelas fontes da justiça, em nome das inúmeras pessoas que sacrificaram suas vidas – a única fonte que temos na resistência contra um regime totalitário?! Perante as mães que perseveram, exigindo justiça para as vítimas, não é possível que a elite sobrevivente do passado não esteja disposta a mostrar um pouco de amor ao próximo, a exercitar um pouco a solidariedade equânime e o sopro de correção a fim de conceder às pessoas que sofreram tão profundamente a medida de justiça que lhes cabe?!

Agradeço aos familiares das vítimas por nos mostrar a imagem das pessoas simples que eles perderam durante o massacre da China.

1º de junho de 1991
Publicado originalmente no site do *New Century News*,
www.newcenturynews.com

A PAISAGEM INTELECTUAL NA ERA PÓS-TOTALITÁRIA

A CARACTERÍSTICA MAIS IMPORTANTE da era pós-totalitária é a seguinte: de um lado, as autoridades agarram-se com todas as forças à autocracia em sua crise de legitimidade, mas a influência de seu domínio diminui a cada dia; de outro lado, as pessoas não se identificam mais com sistemas autocráticos, surgindo uma sociedade civil que se expande espontaneamente. Mesmo que ainda lhe falte força para mudar os sistemas existentes no momento, deve erodir aos poucos a solidificação pétrea da uniformidade política pela pluralização intensificada da sociedade a cada dia, no âmbito econômico e de valores.

Na prática, a China pós-totalitária entrou intelectualmente numa época do "cinismo": não há fé, palavras e atos divergem, coração e boca não falam a mesma língua. As pessoas (inclusive altos oficiais e membros do Partido) não creem mais nas declarações oficiais, a devoção ao lucro ocupa o lugar da boa-fé. Há muito constitui um "caso especial para banquete e deleite" da sociedade civil que o "grande, glorioso e bom" Partido e seus altos oficiais sejam amaldiçoados, criticados e ironizados no âmbito privado, enquanto nas ocasiões oficiais a sedução e a compulsão pelo lucro fazem com que a maioria esmagadora entoe na cadência do jornal *Renmin ribao* um louvor a tudo isso. Além disso, esses discursos de louvor no âmbito oficial e as diatribes no nível privado èntre nossos compatriotas parecem ter-se tornado há muito um reflexo habitual.

A elite dentro do sistema é fragmentada, são pessoas de meia-idade bem-sucedidas dentro do sistema que superficialmente deixam um rastro de "operários no subsolo": em eventos oficiais recitam seus textos mecanicamente e não perdem nenhuma oportunidade para galgar degraus na carreira, mas em jantares particulares falam um idioma totalmente diferente, ou seja: "Embora eu seja da corte e você não, pensamos da mesma maneira, apenas o formato é diverso, você faz barulho do lado de fora, eu conduzo o trabalho subversivo internamente..." e assim por diante. Eles podem lhe contar algumas novidades, as chamadas informações privilegiadas, e analisar a situação política e suas implicações, podem lhe descrever as singularidades de cada detalhe no mais alto nível decisório e quem alimenta mais esperança em se tornar o Jiang Jingguo do continente* e, para sua surpresa, poderiam até mesmo lhe explicar a tática da evolução pacífica... acreditam que a maior força propulsora para o êxito da evolução pacífica viria de suas facções esclarecidas dentro do sistema, "que, apesar de estarem no sistema, têm o coração em outro lugar"; além disso, quanto mais alto o posto, mais enganosa a máscara e mais duradouro o mistério, e maior a taxa de sucesso desse ataque duplo vindo de dentro e de fora. Uma expressão peculiar à maioria deles: dentro do sistema há muitas pessoas que se preocupam, e aquilo que empreendem é muito mais significativo para as reformas políticas do que os ataques que vêm de fora dele. Todas as vezes que conversamos com alguém, temos a impressão de que cada indivíduo de dentro tem os mesmos ideais elevados de resistência, a mesma robustez e a mesma tenacidade que Gorbachev e também inteligência política suficiente. Talvez eu tenha visto muitos filmes sobre a revolução quando criança, talvez tenha sido muito influenciado, pois às vezes os imagino de fato como trabalhadores sábios e experientes nos subsolos, infiltrados nas fileiras internas do inimigo.

E esses fenômenos não se limitam de forma alguma aos oficiais, eles ocorrem no mundo das notícias, da educação, da cultura, da economia... em todos os lugares é possível encontrá-los. Um conhecido meu, que após o 4 de Junho foi para a área econômica e ali construiu um patrimônio, convidaria você com certa regularidade para um jantar opulento e a cada vez falaria como um maníaco sobre a situação mundial e lhe garantiria com toda a certeza e confiança que o fato de ele ter ido para a área econômica e ganhado dinheiro não seria de forma alguma pelo dinheiro em si, mas pelos atos grandiosos que realizará no futuro.

Eles enumeram quais significados sociais tem esse passo: primeiro, a participação direta no processo de orientação ao mercado e de privatização forneceria os fundamentos econômicos mais essenciais para a democratização política; segundo, seria uma ajuda aos amigos em necessidade, quando no futuro voltarem aos círculos políticos oposicionistas fora do sistema, que, com isso, poderiam dispor de recursos econômicos amealhados por eles. A

---

* Jian Jingguo ou, em transliteração taiwanesa, Chiang Ching-guo (1910-1988), filho de Chiang Kai-shek, assumiu a presidência da China por três anos após a morte de seu pai, função na qual conduziu a democratização de Taiwan. Quando se refere ao continente, o autor pretende diferenciar a China continental de Taiwan. (N.E. [Notas da edição alemã])

frase mais adorada é: não se pode fazer uma revolução sem dinheiro, quanto mais sucesso eu desejar no futuro, mais dinheiro preciso fazer no presente e criar uma fundamentação econômica sólida. Terceiro e o mais importante, eles acreditam piamente que uma revolução conduzida por pessoas com dinheiro é uma revolução pela qual será necessário gastar menos, pois o mercado lhes ensinou que um cálculo exato e prévio de custo-benefício não poderia levar de forma alguma à revolução, que causaria custos altos e não traria retorno algum. Se endinheirados participassem do governo, seria quase improvável sermos jogados numa revolução violenta e, por sua vez, a chance de uma revolução pacífica e gradual se mostraria especialmente grande.

Por isso não consideram a "Tripla Representatividade"* nem os "Novos Três Princípios do Povo"** positivos ou negativos. O motivo para tanto seria que essas teorias sempre se mostrariam mais fortes do que a teoria revolucionária de Mao e também do que os Quatro Princípios Fundamentais de Deng, inclusive alguns acreditavam que tais teorias fossem o primeiro passo para a transformação do comportamento hostil do regime comunista em relação à humanidade, assim como se adornaria a melodia principal com os cantares da cultura de massa, que seriam de qualquer maneira melhores do que a lâmina afiada das palavras de ordem.

O mais lamentável na negligência disseminada de toda uma geração é que essa leviandade perante a vida corrói também os jovens.

As purgações após o 4 de Junho levaram a muitas expulsões do Partido. Contudo, muito mais pessoas se desligaram espontaneamente dele, e o número de ingressos diminuía ano após ano. Apesar disso, dez anos após o esquecimento compulsório e pelos privilégios oferecidos, volta a crescer paulatinamente o número de jovens que apresentam pedidos de filiação ao Partido. Para dar visibilidade à atração que o Partido Comunista exerce sobre a jovem geração, o atual regime tem enfatizado nos últimos anos em

---

* Os princípios da "Tripla Representatividade" foram desenvolvidos por Jiang Zemin. De acordo com essa teoria, o Partido Comunista Chinês representa o povo da China em três questões fundamentais:
    1. no desenvolvimento da força produtiva avançada da China;
    2. no desenvolvimento de uma cultura avançada da China;
    3. nos interesses fundamentais da maioria suprema do povo chinês. (N.E.)

** O "novo Sanminzhuyi", ou também "verdadeiro Sanminzhuyi", surge em 29 de janeiro de 1940, publicado em artigo homônimo de Mao Zedong no primeiro número da revista *Zhongguo wenhua* (Cultura Chinesa). Compõe-se de uma reinterpretação da "Doutrina dos Três Princípios Populares" de Sun Yat-sen: o nacionalismo, a democracia e o bem-estar. Mao considerava como os três princípios revolucionários verdadeiros a relação com a Rússia, a relação com o comunismo e o apoio dos camponeses. (N.E.)

comunicados oficiais, quando da festa de fundação do Partido, em 1º de junho, o grande aumento dos pedidos de filiação entre os jovens. Deve ficar claro que o número de estudantes cresceu. Segundo o relatório da Televisão Central da China, a quantidade de pedidos de filiação entre os estudantes aumentou sessenta por cento. Esse material casa exatamente com outro número que foi disseminado pela mídia: 65 por cento dos jovens consideram os comunistas chineses bons. Se esse é o motivo para a filiação ao Partido e sua aprovação, os relatos lançaram sua ênfase de idealismo sobre o realismo: não se fala dos estabelecimentos de meta do Partido Comunista, nem dos elevados ideais comunistas, menos ainda vem à baila seu espírito guerreiro – ao contrário, desvia-se desse assunto e enfatiza-se os atos heroicos dos comunistas chineses, partindo da proclamação de Mao Zedong "o povo chinês elevou-se" até o slogan da liderança de Deng "o povo chinês enriqueceu" para finalmente aplicar a "Tripla Representatividade" e os "Novos Três Princípios do Povo". Tal propaganda tem o intuito de dizer ao público o seguinte: desde a política de reforma e abertura, os comunistas chineses precisam mostrar alguns êxitos que saltem aos olhos: um país fortalecido e maduro em sua reputação e bem-estar para todos – e, por isso, tornam-se cada vez mais atraentes para os jovens estudantes.

Um observador poderia duvidar desses números publicados pelos órgãos oficiais, mas quem conhece apenas um pouco da juventude de hoje provavelmente não duvidará. As coisas às quais a geração pós-89, amaciada pelo bem-estar e pelo pragmatismo, dedica maior atenção não têm a ver com reflexão profunda, humanidade elevada, política sóbria, engajamento humanitário e valores transcendentais. Esses jovens assumem uma postura pragmática e oportunista perante a vida, os objetivos importantes para eles são um cargo oficial, a riqueza ou o abandono do país, os principais interesses são as tendências da moda, o consumo, a aparência descolada de estrelas de cinema, os jogos de internet e o sexo casual. Pois, antes de uma geração jovem conquistar sua independência, ela é mergulhada na piscina colorida da consciência dos privilégios e da espertza pelo pequeno ambiente familiar e pelo grande entorno da sociedade.

No que tange ao ambiente social, a geração pós-89 conseguiu separar a ideologia dos comunistas chineses da História e criou uma geração de pessoas cuja lembrança é totalmente vazia. Após a tomada do poder pelos comunistas na China, as pessoas no continente passaram por todas as catástrofes possíveis e dificilmente imagináveis, mas é a geração pós-89 que em princípio não tem gravada a fogo na alma a lembrança de tempos difíceis nem experiências de repressão sistemática com o Estado policial, às vezes contando somente com vivências pessoais indiretas com o fato de que "tudo se orienta pelo dinheiro" e "quem tem poder tem dinheiro"; no que diz respeito à influência social indireta, "não ser seletivo em seu meio", tem sucesso aos seus olhos aquele que enriquece do dia para a noite e é perseguido pela mídia como celebridade. Por isso, não mostram a mínima paciência quando alguém comenta sobre as catástrofes da História e as obscuridades do presente, acreditam que os eternos discursos sobre dissidentes direitistas, grandes saltos, revoluções culturais, 4 de Junho, a crítica incessante ao governo e a divulgação contínua do lado escuro da sociedade são desnecessários. Contudo, podem comprovar os progressos imensos que a China empreendeu com sua vida confortável e com todos os materiais possíveis entregues pelos órgãos oficiais.

Heróis por fora, covardes por dentro, totalmente sem moral ou consciência.

No que diz respeito ao ambiente familiar, em grande parte a juventude de hoje é formada por filhos únicos, que ocupam o centro da família como "pequenos imperadores", conforme se costuma dizer. Desde pequenos, desfrutam de uma vida egoísta, na qual não precisam se preocupar com roupas e comida. Não experimentam na própria pele as tribulações da geração de seus pais para subir na vida. Foram criados com uma consciência "egocêntrica", na qual tudo acontece conforme sua vontade, faltando para eles um sentimento perante as preocupações alheias. Se passam nas provas de admissão da universidade, recebem agrados da família e tornam-se rebentos prediletos da sociedade. Por isso, são mimados pela família e se transformam em egocêntricos absolutos, e a sociedade faz com que eles vejam como prazeres da vida o sucesso financeiro e o consumo. A maioria dos filhos de camponeses que foram aprovados para ingressar no ensino superior não se preocupa, da mesma forma, em como poderia ajudar os camponeses a acabar com a discriminação e a pobreza, mas sim em como pode se transformar em uma pessoa superior ao cidadão bem-sucedido após a conclusão do curso para escapar plenamente do destino de seus ancestrais. Entre os estudantes nas regiões rurais, essa visão é mais do que óbvia.

Nos últimos anos, o furor nacionalista da sociedade civil no continente ultrapassou em muito o da China oficial, o nacionalismo despertou na jovem geração grande entusiasmo; principalmente o antiamericanismo, o antiniponismo e a recusa de uma independência de Taiwan são há muito áreas importantes nas quais essa geração pode dar voz aos seu engajamento estatal no continente e apaziguar seu ódio nacional: a "colisão aérea" de um avião americano com um chinês, a orgia no Hotel Zhuhai*, um incidente descrito como "ultraje da China**" com estudantes japoneses na Universidade do Nordeste da China, a visita do primeiro-ministro japonês, Junichiro Kozumi, ao santuário patriótico de Yasukuni, a chinesa Zhao Yan, que foi espancada pela polícia nos Estados Unidos, o jogo final da Taça da Ásia entre China e Japão – tudo isso serve para provocar as emoções e a indignação da massa de jovens patriotas e fazer uma tempestade num copo d'água. Numa linguagem arruaceira cada vez mais brutal do nacionalismo na internet, execrações tumultuosas e clamor assassino misturam-se com sentimentalismo nacional. Ainda assim, esse patriotismo reforçado não está em condições de impedir um modo de vida oportunista, sem falar do silêncio generalizado quando se trata da violência do governo, e nele próprio a violência social é um assunto a ser evitado. O entorpecimento da compaixão e a falta do sentimento de justiça já se transformaram numa espécie de doença social da moda; ninguém dá a mínima a um velho que cai na rua, ninguém salva a garota camponesa que escorrega e cai na água; bandidos assaltam um trem, abusam das pessoas ali mesmo e as violentam, e nenhum dos homens entre vinte e quarenta anos que enchem o vagão se levanta; pequenos delinquentes agarram duas meninas e as arrastam por algumas centenas de metros e as expõem – e todos estão ali em volta e olham admirados e ninguém levanta um dedo para ajudar... Essas notícias sobre a situação da sociedade que fazem qualquer um se arrepiar em seu íntimo não são raridade nos meios de comunicação do continente, e mesmo na Televisão Central da China às vezes tais notícias são exibidas nas respectivas programações.

Esse é o nacionalismo da jovem geração da China: visto de fora, heroísmo falastrão, por dentro, covardia vivida. A mulher que fez uma pergunta especialmente patriótica e pouco amigável durante o discurso de Clinton na Universidade de Beijing por ocasião de sua visita à China hoje é casada com um americano. Essas histórias dramáticas costumam se adequar naturalmente às notícias que por um momento causam agitação. Ainda mais lamentável é que os jovens, em vista dessa contradição entre palavras e atos,

---

* Trata-se esse "incidente" de uma orgia em massa de quatrocentos homens japoneses com quinhentas prostitutas chinesas num hotel na República Popular da China, que revoltou a opinião pública pela monstruosidade da ocorrência e mais ainda pela data na qual ocorreu: dois dias antes do 72º aniversário da invasão das tropas japonesas no Nordeste da China, em 1931. O fato foi entendido como provocação e humilhação deliberadas. (N.E.)

** Nesse outro incidente, um professor japonês e três alunos japoneses de intercâmbio entraram numa festa na Universidade de Xibei com pênis falsos e sutiãs, gritando entre contorções selvagens: "É com isso que vocês parecem, chineses, seus porcos nojentos!". (N.E.)

não superam de forma alguma as confusões psíquicas ou as dúvidas próprias; tão óbvio como xingar a América, também é óbvio que vão para lá para os estudos universitários. Quando insultam a América, enchem-se de uma genuína indignação; quando estão sentados num voo comercial para Boston, alegram-se como crianças, e a felicidade também é autêntica.

Há poucos dias li uma mensagem na internet assinada por "leonphoenix" que começava com as seguintes palavras: "Gosto de produtos americanos, gosto de *blockbusters* americanos. Gosto da liberdade americana, invejo os Estados Unidos por sua riqueza e sua grandeza, mas na maioria do tempo clamo junto com muitos outros: 'Abaixo os ianques!!!' Pois essa é a reação necessária e instintiva da massa fraca". Essa é a verdade sobre o "patriotismo" cínico que essas pessoas anônimas espalham na internet.

De qualquer forma, não surpreende que alguns professores com tendências liberais suspirem: durante toda a década de 90, a educação ideológica oficial mostrou a maior influência sobre os estudantes.

Com o mesmo cinismo, a jovem geração lida com as questões do Partido. Nos últimos tempos, houve uma grande recuperação no número de pedidos de filiação ao Partido entre os estudantes, mas as pessoas que de fato acreditam no comunismo são tão raras como as pessoas que entre os jovens têm coragem para dizer "não" à brutalização sistemática e à violência que se origina com ela.

Não sei se a aluna da Universidade de Beijing, atualmente casada com um americano, era ou é membro do Partido. Se não, seu comportamento não corresponde muito ao estilo de vida típico dos jovens no continente; se sim, então suas declarações durante seu curso universitário e sua decisão após sua conclusão são um exemplo bem típico do estilo de vida dos jovens no continente: uma prevalência anormal de "racionalidade econômica", ou seja, um estilo de vida em cujo centro está o esforço pelo máximo de lucro pessoal. Se quisermos formular de maneira mais amigável, é o crescimento de uma consciência de lucro individual. Se não, é simplesmente esperteza. Querem entrar no Partido ativamente, mas não creem no comunismo, estão cheios de patriotismo apaixonado antiamericano, contudo seguem com fervor qualquer moda que venha dos Estados Unidos. Entretanto, o mais constrangedor reside no fato de não terem a impressão de que seu comportamento seria de alguma forma contraditório, muito menos qualquer escrúpulo moral; ao contrário, sua autoestima está em ordem. Contanto que lucrem algo, eles têm a sensação de ter feito uma escolha inteligente.

Entre os alunos que não estão prontos para nadar com a corrente, a maioria quer entrar ativamente no Partido. Não se deixam levar por crenças idealistas, mas são conduzidos por objetivos pessoais. Pois no continente onde os comunistas ainda têm o poder nas mãos, a melhor coisa a fazer, se alcançar o sucesso o mais rápido possível for a meta, é filiar-se ao Partido, não importa se for após a conclusão dos estudos. Nos últimos anos, diversas pesquisas sociais sobre a escolha profissional dos estudantes mostram claramente o seguinte: o desejo de entrar no Partido e trabalhar como servidor num órgão público há muito mantém a liderança. Quando falam sobre os motivos de sua filiação, nenhum deles se preocupa em usar o jargão do Partido, ao contrário, todos são extremamente pragmáticos e eloquentes.

Um aluno do terceiro ano que discutia comigo com cabeça e orelhas vermelhas de raiva disse:

– Se alguém quiser conseguir algo na China, precisa entrar no Partido, pois apenas assim terá a chance de fazer carreira como funcionário público, apenas assim poderá alcançar a mão do Grande Poder e apenas ao fazê-lo poderá conseguir algo. Que há de ruim em entrar no Partido? Que há de errado em entrar no funcionalismo público e conseguir algum dinheiro? De um lado, pode-se conseguir uma vida decente para si mesmo e para a família e, por outro lado, consegue-se fazer mais pela sociedade que qualquer outra pessoa normal.

O modo de vida dos comunistas chineses e o dos jovens estudantes são iguais como um ovo é igual ao outro. Observado de fora, o estilo de vida dos comunistas, com seu sermão ideológico, não tem a mais ínfima semelhança com o dos jovens, mas quem está familiarizado com as carreiras árduas dos comunistas pode ver num instante que seu modo de vida – a obtenção, a conquista e a afirmação do poder – é imanente e substancialmente idêntico ao estilo de vida dos jovens estudantes em suas afirmações oportunistas "a vantagem própria acima de tudo" e "não ser seletivo na escolha do meio".

Por isso, seu lema perante as outras pessoas compõe-se de máximas como "manter-se protegido e aguardar seu tempo", "dançar conforme a música", "é de pequenino que se torce o pepino". Além disso, essas máximas cínicas, que não se originam de esforço transcendental e de convicção moral fundamental, se estendem por séculos de História sem a mínima alteração importante. Os ideais comunistas da conhecida era Mao pereceram na época da pragmática "teoria dos gatos*" de Deng Xiaoping, esse fato sendo visto como uma das mais importantes diferenças entre a era Mao e a era Deng. Contudo,

---

* A "teoria dos gatos" faz referência à frase compreendida como a marca do pragmatismo de Deng Xiaoping: "Não importa se o gato é branco ou preto, o mais importante é que pegue os ratos". Uma frase que remonta ao filósofo legalista Han Feizi (c. 280-233 a.C.), e Deng Xiaoping a encaixa menos em um contexto confucionista, como alegado com frequência, do que num contexto legalista. (N.E.)

na realidade, a estratégia de vida de Mao e seu *modus operandi* orientaram-se exclusivamente para o "poder". Mesmo que sempre se firmasse em convicções fundamentais idealistas e moralistas, sua eloquente libertação da humanidade não impediu que pessoas inescrupulosas fizessem acusações falsas e cometessem execuções injustas. Mao nunca sequer hesitou diante da ameaça de sacrificar um terço da humanidade para que o mundo inteiro fosse vermelho.

Dito de outra forma, não importa se são estudantes e a elite intelectual que pressionam o Partido, servidores públicos dentro do sistema ou comerciantes na economia, quase ninguém endossa moralmente o sistema atual, enquanto seu real comportamento ajuda a estabilização deste último.

Esses fenômenos, que vivenciamos com moralidade destroçada tranquila e complacentemente, estão em harmonia com a esquizofrenia intelectual de toda a sociedade. O grande espetáculo que a China continental ofereceu após o 4 de Junho compunha-se de informações extraoficiais, versos satíricos políticos, piadas pornográficas, aqui se descarregava a insatisfação das pessoas, ali elas atacavam a política, e nos banquetes cuidavam do equilíbrio do temperamento e atenuavam o nervosismo. Há muito a China entrou numa "época da paródia". Afora todos os eventos noturnos, programas de entretenimento, comédias e comediantes possíveis na televisão, os poderosos e a burocracia alimentam a maior reserva de versos satíricos e piadas, quase todos podem contar uma piada política com tons pornográficos, em quase qualquer cidade e vilarejo circulam versos satíricos – esta é a linguagem da massa no continente, que se opõe diametralmente à linguagem oficialmente controlada dos meios de comunicação oficiais: se as pessoas receberem apenas informações cotidianas dos meios de comunicação oficiais terão a impressão de viver num paraíso; contudo, se as pessoas receberem suas informações apenas a partir das conversas cotidianas diárias, poderão pensar que vivem no inferno. O que os primeiros descrevem é a luz, o que os outros podem trazer à tona, escuridão total. E essas informações que circulam entre a população não podem ser publicamente trocadas e entregues em plena luz do dia, mas apenas num pequeno círculo particular. Todas as proibições oficiais e extraoficiais possíveis do governo formaram um sistema de sombras adequado, os poderosos distribuem o patrimônio de todo o povo por trás dos bastidores e rastreiam suas intrigas políticas; as notícias extraoficiais que são disseminadas no âmbito privado formam o sistema de sombras não regular, que criou o domínio do terror, aliviando por trás de seus bastidores a insatisfação das massas populares e fazendo troça; as pessoas do continente que vivem nesse duplo sistema de sombras, todas seguem regras idênticas, mesmo que sejam regras subliminares de um sistema regular.

Os cínicos que vivem nesse violento contraste não têm qualquer impressão de que seja contraditório: o regime comunista, insultado e cuspido dentro das casas, segue em sua estabilidade; os altos funcionários comunistas chineses são execrados por todo o povo e não vivem mal com isso. Cada almoço de negócios privado é um show no qual as pessoas se livram de suas frustrações e podem contar piadas políticas; e constitui um costume repetido em inúmeras refeições zombar dos regentes com piadas indecentes.

Quando o sofrimento, as reclamações, a injustiça e a insatisfação brotam de camadas inferiores da sociedade, partem de um sentimento real, mas para os beneficiários do sistema atual (a camada dominante, todas as elites e executivos possíveis das cidades), a insatisfação transforma-se em autossatisfação durante almoços de negócios e de empresas.

A insatisfação e a ironia há muito perderam sua pungência e sua verdadeira força moral. Quando a refeição termina, elas também acabam, não influenciam nem um pouco o comportamento totalmente diverso dos homens em público. Essa autossatisfação da sociedade civil pode ser comparada ao entorpecimento por uma droga, à inebriação dos homens nas apostas do pôquer, ao clicar das pedras do mahjong* e às gargalhadas nas refeições; da mesma forma que consomem produtos, as pessoas também consomem sofrimento, escuridão e insatisfação. Contudo, quando a gargalhada definha, tudo volta ao que era antes: se alguém precisa mentir, mente, quando precisa ser malvado, é malvado, quando deve levantar intrigas, não há melindre ao escolher seus meios...

A constituição intelectual do continente pós-totalitário é cindida e unida ao mesmo tempo: as cisões entre o comportamento dentro do sistema e o comportamento fora dele, entre a linguagem oficial e a linguagem da sociedade civil, entre a conduta pública e o sussurro privado, entre a realidade trágica e a representação cômica alcançaram uma medida assustadora. Mas essas cisões voltam a se unir de forma admirável no estilo cínico, a realidade dolorosa é transmutada em gracejos populares burlescos, a insatisfação transforma-se em autoinebriação, o escárnio sobre os chefões degenera-se em autossatisfação. Salvo pelo prazer e pelo consumo, não parece restar nada além da representação deformada da "razão gerencial": otimização desrespeitosa do lucro pessoal.

Beijing, em casa, 15 de setembro de 2004

Fonte: *Kaifang* (Revista Aberta), revista de Hong Kong

---

* Jogo de tabuleiro famoso na China. (N.T.)

Mudança do regime pela mudança da sociedade

Após mais de vinte anos de reformas, em virtude do egoísmo do poder político dos comunistas e da dispersão das forças da sociedade civil, não há em vista nenhuma força política em curto prazo que poderia causar uma mudança de dinastia, e dentro da Nomenklatura* não há em vista nenhuma força esclarecida, como Gorbachev ou Jiang Jingguo, e também a sociedade não tem nenhuma possibilidade de reunir forças para formar um contrapeso contra a Nomenklatura. Por isso, no processo de transformação, a China precisa avançar lentamente na direção de uma sociedade moderna e livre e aceitar os reveses, e isso com relação a um período que poderia mesmo exceder as estimativas conservadoras.

Ao mesmo tempo, a sociedade civil continua fraca em comparação ao poder dos comunistas, sua coragem civil não basta e seu pensamento ainda não amadureceu. A sociedade civil ainda se encontra no início de seu desenvolvimento, por isso é impossível para ela estabelecer em curto prazo uma força política que seja vigorosa o suficiente para substituir o regime comunista. Nessas circunstâncias, constroem-se quaisquer planos programáticos e de ações como castelos no ar sobre uma alteração rápida do sistema político da China e do regime atual que são simplesmente difíceis de realizar.

Contudo, isso não significa que não haveria esperança para uma China livre no futuro. Pois o firmamento político do país na era pós-Mao não pode ser mais obscurecido pela mão de um único líder totalitário, devendo ser diferenciados nesse meio-tempo o claro e o escuro. A relação entre autoridade e povo não se compõe mais apenas de "três vivas" empolgados e afora isso domina o silêncio opressivo. Ao contrário, o endurecimento político da autoridade e a consciência de poder emergente da sociedade civil, a repressão pela Nomenklatura e a oposição da sociedade civil coexistem nesse meio-tempo; a

---

* Grupos de altos funcionários, artistas e burocratas que gozavam de privilégios na antiga URSS e em outros países comunistas. (N.E.)

tirania do sistema ainda existe, mas a sociedade está mais esclarecida; a força do governo é pretensiosa, contudo o movimento de proteção dos direitos do povo não se reprime; a inquisição aterroriza os homens, mas não pode servir de exemplo assustador a todos; a "consciência do inimigo" do regime continua presente, mas a "sensibilidade" não é mais algo que as pessoas da vida pública temem como a peste.

Para que o domínio totalitário sobre o indivíduo pudesse se estabelecer na era Mao, quatro importantes condições precisavam ser atendidas:

1. Uma nacionalização completa que levasse à ausência de qualquer independência econômica. O regime tornou-se a ama absoluta de seus cidadãos, estes dependem economicamente do regime desde o berço até o túmulo.

2. Uma organização infalível que levasse a uma perda integral de qualquer liberdade pessoal. O senso de organização tornou-se a única prova legítima de identidade, quem perdesse a capacidade de organização enfrentava dificuldades, a dependência do cidadão sob o regime chegava a ponto de fazer com que se vivesse na ilegalidade sem a proteção da organização.

3. Um despotismo rígido por parte da máquina violenta da ditadura sobre os órgãos de toda a sociedade. O domínio extremo das pessoas e a extrema consciência do inimigo formaram um ambiente ditatorial no qual todos eram soldados; a supervisão ininterrupta, o controle onipresente transformava cada par de olhos num instrumento de controle, cada pessoa estava sob o controle de uma unidade, de uma rua, de uma vizinhança, até mesmo de parentes e amigos.

4. Uma grande força de coesão e sugestão da ideologia e uma tirania reforçadas por campanhas de massa de larga escala para a constituição intelectual do cidadão como coletividade. O extremo culto à pessoa e a autoridade do líder levaram a um controle intelectual no qual um cérebro decidia sobre os pensamentos de todo um povo; "dissidentes" construídos artificialmente não precisavam apenas suportar a perseguição econômica, política e social, mas também aguentar toda uma mortificação de sua dignidade, de sua honra e de sua alma, a "crítica radical" era uma dupla tirania sobre corpo e espírito. Fazia com que as vítimas se curvassem à maioria assoladora dessa tirania intelectual e se humilhassem pública e continuamente.

Contudo, na era pós-Mao, não existe mais uma sociedade plena da Nomenklatura, a sociedade vivenciou uma alteração enorme rumo ao pluralismo, a Nomenklatura há muito não tem possibilidade de controlar toda a sociedade; o capital da sociedade civil, em crescimento célere, devora a base econômica do regime; o conceito moral que se diversifica cada vez mais desafia diariamente a ideologia do regime; o movimento de proteção dos direitos que continua a se espalhar amplia a força dinâmica com a qual a Nomenklatura bárbara é provocada; a coragem da sociedade civil aumenta sem parar e faz com que a influência do terror político diminua cada vez mais.

Principalmente após o 4 de Junho, das quatro colunas que o totalitarismo erigiu sobre as pessoas, três já foram corroídas ou derrubadas em diversos graus: na dependência do cidadão surge aos poucos a independência econômica individual, a tigela de arroz que o indivíduo obtém lhe concede a base para as decisões soberanas e traz para a sociedade uma pluralização dos interesses e motivações; em vez de o indivíduo depender da"organização", surge cada vez mais a liberdade, em certa medida, pessoal. Os chineses não precisam mais viver numa organização à sua revelia; terminaram de uma vez por todas os tempos nos quais só se progredia com dificuldade, quando a organização permitia. A sociedade chinesa move-se paulatinamente na direção da livre escolha do local de moradia, da livre mobilidade e da livre escolha do trabalho; ideologicamente, o despertar da consciência individual e da consciência de seu poder conduziu ao colapso da ideologia unitária da Nomenklatura. A pluralização do conceito moral obriga a autoridade a adaptar os discursos ideológicos, que estabelecem cada vez mais os sistemas de valores independentes da sociedade civil, embora continue o treinamento na mentira e no controle da liberdade de expressão. No entanto, seu poder de imposição diminui à larga; principalmente a revolução da informação que a internet trouxe consigo teve como consequência uma pluralização dos canais pelos quais a sociedade civil consegue notícias e expressa sua opinião, de forma que o bloqueio das informações e as medidas de controle para proibição de discussões de temas políticos da Nomenklatura perdem muito de sua força.

Das quatro colunas do totalitarismo, restou apenas aquela da centralização política com seus rígidos mecanismos de opressão. No entanto, pela formação gradual das estruturas sociais de moralidade e justiça na sociedade civil e do poder sobre o nível governamental local, a dupla tirania aplicada na era Mao de perseguição física e tortura mental não existe mais, além de o poder do terror político diminuir em grande medida. No que tange aos perseguidos, a perseguição pela autoridade não tem mais esse efeito duplo de uma pilhagem da liberdade pessoal pelo aprisionamento e de aviltamento da dignidade humana pela crítica bastante disseminada. A perseguição política pode prejudicar economicamente os acossados e privá-los da liberdade pessoal, mas não consegue ferir a reputação social dos perseguidos, muito menos isolá-los socialmente e destruir sua dignidade, sua autoestima e seu espírito. Ao contrário, eles recebem pouco a pouco a justiça plena. O perseguido transforma-se em "consciência da sociedade civil" ou "herói da verdade", enquanto os carrascos da autoridade são apenas instrumentos "de um negócio sujo". A maior parte dos perseguidos não implora mais em autocríticas infinitas pelo perdão da organização e não se humilha diante de toda a opinião pública, pelo contrário, sua maioria esmagadora legitima-se pela crença firme na causa justa sob a pressão imensa da organização e até mesmo no banco dos réus, e com isso põe as organizações de comunistas chineses e o próprio poder Judiciário no banco dos réus.

Após a avalanche ter soterrado o acampamento do totalitarismo soviético, a tendência global no sentido da liberdade e da democratização ficou cada vez mais forte, a pressão da política de direitos humanos de Estados importantes e das organizações internacionais de direitos humanos causou um aumento dos custos para a manutenção dos sistemas despóticos e da política de terror; a eficiência e o poder de intimidação da perseguição pela autoridade sofrem contínua diminuição; o atual regime dos comunistas chineses não tem escolha senão dominar dentro de suas fronteiras e reagir fora delas com um "show de direitos humanos e democratização".

Dito de outra forma, tanto faz se tratamos da prática prolongada da resistência pacífica ou da profecia de um encerramento da História pelos sistemas livres, no fim, são os instintos intelectuais do homem que são perseguidos: não só de pão vive o homem, ele também tem uma existência intelectual determinada pelo sentimento moral, e no centro de tal sentimento está a dignidade do indivíduo. O respeito a essa dignidade compõe a fonte natural de toda a sensação de justiça. Se um sistema ou um Estado permite que todas as pessoas vivam com dignidade, essas pessoas se identificarão por si mesmas com ele, em total harmonia com o entendimento da moral política, como formulou são Tomás de Aquino: um governo bom e moral não é formado apenas para a manutenção da ordem, mas muito mais para a preservação da dignidade do homem. De outro modo, chega-se a todas as formas possíveis de resistência, e um motivo importante para essa resistência é a consciência.

A razão para que os sistemas livres aos poucos substituam os sistemas ditatoriais, o motivo para que o fim da Guerra Fria seja visto como o fim da História, reside no fato de que os sistemas livres reconhecem e respeitam a dignidade do homem, enquanto os ditatoriais não a reconhecem e a destroem.

O que torna a resistência pacífica grandiosa é que os perseguidos, quando se deparam com a tirania fortalecida e o sofrimento que ela inflige sobre eles, enfrentam o ódio com amor, o preconceito e a arrogância com tolerância, a humilhação com dignidade e a loucura com a racionalidade. Isso significa que os acossados convidam seus detratores com humildade e espírito afetuoso para voltar às regras da razão, da paz e do amor ao próximo, para romper com o círculo perverso da violência.

No meu entendimento, numa sociedade aprisionada, ditatorial e sob condições nas quais não há qualquer força no momento que possa mudar o caráter despótico do regime, como a da China, o caminho da sociedade civil para a transformação de baixo para cima seria o seguinte:

1. O movimento pacífico de proteção dos direitos não tem como objetivo a tomada do poder, mas pode empreender todos os esforços para construir uma sociedade com feições humanitárias na qual se possa viver com dignidade. Ou seja, restaurar pela mudança do estilo de vida da sociedade civil – dos ignorantes, dos fracos e daqueles que consintam com sua escravidão – toda a força da sociedade de cidadãos independentes e, com isso, primeiro ampliar com toda a energia o espaço e os recursos da sociedade civil nos pontos fracos do controle da Nomenklatura; em seguida, reduzir as margens sociais para o controle da Nomenklatura pela resistência pacífica incessante e, por fim, pelo acúmulo dos custos da sociedade civil, aumentar os custos para a manutenção do domínio pela Nomenklatura déspota, ampliando passo a passo os direitos civis e desmantelando aos poucos os órgãos tiranos.

2. O movimento pacífico de proteção dos direitos não persegue uma mudança grandiosa da "máquina" como um todo, mas pode empreender todos os esforços para implantar a liberdade na vida cotidiana. Não apenas pelo esclarecimento intelectual nos pormenores da vida, pelas discussões públicas e pelo movimento de proteção dos direitos, mas também e acima de tudo pelo acúmulo contínuo de casos jurídicos individuais reúnem-se também recursos da justiça e da organização e a experiência no jogo de xadrez de uma sociedade civil. Enquanto a força da sociedade civil ainda não for suficiente, pode-se ao menos mudar, com apoio da consciência do indivíduo e cooperação de pequenos grupos, aquilo para o qual haja força suficiente: o microclima político. Por exemplo, a resistência de jornalistas altamente qualificados, como, entre outros, Lu Yuegang e Li Datong, contra o sistema de notícias da Nomenklatura teve um certo sucesso, pois se concentrou integralmente no bem-estar do pequeno cosmos dentro do jornal *Diário da Juventude Chinesa*.

3. Como o regime é forte, tanto como seu sistema, que não permite nenhuma liberdade, cada indivíduo precisa lutar com todas as suas energias para se libertar e assim viver, ou seja, lutar para levar uma vida autêntica e digna. Quando a liberdade numa sociedade despótica é anunciada publicamente pelos seus defensores e praticada no âmbito pessoal, basta ser bravo ao alcançar tal condição nos detalhes da vida cotidiana. Assim, as palavras e os atos do dia a dia abalarão a força do sistema escravagista em suas fundações. Se você próprio acredita ter uma consciência fundamental humana e segue a voz dessa consciência, deixe-a brilhar sob os raios solares das discussões públicas, deixe que a sociedade civil a veja e, mais ainda, deixe que os déspotas a vejam.

4. Não se deve renunciar aos valores do liberalismo nem aos princípios da tolerância, tampouco ao diálogo pluralista, acima de tudo quando surgem na sociedade civil diversas vozes e diferentes decisões; é preciso complementar a resistência ruidosa em torno do trato social sussurrado; não se deve fazer acusações aos outros pela crença no heroísmo próprio e absoluto. Pois, mesmo quando a necessidade moral não é a mesma que a política, ela fica muito distante da tolerância exigida pelo liberalismo. Se um indivíduo tiver se decidido a pagar um alto preço por seus ideais, não há motivo algum para obrigar os outros a se sacrificarem da mesma forma pelos ideais deles.

5. Se vivemos dentro ou fora do sistema, se movimentamos as coisas de baixo para cima ou de cima para baixo, devemos observar mutuamente o direito à opinião própria. Contanto que as palavras e os atos dependentes da Nomenklatura não coajam o discurso independente da sociedade civil e o movimento de proteção dos direitos, devemos também observá-los como uma contribuição para as estratégias de transformação e, acima de tudo, observar o direito à liberdade de expressão; e também as personalidades da vida pública, que representam a percepção de uma transformação de cima para baixo, precisam prestar atenção suficiente às tentativas orientadas de baixo para cima da sociedade civil. Sob a condição de cuidado mútuo e tratamento equânime, trarão contribuição ainda maior as discussões e conversas sobre as representações de uma transformação de baixo para cima e de cima para baixo na tentativa de produzir dentro da sociedade civil um consenso sobre o caminho a se trilhar.
Isso é o que se entende por "Todos os caminhos levam a Roma".
Contudo, tolerância não significa se conformar com a tirania e menos ainda que se deve afundar no lamaçal do relativismo. A política liberal da sociedade

civil deve resistir fundamentalmente e com especial perseverança a toda coerção e pressão da Nomenklatura; sem se importar com a maneira pela qual se exercer tal pressão – por intimidação, corrupção, repreenda, desqualificação, proibição, prisão ou pela lei –, deve-se persistir na resistência.

6. Deve-se confrontar o poder despótico em seu conhecimento básico sistêmico ainda presente e não evitá-lo; tomar as rédeas da iniciativa para uma melhoria da impotência das massas e não depositar esperanças na vinda de um líder iluminado. No jogo entre povo e autoridade, tão importante como mudar as estratégicas da autoridade, também é incentivar e apoiar o movimento de defesa dos direitos e manter a independência da sociedade civil. Acima de tudo, em uma situação na qual ainda há poucos que oferecem resistência ao governo maléfico e muitos que o elevam ao céu, é necessário lançar todas as forças para criticar e combater o sistema tirânico de fora dele. Quando as decisões da Nomenklatura forem duras, é preciso obrigá-la a relaxar; quando sua postura enfraquecer, é necessário utilizar seus pontos fracos para ampliar os recursos e a margem de atuação da sociedade civil; e mesmo quando apoiar as atitudes vindas de dentro do sistema, é necessário ater seu apoio a essa atitude mantendo sua posição e sem alterar seus padrões.

Em suma, no caminho da China rumo a uma sociedade livre é importante uma mudança paulatina de baixo para cima. Dificilmente se poderá buscar sua salvação numa revolução no "estilo Jiang Jingguo". Uma revolução de baixo para cima precisa da autoconsciência da sociedade civil, necessita de um movimento espontâneo, avançado e ininterruptamente forte de desobediência civil e um movimento de defesa dos direitos da sociedade civil. No entanto, isso significa também que a força da sociedade civil que exige liberdade e democracia não requer uma renovação integral da sociedade por uma alteração radical do regime, mas uma mudança do regime pela alteração gradual da sociedade; ou seja, pelo crescimento incessante da sociedade civil, o regime no qual a legitimidade é escassa será mudado.

26 de fevereiro de 2006, em casa, em Beijing
Fonte: *Guancha* (Observe China), de 26 de fevereiro de 2006

O NOVO ESCLARECIMENTO DA ÉPOCA DE REFORMAS NO EXEMPLO DO MURO DA DEMOCRACIA

Trinta anos de reformas na China – as comemorações oficiais são um autoincensamento festivo, um pensamento monopolizado que inscreve diante de todo o mundo todos os seus sucessos sobre a própria bandeira e descreve as reformas como um movimento da Nomenklatura de cima para baixo, mas essa interpretação das reformas chinesas, a meu ver, é injusta e muito distante da realidade.

Na realidade, as reformas se desenvolveram continuamente nos últimos trinta anos sobre duas lógicas que concorriam mutuamente, a saber:

A lógica superficial do Partido e do Estado com a terceira assembleia da 11ª sessão plenária dos comunistas chineses em 1978, na qual "a verdade como norma" foi discutida, como símbolo. A reforma do Partido e do Estado servia ao lucro dos peixes grandes e à manutenção do regime, uma reforma nebulosa que reestruturava apenas a economia, e não a política, que se cumpria como se houvesse um avanço da justiça social e que nada mais era do que uma prostração diante do produto interno bruto, do "grande bolo", que respondia às exigências políticas da sociedade civil com o massacre de 4 de Junho de 1989 e compensava com lucro o reconhecimento escasso do sistema atual por seus cidadãos.

A outra é a lógica mais profunda da sociedade civil que exige uma reforma sincronizada na economia, na política e na cultura e uma reforma na qual sejam balanceadas a orientação ao mercado, a privatização e a justiça social. A mais antiga reforma nas regiões interioranas remonta à luta bem-sucedida da camada mais inferior de camponeses pelas necessidades básicas de alimentação e vestimenta. As eleições do comitê do vilarejo também eram feitas a partir da administração autônoma dos camponeses nas regiões interioranas, após o que o sistema das comunas populares fracassou. Nas cidades, a exigência intensa da sociedade civil por novos conhecimentos, pela criação de patrimônio e pela segurança de seus interesses trouxe consigo o despertar da consciência de mercado e lucro e uma harmonia entre liberdade pessoal e justiça social dessa mesma sociedade civil. Por isso, o início das reformas, a ampliação da liberdade pessoal, o apelo das reformas políticas e a alteração do sistema de autoridades não constituem um ato de clemência de cima para baixo, e sim um ato impulsionado pela sociedade civil de baixo para cima. E foi de fato a urgência material extrema, e não a extrema aridez intelectual e a luta de classes exacerbada, que primeiro trouxe ao povo a consciência sobre a crise do sistema de Mao Zedong e levou ao movimento de 5 de abril, ao Muro da Democracia e ao sistema de responsabilidade autônoma na agricultura nas áreas rurais de Anhui.* Foi a primeira grande catástrofe dos direitos humanos da era Mao, que conduziu a um movimento de reabilitação que foi imposto pelas massas de cidadãos inocentes julgados por meio de seus pedidos.

Na lista de sucessos dos trinta anos de reforma que os comunistas chineses compilaram, a "liberdade do pensamento" tornou-se o único ponto de partida para a "discussão sobre a verdade como critério" a partir de 1979. Embora eu não conteste a importância dessa discussão para o início das reformas e também reconheça que foi Hu Yaobang quem manteve em curso a abertura dessa discussão, acredito que não corresponda aos fatos históricos quando definimos apenas a "libertação do pensamento" no que diz respeito a essa discussão, e que essa é outra tentativa da Nomenklatura de monopolizar o discurso sobre as reformas e de subjugar a superação do passado pela sociedade civil.

Na verdade, com relação à mudança das representações ideológicas, muito antes da "libertação do pensamento" iniciada pela Nomenklatura, o "incidente de Lin Biao", que foi estarrecedor dentro e fora da China, já havia levado ao despertar espontâneo da sociedade civil. A literatura underground dos anos 70, produzida pela juventude culta, iniciou um processo de autoesclarecimento, tendo como resultado desse esclarecimento da sociedade civil o movimento de 5 de abril de 1976. Após o término da Revolução Cultural, o "Movimento do Muro da Democracia em Xidan" foi o que primeiro mostrou à China o objetivo de uma modernização política; também o ímpeto das reformas políticas dos anos 80 precedeu o esclarecimento da sociedade civil e

---

* O movimento de 5 de abril, ou "incidente da praça Tian'anmen" (não confundir com o movimento de 4 de Junho de 1989), teve seu início em 4 de abril, em Nanking, disseminou-se rapidamente em todo o país e alcançou seu ápice em 4 e 5 de abril na praça Tian'anmen, em Beijing, nas demonstrações de luto pelo falecido primeiro-ministro Zhou Enlai, que se transformaram numa manifestação por mais democracia. (N.E.)

apenas aí as frações mais abertas do Partido reagiram. Dito de outra forma, a força propulsora das reformas espontâneas da sociedade civil cresceu a partir da lógica da natureza humana, que anseia por liberdade e justiça. Quando por fim essa força foi desperta, foi difícil contê-la e, com as alterações na visão da sociedade civil, reformas sociais foram promovidas, a lógica da Nomenklatura foi desafiada pelas exigências da sociedade civil e o círculo dos recursos próprios e a base social foram ampliados sem interrupção.

No início das reformas, quando eu frequentava a universidade com a primeira geração de estudantes após a Revolução Cultural (de 1977 a 1982), a China sofria de uma fome intelectual extrema. A geração que seguiu a Revolução Cultural criava seu entusiasmo a partir de novas ideias, mas no fim das contas acabávamos por devorar tudo indiscriminadamente. Na minha lembrança, a mudança de visão dos chineses entre o fim dos anos 70 e o início dos anos 80 foi um acontecimento cultural de influência das mais profundas. E não foi a discussão iniciada pela Nomenklatura sobre a "verdade como padrão" que abriu novos terrenos na sociedade, mas uma enxurrada de pensamentos, onda após onda; e a profunda influência que os poemas da revista *Jintian* (Hoje) e as músicas da cantora taiwanesa Deng Lijun tiveram sobre nossa geração de estudantes ultrapassou o slogan "A prática é o único critério para a investigação da verdade*" e transcendeu também a influência da "literatura de cicatrizes" e da "literatura da reforma", que naquela época estavam tão em voga. Essas "canções sentimentais" e as "vozes rebeldes" vinham diretamente da sociedade civil liquefizeram o gelo endurecido das classes da era Mao Zedong num lago de humanidade e fragmentaram a estética revolucionária numa estética moderna.

No final dos anos 70, as canções de Deng Lijun conquistaram toda uma geração de jovens do continente e despertaram o lado mais suave na vida de seus cidadãos. As canções de amor que ela entoava com sua voz suspirada desinflavam a aspiração revolucionária que as melodias férreas haviam derramado em nós tornando nossos corações duros e temperados em batalhas brutais e provocavam em nós o prazer que havia sido relegado aos cantos escuros das nossas vidas – e a suavidade e o afeto há muito oprimidos foram libertados. Mesmo quando a Nomenklatura proibiu tais "modinhas chorosas capitalistas" e não se pôde mais ouvi-las no rádio, Li Guyi, a primeira que se inspirou no estilo de cantar de Deng Lijun, era com frequência criticada em reuniões em público. Mas, no âmbito privado, todos se espremiam em

---

* O artigo foi escrito por Fu Mingyuan, professor de filosofia da Universidade de Nanking, e com ele Deng Xiaoping, entre outros, atacou a política de Hua Guofeng, que assumiu a sucessão de Mao Zedong e Zhou Enlai. (N.E.)

torno de um gravador, que era chamado de "tijolo", e nos dormitórios, em corredores, nas cantinas, em qualquer lugar era possível ouvir essas canções. Naquela época, todos sem exceção se amontoavam em volta daquele que possuísse um "tijolo" vindo do Japão.

Na mesma época, minha geração passou por um batismo estético pelo cinema, literatura, música e pintura do exterior. Em especial os filmes japoneses eram tendência, como, entre outros, *Pursue and Capture*, de Junya Sato (1976), *The Love into Death*, de Noboru Nakamura (1971), *Vontade de Viver*, de Kei Kumai (1974), *Kinkanshoku*, de Satsuo Yamamoto (1975), *Proof of the Man*, de Junya Sato (1977), *A Distant Cry from Spring* (1980) e *O lenço amarelo da felicidade* (1977), de Yoji Yamada, e programas de televisão, como, entre outros, *Sugata Sanshiro*, *Astro Boy*, *Dúvida Sangrenta*, *Chamas da Primavera*, *Oshin* e *Ikkyu-san*, eram queridos por nossos conterrâneos naquela época.

Por um tempo, como consequência, a música-tema de *Pursue and Capture*, "A canção de Du Qiu", as músicas-tema de *Proof of the Man* e do filme *Chapéu de Palha* também ficaram muito populares. Filmes de diretores famosos, como Akira Kurosawa, Kenji Mizoguchi e Ozu Yasujiro, influenciaram muito os diretores vanguardistas chineses dos anos 80.

Para o esclarecimento do pensamento na geração de jovens pós-revolucionária, o "Movimento do Muro da Democracia" significou uma experiência estimulante, e os frutos intelectuais que ele engendrou foram plantados profundamente na memória dessa geração de estudantes e se entranharam, sua ação transcendeu em muito a influência dos intelectuais e conselheiros de mente aberta dentro do sistema. Pois os poemas da revista *Jintian* (Hoje) formaram um outro esclarecimento estético, diferente da "literatura de cicatrizes"; "Sobre a liberdade de expressão", de Hu Ping, excedeu o esclarecimento intelectual que surgira da "libertação do pensamento"; "Quinta Democratização", de Wei Jingsheng, "Manifesto dos direitos humanos chineses", de Ren Wanding, e "Propostas às reformas políticas de 1980", de Xu Wenli, ultrapassavam o clamor político moderno da tradicional "política de reabilitação".

Imaginemos o seguinte cenário: se na China do início das reformas apenas obras como *O professor*, da Editora de Literatura Popular, fossem conhecidas e poemas como "Resposta", de Bei Dao, e "O céu", de Mang Ke, romances como *Noite de neve e chuva*, de Wan Chi, vindos da revista *Jintian*, não tivessem circulado no submundo; se apenas tivesse existido a sensação do quadro "Pai", da exposição oficial de pinturas, e não a rebelião não oficial das "exposições do grupo Xingxing"; se apenas tivessem existido ensaios como "A prática é o único critério para a investigação da verdade" e nenhum artigo como "A Quinta Democratização" na revista *Tansuo* (Descobrir) e "Sobre a liberdade de expressão" em *Wotu* (Solo Fértil)... Quer dizer também que, se apenas tivesse ocorrido o movimento de libertação do pensamento iniciado pelos meios de comunicação oficiais e não o movimento de esclarecimento, como foi inaugurado pelo não oficial "Muro da Democracia", o espírito chinês da época das reformas seria tão pálido que ninguém suportaria olhar para trás.

Hayek, famoso pensador liberal, diz: "Ideias mudam o mundo". Acima de tudo, em grandes mudanças sociais nas épocas de transformação, as renovações das ideias, como trazem consigo um esclarecimento do pensamento, desempenham com frequência um papel de inegável importância. Quando a heresia do ontem é a confissão de fé de hoje, a ascendência de uma nova sociedade não está muito distante. Isso vale para a transformação de despotismos tradicionais em modernas democracias e para a transformação de Estados totalitários modernos em sociedades livres. O iluminismo europeu iniciou o processo de modernização no Ocidente, o Movimento de 4 de maio inaugurou o processo de modernização da China. Na transformação dos Estados totalitários do comunismo em democracias livres, a antiga União Soviética vivenciou o "período de degelo" de Khrushchev e o "novo pensamento" com Gorbachev. As reformas na China tiveram início na "libertação do pensamento" ou no "novo esclarecimento" após a morte de Mao Zedong.

O papel de pioneiro que desempenhou o novo esclarecimento da "geração do Muro da Democracia" para a transformação da sociedade chinesa trouxe uma ruptura em no mínimo quatro níveis:

1. O "Muro da Democracia" simboliza a primeira linha de separação entre as exigências pós-reformas pela sociedade civil e as exigências pós-reformas pela Nomenklatura. A primeira escolheu uma reforma abrangente da China na direção da liberdade e da democracia, a última optou por uma reforma lenta, na qual a reforma econômica e o despotismo político coexistam. Essa linha de separação mostra as fronteiras fundamentais das reformas até hoje conduzidas com lentidão no estilo de Deng Xiaoping e aponta a direção para a transformação futura da sociedade chinesa. No que tange a Deng Xiaoping, que se apressou em tomar nas mãos o poder maior no Estado, a malevolência de sua tática política mostra-se em seu oportunismo "inconstante". Na época em que perdeu poderes, curvou-se e prestou declarações de lealdade ao chefe do Partido e do Estado, Hua Guofeng; quando retomou o poder, desempossou Hua Guofeng sem o menor escrúpulo. Rebaixou-se na época em que perdeu o poder e explorou o "Muro da Democracia" para aumentar

o apoio recebido da opinião pública. Quando retomou o poder, reprimiu sem o menor escrúpulo tal movimento – nem a resistência de Hu Yaobang atenuou sua política, conduzida com mão de ferro. Contudo, foi justamente o "Muro da Democracia" que ultrapassou as reformas políticas no estilo da Nomenklatura. Deng Xiaoping trouxe à tona seus "Quatro Princípios Fundamentais" apenas em 1979, oprimindo logo em seguida a "geração do Muro da Democracia". Nesse momento, o déspota Deng Xiaoping mostrou pela primeira vez seu rosto verdadeiro e cruel.

2. O "Muro da Democracia" ultrapassava as fronteiras da elite esclarecida dentro do sistema (inclusive a elite política e intelectual) e mostrou a diferença do caminho da sociedade civil independente e da elite dependente. Quando o "Muro da Democracia" enfrentou publicamente as reformas despóticas de Deng Xiaoping e clamou por democracia política, direitos humanos fundamentais e liberdade de expressão, a elite liberal dentro do sistema se ateve à sua "lealdade secundária". Cumprimentavam em uníssono as reformas no estilo de Deng, esforçavam-se por disseminar o pensamento de Mao Zedong, "buscar a verdade nos fatos". Trouxeram novamente à baila um humanismo marxista e discutiam o espírito do Partido e do povo pelas notícias. Por isso, grande parte das elites progressistas que ressurgiram no palco político rufou com devoção os tambores das reformas e, de forma correspondente, mostrou-se indiferente perante a repressão da "geração do Muro da Democracia". Mesmo que não se possa dizer que pessoas como Wei Jingsheng, que foram sentenciadas a penas pesadas, não tinham qualquer defensor entre as elites progressistas, quando a revista *Jintian* esteve sob pressão popular e Bei Dao e Mang Ke imploravam pelo amplo apoio da *intelligentsia*, surgiu uma resposta apenas de Xiao Jun, a quem não estava de forma alguma claro do que se tratava.

3. Importante é que o "Muro da Democracia" sobrepujou o pensamento cunhado por Mao Zedong e o discurso revolucionário criado por ele para lançar a primeira pedra fundamental para as ideias de valores independentes da ideologia oficial e um discurso da sociedade civil independente da ideologia oficial. Na literatura, a revista *Jintian* é a representante da primeira grande ruptura, que se distanciava da linguagem literária imposta por Mao Zedong a partir da uniformização da literatura em Yan'an em 1942; na representação de seus pensamentos, os comentários políticos de pessoas como Wei Jingsheng ainda podem mostrar traços da linguagem tradicional pregada por Mao; contudo, no ensaio de Hu Ping "Sobre a liberdade de expressão" não se

percebe qualquer vestígio. Quando recordamos hoje, não surpreende sobremaneira as pessoas o ímpeto de ideias da "geração do Muro da Democracia", quando a maioria arrasadora das pessoas progressistas da vida pública, em um contexto no qual o pensamento e a língua do povo há muito haviam sido "maoizados", descrevia as reformas no estilo maoista. Entretanto, o que realmente surpreende as pessoas foi que de repente tínhamos condições de expressar sentimentos e opiniões políticas numa linguagem totalmente nova.

4. A coragem coletiva do "Movimento do Muro da Democracia" ultrapassou os heróis solitários da era Mao. O valor da "geração do Muro da Democracia" para a modernização e transformação da China não reside apenas no fato de que ela assumiu um papel precursor no esclarecimento do pensamento, mas que, além disso, provocou em sua coesão a exigência severa por justiça. Quando Deng Xiaoping passou da exploração do movimento democrático para sua opressão e esse movimento enfrentou a perseguição bárbara pelos comunistas despóticos da China, os representantes dessa geração não exerceram mais a autocrítica lacrimosa, mas se lançaram em campanha como guerreiros destemidos contra a tirania. Sua coragem, sua moral e seu senso de justiça não tinham mais nada a ver com heróis solitários como a jovem Lin Zhao*, do tempo do movimento dos dissidentes direitistas na década de 50, e Yu Luoke**, do início da Revolução Cultural, não eram casos individuais reluzindo em seu isolamento, mas uma coletividade que contava com motivação mútua em face da ameaça de encarceramento. Há trinta anos, as condutas sublimes de pessoas como Wei Jingsheng diante de tribunais e nas prisões dos comunistas eram os exemplos mais antigos de coragem e tenacidade de toda uma geração na oposição contra a tirania, e motivavam uma geração inteira de pessoas da sociedade civil portadoras de grande paixão a não se curvar diante da tirania. Pode-se dizer que o primeiro impulso da sociedade civil para a formação de uma estrutura social na China atual, na qual "a moral e a justiça estão do lado da sociedade civil, e o poder, ao lado das autoridades locais", surgiu daquela "geração do Muro da Democracia".

Na Beijing do fim de tarde de 1º de outubro de 1979, após a "Exposição do grupo de pintores Xingxing" ter sido proibida por sua oposição à

---

* Veja "O testamento que Lin Zhao escreveu com sua vida é hoje a única voz de liberdade na China", neste livro, p. 174. (N.E.)

** Yu Luoke (1942-1970) nasceu em Beijing e foi eletrocutado por seu artigo intitulado "Sobre a origem". Outro motivo: supostamente ele tinha granadas de mão para empreender um atentado contra Mao Zedong. (N.E.)

Nomenklatura, uma dúzia de artistas, como Bei Dao, Mang Ke e Huang Rui, foram às ruas como representantes da sociedade civil. Esses artistas, que nunca haviam frequentado a universidade, partiram com cartazes como "Pela liberdade de expressão" e "Pela liberdade da arte" pelas ruas da Beijing outonal, foram coagidos por um grande número de policiais e conduziram com isso a primeira manifestação bem-sucedida pela liberdade de expressão. A figura do artista deficiente Ma Desheng de muletas à frente da manifestação tornou-se a imagem mais simbólica daquela época na lembrança da sociedade civil.

Trinta anos de reformas, da luta pela liberdade de expressão da "geração do Muro da Democracia" até o ainda hoje virulento movimento de proteção dos direitos – a proteção dos direitos, que há trinta anos permanecia limitada à *intelectualidade* da sociedade civil, permeou há muito todas as camadas da sociedade. O resultado mais importante que o novo esclarecimento do "Movimento do Muro da Democracia" trouxe é o despertar coletivo da consciência do direito na sociedade civil chinesa: sem a garantia dos direitos humanos fundamentais e dos direitos políticos fundamentais, o homem solitário não tem nada que possa mobilizar como contrapeso diante da arbitrariedade e da pressão do poder Judiciário e das grandes autoridades; o indivíduo não tem possibilidade de obter uma chance igualitária de perseguir seus interesses, o indivíduo não tem qualquer chance de obter uma garantia de segurança constitucional de seu patrimônio: se os interesses do indivíduo são feridos pelo governo, dificilmente ele conseguirá obter seu direito – dificilmente ele receberá a assistência sistemática da opinião pública, do Executivo e do Judiciário. Assim, não importa se tratamos da proteção dos bens privados ou do alcance de possibilidades de desenvolvimento pessoal, se falamos da obtenção dos direitos humanos fundamentais ou da administração autônoma da sociedade civil, tanto faz se tratamos da realocação da justiça social ou de um governo longo e pacífico do Estado – cada forma de proteção do direito é um movimento da sociedade civil no sentido da conquista da liberdade de expressão e da liberdade política. E as poucas migalhas que se recebe como caridade de cima para baixo não são nada se comparadas aos direitos humanos fundamentais pelos quais se luta de baixo para cima.

Embora o pensamento da sociedade civil após 4 de Junho de 1989 tenha se diferenciado muito, a nova e a antiga esquerda voltem a levantar a bandeira de Mao Zedong e novos e antigos confucionistas expressem as palavras de ordem do "caminho real na política", isso apenas põe um curativo estatal na ferida para acomodar o nacionalismo extremo, moderno e recente. No entanto, acredito que as ideias de liberdade e estética que a "geração do

Muro da Democracia" desenvolveu ainda são valores cruciais que conduzem a transformação da China.

A "geração do Muro da Democracia" entrou há muito na História como precursora da tentativa da China livre; sua persistência na liberdade do país permanece intocada há trinta anos e tão viva como nunca esteve.

Em casa, em Beijing, 15/6/2008

Fonte: revista *Cheng Ming Monthly*, Hong Kong, setembro de 2008

A VULGARIZAÇÃO E A MARCIALIZAÇÃO DO PATRIOTISMO
Uma análise crítica do novo patriotismo no continente chinês

> *No livro* A espada envenenada de um fio, *Liu Xiaobo descreveu o patriotismo num corte longitudinal, que – desde a era Mao Zedong, cujo regime abusou dele e o levou à loucura nos anos 80 e 90 e na entrada do novo século – se transformou num nacionalismo despótico. Num corte transversal, o autor criticou o fanatismo antiamericano, antinipônico e contrário à independência de Taiwan no continente. O presente artigo está no livro mencionado.*
>
> NOTA DA ORGANIZADORA

COMO NÃO SE PÔDE RISCAR DO MAPA os espíritos maléficos do nacionalismo, o antigo processo de modernização da China, que já dura cem anos, move-se num círculo vicioso entre o complexo de inferioridade e a presunção.

Quando dizemos que há 150 anos a Guerra do Ópio levou a China a "uma situação tão crítica como nenhuma outra em mil anos", a transformação atual da China após 150 anos, depois de muitas oportunidades perdidas e descaminhos dolorosos e preocupantes, representa a "chance que ela não teve em mil anos". Pois nos cem anos até a tomada do poder pelos comunistas chineses em 1949, as estruturas interna e externa da China não foram capazes de nos indicar uma direção clara: primeiro, a China foi humilhada pela diplomacia das canhoneiras dos poderosos; os chineses reconheceram o avanço do Ocidente, por isso começaram a "salvar o país com bons recursos", fundando assim um departamento de assuntos estrangeiros; então, a China foi aniquilada na guerra sino-japonesa de 1894-95, em que a armada do Norte, mesmo com equipamentos e artilharia avançados, não conseguiu salvá-la. Isso mostrou aos nossos conterrâneos de forma dolorosa as falhas de seu sistema e os levou para o caminho de "salvar o país com uma constituição"; em seguida, veio a desordem após a Revolução de Xinhai em 1911, a renúncia da última dinastia, a restauração do culto a Confúcio de Yuan Shikai e sua autonomeação como imperador, que fez com que os chineses superassem o plano de "sistema" e "recursos" e ingressassem numa reflexão profunda sobre os motivos da decadência de sua civilização. A causa para o fracasso do país residia na doutrina confucionista que, antropofágica como era, formava a ideologia do sistema do império. A "Ciência e Democracia" do Movimento de 4 de maio de 1919, que veio logo a seguir, irrompe com a ideia de "salvar a pátria com cultura" e solapa a "questão de Confúcio".

Nossos compatriotas irromperam cada vez mais fundo na autoanálise de suas falhas, desde "nossos recursos são piores que os alheios", passando por "nosso sistema é pior que os alheios", até "nossa cultura é pior que as alheias". Contudo, a consciência profunda que conduziu tal reflexão não era aquela de uma "libertação do homem" e do "bem-estar do povo", mas uma consciência da vergonha, da impotência e da humilhação nacionais. Sem exceção, todas as reformas foram coagidas para se concentrar no nacionalismo; a ideia estadista de riqueza do Estado e de um fortalecimento das forças militares substituiu o liberalismo libertador. A mesma situação vivenciaram os intelectuais que tomaram parte no Movimento de 4 de maio: além de um patriotismo que surgia no boicote de produtos japoneses, na recusa em assinar os tratados de paz e no enfraquecimento dos traidores do país, a maioria deles mal sabia o que poderia significar o Movimento de 4 de Maio. E foi justamente esse movimento, que teria preferido evitar o declínio do país com o estabelecimento de objetivos, que levou nossos compatriotas, que sempre fracassavam no estudo da prática das grandes potências ocidentais e ao mesmo tempo viam os sucessos da União Soviética na "Revolução Bolchevique", a uma polarização, quando se decidiram por um modelo de modernização pela imitação de seu objeto.

Nos anos 50, nos quais os comunistas chineses estavam no poder, o nacionalismo era uma das colunas mais importantes para a legitimidade moral do regime comunista, que deveria "libertar toda a humanidade", apesar de ter sido enfatizado um certo estadismo na era Mao Zedong. Só que o patriotismo sob o domínio comunista em qualquer época foi muito diferente: da marcialização pretensiosa na era Mao Zedong à defensiva pragmática na era Deng Xiaoping até o refortalecimento da marcialização arrogante na era Jiang Zemin, ninguém abandonou o círculo vicioso de sentimento de inferioridade e presunção.

1. O patriotismo marcial da era Mao Zedong

Após o 11 de Setembro, muitas pessoas do continente mostram um nacionalismo extremamente marcial, sanguinário, inescrupuloso e desumano, cujas emoções se enraízam em profundidade no grito de guerra da era Mao Zedong. Ultimamente, é possível encontrar um ensaio cujo título parece tirado do editorial do jornal *Renmin Ribao* dos anos 50: "Enterrem o coração de lobo do imperialismo americano, da hegemonia mundial". Esse artigo descreve os Estados Unidos como "de fato o país vilão nas áreas política, militar e econômica", os Estados Unidos, a Inglaterra e o Japão são descritos como "o verdadeiro eixo do mal", e clama "para que a população mundial se una, abandone suas ilusões e entre na luta. Enterrem o coração de lobo do imperialismo americano, da hegemonia mundial, impeçam a catástrofe gigantesca na qual ele lançará toda a humanidade".

Para alcançar tal objetivo, a China precisaria unir-se ao mundo islâmico e à Rússia e varrer ativamente a hegemonia americana do mundo. Diante da guerra antiterror conduzida pelos Estados Unidos, o artigo chega à seguinte conclusão surpreendentemente absurda, única e espetacular: "Se o Islã perecer, China, Rússia e todo o mundo estarão em perigo. Se a China naufragar, a Rússia precisa naufragar, se a Rússia cair, a China deve cair".

Por isso, China e Rússia precisariam lançar mão das emoções antiamericanas dos muçulmanos e não poderiam abrir mão de empreender todas as medidas para atacar a América, sendo os ataques terroristas de Bin Laden o melhor recurso. A partir das decisões táticas da política externa chinesa, não seriam nem mesmo os Estados-irmãos dentro do tradicional bloco comunista (como Coreia do Norte, Cuba e Vietnã) os aliados de primeira linha, mas os Estados islâmicos (como Iraque, Irã e Paquistão), pois consideravam os Estados Unidos um inimigo; o fundamentalismo islâmico e seu terrorismo não seriam inimigos da civilização mundial, mas, ao contrário, aliados importantes e indispensáveis com relação à necessidade de uma vitória chinesa na guerra contra os Estados Unidos e, com isso, a melhor barreira para a segurança estatal da China. A visita de Jiang Zemin ao Irã e à Síria após o 11 de Setembro teria sido a decisão de política externa correta.

Se comparado à grande parte dos artigos na internet, esse é especialmente aterrorizante. Frases como "é necessário transformar o Mar de Taiwan num mar de sangue e fogo para finalmente levar ao túmulo os separatistas taiwaneses" ou "incinerem os porta-aviões do imperialismo americano" e muitas passagens semelhantes na internet podem representar uma tendência marcial no novo patriotismo do continente.

A atual nostalgia da era Mao Zedong dentro da sociedade chinesa emerge não apenas na saudade que sentem as classes mais baixas da Tigela de Arroz de Ferro e do tempo do igualitarismo, mas constitui também uma nostalgia dos patriotas em seu fanatismo nacionalista pelo "não" que tinham coragem de gritar às duas superpotências na era Mao. Com o início do século, ditados da bíblia maoista voltam a ganhar força, como "tigres de papel" e "o vento leste esmaga o vento oeste", como se estivéssemos novamente na era Mao com seu clamor assassino que não deseja terminar. Quando se fala sobre o patriotismo marcial atual no continente, é necessário buscar seu fundamento na "mentalidade de realeza" da era Mao.

Na tradição chinesa, imperadores e reis dentro do sistema dinástico não tinham a menor ideia de soberania popular ou de Estado, mas apenas uma "consciência daquilo que existe sob o céu", ou seja, a China cultivava, como Império do Meio e como umbigo do mundo, uma consciência autista-narcisista, com a qual se olhava de cima para baixo para aquilo "que existia sob o céu". No longo período de monarquia autocrática antes do fim da dinastia Qing, o desenvolvimento da China se deu basicamente excluído do mundo, a China nunca encontrou um desafio forte que viesse de fora, o domínio estrangeiro dos mongóis na dinastia Yuan e o dos manchus na dinastia Qing foram por fim assimilados pelo Império do Meio. Por isso, nossos conterrâneos não olhavam por motivação própria para o exterior e, mesmo quando lançavam um olhar sobre o mundo que os cercava, nunca tinham a ideia de um "Estado nacional", apenas a "noção de um império sob o céu" que determinava o destino do universo.

A elite dominante acreditava que aquilo que ela regia não seria um Estado com fronteiras claras, mas compreenderia todas as regiões "sob o céu". E com essa ideia de império, em cujo centro estavam os próprios chineses, olhava-se de cima para baixo os Estados circundantes. Os cidadãos do império denominavam-no "país do cerimonial" e desprezavam a civilização, outros Estados e nações, considerados "bárbaros"; as pessoas entendiam-se como a dinastia central, de cuja corte participavam outros 10 mil países, e os outros Estados eram vistos como vassalos. As relações entre todos os pequenos povos bárbaros e a civilização do grande Han eram desiguais, de servos e príncipe, de baixo para cima, de periferia e centro; todos os "bárbaros" inferiores tinham a única obrigação de pagar seu "tributo" à corte de baixo para cima; assim, o Império do Meio gozava de toda a autoridade de "conceder a misericórdia" do contato e da troca de interesses da política externa absolutamente injusta. Mesmo após as grandes potências ocidentais terem aberto os portais da China com suas armas modernas, a atitude régia dos cidadãos do império não se alterou substancialmente. Não era raro a classe dos doutos e dos nobres manchus e qings tecer comentários pejorativos sobre os ocidentais. Chegaram ao ponto de acreditar piamente que os ocidentais seriam "uma raça meio humana, meio bicho", ou "um híbrido de homem e peixe", ou um "cruzamento de homem e inseto".

Oficiais conservadores e membros estúpidos da pequena nobreza inventavam todos os tipos de absurdidade e mentira para inflamar o fanatismo xenófobo e para sustentar a vaidade de uma grande potência e do reino escolhido pelos céus. Um exemplo: as lições mais amargas que a China precisou aceitar, com a vergonha exterior e os acordos desiguais*, foram em grande parte graças às mentiras espalhadas pela pequena nobreza, por exemplo, que os missionários devoravam bebês, arrancavam coração e olhos das pessoas, alucinavam, envenenavam, violavam túmulos, violentavam mulheres e raptavam crianças, pilhavam armas e transformavam o povo em ladrões etc. Apenas o Japão, que até a grande derrocada da China na guerra sino-japonesa de 1898-1899 era visto como um país mínimo, obrigou nossos cidadãos do império a abdicar do orgulho de um império sob o céu regido pelo príncipe. Mas a corte aproveitou o "Levante dos Boxers" para ventilar o ódio contra o estrangeiro e manter a presunção do Império do Meio. Até hoje a expressão "demônio estrangeiro" é a designação corrente entre nós para alguém que não pertence ao nosso povo.

Quando os comunistas chineses ainda não estavam no poder, eles não cessavam de propagar que o primeiro objetivo da revolução chinesa residia no "anti-imperialismo" e apenas em segundo plano no "antifeudalismo". Após tomarem o poder em 1949, declararam imediatamente a derrubada "das três montanhas que pesavam sobre o povo chinês", e a primeira delas seria o "imperialismo".

O manifesto anti-imperialista de Mao Zedong "Adeus, Leighton Stuart**", de 18 de agosto de 1949, era um manifesto antiamericano no qual a China se despedia do domínio semicolonial. No momento em que Mao Zedong clamou: "Os chineses se levantaram!", o nacionalismo afligido com o complexo de inferioridade transmutou-se numa arrogância cega. Para impedir a invasão das forças armadas do imperialismo e uma evolução pacífica do

---

* O termo "acordos desiguais" refere-se a uma série de tratados que a China celebrou em meados do século XIX e a Primeira Guerra Mundial com as potências ocidentais, e Japão, Coreia etc. (N.E.)

** John Leighton Stuart (1876-1962) foi o primeiro presidente da Universidade Yanjing e, mais tarde, embaixador dos Estados Unidos na China. (N.E.)

capitalismo, ele perseguiu de um lado uma política de imbecilização do povo e isolou o país; para assumir o papel de líder mundial e erigir novamente o "império sob o céu", discursou por outro lado em tons altissonantes sobre um internacionalismo libertador de toda a humanidade; revivia aqui alegremente toda a postura do "império sob o céu", e o transbordamento desse patriotismo marcial representou um desastre para toda a era Mao Zedong.

O patriotismo marcial da era Mao Zedong teve diversas origens:

1. Durante a guerra civil entre o Guomindang* e os comunistas, os comunistas, apoiados pela União Soviética, derrubaram o Guomindang, apoiado pelos Estados Unidos, o que levou ao rompimento da política externa e ao fechamento do país.

2. As forças dos dois sistemas mundiais ainda mantinham o equilíbrio na Guerra Fria, a União Soviética e a China faziam juntas oposição aos Estados Unidos e haviam chegado a um empate com os Estados Unidos na Guerra da Coreia (que foi propagado como vitória sobre o imperialismo americano); os Estados Unidos foram vencidos na Guerra do Vietnã, uma vitória que, superestimada, trouxe consigo a arrogância cega, a militarização da economia e, no caso da Guerra da Coreia, o Grande Salto para Frente.

3. Um comunismo que libertasse toda a humanidade e um internacionalismo que apoiasse o Terceiro Mundo transformaram-se na mantilha ideológica para a ambição de se alcançar a hegemonia mundial.

4. Como consequência, surgiu uma forma de "consciência antebélica", na qual as pessoas se preparavam para a deflagração da Terceira Guerra Mundial.

A ambição desenfreada de Mao Zedong conjugada com suas especulações subjetivas explorou todos esses fatores sem cessar. Mao ateve-se supersticiosamente às ideias subjetivas e aos canos das espingardas; após a tomada do poder, rendeu-se à ilusão de finalmente constituir o centro da revolução mundial. Esse é o motivo pelo qual não se fala muito, no contexto da evolução econômica na era Mao, de uma economia planejada ou "dominadora", mas de uma economia militar que acima de tudo estava a serviço da guerra e da preparação da guerra. A partir da Guerra da Coreia, Mao fez a China trilhar o caminho de uma economia armamentista: a indústria pesada tinha preferência, o aço, prioridade máxima; projetos políticos internos, como o estímulo

---

* Partido Nacionalista Chinês. (N.T.)

à natalidade, a estrutura tripartida* e o desenvolvimento de armas nucleares eram descoordenados – tudo em virtude da economia militar.

Embora o país não estivesse de forma alguma preparado, Mao Zedong manteve-se na guerra do bloco comunista contra os Estados Unidos, sem consideração pelo seu povo, e implantou o Grande Salto e a Grande Extração de Aço, com os quais as economias inglesa e americana deveriam ser dominadas. Para contestar o lugar de honra da antiga União Soviética no domínio do movimento comunista internacional, envolveu-se sob o pretexto do antirrevisionismo em tensões evocadas por ele mesmo, nas quais uma guerra simultânea contra as duas superpotências seria inevitável; rejeitou a "Teoria dos Três Mundos**", exportou a países subdesenvolvidos a revolução à la Mao, pôs-se mundialmente no topo de uma política de "isolamento das cidades pelas regiões rurais" (o Terceiro Mundo subdesenvolvido cerca o mundo capitalista desenvolvido) e propagou um internacionalismo libertador de toda a humanidade – e tudo isso, no que tange à linguagem e ao surgimento de uma política externa, de forma extremamente agressiva, exorbitante e marcial. Trazendo totalmente de volta à vida o egocentrismo do "império sob o céu", Mao Zedong tinha em princípio nada mais que a ambição extremamente deturpada de se tornar imperador, imperador do mundo e salvador da humanidade.

Dessa forma, por exemplo, em apoio à União Soviética no desenvolvimento de armas nucleares e com o objetivo de transformar a China numa superpotência militar, exportou cereais para a União Soviética numa época em que, no Grande Salto para Frente, cerca de 40 milhões de pessoas morriam de fome na China. O motivo para esse comportamento residia unicamente na ambição pessoal de Mao Zedong de reinar no mundo. Em 19 de agosto de 1958, comentou satisfeito a um oficial líder de uma província: "No futuro, fundaremos um comitê para administrar o mundo e elaboraremos um plano uniforme para todo o planeta".

Mao Zedong executou sua ambição pessoal com o poder absoluto que tinha nas mãos e para esse fim incitou os cidadãos a olharem com arrogância para todos os outros. O Mao Zedong dessa época contava de fato com uma autoridade pela qual "uma frase valia por 10 mil frases"; nossos conterrâneos daquela época acreditavam mesmo na afirmação de Mao Zedong de que

---

* A estrutura tripartida de 1964 previa uma estrutura de economia e tecnologia, indústria e transporte em treze províncias e regiões autônomas no centro e oeste da China. (N.E.)

** A Teoria dos Três Mundos, supostamente desenvolvida pelo próprio Mao, subdividia o mundo em três "mundos": o primeiro com as superpotências Estados Unidos e URSS, o segundo com os países da Europa e o terceiro com os países em desenvolvimento. (N.E.)

"todos os contrarrevolucionários" seriam "meros tigres de papel", e os imperialistas americanos e os renegados soviéticos não constituíam exceção, e acreditavam piamente que o futuro do mundo estava na "opressão do vento oeste pelo vento leste", que o povo chinês sem dúvida poderia salvar toda a humanidade. Por trás dessas fórmulas pomposas, contudo, havia nada menos que um pensamento imperial desenfreado e primitivo, a ambição hegemônica, a educação para a hostilidade e o ódio, uma filosofia bélica e a glorificação da violência (crença no cano da espingarda). Tal consciência não era apenas a profissão de fé de Mao Zedong como pessoa, era também a fé de toda a China, acima de tudo a crença comum da geração jovem que alcançou seu ápice durante a Revolução Cultural.

A conhecida Geração sob Bandeiras Vermelhas, que cresceu após 1949, recebeu desde pequena uma educação de revanchismo, glorificação da violência, luta de classes e revolução mundial, e sua crença no palavrório de Mao Zedong era absoluta. Fundamentada por um patriotismo vermelho e presa na insanidade de uma revolução violenta, a Revolução Cultural proporcionou a essa geração o palco perfeito para colocar essa crença em prática com mão forte. As Guardas Vermelhas insurgentes invadiam consulados estrangeiros e os incendiavam e atrapalhavam os trens internacionais; a outros radicais não bastava a rebelião dentro do país: cruzavam fronteiras com ideais nobres da salvação da humanidade, irrompiam, entre outros países, no Vietnã, na Tailândia e em Mianmar, numa guerrilha à la Mao, e organizavam até mesmo "batalhões da juventude intelectual".

Em 1º de setembro de 1966, as Guardas Vermelhas anunciaram ao mundo todo por uma das escolas secundárias ligadas à Universidade de Qinghua, num artigo com o título "Aniquilando o velho mundo, criando um mundo novo", cheios de entusiasmo e sentimentos elevados: "Nós, da Guarda Vermelha, executamos a pena de morte do imperialismo, acima de tudo do imperialismo americano; somos os coveiros do velho mundo. Participamos pessoalmente da guerra que levará o imperialismo americano ao túmulo". Em 1967, virou moda por um tempo uma balada escrita por um agrupamento das Guardas Vermelhas (entre os autores estava também um homem chamado Shi Zhi, que mais tarde foi indicado como o pai das Poesias Obscuras) intitulada "Aos heróis da Terceira Guerra Mundial". O heroísmo sublime de uma limpeza mundial e da ambição transbordante da salvação da humanidade tomou rumos absurdos e patológicos.

O poema descreve como os guerreiros das Guardas Vermelhas irrompem na "Terceira Guerra Mundial", esmaga a Europa e plantam bandeiras de Mao Zedong nos edifícios de importância simbólica nas capitais das superpotências, União Soviética e Estados Unidos – o Kremlin e a Casa Branca. Na balada, são descritos os heróis chineses da Terceira Guerra Mundial, como seus cavalos matam a sede no rio Don e ocupam Moscou, como hasteiam a bandeira das cinco estrelas na torre mais alta do Kremlin; como fumam o tabaco americano e bebem das fontes africanas; como no fim aterrissam na América do Norte, conquistam Washington e fazem tremular a bandeira chinesa no mastro da Casa Branca, como no passado o Exército de Libertação Popular ocupou Nanking.

A piada é que numa série atual de televisão chamada "Gelo Negro", que trata do tráfico de drogas e tem imensa audiência, o maior contrabandista é um antigo membro das Guardas Vermelhas que havia seguido para Mianmar para dedicar sua vida à revolução mundial. Agora um homem de meia-idade, ainda enverga o uniforme amarelo de algodão, traz uma medalha de Mao Zedong e mantém viva a lembrança dos tempos de rebelião (como a maioria dos antigos membros das Guardas Vermelhas que não estão dispostos a fazer um exame de consciência); ele é impiedoso e brutal, sua cabeça é formada apenas pelo desejo de poder e pela ambição de controlar o mundo. O único motivo para a fabricação e venda das drogas não está no dinheiro, mas na realização de seus esforços pelo poder de sua juventude. Como não foi capaz de alcançar esse objetivo pela rebelião na era Mao Zedong, quer recuperar o tempo perdido e tenta agora com os métodos monetários da era Deng Xiaoping e Jiang Zemin.

Ou seja, o guarda vermelho de antigamente é o traficante de drogas de hoje; a revolução que cruzava fronteiras transformou-se na criminalidade transnacional, na qual se mostra a diferença exata das duas épocas e ao mesmo tempo as raízes ruins de todos nós: a sede de poder para dominar tudo que há sob o céu e não ter escrúpulos na escolha dos meios com os quais se persegue esse objetivo.

2. O PATRIOTISMO CÍNICO – MANTER-SE PROTEGIDO E AGUARDAR SEU TEMPO

Na época de Deng Xiaoping, o pragmatismo tomou o lugar da vontade o desenvolvimento da economia substituiu a luta de classes, o desarmamento, substituiu o armamento; a economia civil, a economia de caserna; e o patriotismo marcial deu lugar ao defensivo. Nas relações exteriores, Deng Xiaoping renunciou aos três pilares da política externa da era Mao: o princípio ideológico, a liderança do Terceiro Mundo e a constante prontidão para a Terceira Guerra Mundial. No seu lugar surgiram a precedência do lucro ante a ideologia, a ênfase no desenvolvimento e as relações com países desenvolvidos; com todo vigor, há um empenho na direção de um ambiente internacional pacífico e na redução do número de soldados em um milhão.

Nos anos 80, havia o desejo urgente do povo de acabar com a pobreza e com a luta, as portas cerradas do país foram abertas de uma vez, as reformas políticas estavam no ponto, o supérfluo do mundo e seu colorido faziam aparecer o próprio atraso e pobreza, o sentimento de vergonha nacional, o desejo de cruzar as fronteiras, a inveja do Ocidente rico e a conservação da cultura antiga, tudo existia ao mesmo tempo.

Mesmo quando o patriotismo avançava cada vez mais na direção da essência da nova ideologia da Nomenklatura, mesmo quando surgiam novos prognósticos de que "no grande embate entre a civilização chinesa e a ocidental o século XXI" seria "o século chinês", no fim das contas o transbordar das emoções nacionais podia nessa época equilibrar uma postura aberta caracterizada pela liberalização e uma onda de ocidentalização. O atraso real e a corrente principal de emoções inflamada pelo complexo de inferioridade levaram não ao ódio e aos desejos de expansão, mas à aspiração pelo aprendizado com o Ocidente.

Após o 4 de Junho, os países ocidentais boicotaram por unanimidade o regime comunista na China, e a opinião pública mundial julgou em uníssono o grande massacre. Como consequência, as relações entre a China e o Ocidente chegaram ao fundo do poço.

Para estabilizar a situação política e alterar as definições de objetivo, os comunistas chineses buscaram novamente refúgio nos antigos estratagemas de Mao Zedong do inimigo externo. O movimento de 89 foi condenado internamente, houve um dedo das forças antichinesas no exterior, houve até mesmo um complô subversivo operado a distância e a mais nova evidência de que o desejo do capitalismo, acima de tudo do hegemonismo americano, de nos subjugar estaria intacto – antiliberalismo e hostilidade à paz transformaram-se em obrigação ideológica principal.

No âmbito da política externa, o massacre levou os comunistas chineses a um isolamento internacional renovado, mas o desenvolvimento econômico da China não conseguiu abandonar os mercados, o capital e a tecnologia dos países desenvolvidos; assim veio o golpe que significou a substituição do Império Vermelho da ex-União Soviética pelo regime dos comunistas chineses – por isso, em virtude da condenação e do boicote de seu regime pelos países ocidentais com os Estados Unidos, Deng Xiaoping chegou ao topo numa defensiva de meia-voz. Essa tática de política externa, "manter-se protegido e aguardar seu tempo", determinou os anos 90.

Mas, quando um regime ditatorial promete "manter-se protegido", isso é moralmente aviltante, pois uma tática de política externa pragmática como essa não apresenta nenhuma exigência moral, lança seu olhar exclusivamente aos próprios interesses e continua a perseguir uma moral infame e inescrupulosa na escolha de seus meios; o desejo entranhado de querer dominar tudo que está sob o céu não mudou em absoluto, continua-se a acreditar na legalidade inalienável, como a chamamos de forma tão bela, "trinta anos a oeste do rio, quarenta anos a leste", na qual se alternam mercadores locais e os Estados hegemônicos.

Em épocas nas quais os próprios poderes não bastam, aceita-se muita degradação em prol do grande objetivo, se endurece para desafios futuros, para atacar novamente as montanhas do Ocidente. Contudo, um dia, a recuperação da China se tornará realidade, uma China forte surgirá um dia no palco internacional como "vingadora", como o Estado Yue contra o Estado Wu no Período de Primavera e Outono, e novamente para "tornar-se o centro de tudo que está sob o céu".

De fato, Deng Xiaoping não tinha de forma alguma a patente sobre a estratégia abominável de "manter-se protegido", pois seu criador havia sido ninguém menos que Mao Zedong.

Desde o início das reformas, o nacionalismo no continente irrompeu pela primeira vez após a campanha fracassada de Beijing para os Jogos Olímpicos. Esse fracasso representou uma declaração de falência da política externa esportiva dos comunistas chineses e significou um sério revés para a autoestima do povo. No entanto, esse mesmo revés grave para a autoestima do povo entregou aos comunistas chineses a melhor e mais necessária oportunidade de recondicionar a legitimidade de seu regime e lhes presenteou com o apoio da opinião pública na China. Se os cidadãos ainda não acreditavam que o movimento de 89 havia sido resultado de uma interferência massiva das forças ocidentais antichinesas, se ainda não acreditavam que sua destruição sob armas era a única decisão possível para proteger os interesses do Estado, então agora acreditavam no que estava bem diante dos seus olhos, que a campanha de Beijing para os Jogos Olímpicos havia fracassado pelas mãos das forças antichinesas no Ocidente.

Portanto, havia uma nova prova do prosseguimento das humilhações por parte do exterior, que já duravam séculos, e das tentativas de subversão das forças antichinesas – nas áreas rurais chinesas levantou-se um ataque nacionalista radical como não havia mais desde as reformas, cujas principais emoções eram a recusa, a reclamação e a fúria descontrolada. Na distorção ou mesmo falsificação da História, estão enumerados os crimes e as humilhações em solo chinês e contra o povo da China dos quais eram culpados os ocidentais nos últimos séculos.

O nacionalismo enfurecido era, contudo, o principal acusador, que já revelara que sua tendência à marcialização e ao *hooliganismo* determinaria o discurso do patriotismo no novo século; representante desse fato seria a tiragem monstruosa de *A China também pode dizer não*. Nesse livro é possível encontrar tudo: o ódio nacionalista extremado, as grandes ambições chinesas, as emoções românticas efervescentes e os gritos vulgarizantes.

São contados os crimes escandalosos da força hegemônica americana contra a China e o mundo, os americanos são xingados, o mundo pró-americano não passa de "escória" que precisa ser calada: "Nem mesmo um peido eles devem soltar!".

Com toda a força, ódio e nacionalismo marcial são inflamados: "Se uma reconciliação for absolutamente impossível, clamo aos chineses que se lembrem do ódio!", "Vinguem-se!", façam das ruas de Taiwan "um muro das lamentações invisível!", "Recomendamos com seriedade que Washington construa um monumento aos soldados ainda maior, [...] e esse monumento será o túmulo para as almas dos americanos". Enquanto a força hegemônica americana e seus lacaios seguramente "estão no fim" e as "personalidades iminentes" do povo chinês "certamente ascenderão" em sua integridade encharcada de sangue, é sua missão lutar pela realização das ambições chinesas para a "liderança no século XXI".

É possível reconhecer que os tons sussurrados por trás dos quais as pessoas se protegiam traziam em si a grandiloquência de uma política de grande potência e que o ódio popular extremado leva entranhado o germe do revanchismo.

3. Bastidores da formação do patriotismo marcial *hooligan*

Para que os tempos de paz reúnam um patriotismo marcial agressivo e em expansão, há com frequência as seguintes condições:

a. uma época anterior de força e brilho, na qual se olhava com desprezo para as "coisas sob o céu", e o egocentrismo para reger de uma vez tudo "sob o céu";
b. um período persistente mais longo de humilhações de política externa e um complexo nacional para poder vingar e superar;

c. uma pressão pela subsistência e a falta de recursos acompanhadas de uma população muito grande;
d. um crescimento direto e incessante das forças políticas e militares;
e. uma educação ininterrupta do ódio e uma desorientação compulsiva da opinião pública;
f. uma psique popular que oscile num círculo vicioso entre o complexo de inferioridade extremo e a arrogância extrema;
g. um regime ditatorial que possa lançar mão do efeito das condições acima e concentrá-lo.

Entre essas sete condições, a última tem especial importância para a formação e a prevalência de um patriotismo marcial; pode-se dizer que ela forma a essência na qual todas as outras condições se incluem, principalmente num grande país que seja pobre e tecnologicamente atrasado. Mas num ambiente pacífico e tolerante de uma sociedade livre, se não houver despotismo político e existir apoio apenas em uma dessas condições, não só é impossível construir um nacionalismo belicoso, como cada vez este se torna mais empalidecido na contenda das opiniões e, no fim das contas, é expulso do palco da História.

Dito de outra forma, um regime despótico é a condição essencial para que todas as outras condições possam se condensar e amadurecer, pois um sistema despótico dispõe da força soberana sobre os recursos sociais importantes e pode, além disso, aquecer as emoções nacionais pela infiltração unilateral ilimitada pelos meios de comunicação; por isso, ele pode concentrar os recursos importantes no desenvolvimento do poderio militar e a opinião pública na infiltração na ideologia patriótica sem o consentimento das massas populares.

A 17ª Conferência de Delegados do Partido Comunista Chinês em 1997 foi um símbolo da transição da China da era Deng Xiaoping para a época de Jiang Zemin. A mudança em todos os lugares na sociedade chinesa cumpriu exatamente todas as condições mencionadas anteriormente, pois Jiang Zemin não estava mais satisfeito em "manter-se protegido" e apressou-se em iniciar sua "política de grande potência". O nacionalismo chinês já não estava satisfeito em "ocultar a força e aguardar a sua vez" e esperava ansiosamente por "uma luta decisiva entre a China e a América" para assumir a supremacia no mundo.

Nos últimos anos, nossos concidadãos se deixaram sufocar muito rapidamente, incentivados pelo pragmatismo de Deng Xiaoping, alimentados pela tradicional "Teoria do Escuro e Espesso*" e garantidos pelo relativismo extremo do pós-modernismo, por esse raizame terrível que praticamente se tornara a sua segunda natureza, que não seguia princípios, mas se sujeitava a tensões fortuitas – não apenas a pobreza muda o rosto, a riqueza faz isso de forma ainda mais duradoura.

Esse pragmatismo totalmente sem princípios naturalmente determina também a política externa dos comunistas chineses e a popularização do nacionalismo. Como consequência do crescimento da presunção pelo protagonismo da economia chinesa e da expansão do poderia militar e político, a herança intelectual desértica de Mao Zedong também experimentou, sob o estandarte do patriotismo, seu ressurgimento.

Com o apelo do reerguimento da dignidade e do caráter do povo, houve uma torrente inconsequente, como a dos *hooligans*, de uma linguagem de violência, ódio nacional e emoções marciais que nesse meio-tempo tornou-se uma característica da internet no continente. Na esteira desse ódio, que se descarrega com relação a ocasiões concretas, existe uma grande virada para um nacionalismo distorcido, como já se mantém há um século: um patriotismo passivo-defensivo constituído de uma mistura de complexo de inferioridade, ódio extremado, acusações e ressentimentos metamorfoseou-se num patriotismo ativo-agressivo formado por autoconfiança, arrogância irreal e diatribes permeadas de ódio.

Em concomitância à infiltração do povo, foram condições de maior importância para essa metamorfose a reconstrução da autoconfiança e o restabelecimento da "consciência" egoísta "de tudo que está sob o céu". Na China, que precisou suportar um século de humilhações do estrangeiro, o cerne do nacionalismo está num sentimento de soberba, e o outro lado desse sentimento de arrogância é o complexo de inferioridade. Com a entrada do novo século, houve cinco estímulos que impeliram diretamente nossos concidadãos a buscar refúgio num patriotismo marcial.

Primeiro, a entrada na era Jiang Zemin e o regresso de Hong Kong em 1997 tornaram-se um recurso excepcional para a revanche das humilhações para o exterior e para a reconstrução da autoconsciência nacional para o interior; quando em 1999 um míssil teleguiado da Otan acidentalmente

---

* A "Teoria do Escuro e Espesso" remonta a Li Zongwu (1879-1944) e foi publicada em 1911. Ele era um especialista da intriga política e escreveu: "Se escondes tuas intenções do outro, és 'espesso'. Se impões tuas vontades aos outros, então és 'escuro'". Com essa "teoria" são descritos os métodos inescrupulosos e insidiosos pelos quais é possível manter-se no poder. Nos anos 80 do século passado, jornais do continente relatavam que Mao Zedong estudara essa "teoria". (N.E.)

atingiu a embaixada dos comunistas chineses na Iugoslávia, esse fato provocou o maior levante popular antiamericano e antiocidental desde as reformas e infundiu o estímulo ao ódio no patriotismo marcial. Como consequência do crescimento veloz do poderio político e militar, os tons suaves do "manter-se protegido" foram substituídos pelos tons grandiloquentes da "política de grande potência" e também a "consciência do domínio de tudo que está sob o céu" experimentou um nova ressurreição como "ascensão de uma grande potência".

[...] Segundo, a campanha pelos Jogos Olímpicos, o futebol, o sucesso na entrada na Organização Mundial do Comércio, o século que começara com tanta alegria, esse novo século que veria o aumento infinito de nossos concidadãos, que preenchia todas as esperanças, pareciam tornar realidade o prognóstico de que o "século XXI será o século da China" e isso para reforçar a autoconfiança e a arrogância de nossos compatriotas. Embora tal sucesso simbólico, como na campanha das Olimpíadas, não tenha trazido nenhuma vantagem substancial para nossos conterrâneos, para a Nomenklatura corrompida foi uma chance extraordinária – no entanto, nos preparativos para os Jogos Olímpicos, não foi apenas a estabilidade dos órgãos oficiais em primeiro lugar, mas também a primazia econômica, o desperdício de recursos, o dano financeiro para a população trabalhadora e os direitos humanos pisoteados que concederam à política o subterfúgio desejado para continuar a apresentação do show inigualável do crescimento nacional, da prosperidade e dos pontos fortes nacionais: a terceira geração de comunistas chineses fez sua aparição nas próprias festividades e também apareceu durante os pré--jogos na praça Tian'anmen e nas festividades nacionais. Mais de um milhão de pessoas saíram espontaneamente para as ruas de Beijing; a cidade mais importante do país teve uma noite de delírio feliz e mostrou ao mundo uma China que se tornava cada dia maior e mais confiante.

Terceiro, os meios de comunicação no país espalharam especialmente para a opinião pública internacional que com a China logo surgiria uma nova potência mundial. Mesmo a "teoria da ameaça chinesa" tão disseminada no Ocidente confirmava *ex negativo* a nova Grande China. Além disso, o todo fornecia uma oportunidade excelente para tirar proveito do capital de sua arrogância. O livro *Science and Civilization in China* (Ciência e civilização na China), de Joseph Needham*, a profecia de Napoleão do "despertar repentino do exército chinês" e cada boa notícia sobre a China disseminada pelos aparatos de poder internacionais formavam a fonte intelectual para o

---

* Joseph Needham (1900-1995), estudioso e sinólogo inglês, ficou famoso pela obra monumental em muitos volumes: *Science and Civilization in China*. (N.E.)

aumento da arrogância nacional. Os líderes políticos de muitos países ocidentais, o Banco Mundial, as organizações monetárias internacionais e todas as elites ocidentais repetem ininterruptamente as expressões "protagonismo da economia chinesa" e "ascensão de uma China forte", cuja capacidade econômica total entre 2015 e 2020 ultrapassará a do Japão. E quando se unirem a essa seleção unilateral ornamentos como "surpreendente", "inimaginável" e "maravilha", nossos compatriotas foram induzidos pela mídia a uma ilusão extremamente perigosa – ou seja, a acreditar que a "adoentada Ásia Oriental" de uma hora para outra transmutara-se na "heroica Ásia Oriental" e que a China de fato já teria se elevado à única potência mundial que poderia enfrentar a América.

Quarto, a série de grandes acontecimentos mundiais que têm relação estreita com a China, principalmente o agravamento do conflito entre Estados Unidos e China, foi noticiada nos meios de comunicação dos comunistas chineses de forma deturpada para aprofundar o ódio nacional e estimular ainda mais os sentimentos marciais *ex negativo*:

a. Em primeiro lugar, fica totalmente claro o conflito entre China e Estados Unidos.

Após o final da Guerra Fria, o regime dos comunistas chineses tornou-se a fortaleza mais robusta do regime ditatorial, enquanto a América livre era a única superpotência remanescente; o último movimento na luta dos sistemas seria tomado entre a China e os Estados Unidos. Nesses termos, o governo George Bush, ao assumir o posto, tornou obviamente a China seu maior inimigo em potencial e desenvolveu uma estratégia para restringir plenamente o regime dos comunistas chineses. Na questão especialmente sensível de Taiwan, Bush transformou-se no presidente mais amigável de Taiwan desde a retomada das relações diplomáticas entre a China e os Estados Unidos, há trinta anos. Ele permitiu não apenas um aumento das compras de armamentos de Taiwan, mas também renovou em todas as ocasiões oficiais a promessa americana a Taiwan e tornou claro, em tom inequívoco, que protegeria Taiwan no caso de ataques militares. Sem a menor consideração aos comunistas chineses, Bush chegou a reafirmar num discurso na Universidade de Qinghua que o governo americano manteria a *Taiwan Relations Act* (Lei de Relacionamento com Taiwan).

Os Estados Unidos não se importaram com os avisos dos comunistas chineses, reforçaram as relações militares com Taiwan e receberam pela primeira vez em trinta anos um ministro da Defesa do país, Tang Yaoming. Nessas relações tão tensas, a colisão de um avião americano com um chinês em 1º de abril de 2001 aprofundou o ódio dos chineses pelos Estados Unidos.

Embora o 11 de Setembro tenha aliviado temporariamente as relações entre China e Estados Unidos, a América não apresentou nenhum sinal de atenuação de uma estratégia de restrição contra os comunistas chineses, salvo por uma cooperação limitada na área da luta contra o terrorismo, nem de questões importantes como direitos humanos, liberdade religiosa, difusão de armamentos e a questão taiwanesa. E, no que diz respeito à atitude na sociedade chinesa, o sucesso de um ataque terrorista como o de Bin Laden serviu de válvula de escape para o ódio acumulado pelos patriotas do continente, deu a eles um exemplo de um sucesso a qualquer custo e trouxe de volta à baila o livro escrito por dois oficiais de uma escola militar dos comunistas chineses, *A guerra ilimitada**. Em 11 de Setembro, nossos compatriotas viram o lado fraco da América, o que fortaleceu sua confiança sobre a possibilidade de vencer a maior potência do mundo.

b. O desafio de Taiwan

No ano de 2000, o Partido Progressista Democrático de Chen Shuibian chegou ao poder nas eleições taiwanesas e surgiu como vencedor também nas eleições posteriores na câmara dos deputados em 2001 – o que não significava apenas que a democracia taiwanesa entrara numa nova fase com a troca dos partidos no governo, mas também que os próprios taiwaneses haviam tomado o poder político. Quando Chen Shuibian, que se designava "A Bian", conforme as tradições de Taiwan, assumiu o poder, houve uma série de deliberações políticas como a "correção do nome de Taiwan" e o "avanço da sinização**" que afastavam paulatinamente Taiwan do continente, aprofundavam o ódio de nossos compatriotas contra Chen Shuibian e seu Partido Progressista Democrático e intensificavam o apoio da população a uma reunificação militar.

"É preferível que não cresça mais grama em Taiwan que Taiwan abandonar a pátria", "Preferimos destruir Taiwan e reconstruí-la a permitir sua independência" e outros gritos de guerra mostraram com clareza o ressurgimento rápido das tendências marciais do nacionalismo chinês.

c. Outros fatores internacionais

A Rússia voltada ao Ocidente, a melhoria das relações entre América e Índia, a penetração pela América na Ásia Central e Ocidental, as contendas da China com seus vizinhos pelos direitos marítimos, as brigas de política externa desencadeadas pelos refugiados coreanos, acima de tudo o

---

* Esse livro sobre estratégia militar foi escrito em 1999 por dois coronéis do Exército de Libertação Popular. Trata principalmente da questão sobre como uma nação do porte da China pode vencer uma potência tecnologicamente superior (como os EUA). (N.E.)

** Assimilação linguística e/ou cultural de conceitos da cultura e do idioma chineses. (N.T.)

rearmamento do governo Koizumi e o crescimento da agressividade contra a China – tudo contribuiu primeiro para que os chineses sentissem cada dia mais que a China estaria cercada por um mundo hostil e segundo para que as emoções nacionalistas crescessem com violência.

Quinto: quando um povo que sofre de extremo complexo de inferioridade é confrontado com o fato de que na realidade ficou para trás, uma das estratégias para a manutenção da dignidade nacional é ater-se estreitamente a todos os recursos históricos possíveis que mantenham o próprio sentimento de superioridade – no qual as pessoas também não temam exagerar ao cantar as conquistas do próprio povo e alimentar a ilusão de que seriam o número 1 do mundo. Diferente dos fatos humanos, fica difícil mentir sobre os fatos materiais, portanto é necessário alimentar a ilusão de pertencer intelectualmente à mais elevada elite; se o presente não é como as pessoas desejam, faz-se mister ao menos criar o mito de que alguma vez foram os maiores e que no futuro com certeza voltarão a ser.

Os êxitos esportivos, científicos, tecnológicos e econômicos desde 1949 e a intensificação das forças políticas e militares, tudo é visto como um augúrio de que no final o país governará o mundo. A Guerra da Coreia e o impasse que se criou com ela frente aos Estados Unidos são enaltecidos como vitória unilateral do voluntariado chinês; a China também arroga-se unilateralmente uma vitória pelo fato de que os Estados Unidos se afundaram cada vez mais no pântano da Guerra do Vietnã e não tiveram alternativa senão retirar suas tropas; na questão das lutas sobre fronteiras entre China e Índia, China e União Soviética e China e Vietnã, não houve na verdade um vitorioso, mas os comunistas chineses vendem essas contendas internamente como vitórias grandiosas, ao passo que camuflam o triste preço que o Exército da Libertação Popular precisou pagar, e o fazem como se as tropas chinesas nunca tivessem precisado engolir uma derrocada.

Alardeia-se cada sucesso que um chinês conquista no Ocidente com entusiasmo. Também o sucesso de chineses no exterior com cidadania americana é apresentado para ostentar os pontos fortes nacionais e a superioridade da raça – assim, por exemplo, Yang Zhenning e Li Zhengdao, ganhadores do prêmio Nobel de Física, e até mesmo o cientista taiwanês Li Yuanzhe, laureado com o Nobel de Química, são recebidos indiscriminadamente como "orgulho do povo chinês".

E ainda pior, as notícias falsas produzidas sem parar para satisfação da vaidade nacional são disseminadas pela maioria dos meios de comunicação do país – as reportagens mentirosas mais conhecidas e amplamente divulgadas são as seguintes: há uma grande fotografia do famoso soldado

Lei Feng pendurada na Academia Militar Americana de West Point, onde está em curso um grande "movimento de aprendizado com Lei Feng"; na Guerra do Golfo, cada soldado americano teria nas mãos um volume de *A arte da guerra*, de Sun Tzu, e a citada guerra teria sido conduzida segundo as estratégias e a arte da guerra contidas nesse livro; Wu Yang, estudante de intercâmbio chinesa na Universidade de Oxford, já seria no segundo ano de estudos a melhor do ano letivo e conseguiu, por meio de um regime de exceção, o direito de receber o doutorado e, além disso, uma bolsa de 60 mil libras – um procedimento supostamente único nos oitocentos anos de história da famosa universidade inglesa.

Bem nos moldes de um manifesto de um grupo elitista em torno de Yang Fan e outros: "A China foi por mil anos a primeira superpotência do mundo, subjugada apenas há 150 anos".

"Quase duzentos anos antes da Revolução Industrial a cultura chinesa, a civilização chinesa era sem dúvida a mais desenvolvida, mundialmente digna do mais elevado sucesso [...] pessoas de todo o mundo se prostravam em reverência diante do Império do Meio" (Lin Yifu).

4. As formas de manifestação do patriotismo marcial: da fúria e incriminação à violência

Pela ilusão de autoconfiança e vaidade, e pelo ódio e pela marcialidade cegos, os patriotas do continente perderam todos os valores universais e regalam-se por isso em difamações e clamores homicidas. Estão na moda os discursos nos quais se propaga um ataque armado a Taiwan e se declara guerra à América, tendência que se espalha pelos mentores oficiais, passando pela elite intelectual até as massas populares patrióticas.

Nos escritos da elite intelectual, a marcialização do patriotismo expressa-se, por um lado, na "grande rejeição" à hegemonia ocidental e, por outro, *ex negativo*, na preparação da "grande ofensiva". A primeira mostra-se na forma de uma falsa solidez científica e de uma intelectualização aparente: sobre a rejeição política da "hegemonia política" do Ocidente, a rejeição da evolução pacífica e o enfrentamento do armamento militar e da "supremacia militar" dos Estados Unidos, recomenda-se uma multipolarização da ordem internacional; economicamente, sobre a defesa contra o controle da China pela "supremacia do capital", sob a condição óbvia e absoluta de uma proteção à economia, e culturalmente, pela defesa contra uma "colonização cultural" e pelo "repúdio à hegemonia das línguas ocidentais", defende-se uma regionalização da formação acadêmica.

Aqui e ali, também surgem comentários sobre a conhecida "hegemonia do sistema" da ordem internacional: a composição e decisão sobre as regras da globalização são monopolizadas pelos fortes, os fracos poderiam somente aceitar sem a capacidade de expressar suas dúvidas, e o resultado da globalização das correntes de capital seria que os lucros correriam principalmente na direção dos países desenvolvidos. De modo concreto, seriam estabelecidos as regras do jogo e os critérios de avaliação de importantes organizações internacionais e os preços sem exceção segundo os valores ocidentais. Politicamente nas Nações Unidas, economicamente na OMC, militarmente pela Otan, culturalmente pelo prêmio Nobel, pelos três grandes prêmios cinematográficos europeus e pelo Oscar, nos esportes pelos Jogos Olímpicos, na música com o Grammy, artisticamente pelas Bienais de Veneza etc. – em todos os lados, normas e regras ocidentais. Aos olhos da elite intelectual da China, o motivo para tal hegemonia do sistema não reside de forma alguma na própria cultura ocidental e em sua supremacia sistêmica sobre outras culturas, mas nas forças econômica, científica e militar do Ocidente, sendo ela uma consequência do poder real no nível da cultura, e não resultado de valores intelectuais.

Entretanto, a estratégia de Deng Xiaoping de prioridade do desenvolvimento econômico substituiu o princípio fundamental da luta de classes de Mao Zedong, e a consciência do inimigo e o odor de pólvora foram se desvanecendo gradualmente no bem-estar emergente. Contudo, a fobia de poder de um partido que está no governo absoluto não consegue renunciar à "consciência do inimigo" e a uma teoria da revolução violenta, na qual "o poder surge dos canos das espingardas". A consciência do inimigo migrou simplesmente da luta de classes geral para o pequeno número evanescente de carrancas das forças antichinesas e deslocou-se do país para o exterior; a teoria de ódio e inimizade foi desviada para o ódio nacional, a glorificação da violência foi deslocada dos "canos das espingardas dos quais surge o poder" para "os canos das espingardas dos quais surge a unidade e a dignidade nacional". Essa tradição bárbara alimentada a partir do ódio, da consciência do inimigo e de uma glorificação dos canos das espingardas foi reanimada sob o manto do patriotismo e formou uma nova ideologia para a unificação no interior após o desmoronamento da credibilidade dos comunistas chineses; no que diz respeito às relações externas, estas não passavam de uma chantagem militar aos Estados Unidos e Taiwan. Nesse sentido, os patriotas marcialmente fanáticos amparam-se no seguinte: no que tange à hegemonia americana e aos defensores da independência de Taiwan, a única língua que eles entenderiam seria a "explosão dos mísseis teleguiados".

É bem possível que as declarações totalmente inescrupulosas dos patriotas sejam apenas a preparação para as medidas violentas tão ansiadas por eles no futuro.

Após a entrada no novo século, a internet foi inundada por discursos violentos inescrupulosos, ódio nacional, virtudes nacionais e um estilo *hooligan*, todos juntos constituindo uma marca especial da internet no continente.

Quando entrei em contato com os respectivos usuários de internet individualmente, verifiquei que, por trás da imensa ira – inflamada por motivos concretos – que ventilava por aqui, continuava a grande transição que há centenas de anos deturpava o sentimento nacional: a partir de um patriotismo passivo-defensivo formado por complexo de inferioridade, fúria e ressentimentos surgiu um patriotismo ativo-agressivo criado numa mistura de autoconfiança cega, vaidade ilusória e discursos de ódio.

Atualmente, é uma bênção no continente quando alguém é patriota, especialmente com relação a esses patriotas da internet que se gabam com sua linguagem da violência. A conveniência e o anonimato da plataforma que a internet oferece para a liberdade de expressão permitem que eles alcancem negligente e rapidamente a satisfação verbal. O patriotismo se deteriorou velozmente num *hooliganismo* sanguinário, abominável, mascarado e tenebroso.

A glorificação da violência constitui o retrocesso humano da civilização à barbárie. Se tal atavismo for colocado numa relação direta com a barbárie do sistema, o engrandecimento da violência será maior onde um sistema despótico for mais bárbaro.

Na história mais recente, a glorificação da violência tem encontrado em cada época um pretexto razoável: o enaltecimento da violência na época colonial foi racionalizado pelo desejo expansionista do Ocidente, a glorificação da violência na Segunda Guerra Mundial foi racionalizada pelo fascismo, o engrandecimento da violência durante a Guerra Fria foi racionalizado pelo ideal da grande unidade comunista, e a glorificação da violência na época pós-Guerra Fria é racionalizada, na China, por um nacionalismo extremo. Num século no qual a liberdade, a democracia e o desenvolvimento pacífico constituem a principal tendência, esse nacionalismo extremo torna-se um grande pretexto para qualquer forma de glorificação da violência, seja ela uma guerra santa terrorista do fundamentalismo islâmico ou o repúdio da democratização política dos sistemas autocráticos.

Mesmo quando o regime comunista, sob pressão do cenário mundial alterado e na divisão diversa das reais relações de poder, não tem outra opção senão reconhecer a corrente internacional como "pacífica e orientada ao desenvolvimento", os comunistas chineses continuam a se posicionar contra uma democratização política da China; eles não conseguem renunciar à sua ideologia bárbara de um enaltecimento dos canos de espingarda. Sem falar nas pessoas do continente que vivem há milênios sob o poder imperial-régio e agora estão sob o poder comunista-totalitário, cujo veneno da glorificação da violência distribuído junto com o leite materno fica difícil de extrair. Enquanto o sistema despótico existir, enquanto não for possível extrair o veneno do enaltecimento da violência, o amor à pátria será apenas um pretexto para desencadear emoções marciais de toda uma sociedade, um amor à pátria que, se possível, se descarregará um dia como violência genuína e bárbara. Como os valores estreitos do nacionalismo sobrepujaram os valores universais do liberalismo, e isso com o apoio opressor da voz do povo, o amor à pátria legitimou a tirania, a ostentação militar e a brutalidade humanamente tenebrosa.

Mesmo que a China da atualidade não tenha ainda força para servir de contrapeso aos Estados Unidos e não seja possível afirmar que dentro de vinte anos chegará a ser a liderança mundial mais poderosa, é preocupante que no momento, com relação à constituição psíquica de seus cidadãos e sob a pressão do sistema despótico, a China busque refúgio em um patriotismo marcial e *hooliganesco*. Seu nacionalismo errôneo e extravagante há muito corrompeu-se num fanatismo cego, no qual os valores universais são destruídos e a razão se perde – dessa maneira, o fundamento é lançado para a consciência da soberania sobre "tudo que está sob o céu" e para a mentalidade infame necessária para a hegemonia mundial militar futura. Tanto faz, contudo, se falamos da época da soberania imperial-régia ou do presente com o domínio comunista-despótico, essa "consciência de domínio sobre todas as coisas sob o céu" ilusória e deturpada e essa "mentalidade infame" nunca trouxeram à China paz, sucesso, prestígio, humanidade e uma sociedade saudável, mas apenas sangue, perdas, destruição, humilhação, devastação humana e declínio social!

Em casa, em Beijing, 10 de julho de 2002
Fonte: www.peacehall.com/news/gb/lianzai/2006/12/200612192302.shtml

O MANIFESTO PELA TERRA DOS CAMPONESES CHINESES

O MANIFESTO DOS CAMPONESES CHINESES PARA REABILITAR SEU PATRIMÔNIO

Em dezembro de 2007, houve uma pequena crise no continente na proclamação pública dos direitos de propriedade de terras pelos camponeses chineses.

Em 9 de dezembro, 40 mil camponeses de 72 vilarejos, entre eles o vilarejo de Dongnangang, da cidade de Fujin, na província de Heilongjiang, proclamaram em todo o país que os direitos de propriedade sobre suas terras estariam em suas mãos: em 28 de novembro, os camponeses de Dongnangang convocaram uma assembleia plenária de todo o campesinato na qual foi decidido que toda a terra expropriada ilicitamente voltaria à sua propriedade. Em 29 de novembro, foi realizada uma mensuração das terras; em 30 de novembro, preparada uma nova distribuição de terras entre o campesinato; em 3 de dezembro, teve início oficialmente a partilha das terras.

Em 12 de dezembro, cerca de 70 mil camponeses que retornaram ao interior a partir de 76 comunidades administrativas do distrito de Tongguan, na cidade de Huayin, e do distrito de Dali, na província de Shaanxi, todos vindos da região em torno da barragem de Sanmenxia, no rio Amarelo, declararam em todo o país: nós, cerca de 70 mil camponeses de dois distritos e de uma cidade, decidimos em conjunto retomar o direito de propriedade sobre nossa terra, voltando tal propriedade à disposição e ao usufruto tradicional há gerações. Organizaremos uma restituição de uma quantidade de *mu* (1 *mu* = 666,6 m^2) mensurada segundo o número de pessoas a cada família em propriedade permanente, e dessa maneira daremos um fim à distribuição ilegal de terras realizada anos a fio entre os oficiais do governo.

Em 15 de dezembro, 250 famílias campesinas de Shengzhuangcun, na cidade de Yixing, província de Jiangsu, anunciaram em todo o país a propriedade contínua de terreno e residência; a política do "quem mora é dono da casa" se realizaria em solo próprio. Shengzhuangcun tinha uma história de vilarejo de mais de 150 anos, e em qualquer época o direito de propriedade de todas as famílias de camponeses em terreno agrícola, montanhas e bambuzais havia sido inequívoco: "Esta terra, que outrora pertencera a nossos ancestrais, retorna à nossa propriedade e permanecerá sob a propriedade de nossos filhos e dos filhos de nossos filhos; todo o terreno de colonização de Shengzhuangcun volta à propriedade permanente de cada família e o terreno agrícola e os montes de bambus, à propriedade comum equitativa de todos os camponeses, para nós, como residência por gerações, para cultivo e desenvolvimento".

Nos últimos anos, constituiu um dos pontos focais da terceira grande discussão de reformas a questão sobre terras em áreas rurais. Havia uma disputa encarniçada entre a privatização do solo e a manutenção do sistema de terras atual. Contudo, quanto mais vigorosa a discussão, mais ela se limitava aos círculos internos da elite nas cidades. Dela participavam sobretudo intelectuais, empresários e oficiais; a voz dos camponeses sequer era ouvida. Atualmente, por fim, elevou-se entre o campesinato uma voz claramente audível e que fez com que a China solitária ouvisse um grito das profundezas do interior.

Essas proclamações, que se baseavam no legado histórico, no atual status quo e na justiça honesta, questionaram pela primeira vez o sistema territorial ilógico, conduzido sem alteração desde a era Mao Zedong até hoje. Com vigor e de forma inequívoca, expressaram a exigência, o desejo e a determinação dos camponeses chineses no sentido de uma privatização do solo.

Essas proclamações são uma condensação das experiências amargas que os camponeses chineses sofreram desde a tomada do poder pelos comunistas chineses, são um símbolo do triunfo da reforma realizada há trinta anos no pequeno vilarejo de Xiaogang, em Anhui, sobre a servidão do solo – a consciência de autonomia dos camponeses chineses havia de fato despertado: "O solo sob nossos pés não pertence ao Estado, tampouco à coletividade, é nossa terra natal, sobre a qual nossos ancestrais vivem há gerações, é nosso patrimônio, patrimônio dos camponeses".

A forma com a qual os camponeses protegem seu direito mudou; se antigamente suplicavam por clemência de joelhos, hoje anunciam seus direitos em pé: "Somos os senhores da terra sobre a qual existimos, e o que fazemos com o solo sobre o qual pisamos nós próprios desejamos determinar".

A ESPOLIAÇÃO DOS CAMPONESES PELOS COMUNISTAS CHINESES FOI A MAIS DURADOURA

No longo ciclo de alternância entre tempos de domínio e tempos de caos que caracteriza a história da China, quando o Estado florescia e quando estagnava, os camponeses precisaram carregar o fardo. No entanto, por mais atrozes e ávidas que pudessem ter sido as dinastias no passado, a exploração e a opressão dos camponeses nunca foram tão completas como sob o regime dos comunistas chineses, e essa exploração e opressão foram postas em marcha com meios extremamente pérfidos e desonestos. Na fase decisiva da luta pelo poder na China, os comunistas chineses, para obter o apoio amplo do campesinato, realizaram uma reforma agrária na qual os conhecidos "déspotas regionais" deveriam ser derrubados e os "campos, partilhados". Em 1947, os "pontos principais da lei agrária chinesa" foram publicados.

Esses pontos principais prometem expressamente que, após a divisão das terras, os camponeses teriam o direito de propriedade desses terrenos, além da exploração autônoma pelos agricultores, e o direito a comercializar livremente os imóveis. No entanto, após a tomada do poder pelos comunistas chineses, logo teve início a Revolução Socialista com sua estatização completa das terras. Nas cidades e nos vilarejos, empreendeu-se uma transformação socialista da indústria e do comércio e toda a propriedade privada foi violentamente confiscada; pela coletivização que entrou em cena com grande barulho nas áreas rurais, as terras foram compulsoriamente tomadas dos camponeses. Com o início do movimento de cooperação nas áreas rurais em 1951 até o final do movimento das comunas populares em 1958, o totalitarismo de Mao Zedong dizimou primeiro os latifundiários e ricos fazendeiros e então obrigou os camponeses comuns a afiliarem-se às comunas populares.

O resultado foi a eliminação total de todos os proprietários de terras de antes de 1949; em toda a China não havia mais nenhum metro quadrado de terra que fosse de propriedade dos camponeses; os comunistas chineses tornaram-se os grandes e ao mesmo tempo únicos proprietários de terra com direito de propriedade sobre todos os terrenos agrícolas do país.

E foi exatamente a estatização plena que estabeleceu para o regime de Mao Zedong um fundamento econômico sólido. Os moradores das cidades, que perderam todo o seu patrimônio privado, foram reduzidos a pecinhas das "unidades" dos comunistas chineses; os camponeses, que perderam suas terras, desceram ao nível de escravos das "comunas populares". O fardo dos camponeses chineses foi o mais triste, pois foram diminuídos mais do que os outros e formaram a camada mais inferior da sociedade, eram escravos.

Não tinham livre escolha de sua residência e estavam presos às terras que há muito não mais lhes pertenciam; não tinham previdência social e transformaram-se em máquinas de transfusão para a indústria de Mao. Os êxitos da assim chamada industrialização na era Mao foram pagos pela redução dos chineses ao estado de trabalhadores escravos, e os camponeses chineses, que perfaziam noventa por cento da população do país, pagaram o preço mais alto dessa conta e, por sua vez, receberam o mínimo. A catástrofe pavorosa na qual desembocou a loucura do Grande Salto para Frente empobreceu tanto os camponeses que eles não tinham o que comer, tampouco o que vestir; os cadáveres da fome espalhavam-se pelo país, e chegaram às raias do canibalismo; dos diversos milhões que definharam até uma morte não natural, a maioria esmagadora era de camponeses.

O SISTEMA DE RESPONSABILIDADE PESSOAL FOI APENAS UMA LIBERTAÇÃO INEFICAZ

Mao estava morto, vieram as reformas, os camponeses, que haviam sofrido profundamente, eram o primeiro motor das reformas; eles correram um risco político imenso e iniciaram uma reforma do sistema de retomada de terras, uma reforma que hoje é conhecida como a "revolução para libertação dos vassalos". Mas essa reforma trouxe apenas uma libertação ineficaz, até hoje as reformas chinesas não levaram a nenhuma privatização das terras: os camponeses conseguiram apenas o direito de usufruir da "terra da coletividade", sem ter até o momento nenhum direito à propriedade. E se em qualquer momento houve a necessidade de usar a terra utilizada pelos camponeses para o desenvolvimento comercial ou urbano, a terra dos camponeses voltou imediatamente a ser propriedade estatal. No entanto, propriedade estatal é algo abstrato, uma fórmula vazia, oficiais em todos os níveis aproveitam pelo Estado dos direitos de dispor das terras. Em mais de vinte anos de modernização das cidades e do Grande Salto para Frente dos imóveis, a espada imperial da "terra de propriedade estatal" foi levantada; o *enclosure movement** posto em marcha pelos oficiais e pelas empresas em conjunto floresceu em todo o país; os grandes usufrutuários do comércio imobiliário foram o regime dos comunistas chineses em todos os níveis e seus altos dignitários; os camponeses novamente foram as vítimas.

---

* O *enclosure movement* (movimento de cercamento), cujos primórdios remontam ao século XV, descreve a dissolução dos direitos comuns na agricultura inglesa, na qual anteriormente a terra utilizada em regime comunitário foi restringida pela propriedade privada ("cercamento") e explorada com maior intensidade. Com isso, foi impulsionada a comercialização da agricultura britânica. (N.E.)

Os camponeses formam o mais fraco entre os fracos agrupamentos sociais

Mais importante ainda é que nessa China conduzida com despotismo, a força dos oficiais é muito grande e a do povo muito pequena, e entre os fracos agrupamentos sociais o campesinato é o mais fraco. Sob um sistema no qual não existe liberdade de imprensa, tampouco justiça independente, eles não contam com o direito à liberdade de expressão, sequer com o direito a fundar associações de camponeses, nem têm meios ou maneiras de fazer uso de qualquer direito. O único caminho lícito de solicitar apoio à administração são "petições". Mas um corvo não bica o olho do outro, e petições são desviadas de forma que se degeneram em enfeite, e aquelas que conseguem ser homologadas trazem consigo muito esforço e risco sem chegar de qualquer maneira ao seu fim. Como os direitos e interesses sobre as terras dos camponeses foram agressivamente violados, estes não tinham possibilidade alguma de apelar ao apoio da opinião pública, da justiça ou da administração pública; todos os caminhos jurídicos dentro do sistema foram obstruídos e a consequência a partir dessa pressão por parte dos oficiais e da contrapressão pelo povo pôde ser apenas uma resistência generalizada fora do sistema.

Muito mais da metade dos maiores conflitos deflagrados em toda a China nos últimos anos entre oficiais e a população aconteceu nos níveis de administração inferiores nas áreas rurais, e esses incidentes reacenderam em grande parte os problemas sobre as propriedades.

Para proteger o lucro dos peixes graúdos, os oficiais regionais precisam pacificar a população. Quando esta última não se intimida diante da repressão brutal por meio da força governamental ou com ajuda das associações secretas, ocorrem também incidentes sangrentos.

Assim, em virtude de divergências de opinião sobre a terra na comunidade de Dongzhou, na Baía Vermelha, município de Shanwei, província de Ghangzhou (Cantão), ocorreram em 6 de dezembro de 2005 conflitos sérios entre oficiais e a população; as agências locais colocaram em marcha mais de mil policiais e a polícia armada reprimiu o incidente, lançando contra os mil manifestantes bombas de gás lacrimogênio e dando ordem de disparo. Não houve apenas algumas centenas de manifestantes detidos, mas no mínimo três pessoas mortas.

Pressão cria contrapressão, os camponeses buscam um caminho para a libertação autônoma

As três proclamações de reabilitação pelos camponeses de três áreas distintas que desempenham papel principal neste artigo foram liquidadas também por violações dos direitos e interesses da terra dos camponeses pela Nomenklatura, fazendo com que os camponeses encontrassem novas formas de resistência fora do sistema para a defesa de seus direitos.

As 250 famílias campesinas do município de Shengzhuangcun, da província de Jiangsu, advertiram em sua declaração à nação: uma gangue poderosa formada por oficiais e comerciantes teria tomado violentamente as terras dos camponeses do município, sob o pretexto de fomentar o bem-estar da comunidade e a construção de instituições públicas. Contudo, teriam sido construídos hotéis, restaurantes, boates e alamedas de compras, pura locupletação. E apenas aí os camponeses ultrajados do município exigiram a prestação de contas: "O que essas coisas têm a ver com 'edifícios públicos'? O que têm a ver com os interesses dos camponeses? [...] Perguntamos hoje, com seriedade, de quem é esse 'Estado'? Qual é esse 'bem-estar da comunidade'? De que 'coletividade' se fala? Nenhum de nós consentiu quando nos tomaram as terras, e quando reunimos assinaturas para nos defender, o prefeito e o comitê do partido no vilarejo representaram os camponeses em nome da coletividade. Cada vez que nos pressionavam, os oficiais, a política e elementos obscuros formavam diante de todos uma 'executiva unida', e os elementos obscuros, cuja atividade é surrar, destruir e roubar, também declararam publicamente: 'Nivelamos os campos a pedido do governo, vocês devem obedecer, sem mais nem menos, pois quem se colocar em nosso caminho estará se colocando no caminho do governo!' E afirmaram, ainda, que 'estarão contra a lei se quiserem continuar morando aqui'. Essa aplicação de poder é idêntica àquela do passado, quando os ladrões de terras ocuparam o monte e construíram vilarejos cercados por paliçadas, as únicas coisas que conseguiam eram pilhar e banquetear-se; proteger e cuidar não lhes era possível."

Os camponeses da cidade de Fujin, em Heilongjiang, previram muito tempo antes a bandeira negra que se escondia por trás das palavras "Estado" e "coletividade". Em sua declaração, detalharam com clareza: "Com base no fato de que os conhecidos bens da coletividade há muito tornaram praticamente irrelevante o direito dos camponeses como verdadeiros donos das terras, os oficiais e poderosos da cidade de Fujin monopolizavam contínua e despreocupadamente as propriedades dos camponeses em todos os níveis e, em nome do Estado e da coletividade, dividiam-nas entre si e arrogavam-se o título de 'donos das terras'. Os camponeses, genuínos donos das terras, eram obrigados a arrendar as propriedades desses 'donos das terras' como vassalos. Decidimos em conjunto alterar tal forma de posse de terra; pela posse da terra da família rural e propriedade de cada camponês fixaremos e garantiremos a posição dos camponeses como donos da terra."

A declaração dos 70 mil camponeses da região da barragem de Sanmenxia explica: "Nós, nas áreas rurais, entendemos muito bem que é muito difícil administrar as terras, não importa com quais leis e com qual política o governo tente fazê-lo. Se agora os direitos retornarem às mãos dos camponeses, essas forças maléficas e corroídas pela avareza não mais ousarão se precipitar, pois aquilo de que elas se apropriam não mais constitui a terra da coletividade, mas nossa terra, nossas raízes, que defenderemos com nossa vida. Os camponeses mobilizam suas forças e retiram do governo o fardo de cuidar da terra [...] em anos anteriores, o Comitê Central enviou aos camponeses e às regiões rurais umas poucas esmolas, mas acreditamos que um fomento realmente grande seria antes o direito à terra e o direito ao desenvolvimento, e apenas isso pode resolver totalmente o problema das regiões rurais, somente isso trará oportunidades iguais aos camponeses e aos homens da cidade, e apenas dessa maneira poderemos partilhar os frutos da modernização".

Uma grande revolução

Quando se afirma que o acordo vital sobre a transferência de responsabilidade pela terra às famílias assinado espontaneamente pelos camponeses do vilarejo de Xiaogangcun, distrito de Fengyang, província de Anhui, teria sido a primeira revolução para libertação dos camponeses chineses e teria iniciado também as reformas econômicas na China, então hoje, quase trinta anos depois, as declarações dos camponeses das três regiões sobre a reabilitação dos direitos de propriedade sobre as terras é a segunda revolução para a libertação dos camponeses chineses, sendo muito maior que a primeira. Se comparada com a primeira, os camponeses que apresentaram as declarações já contam com uma clara consciência daquilo que desejam. Essas vozes não são apenas um manifesto dos camponeses sobre suas terras, são também um manifesto dos camponeses sobre seus direitos.

29 de dezembro de 2007, em casa, em Beijing
Fonte: revista *Cheng Ming Monthly*, de Hong Kong, 1/2008

A TERRA SOB PROPRIEDADE PÚBLICA
A espada imperial para demolição e transladação compulsórias

MESMO QUE A "LEI DE PROPRIEDADE" há pouco aprovada contenha alguns regulamentos para a mudança de propriedade de terras, como, por exemplo, as indenizações para demolição compulsória e transladação compulsória e as garantias de manutenção da qualidade de moradia dos expropriados, um de seus pontos fulcrais é a adesão à propriedade coletiva. Assim, a "lei de propriedade", a partir das necessidades dos interesse públicos, determina autorizações e procedimentos que permitem desapropriar terrenos, unidades coletivas, moradias individuais e outros imóveis que estejam sob propriedade coletiva.

Por isso, os artigos da "lei de propriedade" que protegem igualmente bens públicos e privados foram aclamados em larga escala, enquanto as disposições sobre o direito de propriedade de terras foram da mesma forma desbragadamente criticadas; sobretudo na situação na qual desapropriações, demolições e transladações compulsórias levaram a inúmeros e encarniçados conflitos entre a população e as autoridades, muitos especialistas clamaram para que o sistema imobiliário atual fosse reformado o mais rápido possível.

Exatamente como o famoso economista Mao Yushi disse: "A 'lei de propriedade' não poderá resolver o problema das desapropriações ilegais que ainda persistem na China, apenas a privatização das terras traria uma solução".

E, de fato, o número crescente de conflitos entre as autoridades e a população em virtude das demolições e transladações compulsórias "em nome do interesse público" levou a uma maior intensificação das formas nas quais a sociedade oferece resistência; pelas demolições e transladações compulsórias, os mortos e feridos entraram na ordem do dia, inclusive os suicídios não são mais uma raridade. Em seu desespero e sem qualquer possibilidade de reclamação, torna-se a derradeira forma de resistência marchar até a praça Tian'anmen e atear fogo em si mesmo. Também por esse motivo os obstrucionistas de Chongqing com sua defesa de uma ilha solitária na China atraem a atenção do interesse público.

No curso de desapropriação, demolição e transladação compulsórias e em face dos grupos de interesse poderosos de oficiais e da economia, o motivo para a dor, a impaciência e o desespero pela impotência das pessoas simples no que diz respeito à proteção de seus interesses não se pauta apenas na pobreza material, mas na ausência de direitos que o sistema produz em sua injustiça; somente essa ausência leva os homens a responderem pela defesa de seus direitos com sua vida.

Assim, por exemplo, as pessoas viram nas diversas autoimolações a frieza das agências locais e a ganância do capital; contudo, esses atos são um fator extremamente importante para a disseminação irrestrita dessa avareza e dessa frieza, da barbárie da demolição e transladação compulsórias, da vileza das indenizações e da ineficiência das reclamações, do feroz desequilíbrio entre os direitos do governo e os direitos das pessoas simples – da falta grave dos direitos de propriedade da população, do direito ao comércio justo, dos direitos de reivindicação, do direito a um julgamento justo, até da falta de direito à integridade física. As inúmeras tragédias que acontecem com relação às demolições e transladações compulsórias e os tristes suicídios que sinalizam resistência são uma catástrofe dos direitos humanos manipulada pelo despotismo da Nomenklatura, bem como a resistência desesperada da sociedade civil contra sua pilhagem forçada – assim se torna manifesta a falta quase completa de direitos humanos, o peso da desigualdade social e a corrupção de importantes oficiais que grassa.

As reformas chinesas tiveram início com o sistema de responsabilidade nas áreas rurais, no qual a responsabilidade pelas terras foi transferida às famílias individualmente; a transferência da autoridade para exercer poderes foi a força realmente impulsionadora das reformas econômicas. Da transmissão dos direitos de usufruto sobre as terras aos camponeses, passando pela transferência das terras às cidades durante a febre imobiliária até a comercialização das moradias, a transmissão dos direitos de usufruto sobre as terras há muito se disseminou em todo o país. Também são feitos negócios de diversas maneiras com esses direitos de usufruto.

Sem dúvida, esse foi um processo de delegação de poder, e também foi um processo de orientação ao mercado do sistema econômico e à privatização. Mas como o direito de propriedade sobre terras ainda é monopolizado pelo regime, o que corresponde na maioria dos casos a uma "privatização diletante", na qual os oficiais têm nas mãos o direito de decisão sobre a cobrança ou liberação e os valores exorbitantes que o mercado imobiliário aufere em princípio são privatizados pelos peixes graúdos, o comércio imobiliário tornou-se um setor especialmente atingido pela catástrofe da corrupção.

Quando falamos de direito de propriedade, as terras na China ainda são "propriedade estatal", e as pessoas que não estão organizadas e operam descentralizadas podem na realidade apenas alugar e ter o direito de usufruto do regime; no que diz respeito às terras, não pode obter os ativos.

A receita dos camponeses no sistema de responsabilidade não passa de um salário que conquistam por seu trabalho nas terras, e não de um lucro gerado a partir do livre comércio com seus direitos patrimoniais sobre as terras; o lucro do comércio de terras segue em grande parte para os bolsos dos grupos de interesse da administração e da economia.

A população urbana, que vivencia uma comercialização da propriedade residencial, adquire com seu dinheiro apenas um direito de residência com prazo restrito em um pequeno pedaço de terra, sendo a real relação entre o indivíduo e o governo de inquilino e senhorio. Por isso, os desejos subjetivos das pessoas simples, com as amplas ações de demolição e transladação para fins de desenvolvimento urbano, não têm qualquer chance contra os desejos das gangues poderosas; a população impotente é transladada após a demolição de seu lar e não conta com a possibilidade de receber uma indenização justa.

Se a propriedade de terras anterior a 1949 na China estava nas mãos de um número limitado de locupletadores (os proprietários de terra) e numericamente apenas uma parte da população (os arrendadores) locava a terra, o sistema da propriedade integralmente comunitária pós-1949 destruiu qualquer forma de propriedade imobiliária, e o "direito igualitário à terra" de Sun Yatsen foi substituído por um "tudo pela força".

Isso significa também que o novo proprietário de terras era o governo dos comunistas chineses em nome do Estado, que era a única "chefia" sobre as terras na China; o povo na era Mao Zedong não passava de uma horda de vassalos que exploravam as "terras do Estado", enquanto o povo, após a era Mao, não passa em grande parte de mero inquilino que aluga os direitos de usufruto da terra; apenas quando o proprietário da terra deixa que os inquilinos morem em suas terras, os inquilinos podem viver em qualquer lugar; se ele não quiser tê-los consigo, há demolições e transladações, sem mais nem menos. Nesse sentido, a espoliação coagida do patrimônio privado sob o regime dos comunistas chineses é muito mais completa, brutal e pior que a de qualquer outro regime anterior a 1949.

1. Foi exatamente a "terra sob propriedade do Estado" que "legitimou" as demolições e transladações compulsórias

"Os estatutos de administração para demolição e transladação de residências nas cidades", que foram deliberados pelo Conselho Estatal dos comunistas chineses, e todos os regulamentos em todos os níveis governamentais tornam o sistema da propriedade estatal sobre as terras a fonte de sua legitimidade e assim conferem às autoridades poderes para medidas coercivas, como ações de demolição e transladação em proporções arbitrárias, e à economia em desenvolvimento a força para a fixação unilateral dos preços nessas ações.

Dito de outra forma, o motivo para o surgimento dessas abomináveis ações de demolição e transladação pela administração em todas as regiões reside na falta de um direito de propriedade privada sobre as terras – e nos direitos patrimoniais bizarros segundo os quais os direitos de usufruto das terras são do indivíduo, mas os direitos de propriedade pertencem ao governo. Pois as demolições e transladações compulsórias de e a partir de residências privadas executadas pelas autoridades acontecem licitamente em um "terreno que pertence ao Estado". É justamente essa "propriedade do Estado sobre as terras" que a espada imperial concede para a demolição e a transladação compulsórias.

A conhecida legitimidade é típica de uma legislação doentia: pela comercialização de residências, o governo reembolsou há muito o direito de usufruto das "terras de propriedade do Estado" às pessoas físicas, que corresponde a um acordo fechado entre a pessoa física e o Estado aceito por ambas as partes, um acordo que é juridicamente vinculativo – se o governo violar unilateralmente esse acordo, então vai contra a lei. Ou seja, as pessoas físicas pagam ao governo para adquirir um direito de usufruto temporalmente limitado para um determinado terreno, de forma que o governo, que recebe pagamento para ceder o direito de usufruto, não tem argumento para intervir, na qualidade de proprietário das terras, na negociação entre a economia em desenvolvimento e os proprietários dos imóveis.

Mais relevante ainda é que as terras compõem a propriedade mais importante desde tempos imemoriais. Na China da atualidade, as terras e o seu respectivo direito de usufruto são a base sobre a qual os camponeses constroem sua existência, o direito de propriedade sobre os imóveis é o patrimônio mais importante das pessoas simples nas cidades, para o qual com frequência elas economizaram durante toda uma vida.

A propriedade estatal sobre as terras não legitima de forma alguma as demolições e transladações compulsórias realizadas pelo governo, o direito de usufruto que as pessoas simples adquiriram sobre as terras opõe-se a qualquer legitimação jurídica de demolições e transladações compulsórias. Por isso, a incorporação de terrenos em regiões rurais e a demolição e transladação relacionadas a residências urbanas primeiramente são uma questão dos direitos patrimoniais e apenas então uma questão de indenização. Os direitos patrimoniais privados são o direito humano mais fundamental e as demolições e transladações compulsórias escorcham esse direito humano fundamental. E, como ocorre dessa maneira, todos os setores sociais declararam suas dúvidas gerais sobre "os estatutos de administração para demolição e transladação de residências nas cidades" promulgados pelo Conselho Estatal e sobre as disposições sobre demolição e transladação ordenadas pelos governos regionais – e não são apenas dúvidas de especialistas, mas também questões da população urbana normal.

Assim, por exemplo, em 31 de agosto de 2003, seis cidadãos de Beijing apresentaram uma petição conjunta sobre a lei de trabalho do Comitê Permanente do Congresso Popular Nacional, na qual expressaram sua convicção de que os estatutos correspondentes à demolição e transladação compulsórias nas "vias administrativas para demolição de residências em Beijing" e os "estatutos de administração para demolição e transladação de residências nas cidades" configuram uma violação grave aos parágrafos 13 e 39 da Constituição e às disposições dos parágrafos 3, 4, 5, 6 e 71 das "Regras Gerais do Direito Civil".

2. SEM DIREITO DE PROPRIEDADE INTEGRAL NÃO HÁ DIREITO COMERCIAL JUSTO

A justiça e a liberdade de um mercado perfeito têm como condição um sistema que protege em caráter integral o patrimônio privado e equipara licitamente ambas as partes comerciais. Contudo, nessa "privatização diletante" no continente falta aos parceiros comerciais em medida considerável o equilíbrio nos direitos atribuídos a eles. Dessa maneira, não pode surgir uma negociação justa e livre, mas apenas uma tomada de propriedade que não se mostra livre, tampouco justa. E, assim, a fixação unilateral antecipada de preços para a demolição e transladação numa negociação passa a ser algo normal.

Sob o atual sistema de terras chinês, nos negócios conduzidos apenas entre pessoas físicas, um direito de usufruto que não seja totalmente privado pode servir como base para a negociação; mas assim que os negócios são tratados entre as pessoas físicas e o governo ou as gangues de altos dignitários estatais com as autoridades na retaguarda, sob o direito de propriedade absoluta no lado oficial e sob o direito de usufruto esfacelado da sociedade civil, que também se compara à falta completa de uma proteção patrimonial genuína, o que pode resultar é apenas um negócio injusto que aceita o caráter compulsório unilateral. Tal negócio desigual e tais atividades de "caixa-preta" são realizados apenas para acentuar a corrupção dos oficiais, prejudicar a autoridade e a reputação do governo e restringir a capacidade do governo de cumprir com suas tarefas administrativas.

No continente, toda terra utilizada por direito de usufruto, sejam terrenos urbanos ou rurais, transforma-se automaticamente em propriedade comunitária no sentido do direito de propriedade, contanto que ela desempenhe um papel nos planos de desenvolvimento do governo (planejamento urbano, desenvolvimento do comércio e infraestrutura, como construção de ferrovias, pontes, aeroportos ou barragens); e o indivíduo que tem os direitos de usufruto do terreno perde o direito de livre disposição ou o direito de livre comércio deste e precisa, em vez disso, curvar-se à desapropriação compulsória pelo governo.

Por esse motivo, trata-se sempre de um ato compulsório unilateral as ações de demolição e transladação que são conduzidas sob a liderança das respectivas administrações em todas as regiões; as pessoas simples precisam aceitar os contratos de compra unilaterais, os critérios de indenização, os prazos de demolição e transladação e o novo local de assentamento. Queiram vender ou não, elas precisam fazê-lo ou ficam sujeitas a medidas coercivas bárbaras.

Da mesma maneira o regime pode, quando desejar, tratar também uma pessoa rica. Basta uma formulação como "retirada de ativos de propriedade do Estado", e um patrimônio de muitas centenas de milhões que um homem rico amealhou durante anos e anos pode ser trocado literalmente por nada num estalar de dedos. Se nessa rapinagem o homem rico perder apenas seus pertences pessoais, foi tratado pelos oficiais competentes com indulgência; a maioria desses Cresos que são tratados impiedosamente pelo governo precisam pagar tudo com a perda de sua liberdade pessoal e logo são jogados na cadeia.

Entre as medidas exercidas pelo governo com as quais se obriga os proprietários de residências a concordar com esse negócio ilegal, também ocorre em todos os lugares a demolição e as transladações ilegais nas quais as pessoas "não se intimidam diante de métodos criminosos". Esse negócio ilegal viola até mesmo os parágrafos 3, 4 e 7 da "Lei Contratual da República Popular da China", promulgada pelo próprio regime dos comunistas chineses, e fere o parágrafo 226 do "Direito Penal da República Popular da China".

Tais leis determinam de forma coerente que um negócio forçado é um ato criminoso. Acima de tudo, um negócio compelido por violência, ameaças e meios análogos deve ser condenado por lei.

Contudo, sob o poder absoluto dessa espada imperial de fio duplo do sistema totalitário e da "propriedade do Estado sobre a terra", os residentes, mesmo que tenham bons argumentos, não têm a possibilidade de impedir as escavadeiras da demolição compulsória e as transladações compulsórias.

3. A falta de um direito à informação, à recusa, à reclamação, à justa arbitragem e à integridade pessoal

Na fase de determinação do plano de desenvolvimento dos terrenos, a administração dos comunistas chineses não atenta em nenhum nível ao direito à informação e aos interesses fundamentais das pessoas simples: basicamente, não se importam com a opinião pública, não organizam audiências públicas, acima de tudo não se preocupam com a opinião dos moradores atingidos pela demolição e pela transladação. Tudo acontece na caixa-preta de uma tirania que monopoliza a lei, de um abuso arbitrário dos poderes oficiais e da corrupção de um negócio entre o poder e o dinheiro, mesmo quando se permite, segundo as regras das medidas de desenvolvimento das terras do governo central e do governo, no máximo um "parecer de especialistas" e uma "licitação pública".

Na implantação do plano de desenvolvimento das terras, são executadas medidas coercivas básicas, não se considerando em princípio nenhuma situação concreta, nenhum desejo subjetivo e nenhum dos interesses e exigências dos respectivos moradores. Os conflitos que surgem entre o governo, seus mais altos representantes e os moradores em virtude da demolição e transladação compulsórias terminam na maioria dos casos com a vitória dos primeiros e a derrocada dos últimos. As pessoas simples, com seus direitos violados, não têm qualquer oportunidade de reclamar e, mesmo se tivessem tal possibilidade, sua perspectiva de sucesso seria mínima. Pois o "sistema de terras de propriedade do Estado" degenerou-se há muito em uma espada imperial para a demolição e transladação compulsórias, "a visão sobre o plano geral e os interesses sociais" há muito se degradou na maior desculpa esfarrapada para a demolição e transladação compulsórias – no fundo, é a maior escolha para os interesses dos peixes graúdos e do regime.

O regime dos comunistas chineses com seu aparato correspondente não forma apenas uma caixa-preta na qual são determinados os planos de desenvolvimento e são conduzidas atividades comerciais ilícitas que deveriam ser evitadas, mas também apoia e protege com isso o desenvolvimento do comércio: de um lado, para garantir o curso tranquilo das ações de compra, ameaças, assédios, violência e semelhantes métodos do submundo são aceitos em silêncio ou tolerados – em casos menos graves, simplesmente se corta a água ou a energia elétrica; em casos mais graves, as pessoas são detidas por policiais, que sequer se intimidam em empregar cassetetes (espancam moradores, causam incêndios ou sequestram alguém no meio da noite); por outro lado, as pessoas que possuem os direitos de usufruto sobre as terras sofrem violação de seus direitos pessoais e de propriedade; quando apelam aos órgãos governamentais competentes, os prejudicados deveriam ser protegidos por eles, e os perpetradores, condenados, mas, no caso de demolição e transladação em petições e órgãos públicos de segurança, tudo parece estar do lado do desenvolvimento do comércio.

Para todas as medidas de violência ilegais possíveis na demolição e transladação compulsórias, o desenvolvimento do comércio constitui a justificativa padrão, não há notificação para as petições, a segurança pública desvia os olhos dessa situação, o ministério público tem ciência, mas não empreende nada nesse sentido, os tribunais não recebem as petições ou arquivam os processos. Por isso, os moradores que são atingidos pela demolição e transladação compulsórias, e diariamente têm seus direitos violados pela falta de direitos humanos fundamentais, pelo bloqueio da liberdade de expressão e de reivindicações, dificilmente conseguem uma proteção justa pelo poder Executivo ou Judiciário; em consequência, torna-se um fato algo corriqueiro quando a sociedade civil vai às ruas em massa para expressar seus desejos e sua oposição e proteger seus direitos; a resistência extrema na forma de autoimolação é o último recurso de uma população impotente.

Assim, a revista *China Economic Times* relatou, por exemplo, que numa noite um morador afetado pela demolição e transladação na ponte de Changchun, distrito de Haidian, em Beijing, foi cedo para a cama, quando de repente se deparou com cinco ou seis sujeitos que, com fortes lanternas e cassetetes de madeira de um metro nas mãos, irromperam pela porta, amarraram toda a família Lu Dagang pelas mãos e pelos pés, vendaram seus olhos, amordaçaram e jogaram todos porta afora como lixo. Em seguida, ouviu-se na calada da noite apenas um zumbido que perdurou por quarenta minutos, nos quais a casa da família foi aplanada ao rés do chão por uma escavadeira. Até hoje os criminosos têm conseguido se esquivar da lei.

Ou como aconteceu com Zheng Enchong, advogado de Shanghai, que se especializou em defender os moradores atingidos pela demolição e transladação em suas ações judiciais e representou os interesses desses moradores em mais de uma centena de processos: ele deu queixa contra pessoas que enriqueceram de repente, como Zhou Zhengyi, e por violação de leis e enriquecimento fraudulento de funcionários de órgãos políticos e judiciais. Por esse motivo, Zheng Enchong era uma pedra no sapato dos peixes graúdos de Shanghai e sofreu em consequência ameaças, represálias, investigações e a suspensão de sua licença. No entanto, ao mesmo tempo em que o escândalo de corrupção em torno de Zhou Zhengyi veio à luz, Zheng Enchong, que havia prestado serviços excepcionais para a descoberta de esquemas ilegais de Zhou Zhengyi, foi condenado a uma pena injusta de três anos de reclusão por delação de segredos.

O poder das autoridades, que se torna maior a cada dia, desencadeia uma falta cada dia maior de direitos humanos e pode levar naturalmente à injustiça extrema, na qual uma minoria extrema de pessoas aufere lucros enormes e os interesses de uma maioria esmagadora da população são violados.

A apropriação dos direitos de usufruto da terra dos camponeses, a usurpação não autorizada sobre a propriedade dos moradores e o dilema jurídico de que as reclamações não podem ser submetidas ou não são ouvidas obrigam as pessoas simples em sua situação insolúvel a se tornarem proativas, proteger-se e defender os direitos de propriedade privada; as petições e os manifestos dos camponeses vão tão longe que até mesmo as autoridades distritais ficam cercadas, e as reclamações dos cidadãos urbanos e suas manifestações culminam em autoenvenenamentos e autoimolações.

A pobreza no sentido moderno não está simplesmente na falta de recursos e no sustento insuficiente, está muito mais numa falta sistêmica ou numa ausência de direitos, isto é, numa injustiça grave na divisão dos direitos. Um sistema que rouba de seu povo seus direitos fundamentais com essas "trapaças maldosas" também não consegue erradicar essas formas de pobreza moderna. A falta de direitos de nossos conterrâneos é a fundação sistêmica da extrema e injusta falta de escrúpulos na sua exploração ávida que pode levar a conflitos cada vez mais encarniçados entre a população e as autoridades.

Se o governo quiser atenuar e resolver tal problema, não conseguirá, nem com as proibições às quais ele se agarra neste último momento como se fosse aos pés de um Buda, tampouco com a indulgência: uma mudança da imensa desigualdade entre os direitos do governo e os direitos da população apresenta-se como a tarefa mais urgente. Apenas depois da conclusão da reforma dos direitos patrimoniais das terras, na qual "a terra será devolvida ao povo", pode-se falar realmente que "o patrimônio será devolvido ao povo".

Por esse motivo, a privatização, a inclusão da proteção do patrimônio privado na Constituição e a aceitação de uma "lei patrimonial" são apenas o início do caminho da China para tornar-se um Estado de Direito. No futuro, as pessoas hão de se livrar do jugo das terras de propriedade do Estado!

7 de abril de 2007, em casa, em Beijing

Fonte: *Guancha* (Observe China), de 7 de abril de 2007

QUE ACONTECEU COM AS CRIANÇAS ESCRAVAS?
Uma consulta

Em maio de 2007, um caso de condições de trabalho terríveis em olarias ilegais em Hongdong, na província de Shanxi, abalou a opinião pública. Como o caso tinha relação com o sequestro e o desaparecimento sem vestígios de crianças em todas as regiões do país, que eram vendidas como escravas para olarias ilegais, causou um verdadeiro terremoto social. Por pressão da opinião pública, as autoridades competentes investigaram milhares de olarias não autorizadas, nas quais trabalhadores itinerantes e crianças eram cruelmente explorados. Liu Xiaobo escreveu: "Isso foi tão longe que na sociedade chinesa os oficiais e os criminosos formam uma unidade, as forças obscuras transformam-se em Nomenklatura, a Nomenklatura torna-se uma força obscura". Pelo presente artigo aqui reproduzido, as autoridades competentes processaram Liu Xiaobo por "atividades subversivas"; este foi um dos seis artigos que foram apresentados como provas para sua condenação.

NOTA DA ORGANIZADORA

HÁ QUASE DOIS MESES TORNOU-SE PÚBLICO o caso da escravidão infantil em olarias da província de Shanxi, que abalou o país e o exterior. No entanto, quando se vê com quanta persistência a opinião pública ultrajada no país e no exterior perguntou pelos responsáveis, quando se vê a longa série de memorandos do governo central para as regiões, os emissários, as desculpas e as diligências de muitas dezenas de milhares de policiais e, além disso, se questiona as condecorações que a Nomenklatura recebeu de Shanxi pela "libertação de todos os trabalhadores escravos em dez dias", percebe-se que o caso do trabalho escravo na província de Shanxi na verdade foi arquivado de forma mais do que negligente.

O fenômeno do trabalho escravo em olarias, que há mais de dez anos se disseminara, foi limitado a uma olaria no povoado de Caoshengcun, município de Ghanghengsi, distrito de Hongdong; apenas um punhado de criminosos foram processados e a ação concentrou-se em três pontos: coerção, trabalho forçado e lesão corporal intencional, embora em lugar algum tenha se falado sobre o trabalho infantil, o sequestro e os maus-tratos às crianças. A audiência terminou com a sentença de morte para o supervisor da olaria, Zhao Yanbing, e com a prisão perpétua de Heng Tinghan, subcontratado de Henan. Os outros réus receberam como pena reclusões entre um ano e meio e nove anos.

O mais óbvio foi o desenrolar relapso do caso com relação às penas dos oficiais responsáveis. Em 16 de julho, foi oficialmente declarado que, durante a investigação, seria instaurado um processo disciplinar do partido e das respectivas autoridades contra 95 membros do partido, quadros e oficiais negligentes do serviço público – no entanto, mesmo que não seja um número pequeno, a quantidade impressionante oculta a qualidade praticamente nula: os condenados eram exclusivamente de patentes baixas, os oficiais maiores eram alguns "oficiais florestais" do distrito de Hongdong: o secretário do comitê distrital, Gao Hongyuan, recebeu uma severa advertência interna do partido, o secretário adjunto do comitê distrital e administrador do distrito, Sun Yalin, foi retirado do cargo, o administrador adjunto do distrito, Wang Zhengjun, recebeu uma severa advertência interna do Partido e foi destituído da administração.

Esse tipo de delito grave e esse tipo de condenação leve, juntos com uma justiça tardia, não conseguem satisfazer de forma alguma e sem dúvida representam para os atingidos uma injustiça ainda maior, um enorme desrespeito à opinião pública ultrajada e um desdém inadmissível às leis e à justiça.

Por isso tanto faz em quais tons Hu Jintao, Wen Jiaboa e o Comitê Central cantem a canção de amor ao povo e o quanto sejam aparentemente sinceras e sérias de verdade a investigação e as desculpas do governador da província de Shanxi, eles não conseguem de maneira nenhuma arrancar as raízes sistêmicas que levaram e levam a esse trabalho escravo em grande estilo! E não estão em condições de salvar a credibilidade política do regime dos comunistas chineses e protegê-la da falência de sua autoridade. No entanto, isso significa também que a Nomenklatura, por sua conduta com o trabalho escravo nas olarias, não pode se esquivar das seguintes perguntas.

1ª pergunta: Por que a taxa de esclarecimento nos casos de escravidão infantil é tão reduzida?

Em 5 de junho, surgiu na internet um pedido de ajuda com o título "Ajudem nossas crianças – quatrocentos pais pedem ajuda": "O incidente de Hongdong, que agitou todo o país, é apenas a ponta do iceberg, ainda há mais de mil crianças que correm risco de morte [...] Ajudem nossas crianças!".

Passados quinze dias, grande parte dos pais ainda não havia encontrado seus filhos. Em 20 de junho, os quatrocentos pais voltaram a postar na internet uma convocação, uma carta aberta, na qual havia o seguinte: "Durante a busca por nossos amados filhos, mais de cem crianças foram salvas, mas grande parte delas não vem de Hunan. Ainda há muitas crianças que não puderam ser encontradas ou que foram levadas para outro local; clamamos por esforços mais intensos para o salvamento dessas crianças e sugerimos aumentar o escopo no qual se empreende as buscas e as investigações e procurá-las numa ação conjunta em todo o país".

Ao mesmo tempo, a opinião pública perguntava continuamente ao governo pelos responsáveis. Assim, por exemplo, o editorial do jornal *Nanfang dushibao* de 27 de junho foi publicado com o título "Como é possível uma ação de salvamento da qual ninguém escapa?": "Como é possível solapar o delito a partir do ponto cego e não salvar ninguém na libertação? Apenas com a asserção grandiosa dos oficiais de Shanxi o objetivo não será alcançado. Neste momento, o governo precisa empreender investigações extensivas, a sociedade precisa cooperar com mais seriedade e os cidadãos precisam ficar mais atentos; somente assim será possível libertar os escravos do trabalho ilegal e ninguém poderá escapar; e apenas assim será possível drenar o solo fértil social para a escravização de cidadãos, mesmo nesta sociedade. Essa é uma necessidade muito mais premente e pragmática do que qualquer declaração política grandiloquente".

Mas até a finalização do presente artigo, não houve qualquer avanço na libertação dos escravos infantis: o número de crianças escravizadas salvas divulgado pelos meios de comunicação do continente totaliza apenas pouco mais de cem nomes, ou seja, apenas um décimo das crianças desaparecidas sem deixar rastros. Fica evidente que nesse embate de forças entre o governo e as agências secretas, o governo, mesmo dispondo de recursos imensos, não consegue controlar os criminosos.

Terá sido o resultado da diligência e da ação de salvamento por milhares de policiais mesmo tão patético porque as sociedades secretas estão fora de controle? Ou simplesmente porque o governo é incapaz? A resposta a essas perguntas pode ser apenas uma: o governo é incapaz.

Todos sabem que há um paradoxo difícil de solucionar na capacidade de um regime despótico que monopoliza os principais recursos de um país para manter-se no poder: na segurança da estabilidade do governo e na caça por privilégios e vantagens, como, por exemplo, pela supressão da proteção dos direitos da sociedade civil, pelo monitoramento de dissidentes, pelo controle dos meios de comunicação, pela usurpação do patrimônio privado e pela corrupção, o governo chinês e sua administração não foram apenas capazes, mas capazes de tal forma que nada foi deixado ao acaso. O governo tem condições de destacar diversas viaturas e uma série de policiais para monitorar apenas um dissidente. Contudo, no que diz respeito ao serviço à população, à formação de uma justiça social, à melhoria do bem-estar social e à responsabilidade pelos erros, o governo chinês com seus oficiais não só é incapaz, mas extremamente incapaz, incapaz às raias da ignorância! Até mesmo no fenômeno da escravidão infantil, que há muito é conduzido em grande estilo, ele permanece inerte.

2ª pergunta: Por que os oficiais chineses são tão frios e canalhas?

Mesmo após Hu Jintao e Wen Jiabao terem publicado seus memorandos, o grupo de trabalho de onze pessoas que o distrito de Hongdong enviou tinha consigo apenas um pedido público de desculpas; essas pessoas foram às doze províncias e cidades do país e entregaram direto nas mãos dos camponeses a carta de desculpas, o salário e uma ajuda de consolação; o comitê disciplinar do distrito também realizou uma investigação sobre a suposta omissão dos oficiais com relação ao caso; no dia 20 daquele mês o primeiro-ministro Wen Jiabao presidiu a reunião do Conselho Estatal e Yu Youjun, o governador da província de Shanxi, exerceu a autocrítica nessa reunião, em nome de sua província. Na coletiva de imprensa realizada em Taiyuan de todo o grupo de trabalho do Ministério de Segurança do Trabalho, do departamento de Segurança Pública e do sindicato geral nacional, Yu Youjun, na qualidade de representante do governo da província, pediu desculpas aos irmãos do campesinato, do operariado e aos seus familiares prejudicados com relação às olarias ilegais e apresentou uma autocrítica perante a população da província.

Somente em 28 de junho, Wang Jiecai, um delegado do Congresso Popular Nacional de Shandong, enviou uma carta a Yu Youjun, governador da província de Shanxi, intitulada "Proposta de renúncia do diretor da agência de Seguridade Social e Segurança do Trabalho de Shanxi".

Em sua carta, Wang Jiecai explicou: "Nos últimos tempos, o 'incidente das olarias ilegais' em Shanxi causou comoção em todo o país. [...] E milhares de pais se levantaram e 10 mil ficaram indignados! [...] O governador da província, Yu Youjun, apresentou sua autocrítica diante do Conselho Estatal, desculpou-se perante os prejudicados e prestou sua autocrítica diante da população de Shanxi. Ao contrário, os oficiais da agência de Seguridade Social e Segurança do Trabalho de Shanxi, que estão no centro desse grande furacão e são diretamente responsáveis pelo trabalho na província, foram estranhamente reticentes, nenhum deles assumiu qualquer responsabilidade nessa ocasião, nenhum deles se desculpou perante a população, alguns elaboraram apenas na Agência de Supervisão do Trabalho e no departamento de Segurança Pública um 'relatório audacioso e decisivo'. As pessoas sem dúvida perguntarão: ninguém da administração trabalhista assumirá a responsabilidade numa ocasião tão importante? [...] O oficial administrativo máximo da agência de Seguridade Social e Segurança do Trabalho da província de Shanxi poderá continuar a contribuir na libertação de trabalhadores, como se não fosse nada? O artigo 82 da 'Lei de oficiais em serviço público' determina em caráter inequívoco: 'Oficiais seniores devem assumir a responsabilidade por erros cometidos e renunciar ao cargo se tiverem cometido uma falha grave, se por negligência resultarem danos graves ou uma má impressão social ou fatos semelhantes ocorrerem na região de sua competência'. Assumir a responsabilidade e renunciar representa um grande avanço para o sistema jurídico e para a sociedade. Oficiais negligentes têm apenas uma possibilidade de manter sua dignidade perante o povo: precisam assumir a responsabilidade e renunciar [...] É uma obviedade política a assunção de responsabilidade e renúncia no caso de negligência grave, mostrando assim o respeito dos oficiais por suas agências, sua consideração pela opinião do público e sua vontade sincera de aceitar espontaneamente a soberania dos cidadãos – além disso, é um reflexo da vergonha natural. Dessa maneira, os oficiais que se opõem à crítica da opinião pública no país de acordo com a 'Teoria do Escuro e Espesso' e a determinação dos 'macacos de carro' e se mantêm nos cargos mostram que lhes falta não apenas a consideração pela vontade do povo, mas também qualquer sentimento de vergonha [...] Por fim, apelo novamente com toda a seriedade que o diretor da agência de Seguridade Social e Segurança do Trabalho, absolutamente responsável no caso das olarias ilegais, em face da indignação das pessoas em todo o país, assuma com bravura a responsabilidade, no tempo adequado e da forma adequada que corresponda à vontade do povo, e renuncie com determinação para mostrar de forma tão prática seu remorso, melhorar o estilo de trabalho dos oficiais e pedir desculpas ao povo".

E por que nenhum dos oficiais regionais que devem ser responsabilizados pelo caso de escravidão infantil até hoje não foram destituídos, nem em nível provincial, tampouco administrativo, apesar da demanda uníssona da sociedade pela renúncia dos altos oficiais na província de Shanxi? Por que o governo central não chamou à responsabilidade esses altos oficiais da província? Por que a mídia apenas ouve, vê e mais nada quando o assunto são as olarias clandestinas em Shanxi e os oficiais de Henan, onde a maioria das crianças desapareceu sem deixar vestígios? Nessas condições, a investigação e as desculpas do governador da província Yu Youjun não tiveram no fim das contas mais valor que um show de rotina.

Em Shanxi, onde milhares de pais se revoltaram, foram condenados exclusivamente oficiais dos níveis distrital e municipal, enquanto as instituições e representantes do partido e do governo na região de Linfen foram apenas instruídos a conduzir as investigações.

Após as notícias na internet de 16 de julho, o comitê da província de Shanxi incumbiu o comitê distrital de Linfen e Yuncheng a expedir ao comitê da província um relatório detalhado, e o governo popular da província havia incumbido há tempos as administrações populares das cidades de Linfen e Yuncheng, juntamente com a agência de Segurança Social e Segurança do Trabalho, a agência de Recursos Naturais e a câmara de Comércio e Indústria da província, a apresentar ao governo desta última uma investigação detalhada. Os responsáveis mais importantes dessas cidades e organizações deveriam apresentar uma autocrítica diante da grande reunião do quadro.

Na realidade, os oficiais que se desculparem publicamente devem se responsabilizar e renunciar, sem se restringir a Shanxi; também em Henan os altos oficiais deveriam interferir pessoalmente e assumir a responsabilidade, pois, nessa grande corrente de trabalho escravo em olarias clandestinas, os atos criminosos que ocorreram em Henan não ficam atrás em nada daqueles passados em Shanxi. Dos quatrocentos pais que publicaram o apelo público e dos menores que desapareceram sem deixar rastros, mais de dois terços são originários de Henan. O fato de tantas crianças de Henan permanecerem por tanto tempo desaparecidas sem qualquer notícia mostra claramente que o tráfico humano dentro das fronteiras de Henan está fora de controle, sendo a província a fonte mais importante para o trabalho escravo. Se tantos pais de família buscam seus filhos por tanto tempo sem qualquer resultado positivo, isso mostra que os órgãos de segurança de Henan conheciam bem a situação, mas não fizeram nada, um caso extremo de negligência do dever. Por isso, os órgãos de segurança da província de Henan precisam assumir a responsabilidade por sua omissão, e o governador da província, Xu Guangchun, deve ao menos se desculpar publicamente perante os prejudicados e suas famílias, como o governador da província de Shanxi o fez.

Existe um motivo para os oficiais chineses serem tão duros e irresponsáveis: o poder público e a monopolização do sistema de nomeação de cargos nas mãos de um grupo privado, o Partido Comunista Chinês.

Para proteger o domínio unipartidário e os interesses das camadas privilegiadas, o Partido mantém nas mãos o direito de nomeação e destituição de oficiais, e a autoridade pública que deveria na verdade ser outorgada pelo povo como mandato é repassada pelo Partido em caráter privado.

E, assim, os oficiais de diversos níveis na China conseguem sua autoridade não de baixo para cima, vinda do povo, mas de cima para baixo, a partir da classe privilegiada. Esse sistema de recrutamento pode ser para os oficiais apenas uma demanda para assumir um cargo exclusivamente pelo poder político ligado a ele (para a classe alta, o poder político é o poder dos próprios quepes dos oficiais), e não para o povo.

Dessa maneira, numa entrevista para o jornal *Nanfang Zhoumo* com relação ao caso do trabalho escravo nas olarias ilegais, o governador da província de Shanxi, Yu Youjun, disse que a responsabilidade perante o Comitê Central ainda vem em primeiro lugar para ele: "O Comitê Central me enviou para Shanxi, o congresso popular me elegeu governador da província para assumir essa responsabilidade séria que estava ligada a uma grande esperança de defender a pátria, compartilhar as preocupações e dificuldades do Comitê Central e resolver as preocupações das pessoas simples". ("Diálogo aberto com Yu Youjun sobre a questão das olarias clandestinas", *Nanfang Zhoumo*, 5 de julho de 2007).

Exceto pelo fato de que nenhum dos altos oficiais da província renunciou ao cargo – mesmo entre os oficiais mais importantes e diretamente responsáveis pela questão das olarias ilegais da cidade de Linfen, nenhum renunciou. Além disso, nas agências de segurança pública de Shanxi e Henan, onde por muito tempo ninguém reagiu aos boletins de desaparecimento de crianças, até hoje nenhum dos altos oficiais de política admitiu sua negligência, apenas nos níveis mais inferiores das delegacias de política alguns oficiais tiveram de prestar contas. O sistema judiciário, que é apenas uma ferramenta nas mãos da autocracia do Partido, consequentemente é competente quando se trata da população, mas fracassa por completo onde há cumplicidade entre os oficiais e o submundo.

3ª pergunta: Por que algo que acontece há tanto tempo e em tais proporções como o trabalho escravo em olarias ilegais apenas hoje veio a público e com tanta força?

Se casos de escravidão ocorressem hoje num país civilizado, mesmo que não envolvessem milhares de menores de idade, sem dúvida apareceriam nas manchetes e nas reportagens investigativas de toda a grande mídia. Quando os casos de escravidão infantil que agitaram o mundo vieram à tona na China, prevaleciam ainda as manchetes da mídia no continente sobre as campanhas dos oligarcas do Partido: a chamada na primeira página ainda dá o tom e constitui o coração das notícias. Por isso, as organizações competentes, como o Ministério da Propaganda, em todos os níveis, e as agências de notícias precisam assumir a absoluta responsabilidade. São essas as sedes oficiais da ideologia que vigiam os meios de comunicação como falcões, que fazem deles megafone exclusivo do Partido, que roubam o direito à informação das massas populares e sufocam a liberdade de imprensa.

Além disso, a China não tem nenhuma liberdade de imprensa e nenhuma liberdade de expressão, há tempos o longo bloqueio da imprensa e o controle da expressão tornaram os meios de comunicação, que são apenas um arauto do sistema, um instrumento da Nomeklatura para embrutecimento do povo. Nesse sistema, não apenas a restrição da informação pública leva cada vez mais a grandes crises gerais, mas, cada vez que uma grave catástrofe universal vem à tona, os comunistas chineses precisam lançar mão dos meios de comunicação para empreender um jogo no qual os principais culpados tornam-se benfeitores, a política má converte-se em boa e os erros viram êxitos para melhorar a imagem maculada de Hu Jintao e Wen Jiabao com notícias extravagantes e intermináveis. Por isso, após o caso das crianças escravas em Shanxi ganhar visibilidade pública, relatos das experiências terríveis e do paradeiro das crianças escravas foram substituídos pelas instruções de altos oficiais, como Hu Jintao e Wen Jiabao; por isso, as ações de busca dos pais foram suplantadas pelas ações de libertação dos governos regionais. Dessa maneira, os meios de comunicação monopolizados cumpriram novamente sua função admirável: as notícias sobre as palavras e os atos dos altos funcionários do Comitê Central e das regiões dominaram as páginas importantes da imprensa. O que os atingidos disseram ou fizeram pôde chegar ao público de forma geral apenas pela internet.

4ª pergunta: O problema com a economia informal chinesa, a opressão e o abuso de trabalhadores itinerantes, a utilização disseminada do trabalho infantil e o tráfico de crianças existem há muito, aqui e ali ouve-se incidentes assustadoramente grandes nessa área – por que esse problema até hoje não foi controlado e contido com eficiência?

Apenas porque essas maquinações ilegais e criminosas não foram refreadas a tempo, o trabalho ilegal e a escravidão infantil conseguem se desenvolver em tal proporção. E por trás dessas grandes e pequenas empresas que ganham rios de dinheiro com esses métodos criminosos está a proteção de grandes e pequenos grupos de interesse; os governos regionais com seus oficiais desempenham o papel de escudo para essas forças obscuras, sua desculpa mais brilhante é o "desenvolvimento da economia regional" e a "garantia da paz regional". Isso foi tão longe que na sociedade chinesa os oficiais e os bandidos são considerados uma coisa só, as forças obscuras transmutam-se em Nomenklatura, a Nomenklatura converte-se em força obscura. Assim, por exemplo, grande parte das ricas sociedades secretas tem um representante no Congresso Popular Nacional ou no Comitê Executivo, e a Nomenklatura serve-se do poder das sociedades secretas para apascentar as coisas.

É certo que os chefes das olarias ilegais oriundos da unidade de oficiais e sociedades secretas e os oficiais regionais são responsáveis por isso, contudo o governo central está totalmente desorientado diante dessas forças unidas de oficiais e sociedades secretas e do protecionismo regional, e não importa se esse fato reside na "incapacidade" objetiva ou na "passividade" subjetiva, o resultado são rédeas soltas para a penetração dos oficiais e das sociedades secretas nas regiões. E não resta nenhuma dúvida de que o nível decisório mais alto participa de tal invasão.

5ª pergunta: A mais poderosa instituição da China, segundo seu nome, o Congresso Popular Nacional e seus deputados, tem por lei a missão claramente definida de controlar todos os ministérios do governo – por que os seus mais de 3 milhões de representantes, desde o Comitê Central até os congressos populares regionais, à exceção de uma extrema minoria de alguns congressistas populares conscienciosos, nunca se preocuparam com a perversa negligência dos governos regionais?

Quando observamos a situação, como os meios de comunicação a expõem no momento, apenas um único deputado do Congresso Popular, um homem de Hunan, empreende uma luta contra as olarias ilegais; outros representantes da máquina dos congressos populares, ao contrário, brilham com sua completa omissão. Que direito ainda mantêm esses Congressos Populares de se arrogar o título de organizações do povo? Esses deputados não se envergonham de denominar-se representantes do povo?

Constitui um velho problema que no sistema chinês falte o controle pelo Congresso Popular, o que responde a outro velho problema: o abuso de poder pelo governo. Pois o Congresso Popular, como o governo, deriva do mesmo poder partidário autocrático, e ambos estão acima de tudo a serviço deste último.

Primeiramente, no sistema dos congressos populares, o maior grupo populacional em número, ou seja, os camponeses, representa o grupo mais fraco. Os camponeses, que perfazem oitenta por cento da população, representam apenas um quarto dos deputados; os outros três quartos abarcam a população urbana, que representa apenas vinte por cento da população. Então, as massas populares chinesas no sistema dos congressos populares não contam com uma representação verdadeira. Um membro do comitê permanente do Politburo Central é o presidente do comitê do Congresso Popular Nacional; nas regiões, em todos os níveis, um líder do partido ocupa a presidência dos congressos populares; membros do partido dominante e oficiais de governo nos mais diferentes níveis detêm mais de setenta por cento das cadeiras nos congressos populares.

Como o poder dos congressos populares é outorgado pelo partido, esses cargos não têm mais valor do que o carimbo deste último; e quando a "unidade de cargo e assento parlamentar" nos congressos populares se tornou regra – os membros do partido ocupam cargos de secretários-gerais, presidentes e altos oficiais dos ministérios das províncias, prefeitos das cidades, oficiais-chefes, administradores distritais, comunitários e de vilarejo... em todos os congressos populares dos mais diversos níveis –, como esses "representantes do povo" ainda poderiam ter condições de controlar a força do partido e os poderes administrativos que já têm nas mãos?

Dito de outra forma, é impossível dissociar o poder político do poder fiscalizador, sem falar de um controle sistemático. Eles não conseguem enxergar que o próprio Wang Dongji, avô de Wang Binbin, chefe da olaria clandestina no povoado de Caoshengcun, comunidade administrativa de Ghuangshengsi, distrito de Hongdong, cidade de Linfen, província de Shanxi, era um exemplo dessa "unidade de assento e cargo parlamentar" no nível mais inferior? Ele foi secretário da célula do partido da comunidade e também deputado do Congresso Popular no distrito de Hongdong por dois mandatos.

Última pergunta: Por que, desde a entrada de Hu Jintao e Wen Jiabao, essas catástrofes repetidas da comunidade que precisariam ser extintas no início evoluíram para crises graves que abalaram o país e o exterior?

Por exemplo, a crise da SARS, a pneumonia asiática, de 2003; a crise em torno da poluição do rio Songhua, em 2005; a crise da segurança geral diversas vezes desencadeada pelos alimentos envenenados e medicamentos falsos em 2006 – a evolução disso tudo em crises graves que abalaram o país e o exterior tem sua origem acima de tudo na política de disfarce ou na incapacidade do governo central sob o sistema autocrático. Se algumas pessoas insistentes não tivessem revelado o tamanho real da crise por meio da internet, sempre tão difícil de bloquear totalmente, e Hu Jintao e Wen Jiabao não tivessem sido obrigados a reagir – é quase impossível imaginar as consequências. Nesse sentido, com relação à proteção dos direitos pessoais na China, a internet é realmente um presente dos céus.

Agora, concretamente, no caso da escravidão em olarias ilegais.

Hu Jintao e Wen Jiabao não podem de forma alguma esquivar-se da responsabilidade com relação aos erros cometidos pelos governos regionais – ou esses altos oficiais não deveriam, por exemplo, ter sido nomeados pelo Comitê Central? Hu Jintao e Wen Jiabao também não conseguirão dar desculpas de "encobrimento" e "ignorância"; mesmo quando observamos apenas as áreas sobre as quais eles estão familiarizados, mas permaneceram inertes, não conseguem se livrar da responsabilidade.

Já em 8 de março deste ano, Yang Aizhi, uma mulher de Zhengzhou, na província de Henan, deu início às buscas por seu filho, Wang Xinlei, que ainda não havia feito dezesseis anos; no fim de março, Yang Aizhi continuou suas buscas, seguindo para Shanxi com um pai de família do distrito de Meng cujo filho havia desaparecido; bateram na porta de mais de cem olarias, mas não tiveram êxito. No início de abril, Yang Aizhi, com seis outros pais e mães cujos filhos desapareceram, empreendeu uma nova busca em Shanxi, novamente sem sucesso.

Em 9 de maio, Fu Zhenzhong, um repórter da principal televisão de Henan, junto com os seis pais e mães, rumou para Shanxi, registrou secretamente com uma câmera a péssima situação nas olarias ilegais e montou uma reportagem televisiva intitulada "Um mundo triste – Quando começaremos a enumerar os crimes?", em cuja apresentação, para surpresa geral, reuniram-se na emissora mais de mil pais e mães em busca de ajuda.

Em 5 de junho, foi publicado no "Fórum do Grande Rio" uma carta com o título "O caminho criminoso dos 'clandestinos'! Quatrocentos pais de crianças vendidas às olarias ilegais em Shanxi pedem ajuda".

Em 11 de junho, Yang Aizhi escreveu um apelo de ajuda urgente ao presidente Wen Jiabao, era o grito de uma mãe.

A partir daí, os meios de comunicação começaram a enfocar a "escravidão infantil em olarias ilegais" em grande estilo.

De 8 de março a 15 de junho, altos oficiais, entre eles Hu Jintao e Wen Jiabao, expediram memorandos e com isso perderam mais de três meses. Nessa época, nem a busca por iniciativa própria dos pais, tampouco as descobertas da emissora de televisão de Henan, sem comentar o apelo por ajuda dos quatrocentos pais na internet, chamaram a atenção do governo!

Ainda mais ultrajante é o fato de que Chen Jianjiao, um único deputado do Congresso Popular da província de Hunan, distrito de Shimen, comunidade de Xinguan, havia declarado já em 1998 guerra contra as olarias clandestinas em Shanxi e Hebei. Como consequência, muitas centenas de trabalhadores itinerantes, entre eles algumas crianças escravas, foram salvos. Quando Chen Jianjiao, isolado e impotente em sua luta solitária, não conseguiu avançar mais, quis pedir ajuda para Hu Jintao e Wen Jiabao. Em 8 de setembro de 2006, ele escreveu diretamente ao primeiro-ministro Wen Jiabao e fez uma recomendação para resolver o problema das crianças escravas nas olarias clandestinas. Contudo, seu pedido afundou como pedra no mar e ele não recebeu sequer um ínfimo retorno do ministério competente do governo central ou de Wen Jiabao.

Imagine se Wen Jiabao tivesse reagido rapidamente à carta de Chen Jianjiao. O fechamento das olarias ilegais, a libertação dos trabalhadores escravizados, o golpe contra os proprietários criminosos das olarias e a investigação dos oficiais negligentes poderiam ter sido acelerados em no mínimo seis meses.

Se Hu Jintao e Wen Jiabao trataram dessa maneira uma missiva de um deputado do Congresso Popular em nível de província, após esse caso chegar ao conhecimento do público, uma palavra de desculpas e o reconhecimento de culpa por parte de Hu Jintao, de Wen Jiabao e do Comitê Central perante os prejudicados teriam valor ou não?

Se a postura do Comitê Central perante os deputados do Congresso Popular em nível de província é tão desrespeitosa, não é necessário comentar como eles tratam os cidadãos simples, totalmente impotentes.

Desde a entrada no poder de Hu Jintao e Wen Jiabao, eles preferem conduzir seu show de amor ao povo; nada de revogação da lei de aprisionamento e retorno à cidade natal, alteração da política de SARS, inclusão dos direitos humanos na Constituição e revogação do imposto agrário, a mendicância. Em vez disso, a venda de pêssegos para os camponeses, o calçar de velhos tênis esportivos, as lágrimas de crocodilo por compaixão derramadas para o povo – tudo disseminado nos meios de comunicação monopolizado todos os dias, todos os meses, o ano todo contribuiu muito para a imagem de Hu Jintao e Wen Jiabao de amor ao povo.

E, ainda assim, esse amor é hipócrita e representado apenas para as lentes das câmeras, enquanto na verdade e na caixa-preta de suas tomadas de decisão eles são frios até a alma. Pois, em última análise, são as cabeças da atual gangue oligárquico-autocrática, para eles está no topo das prioridades a proteção dos interesses formados pelo poder autocrático e pelos privilégios, e não a vontade da maioria do povo, a urgência das pessoas e o bem-estar geral; e também é garantido para eles o primeiro dever dos meios de comunicação de enfatizar seu sucesso e apresentar sua imagem reluzente e não, acima de tudo, a censura dos reis sem coroa; por isso o fato de a escravidão infantil em olarias ilegais ter chegado ao conhecimento do público voltou a levar às raias do absurdo a promessa de Hu Jintao e Wen Jiabao de cuidar dos responsáveis e a lenda de seu amor ao povo.

O motivo para a frieza do regime de Hu Jintao e Wen Jiabao não reside no fato de que falte humanidade a cada um de seus oficiais, mas na própria crueldade do sistema autocrático. Tal sistema nunca aprenderá a respeitar a vida e a proteger os direitos humanos; um bando governante que enxerga como sua primeira tarefa proteger o monopólio do poder não consegue também considerar a vida de seus cidadãos – e as crianças não são exceção. E apenas porque um sistema autocrático e seu governo não tratam as pessoas como tal, pode-se chegar a tais atos criminosos de arrepiar.

Em suma, o sistema autocrático é frio; os oficiais, que olham apenas à altura superior dos quepes dos seus iguais, não conseguem ser piedosos. Desde a tomada do poder, os déspotas sucessivos do Partido Comunista Chinês prestaram atenção principalmente ao poder em suas mãos; mal cuidaram da vida das pessoas. Se não houver uma reforma do sistema, crimes como os ocorridos nas olarias ilegais nunca serão cortados pela raiz, sequer algumas folhas cairão de suas árvores.

16 de julho de 2007, em casa, em Beijing

Fonte: *Ren yu renquan* – Humanity and Human Rights, agosto de 2007

Reflexões sobre o "incidente de Weng'an"

Em 2008, ano dos Jogos Olímpicos, sempre vinham à tona grandes incidentes que chamavam a atenção do mundo. A crise do Tibete prejudicou gravemente a imagem olímpica da China, que o grande terremoto em Wenzhou teria conseguido compensar de alguma forma. Porém, justamente quando os comunistas aproveitavam a oportunidade para tomar as rédeas da catástrofe, e isso significava disseminar em todos os meios de comunicação a imagem de "uma nova China, reerguida", surgiram relatos vindos das regiões fronteiriças sobre novos conflitos de larga escala entre as autoridades e a população, que alarmaram a China e os outros países.

Em 28 de junho de 2008, apenas quarenta dias antes dos Jogos Olímpicos em Beijing, houve um conflito aberto no distrito de Weng'an, província de Ghizhou, entre as autoridades e a população, do qual participaram mais de 10 mil pessoas. Li Shufen, estudante de apenas quinze anos, fora violentada, assassinada e por fim lançada em um rio – esse foi o estopim do protesto. Nesse caso especialmente repulsivo de crime, o departamento local de segurança pública chegou à conclusão, sem autópsia e sem investigação judicial, que Li Shufen havia cometido suicídio. Os suspeitos do crime foram colocados em liberdade. Os parentes da falecida não estavam preparados para aceitar a versão oficial da polícia, o tio da garota compareceu pessoalmente, mas a polícia não prestou nem uma declaração lógica, tampouco legalmente satisfatória, mas espancaram-no pela primeira vez. Em seguida, foi acossado por uma associação secreta e, como resultado, precisou ser levado para o pronto-socorro, onde as devidas medidas de ressuscitação foram empreendidas, mas não foram bem-sucedidas e ele morreu. Também a tia da estudante foi gravemente maltratada e seu rosto, desfigurado.

Essas ações de encobrimento pelo Departamento de Segurança Pública do distrito de Weng'an causaram indignação geral: primeiro os colegas de Li Shufen, da escola primária, rumaram para a frente do prédio do departamento e exigiram justiça; em seguida, mais de 10 mil pessoas se reuniram no mesmo local. A multidão ultrajada ateou fogo no prédio da administração distrital e da segurança pública e, além disso, numa boa dúzia de viaturas de polícia. O conflito, iniciado à tarde, estendeu-se até quase meia-noite. Apenas com a intervenção massiva das forças armadas, na qual uma pessoa foi morta a tiros, a tranquilidade foi provisoriamente restabelecida. Além disso, as autoridades cortaram os canais de informação entre o distrito e o restante do mundo e estabeleceram nas ruas postos que tinham como intuito impedir os jornalistas de chegar à cidade e investigar a situação.

Se considerarmos apenas a cobertura da mídia, não houve nos últimos anos qualquer problema com o desenvolvimento chinês e a estabilidade política, uma época "de paz e prosperidade" – uma consequência do controle estrito dos meios de comunicação e do bloqueio da imprensa pelos comunistas chineses. Ao mesmo tempo, o clamor do "levante de uma grande potência" tem conjuntura pela atenção diária cada vez maior que a opinião pública internacional dedica à China; e a onda de nacionalismo, impulsionada e tolerada pelo âmbito oficial, concede ao regime de Hu Jintao e Wen Jiabao um verniz de que goza de profunda confiança do povo. Mas um incidente como o de Weng'an e o abismo entre as declarações da agência de notícias Nova China e as descrições postadas na internet pelas pessoas mostram novamente a verdadeira face por trás da imagem montada pelo governo. De fato, os materiais que circulam internamente nas agências oficiais sobre a crise, a internet e os meios de comunicação estrangeiros revelam a todo o momento a proporção dos conflitos entre o governo e o povo e a violência sangrenta da contenda. A China deita-se sobre um vulcão.

O movimento dos direitos civis vindo de baixo, que aqui é visível, toca em problemas sociais causados pelo sistema autocrático e pela lentidão das reformas: assim, entre outros, o prejuízo dos interesses de operários e trabalhadores nas empresas estatais reformadas, a exploração desmedida de "trabalhadores itinerantes" por firmas exploradoras, a ausência da proteção de interesses de operários e trabalhadores aposentados, a apropriação ilícita de propriedades campesinas sob a desculpa de desenvolvimento, a transladação e indenização da população para a construção de usinas hidrelétricas de dimensões gigantescas, os protestos em massa em virtude do não atendimento dos pedidos da população, a ira das pessoas simples pela falta de consideração dos burocratas. Uma verdade ainda mais incômoda é que o núcleo dos participantes dos incidentes de massa que têm ocorrido nos últimos anos não é formado apenas por aqueles que são diretamente prejudicadas em seus direitos e interesses, mas também vem dos embates entre povo e autoridades nos quais muitos participantes "não são diretamente prejudicados em seus direitos e interesses" – Weng'an foi um desses "incidentes".

Por que, então, um crime como o estupro e o assassinato de uma estudante se avoluma em um protesto em massa com 10 mil pessoas e termina com a destruição de um prédio que abrigava o departamento distrital de Segurança Pública e outros órgãos do governo? A declaração publicada pela agência de notícias oficial Nova China repetiu os antigos estereótipos: "Algumas pessoas, insatisfeitas com o parecer sobre a morte de uma estudante, reuniram-se diante da administração distrital e do departamento de Segurança Pública. Durante a recepção pelo responsável da administração distrital, algumas pessoas incitaram a multidão, que não tinha conhecimento dos fatos, a atacar a agência distrital da ordem pública, a administração distrital e a sede do comitê do partido. Em seguida, alguns elementos criminosos aproveitaram a oportunidade para vandalizar os departamentos, incendiá-los e atear fogo em automóveis".

Na internet, não foi dada confiança a essa declaração oficial, sempre a mesma, e as pessoas se ativeram muito mais à declaração disseminada pela rede e por meio de celulares: "Sob controle da caixa-preta, as autoridades locais e o departamento de Segurança Pública da região, num caso de estupro seguido de assassinato, protegeram os suspeitos do crime e permitiram que os parentes da vítima também sofressem violência".

Como os suspeitos, mesmo sem apoio das autoridades, conseguiram deslizar facilmente pelas tramas da lei? Isso significa também que a agravação crescente desse conflito entre autoridades e o povo por um simples pedido dos parentes da vítima a ponto de reunir num incidente de massa mais de 10 mil pessoas tem fundamento óbvio nas maquinações e na fraudulência das autoridades locais.

Com o "incidente de Weng'an", é impossível não pensarmos no "incidente de Wanzhou", que ocorrera alguns anos atrás e assemelhou-se em proporção e características ao de Wang'an. Também aquele foi um incidente "no qual os participantes não tinham qualquer relação com o acontecido". A multidão com mais de 10 mil pessoas que na época cercou os prédios oficiais não havia sido diretamente afetada, não tinha relação por interesses, tampouco parentesco com os atingidos, nem sequer os conhecia. Reside unicamente na indignação o fato de as pessoas se engajarem dessa maneira – e o que deveria ser um motivo razoável para essa indignação, se não os muitos anos de abuso do poder pela administração e o ódio acumulado pelas pessoas também por anos a fio?

Voltemos ao "incidente de Wanzhou". Na tarde de 18 de outubro de 2004, em Wanzhou, um distrito da cidade de Chongqing, ocorreu um incidente sangrento que chocou todo o país. O decorrer de tudo foi algo assim: o trabalhador itinerante Yu Jikui, que por desatenção sujou a roupa de uma transeunte chamada Zeng Qingrong, teve uma perna quebrada pelo marido desta, Hu Quanzong, com uma barra de ferro. Durante o ato de violência, Hu Quanzong teria dito ser funcionário do serviço público e que com dinheiro ele poderia mandar em tudo; ameaçou até mesmo que poderia comprar a vida de um pobre-diabo como aquele por 200 mil yuans.

Para piorar a situação, os policiais chamados pelo número de emergência em virtude da briga não apenas foram muito tolerantes para com Hu Quanzong, cumprimentando o criminoso com um aperto de mão, como deixaram simplesmente que ele fosse embora. E foi exatamente isso, essa "arbitrariedade dos oficiais", na qual "um corvo não bica o olho do outro", que desbragou a ira das massas. Mais de 10 mil pessoas foram para a frente da sede da administração para protestar, e as autoridades competentes intervieram com toda velocidade com um contingente de mil soldados da tropa de choque para oprimir os protestos. As massas defenderam-se com tijolos e pedras, atearam fogo numa série de viaturas policiais, junto com o prédio do governo e caminhões de bombeiros, de forma que a administração do distrito de Wanzhou não pôde trabalhar durante um dia inteiro.

O elemento típico nos incidentes de Weng'an e Wanzhou está na aparente coincidência de suas causas e na oposição necessariamente cada vez mais ferrenha entre povo e administração: de fato, a arbitrariedade e as falcatruas de muitos anos dos oficiais fazem com que o ódio acumulado do povo se extravase como uma erupção numa manifestação em massa com dezenas de milhares de pessoas em virtude de um conflito ínfimo – isso é suficiente para mostrar como é profundo e intenso o ódio do povo contra sua administração; com certeza não é exagerado compará-lo a um "pavio aceso num barril de pólvora".

Ao mesmo tempo, os incidentes de Weng'an e Wanzhou ocorreram na era da internet; o bloqueio pela Nomenklatura não foi totalmente eficiente, por isso esses incidentes públicos secretos também surgiram primeiro na rede. No máximo da reflexão, há de se concordar que o efeito da internet sobre esses conflitos entre as autoridades e a população representa de forma geral, inevitavelmente e em grande parte, o ponto de vista da sociedade civil, enquanto a força de convencimento das antigas declarações oficiais enlatadas chega quase a ser nula.

Quando se diz que os conflitos entre as autoridades e a população mostraram a profunda oposição entre elas, o ponto de vista da sociedade civil na internet com relação a esses conflitos é que a dignidade geral da Nomenklatura chegou ao nível inferior mais absoluto.

A partir de minhas próprias experiências com a internet, posso dizer que a maioria assoladora dos cidadãos da comunidade internauta que se preocupa com política tem conhecimento da mendacidade e da falsidade do poder autocrático. Por isso, basta vir à tona um conflito entre as autoridades e a população que diga respeito a uma ampla massa, e a opinião do povo na rede inflama os ânimos para defender os cidadãos contra a Nomenklatura e exigir a verdade.

Na China de hoje, a relação de poder entre as autoridades e a população é totalmente marcada por uma ampliação da força da sociedade civil e um atrofiamento do poder da Nomenklatura, sendo o "incidente de Weng'an" mais uma prova desse fato.

De um lado, é uma situação impossível que as massas populares, cujos direitos e interesses legítimos são gravemente violados num país como a China, onde não há liberdade de expressão ou justiça independente, não recebam assistência sistemática da opinião pública, da administração e da justiça, e o único sistema de petições que poderia prestar tal assistência é uma aberração de um sistema malformado, que na verdade existe apenas em nome.

Por outro lado, a população de hoje não é mais uma plebe ignara e domesticada, mas uma sociedade civil cuja consciência de poder desperta aos poucos e cujo movimento de proteção aos seus direitos cresce. A tolerância das pessoas com uma Nomenklatura arruinada em tiranias é limitada, em grande medida estão alertas frente aos oficiais cuja traição é a segunda natureza, o que leva a uma diminuição paulatina da influência do domínio dos oficiais, e também à perda de força de intimidação da política do terror.

Por esse motivo, a mobilização política de uma sociedade civil, que é caracterizada pelo movimento para defesa de seus direitos, não pode se tornar dependente das vontades da classe dominante e das elites contratadas por ela; isso significa que a questão não é se os poderosos são da opinião de que uma mobilização da sociedade civil seria necessária ou possível, mas quando e de qual modo tal mobilização de todo o povo em concentração contínua de forças dispersas no estilo de 89 levará a um grande colapso.

Pois dezenove anos após o sangrento massacre, é fato que, pelas diversas atrocidades cometidas pelos peixes graúdos e pelo prejuízo incessante das pessoas simples, há anos foi preparada uma mobilização política; a desconfiança e o ódio que se acumulam na sociedade civil e sua paixão, que cresce diariamente, pela participação política já reuniram recursos mais do que suficientes para uma gigantesca mobilização social.

Como a fome da sociedade civil por justiça não foi acalmada, tampouco aliviada, e a execução de seus direitos pelas massas e a paixão pela participação política foram continuamente reprimidas por um sistema inflexível, a fome, na medida de sua opressão, ficou cada vez maior, e mais intensiva será a participação nesse colapso. Um dia, esse acúmulo abrirá uma brecha por qualquer incidente casual em uma metrópole – e, nesse sentido, tanto faz de que forma ocorrerá –, e é bem possível que a fome reprimida por justiça e a paixão pela participação política evoluam para um entusiasmo selvagem de participação nessa ruptura.

Hu Jintao e Wen Jiabao ficaram alarmados por essa relação de autoridade e população, da forma que se apresenta hoje em dia, por isso estabeleceram, após a entrada no cargo, a linha de "amor ao povo", o que combatia apenas os sintomas, e não a causa.

O domínio de Hu e Wen, que já perdura pelo sexto ano, comprova em suas atitudes que estavam apenas em condições de um "amor ao povo" como ato de clemência de cima para baixo. Não houve nenhuma reforma substancial do sistema. Nesse caso, não importa a altura que se entoe o slogan "Amor ao Povo", eles também não conseguem impedir a corrupção generalizada e a degradação da Nomenklatura. Por isso, há apenas um caminho para o atual regime dos comunistas chineses desintegrar o ódio da sociedade civil e evitar a eclosão completa de uma crise social: criando de alguma forma um espaço político elástico para a mobilização política da sociedade civil que transforme a energia liberada pela sociedade civil para a proteção dos direitos e o entusiasmo para a participação política em um sistema jurídico isento de violência no qual se dissipe o atraso reformista por meio de reformas políticas, se garanta os direitos do povo, se confine a Nomenklatura e se construa um sistema eficaz para apoiar os direitos humanos.

Beijing, 30 de junho de 2008

Fonte: *Guancha* (Observe China), de 30 de junho de 2008

Parte II

A China e o mundo

Os bastidores do milagre econômico chinês

Desde o massacre na praça Tian'anmen, em 4 de Junho de 1989, teve início na China uma imensa virada econômica. Sua proporção ultrapassou muito as primeiras reformas econômicas dos anos 80. A força propulsora por trás de tal desenvolvimento econômico daquela época foi Deng Xiaoping, que após o massacre precisava reconstruir sua reputação política maculada e a legitimação perdida do governo. Com a compensação econômica, ele esperou manter a estabilidade de sua força política e lançou o slogan "Desenvolvimento é o único caminho correto".

Ele foi bem-sucedido e no mais curto espaço de tempo o pessimismo no país desapareceu graças ao milagre econômico. Logo, os clãs familiares influentes entraram em cena e, levados pelo impulso por lucros grandes e rápidos, se transformaram nas forças essenciais por trás da virada econômica.

Foram essa máfia *nouveau riche* e sua ganância que despertaram em todo o povo o desejo de prosperidade, abasteceram o sonho da riqueza e com isso causaram o crescimento econômico surpreendentemente rápido do país. Uma taxa de crescimento de nove por cento ao ano pode realmente ser descrita como "milagre econômico".

Economia de mercado em chinês

O desenvolvimento da economia chinesa vem acompanhado da privatização e da liberalização do mercado, contudo, nesse caso, o mercado não é controlado pelas leis, mas pelo poder. O poder é o fator decisivo para a distribuição dos recursos; a distribuição do poder determina como o capital será dividido. Na China, o capital privado não é alcançado com base nas leis e na moral. Aqui, em vez disso, domina a bandidagem. A máfia dos influentes divide entre si o mercado imobiliário, e o mercado financeiro controlado pelo Estado tornou-se um paraíso para os magnatas do capital, que fazem rios de dinheiro do dia para a noite. A dinâmica da economia de mercado abriu aos detentores do poder na China novos caminhos para o enriquecimento repentino e produziu uma nova classe de jovens abastados submissos aos poderosos.

Em paralelo, o fornecimento mútuo de benefícios na reforma da máquina estatal fez com que uma parcela muito grande do capital estatal migrasse para os bolsos de pouquíssimas e influentes pessoas. E também todas as empresas monopolizadas de alta lucratividade estão nas mãos de algumas poucas famílias poderosas.

As receitas financeiras do poder estatal comunista crescem tão rapidamente que ultrapassam não apenas o crescimento acelerado do produto social bruto, mas também o ritmo de crescimento da receita privada da população. Os quadros do partido que controlam as alavancas do poder transformaram-se em novos ricos pomposos que espalham seu dinheiro pelo mundo todo. Ao mesmo tempo, a acumulação de capital meteórica do Partido faz os capitalistas nos antigos Estados capitalistas do mundo parecerem velhos. O mito da riqueza do dia para a noite tornou-se uma completa realidade para alguns dos poderosos do Estado e da iniciativa privada na China.

Quem paga a conta?

Ignora-se que esse desenvolvimento acontece às custas da liberdade individual e do bem-estar social. No fim das contas, a camada da sociedade que mais lucra com esse desenvolvimento é apenas um pequeno círculo de manipuladores influentes. Enquanto isso, a grande massa populacional precisa se conformar com os restos escassos que sobram para ela, o que se coaduna perfeitamente com a interpretação pervertida dos direitos humanos do Partido Comunista Chinês, que coloca em primeiro lugar o direito à mera sobrevivência material e, em senso estrito, serve apenas à manutenção do poder pelo Partido e ao lucro da classe dominante.

O Partido utiliza cada recurso para manter a estabilidade política. O colapso da ideologia ortodoxa do Partido trouxe consigo um oportunismo e um pragmatismo sem precedentes. Para a manutenção do seu poder, qualquer meio é justificável ao Partido. Trata-se apenas de proteger os próprios privilégios e garantir os benefícios.

Que estratégia o Partido persegue

A estratégia do governo dessa oligarquia do Partido caracteriza-se por cinco pontos principais que se entremeiam uns nos outros:

Em primeiro lugar aparece o nacionalismo, que funciona como novo exemplo ideológico. Um nacionalismo que une o alvoroço de grande potência com palavras de ordem agressivas contra os Estados Unidos, contra o Japão e contra a independência de Taiwan. Na área da cultura popular, o tema da China como grande poderio do passado e da época do florescimento da cultura chinesa vem sempre à tona, como se quisessem evocar um retorno da sociedade à época dos imperadores.

O crescimento econômico que se seguiu às agitações políticas dá às pessoas um sentimento de relaxamento e despreocupação. A sociedade foi apaziguada pela promessa de um futuro brilhante com bem-estar para todos – uma nova versão da antiga ideia de um reino de paz e prosperidade. Bem no sentido da tradição confucionista, o Partido estabelece para a China moderna uma nova forma de "oito virtudes, oito vícios", que Confúcio elevou a slogan político do ano de 2006.

Em segundo lugar está a marcha com uma orientação absoluta ao lucro, de acordo com o melhor exemplo capitalista. O lucro da riqueza rápida é dividido primeiramente por todo o Partido em seus agrupamentos individuais, o do Estado é dividido entre suas redes de interesse e, por fim, estas dividem o bolo com algumas famílias e indivíduos de grande influência, privilegiados.

Para o Partido, a ânsia por altas quantias de dinheiro não é mais tabu, ele não evita mais comportar-se como advogado do capital. A nova ideologia do capital chama-se lucro. A riqueza não forma apenas a base da coesão social, a riqueza nesse meio-tempo ganhou status também como medida de trabalho bom e leal dos oficiais do Estado, é o critério das conquistas profissionais e da eficiência de seu trabalho administrativo. Como um câncer, o abuso dos direitos e a corrupção espalham-se por todo o organismo do Partido.

É certo para o Partido: "Boa política governamental significa: fazer dinheiro". O dinheiro mantém o poder governamental e sua corja, dinheiro estabiliza as metrópoles e cativa a elite, dinheiro acalma a gana pela riqueza rápida e tranquiliza a resistência dos grupos sociais menos privilegiados. Dinheiro oferece base de negociação vantajosa para a troca diplomática com os Estados europeus e norte-americanos, e com ele a China compra o apoio político de pequenos Estados predatórios.

A dedicação ao luxo material e ao consumo, unida a uma cultura de superficialidade e vulgaridade, está no terceiro lugar da estratégia.

Como existe, de um lado, os bens de preços exorbitantes, que na área do consumo constantemente saltam aos olhos, satélites de luxo, como carros caros, relógios caros, mansões luxuosas, em suma: uma próspera cultura de consumo, daí vem a tendência à mediocridade e à cultura de massa, embaladas num embrulho de bela aparência que serve apenas à indústria dos bens de luxo e domina todo o mercado cultural. A superficialidade dessa cultura de consumo se encaixa perfeitamente com as palavras de ordem ideológicas que chovem em vociferações sobre o povo. Esse hedonismo goza de uma tolerância infinita pelo nosso sistema despótico e dissemina a falta de escrúpulos, a frieza e a barbárie.

A quarta estratégia é a opressão de qualquer dissidência política e a ação dura contra os grupos organizados vindos do povo pelos quais o governo se sente provocado.

Embora haja muito espaço para o indivíduo, não existe, salvo pelos grupos e associações no espaço público, nenhuma possibilidade para o povo formar grupos de interesse independentes e auto-organizados. A opressão rigorosa da formação desses grupos pelo Partido permite até mesmo atividades dispersas de indivíduos, mas formar organização independente com elementos populares fica totalmente proibido. Por isso, não se pode levar em conta qualquer possibilidade de enfrentar as forças organizadas em altos níveis do Estado vindas do Partido.

O último ponto diz respeito à corrupção de intelectuais pela promessa de lucros. Após 4 de Junho de 1989, o PC intimidou a elite dos intelectuais chineses, cuja força durante o movimento democrático alcançou seu ápice, primeiramente pela violência sangrenta e pelas ameaças. Em seguida, veio a virada estratégica. Desde então, o Partido tenta ganhar os intelectuais com promessas de lucro – o que logo levou os participantes da elite intelectual da China a se tornarem cínicos que não formam suas decisões na cabeça, mas nas coxas.

No fundo de sua alma, a maioria deles supostamente repudia a ideologia vigente do Partido, até mesmo despreza o poder do governo. Contudo, pela tentação das vantagens materiais e o horror ao risco político, curvam-se ao poder do Estado e afirmam publicamente seu consenso e apoio ao atual governo. Aproximam-se dos poderosos e do capital e não perdem qualquer oportunidade de ampliar suas relações com ricos e poderosos. Há muito não se teme mais advogar pelos privilegiados e ninguém se envergonha mais de servir à ideologia do poder estatal capitalista. Poder, capital e intelectuais criaram uma tríplice aliança da conveniência mútua, com a qual a elite intelectual se posiciona na linha de frente da cobiça generalizada por dinheiro e prosperidade.

E TUDO ÀS CUSTAS DA SOCIEDADE

A enorme virada no âmbito econômico chinês, por mais ampla e profunda que pareça à primeira vista, mostra-se, numa análise mais próxima, claudicante e superficial. Sua marca essencial é um crescimento enorme que, contudo, enfoca meramente a quantidade em detrimento da qualidade.

O padrão de vida e as qualidades humanas de nossa sociedade não acompanharam a velocidade do crescimento econômico. O nível atual de moral, riqueza intelectual, empatia social e participação pública fica muito atrás daquele dos anos 80. A China está a ponto de perder-se na loucura da forma mais terrível do favoritismo capitalista.

A classe dominante partilha quase sem qualquer escrúpulo o patrimônio do Partido oriundo do dito capital estatal, e toda a elite intelectual assiste e não se envergonha de servir de advogada do poder e do capital.

Nos anos 80, houve uma estrutura vívida oriunda de alguns dos esclarecidos liberais vindos do próprio Partido, círculos intelectuais livres, juventude ambiciosa com pequenas empresas e grupos dissidentes que agiam com moral e reflexão e defendiam reformas políticas genuínas, uma sociedade moral e justa. Essa estrutura desapareceu. Restaram apenas reformas singulares motivadas por meros interesses econômicos.

O verdadeiro milagre por trás desse "milagre econômico" é a conexão de um sistema corrupto com a desigualdade social, a decadência da moral, a dilapidação do futuro. Esse triste milagre não se dá apenas às custas da economia nacional e do respeito aos direitos humanos. Acima de tudo, a proporção dos custos para a coesão social é difícil de conceber.

Fonte: http://news.bbc.co.uk/chinese/simp/hi/newsid_7690000/
newsid_7692700/7692726.stm

Os bastidores da "ascensão das grandes potências"
Sobre a tão discutida série televisiva na CCTV

> *Um ponto importante da "nova política de Hu Jintao e Wen Jiabao" é a conhecida política de grande potência. Há alguns anos, pertence à linguagem oficial do governo em Beijing o discurso de "ascensão de uma grande potência", que foi assumido por muitos cidadãos chineses; essa expressão e o nacionalismo cego são dois lados da mesma moeda. O artigo a seguir apresenta os bastidores para o surgimento de tal ideologia.*
>
> Nota da organizadora

Se quiséssemos fazer uma lista de temas que foram assunto de conversas públicas na China do ano de 2006, a série "A ascensão das grandes potências", veiculada pela emissora de televisão estatal CCTV, ficaria em primeiro lugar. Entre 13 e 24 de novembro de 2006, o canal econômico da emissora (Canal 2) apresentou, cheio de orgulho, a série de documentários em doze capítulos e, ao mesmo tempo, uma série de oito livros. Tratava-se de uma produção de larga escala transnacional sobre a ascensão e queda das grandes nações do mundo. A produção precisou de quase três anos da pré-produção até a finalização, durante os quais sete unidades de produção viajaram por Portugal, Espanha, Países Baixos, Grã-Bretanha, França, Alemanha, Japão, Rússia e Estados Unidos para realizar trabalhos de roteiro, entrevistas e pesquisas. A ideia era analisar quinhentos anos da história da ascensão de países que no palco da história mundial desempenharam um papel fundamental.

Entre os realizadores da série havia principalmente cientistas que se destacavam dentro do sistema como defensores progressistas dos valores liberais. Como, além disso, mais de centenas de cientistas chineses e estrangeiros foram entrevistados, pode-se considerar a produção um resultado da cooperação de televisão e ciência. Os filmes vão além do padrão de pensamento estatal até então propagado e houve um esforço visível para transmitir a impressão de objetividade por meio da distância ideológica e das maneiras de representação controversas. Nesse estilo de narrativa que se pretendia neutro, a emissora apresentou, portanto, a ascensão de nove grandes potências e ofereceu ao espectador amplos conhecimentos históricos. Com especial detalhamento, a série dedicou-se às bem-sucedidas histórias da Grã-Bretanha e dos Estados Unidos, exatamente os dois países que tiveram um papel essencial para a história da democracia. Nesse caso, foram representadas de certa maneira positivamente as instituições modernas de livre-comércio, a economia de mercado ou a constitucionalidade que tiveram sua origem nesses países.

Com franqueza, o chefe da produção admite o que pode servir para a opinião pública compreender os bastidores: o programa informativo preparado num período de três anos remonta originalmente ao desejo dos níveis mais superiores do Partido. Em 24 de novembro de 2003, o Politburo, o Partido Comunista, sob a presidência de Hu Jintao, realizou pela nona vez uma reunião de estudo. O tema era "a investigação da história do desenvolvimento das mais importantes nações mundiais desde o século XV" e a fundamentação foi a análise da ascensão e queda de nove países por duas equipes de especialistas chineses. O redator responsável pelo programa, Ren Xue'an, lembra-se:

– Numa manhãzinha de novembro de 2003, ouvi pela rádio no caminho para o trabalho a seguinte notícia: o Politburo realiza um estudo coletivo sobre o tema "História do desenvolvimento das mais importantes nações mundiais desde o século XV". Nove países, quinhentos anos; passou pela minha cabeça no meio da cidade barulhenta, no trânsito da terceira avenida circular, uma ideia que simplesmente não me deixaria mais em paz.

De acordo com notícias de além-mar, foi publicado um documento pelo mais alto nível do Partido, conforme a unidade de estudos do Politburo, no qual se pedia para estudar esse período da História em todos os níveis do Partido e do governo. A CCTV produziria um documentário de doze capítulos intitulado "A ascensão das grandes potências" com o qual esse tema seria levado à sociedade pelo Partido. Dessa maneira, os chineses ampliariam seus horizontes e se prepariam mentalmente para o acelerado processo de ascensão da China. A imprensa internacional interpretou esse empreendimento como o prelúdio para possíveis intenções reformistas nas mais altas esferas da política do PC chinês.

Teria sido de fato normal exibir um programa de tal envergadura no Canal 1 da televisão estatal, que registra em geral o maior índice de audiência. Contudo, o governo decidiu pelo Canal 2, de audiência mais fraca; possivelmente para não provocar controvérsias diretas. Não importaria em qual canal o documentário passasse, ainda seria uma grande produção feita e exibida pela emissora estatal do Partido, com a qual o longo silêncio da mídia chinesa quanto aos grandes temas públicos foi rompido e uma certa fome das pessoas por participação pública e liberdade de expressão foi aliviada. Por isso, não foi tão surpreendente que ele tenha causado discussões ferrenhas logo no início das transmissões. As opiniões sobre o documentário – se realmente não se tratava de nada além de um documentário sobre a ascensão e queda de grandes potências, se eram críticas a partir da comunidade da internet ou dos intelectuais, se vinha da mídia chinesa ou estrangeira – foram bastante divididas.

O grande louvor ao programa por parte de seus produtores e dos especialistas que se pronunciaram nele tem, contudo, um forte aroma de autoincensamento. O grande responsável por trás da produção, Mai Tianshu, disse numa entrevista para o *Diário da Juventude Chinesa*: "Vista metodicamente, essa série valoriza muito os fatos históricos e pouco um julgamento de valor determinado, o que leva a uma diferença entre a História que é contada nela e aquela que conhecemos de nossos livros escolares. Essas diferenças trazem consigo certas tensões e comoções e têm, dito de forma geral, algo a dizer. Para mim, é uma expressão da psique frágil de nossa sociedade. Se, numa sociedade tão grande, uma determinada produção televisiva consegue causar uma reação tão extrema, isso mostra que subestimávamos nossa sociedade". Ele ainda comentou sobre três virtudes do programa, sendo a primeira o fato de dar ao público uma ideia do que se deveria entender por "razão da História", a segunda, uma convocação por um "espírito de compromisso" que falta na História da China, e a terceira, a função-chave de uma força central estatal para a ascensão de uma nação. Fica claro que Mai Tianshu relaciona automaticamente a ideia de ascensão de uma nação ao autoritarismo.

A nova esquerda atacou a produção de forma encarniçada: não seria nada mais que uma "nova versão da 'Elegia ao rio'*", uma "aproximação das visões propagadas nos anos 20 pela direita", um "louvor ao processo de desenvolvimento dos Estados Unidos", a série seria "desencadeadora de uma nova onda de antagonismo contra a China por países como os Estados

---

* "Elegia ao rio", do chinês *heshang*, é um documentário televisivo histórico em seis partes de 1988 no qual a decadência da civilização chinesa é criticada e, assim, esta é incentivada a aprender com o Ocidente e com o Japão. (N.E.)

Unidos". Se considerarmos o novo partido de esquerda em torno de Xi Ma, realmente nada foi feito; nenhuma gota da tinta estrangeira caiu no leite da loba que o alimenta, tudo prende-se a um pelourinho ideológico, e, incansavelmente, as ideias da luta de classes são cuspidas pela região. E não basta. Uma crítica assinada com o nome Li Yang atreve-se a fazer acusações que poderiam ser suficientes para botar os responsáveis pelo programa atrás das grades: "Se 'Elegia ao rio' causou desconforto, 'A ascensão' causa um golpe de Estado". Pouco antes, a extrema-esquerda se opôs à Conferência de Xishan, que tratou da discussão sobre as reformas, e enviou aos websites que estavam nas mãos da esquerda uma "Carta aberta ao Comitê do Partido na Universidade de Beijing": "Pedido de medidas rígidas contra o discurso contrário ao Partido de He Weifang" (as citações vêm do website *Wuyou zhi xiang – Utopia*).

A opinião de intelectuais que defendem o liberalismo político sobre o programa é relativamente equilibrada. Mesmo quando seu veredito consegue ser até positivo, há ainda críticas enfáticas. Como, por exemplo, a de Yuan Weishi, historiador e professor na Universidade Zhongshan. Ele declara: "Os fatos históricos são apresentados aqui de forma relativamente objetiva e uma escolha adequada foi conseguida a partir de material histórico. Em princípio, os motivos para o sucesso ou o fracasso de uma nação são explicados de forma bem razoável pelo estilo narrativo. O programa, portanto, é bem útil para tornar compreensível aos chineses o processo de modernização".

Contudo, ao mesmo tempo, Yuan menciona três pontos fracos essenciais do programa, acima de tudo o enfoque exageradamente intenso sobre "o fortalecimento e a prosperidade de um país". Ele escreveu: "Está entre os objetivos que muitos Estados sempre perseguiram criar uma nação rica e forte; contudo, para tornar o país forte e o seu povo rico é necessária, por outro lado, uma série de regras institucionais adequadas. Sem o apoio desse conjunto de regras, arrisca-se o mero esforço na área de desenvolvimento econômico e tecnológico. E pode-se adentrar um caminho perigoso que leve a um país rico com população pobre, a invasões ou exploração de outros Estados, simplesmente o habitual". Especialmente a última parte pode não convencer, de acordo com a percepção de Yuan Weishi: "A décima segunda e última parte, intitulada *Dadaoxing*, precisaria dar um último polimento à análise dos fatores fundamentais para a ascensão das grandes potências. Em vez disso, evitou-se falar sobre sistemas democráticos, sobre Estado de direito, proteção da propriedade privada civil e garantia das liberdades – todos são elementos essenciais para assegurar a paz e a ordem de longo prazo em um país. Justamente esses fatores foram jogados para debaixo do tapete".

(site de busca *Sohu*, 12 de dezembro de 2006). Dang Guoying, do Instituto de Pesquisa da Academia de Ciências Sociais, também criticou: "Os comentários em 'A ascensão das grandes potências' mencionam o conceito 'democracia' apenas em doze trechos e, além disso, sempre na forma de conceito complementar. O significado de democracia como forma de governo não é discutido o bastante em nenhum ponto".

Aos meus olhos, parece insignificante o que o governo de fato pretendeu com a exibição de "A ascensão das grandes potências". Apenas com relação ao enorme alcance da emissora televisiva, o programa cumpre objetivamente uma função esclarecedora. Na comunidade da internet, encontram-se comentários como: "Muito bom programa. Quase não dá mesmo para acreditar que seja um produto lá do alto. Algo realmente está mudando e apenas podemos esperar que o programa não seja proibido. Pois, na minha opinião, o conteúdo da série simplesmente não corresponde ao atual sistema da China, porque enfatiza a importância da justiça, dos direitos humanos, da democracia, das leis, da economia de mercado aberta..."

O motivo pelo qual "A ascensão" estimulou debates públicos tão intensivos tem a ver com o fato de que a liga superior do Partido lançou com gosto a discussão de cima para baixo. O caso fica ainda mais patente pela formação de tendências nacionalistas que piora cada vez mais em filmes e na televisão. Se o patriotismo atual for elevado a uma posição de perfeita correção política pelos níveis mais altos e a "ascensão pacífica" for declarada por Hu Jintao como palavra de ordem, pode-se contar que o tema logo estará sob os holofotes. Assim, por exemplo, houve surpreendentes 1.820.000 ocorrências das palavras "A ascensão das grandes potências" no site de busca *Baidu* em 12 de dezembro de 2006; com o Google, chegaram a quase três milhões de incidências.

A DIPLOMACIA DA GRANDE POTÊNCIA DO PODER ESTATAL

Claro que um crescimento como a China vivencia atualmente pode ser descrito apenas como singular. As reservas cambiais chinesas são as maiores do mundo (até o momento estão em 2,6 bilhões de dólares*), a força dos militares chineses cresce, os grandes do Partido Comunista Chinês espalham seu dinheiro por todo o mundo, os turistas chineses gastam rios de dinheiro. Não há nada que não se produza na China, em nenhum outro país do mundo há tantos celulares particulares, a comunidade de internet chinesa cresce

---

* Número perante o original (1 bilhão de dólares) atualizado. Data: outubro de 2010. (N.E.)

mais rápido que qualquer outra. Na era pós-Jiang Zemin, após a propaganda bem-sucedida de divulgação dos Jogos Olímpicos e a entrada com sucesso na Organização Mundial do Comércio, a política externa de ainda tons suaves dos tempos de Deng Xiaoping sob o slogan "Esconder-se e aguardar o momento certo" paulatinamente foi trocada por uma nova e grandiloquente diplomacia da grande potência. A ideia chinesa tradicional, na China descrita como "tudo sob o céu", ressurge na forma dessa diplomacia da grande potência. Logo, o grande show diante do mundo durante as Olimpíadas não mais escondia o esforço da China de participar da liga das grandes potências. O governo de Jiang Zemin impeliu com todas as forças a expansão militar, e a entrada enérgica para a "Organização para a Cooperação de Shanghai" levou a China posteriormente a ser acusada, por parte dos Estados Unidos, de ser "um país do Mal". A fundação dessa organização não foi apenas direcionada contra Taiwan, mas serviu acima de tudo como desculpa para substituir a Rússia como principal concorrente dos Estados Unidos.

Quase três anos após entrar em cena, Hu Jintao já havia usado todo o seu poder para ampliar ainda mais a diplomacia da grande potência preparada na era Jiang Zemin. A postura perante Taiwan, Japão e Estados Unidos ficou cada vez mais rígida. Foi direcionada a Taiwan uma "Lei Antissecessão" promulgada com grande alarde, à semelhança de uma declaração de guerra; perante o Japão, o governo não apenas incitou a maior onda de antiniponismo desde a era da reforma, mas acima de tudo interrompeu pelo período de cinco anos as visitas oficiais mútuas entre China e Japão. Após ter se considerado humilhado pelos Estados Unidos pouco depois de sua primeira visita oficial aos Estados Unidos como novo presidente, Hu Jintao sentiu-se em condições de unir-se aos Estados mundiais inimigos dos americanos, começando pelo terrível vizinho, a Coreia do Norte, passando pelo Irã e pela Rússia, governada com características cada vez mais ditatoriais, e Cuba e Venezuela; todos tornaram-se aliados próximos do poder estatal de Hu Jintao. A "declaração geral" que Hu Jintao e Vladimir Putin publicaram não continha nenhuma ameaça explícita contra os Estados Unidos, mas os exercícios de tropas conjuntos de soldados chineses e russos serviram sem dúvida como demonstração de força contra os americanos. Ao mesmo tempo, funcionários como Hu e Wen começaram em toda a América Latina, Oriente Médio, África e Ásia com sua nova diplomacia do dinheiro. Em 4 de novembro de 2006, teve início a "Cúpula do Fórum de Cooperação Sino-Africana em Beijing" para fazer parecer que a China havia voltado a uma política de Terceiro Mundo, como na era Mao Zedong. Ninguém pôde impedir o convite de 48 chefes de Estado, com grande despesa financeira, que se empurravam em torno do chefe do Partido, Hu Jintao, como a massa de estrelas em torno da Ursa Maior.

Agitação pública pela elite, mídia e juventude rebelde

Conduzida pelos meios de comunicação, a agitação nacional incessante pela elite de confiança do Estado e pela nova extrema-esquerda está na ordem do dia. "O dia da ressurreição do grande povo chinês está próximo" ou "O século XXI há muito é o século chinês" e "Em cinquenta anos, a China substituirá os Estados Unidos como a maior potência do mundo": esse é o tom grandiloquente tanto da mídia estabelecida como dos pronunciamentos da elite política. Diversos especialistas econômicos conhecidos prognosticam de boca cheia que a economia chinesa ultrapassará provavelmente entre 2015 e 2020 a japonesa e muitos atrevem-se a afirmar, com base no poder de compra per capita, que a economia da China em vinte anos ultrapassará até mesmo a dos Estados Unidos e se tornará a número 1 do mundo (Hu Angang*). Mesmo os prognósticos conservadores dizem que a China terá ultrapassado os Estados Unidos no ano de 2050 (Lin Yifu**).

Esse nacionalismo fanático, conduzido por todos os movimentos antiamericanos e antipônicos, bem como pelo movimento contra a independência de Taiwan, com frequência ressoa como algo sanguinário. Sempre que surge um conflito entre a China e os Estados Unidos ou o Japão ou tensões entre ambos os lados do estreito de Taiwan, é certo que logo emergirão na internet gritos estridentes por morte e vingança. Inclusive os ditos especialistas em geral unem-se a esse coro belicista. Por exemplo, um desses especialistas da área militar provoca: "Uma guerra entre a China e os Estados Unidos é inevitável". Um especialista em política externa declarou há pouco: "A época de humilhação e de espera acabou". Chegou a ponto de um major-general do exército vociferar: "Se os Estados Unidos atacarem o território chinês com mísseis teleguiados e armas controladas, podemos responder apenas com um contra-ataque nuclear", e ainda: "A população chinesa nas cidades do leste de Xi'an já está mais bem preparada para um possível ataque de destruição [...] Sem dúvida, os Estados Unidos devem estar bem armados, pois a China

---

* Hu Angang, nascido em 1953, é professor de economia na Universidade de Qinghua, em Beijing. (N.E.)

** Lin Yifu, ou Justin Lin, é economista chinês e vice-presidente do Banco Mundial. (N.E.)

está em condições de dizimar cem, talvez até duzentos ou mais estados da Costa Oeste".

Cada êxito que um chinês comemora no Ocidente, seja ele nascido na China ou apenas tenha raízes chinesas, é como um entorpecente que serve à mídia chinesa para regalar-se em uníssono na embriaguez de um patriotismo megalomaníaco. Acima de tudo, os sucessos esportivos fazem com que o "adoentado homem oriental" de outrora facilmente estufe o peito com orgulho da nação. A maratonista Wang Junxia, que numa sequência de campeonatos mundiais e Jogos Olímpicos venceu as provas de 5 e 10 mil metros e estabeleceu um novo recorde mundial, também recebeu pessoalmente o "prêmio Jesse Owens", concedido aos maiores êxitos no atletismo. Ao mesmo tempo, a mídia chinesa comemorava: "A rapidez e a resistência do Oriente conquistam o mundo!" Quando Yao Ming tornou-se o pivô da equipe Houston Rockets da NBA, a imprensa chinesa festejou: "A altura da China subjuga os Estados Unidos", e a mídia reverenciou Liu Xiang, que nos Jogos Olímpicos de Atenas conquistou a medalha de ouro nos 110 metros com barreira, com a seguinte manchete: "A velocidade da China ultrapassa o mundo todo". O Oscar de melhor direção concedido ao diretor de origem chinesa Ang Lee pelo filme *O segredo de Brokeback Mountain* transformou-se em "orgulho de todos os chineses" para a mídia, e ainda: "Novamente um diretor chinês conseguiu o respeito aos olhos do mundo".

Há muito imaginava-se que a época de *Ah Q** terminara, contudo ainda o encontramos por todo lado. Continuamente, algum programa sobre o tempo de florescimento das dinastias Han e Tang ou sobre a grande era dos imperadores Kangxi e Qianlong tremeluz na tela da televisão. Seja o "dominador de hunos", general Huo Qubing, ou Genghis Khan, que conquistou toda a Eurásia a cavalo, ou Zheng He, o primeiro navegador chinês que alcançou a Europa, no século XV, ou os imperadores Kangxi e Qialong, que ampliaram o território nacional chinês – os sucessos dessas personalidades históricas na expansão da China não apenas satisfazem a vaidade dos chineses modernos; alimentam acima de tudo a ideia tradicional do grande Império do Meio e o desejo de ser uma potência hegemônica.

Ao mesmo tempo, a ascensão da China envolve também uma alteração na imagem do país que vigorava no exterior. Sempre se ouve comentários

---

* Em sua novela *A verdadeira história de Ah Q*, de 1922, o autor Lu Xun descreve o quadro psicológico de uma pessoa que, mesmo quando é profundamente humilhada, ainda assim se considera brilhante, como alegoria da sociedade chinesa que, apesar de sua fraqueza social, se atém à sua antiga estatura, sem posicionar-se diante dos desafios da modernização. (N.E.)

como "Surge uma China fortalecida" ou "O leão adormecido da China acorda". O fato de a China ser sempre objeto de diversos debates públicos no Ocidente e de os círculos do governo e as elites políticas do hemisfério ocidental sempre se mostrarem inquietos pela força do país e a vantagem que a China conseguiu em organizações internacionais poderosas inflamam inevitavelmente o nacionalismo chinês. Os chineses não apenas gostam de se enxergar como um "dragão que surge do nada", mas com certeza e cada vez mais como um "leão que desperta do sono".

O avesso da ascensão chinesa

Mesmo que sem dúvida alguma as forças militares e políticas da China tenham crescido, a meu ver a China ainda está muito longe de poder se comparar às verdadeiras forças dos Estados liberais, menos ainda de poder ultrapassar os Estados Unidos em vinte anos e tornar-se a maior potência hegemônica do mundo. O Ocidente traz à baila o mito da "ameaça da China", sente-se alarmado e vê um abalo na ordem mundial. Os chineses alimentam suas fantasias de grande potência que nada mais são que uma forma de combate a um extremo complexo de inferioridade, mas que são percebidas pelo Ocidente como uma pretensão gigantesca. Contudo, um fato indiscutível é que esse nacionalismo é instrumentalizado por um poder político ditatorial e o povo, acalentado por esse nacionalismo fanático, está a ponto de perder a compreensão, tornar-se cego para os valores universais e, sem hesitar, repete maquinalmente a retórica da ditadura e da hegemonia. A ideia ignorante e assustadora de estar como outrora no tempo dos imperadores, "tudo sob o céu*", amplia-se rapidamente e leva novamente a China às fronteiras do perigo; uma boa parte dos chineses já perdeu qualquer sentido para a razão e começa a assumir como verdade as ondas de sonho alimentadas pelas fantasias de onipotência de uma ditadura. Ao mesmo tempo, chega-se ao ponto de meus conterrâneos, inebriados em mitos fabricados, terem apenas olhos para a ascensão gloriosa da China e negarem-se a perceber o deprimente reverso desse fato. Sempre gostam de ouvir a glorificação vinda do Ocidente, fazem ouvidos moucos, contudo, à crítica. Ninguém deseja enfrentar os limites das condições que possibilitam o avanço chinês ou reconhecer as diferenças na realidade tão grandes com relação ao poder político direto e indireto entre a China e as principais potências da atualidade na cena internacional.

---

* O conceito chinês clássico *tianxia*, literalmente "sob o céu", significa tanto China como também todo o mundo. (N.E.)

A China paga por seu crescimento econômico, que não é acompanhado pelas reformas políticas necessárias, um preço muito alto, incomparavelmente mais alto do que aquele pago para o processo de ascensão de outros países. As mercadorias baratas da China devem-se aos direitos inexistentes dos trabalhadores em "empresas de trabalho escravo" e também à exploração de recursos naturais associada ao amplo crescimento e à destruição do meio ambiente. As armas moderníssimas, compradas a preços elevados na Rússia e que estão no topo da lista de compras do Partido Comunista, significam uma monopolização dos recursos financeiros de propriedade de todo o povo por um poder governamental ditatorial e a dissipação consciente dos frutos do trabalho do povo. Por trás de tanto dinheiro que é levado para o mundo pelos turistas chineses está a polarização da sociedade pela propriedade privada de algumas poucas figuras influentes e pelo sistema corrupto. O que à primeira vista apresenta-se como ordem social adamantina é questionado na realidade pelos conflitos cada vez mais encarniçados entre o governo e os agrupamentos a cada dia mais numerosos para defesa dos direitos do povo.

Ainda mais deprimente nesse fato é que essa loucura nacional arrogante tem sua origem em uma consciência nacional que perde quaisquer valores civilizatórios, em uma espécie de ética primitiva, uma mentalidade de senhor e servo. Quem confronta os mais fortes é um escravo, e quem confronta os fracos é senhor. Nos fracassos, decaímos em extremo desprezo próprio e ainda assim nos orgulhamos por nossa situação escrava inevitável. No sucesso, transbordamos de arrogância e sentimo-nos como os senhores de todo o mundo. Um povo com tal consciência nacional degenerada ascenderá apenas com dificuldade ao nível de uma civilização soberana com um sentimento de dignidade própria. Essas pessoas aceitam tudo que lhes incutem de cima, mesmo quando se trata de intimidação e manipulação, como os adultos às vezes fazem com criancinhas. Não têm cérebro próprio, nem dignidade e tampouco personalidade, como se não pudessem pensar de forma autônoma ou seguir seu próprio caminho. Os dominantes distribuem a elas pão e circo, aterrorizam-nas com chicotes de couro, distraem-nas com um show de paz e felicidade e envenenam sua alma com mentiras.

Na história da humanidade não há sequer um Estado poderoso que se construiu sobre uma ditadura – seja a França de Napoleão, a Alemanha de Hitler, o Japão do imperador Meiji, o reino soviético de Stalin – que não tenha sem exceção perecido e trazido grande desastre à civilização humana. A ascensão da Inglaterra e dos Estados Unidos apresenta-se totalmente contrária a essas ditaduras. Ambos os países tornaram-se o que são fundamentados numa Constituição liberal legítima. Dessa maneira, evitaram as comoções civis que trazem consigo ruptura radical, ou catástrofes que podem desencadear revoltas internas e externas, e mereceram ser nomeados como grandes nações de paz e de estabilidade política. Mesmo que se possa dizer que os grandes tempos do Império Britânico ficaram para trás com o fim da era colonial.

A ascensão dos Estados Unidos, ao contrário, não tem absolutamente nada a ver com aquela das grandes potências de diferentes épocas. O papel de liderança que os Estados Unidos assumiram no século XX não se baseia mais em ocupação e exploração de território alheio como nas épocas das potências coloniais. Fundamenta-se muito mais numa política anticolonialista e em seu papel pioneiro de liberdade e democracia.

É certo que a ascensão da China não pode acontecer hoje nos caminhos do progresso por meio de forças ditatoriais como outrora ocorreu na Alemanha, no Japão ou na União Soviética. Ela precisa seguir o exemplo da ascensão pela democracia ao estilo britânico e americano.

Na China de hoje, existem nos círculos civis e oficiais divergências acentuadas no que diz respeito ao caminho correto para a ascensão contínua da China, se deve ser um progresso em liberdade ou em ditadura. As perspectivas futuras são totalmente desconhecidas. O desenvolvimento impetuoso da economia de mercado e a consciência crescente dos direitos de propriedade privada já implicam um potencial imenso para o desejo espontâneo de liberdade na população. Ao mesmo tempo, contudo, a moeda dos interesses próprios e os privilégios dos burocratas no governo dentro do sistema despótico formam o maior impedimento para o caminho em direção à liberdade. Não importa o quanto o crescimento da economia chinesa ainda evoluirá, o quanto também as cidades mais importantes do país se tornarão cada vez mais parecidas com metrópoles internacionais, o quanto a classe dominante do país poderá tolerar o luxo e a vida moderna; enquanto a China permanecer como país de ditadura unipartidária, nunca progredirá ao nível de uma nação civilizada e madura.

Portanto, o que as nações líderes do mundo devem ter bem claro em mente é que a partida de xadrez que a China comunista de hoje joga com os Estados liberais não tem mais nada a ver com o comunismo tradicional da ex-União Soviética. O PC chinês não se entende mais como guardião ideológico e militar. Busca muito mais a troca ampla pela renúncia à ideologia e pela insistência na economia de mercado. Enquanto no aspecto econômico as reformas de economia de mercado avançam e todos se tornam parte da globalização, no âmbito político eles se atêm ao despotismo e envidam todos os esforços para impedir uma virada pacífica da sociedade na direção do modelo ocidental. É tão difícil, pois, reconhecer que o poder estatal comunista com sua carteira gorda mantém com todo o mundo uma diplomacia monetária e se tornou uma máquina de transfusão para outras ditaduras, na qual ele divide por meio de seu potencial econômico e comercial as alianças ocidentais e emprega a grandeza do mercado chinês como isca e meio de coerção para o capital ocidental? Se não for posto um freio na ascensão dessa ditadura poderosa com seu poder econômico em rápido crescimento e não se aplicar ainda uma política de apaziguamento perante esse despotismo ambicioso, arrisca-se reincidir nos antigos erros da História. O resultado de tal política seria não apenas uma catástrofe para o povo chinês, mas também teria influência destrutiva sobre o processo de globalização dos Estados liberais. Para impedir os efeitos negativos do despotismo chinês sobre as conquistas da civilização, consiste em obrigação do mundo livre apoiar a maior ditadura do mundo a chegar o mais rápido possível ao caminho de um Estado democrático.

17 de dezembro de 2006, em casa, em Beijing

Fonte: *Ren yu renquan* – Humanity and Human Rights, janeiro de 2007

DEZ ANOS DA DEVOLUÇÃO DE HONG KONG À CHINA
NA MINHA VISÃO

O ANIVERSÁRIO DA DEVOLUÇÃO DE HONG KONG para a China é um dia de glória para o governo em Beijing, mas uma tragédia pura para a população de Hong Kong.

No décimo aniversário do retorno da colônia da coroa britânica para a China, Hu Jintao se dirigirá a Hong Kong em maneirismos de grande senhor e se deixará adorar pela população de Hong Kong fiel a Beijing para vangloriar-se diante do mundo todo com a força de sua ditadura. Os honcongueses, há dez anos esperando sem cessar por uma situação democrática, farão com que seja ouvida sua exigência por eleições gerais na marcha de protesto já tradicional de 1º de julho* e reforçarão novamente suas demandas políticas ao senhor de *Zhongnanhai*.

Todos sabem que a prosperidade de Hong Kong constitui uma herança do sistema liberal e constitucional do governo colonial britânico. No entanto, embora oficialmente valha desde sempre a política de "um país, dois sistemas", o governo em Beijing erode cada vez mais a liberdade da ex--colônia da coroa britânica com uma certa "tática do salame". Um exemplo claro dessa tática é o tema liberdade de imprensa de Hong Kong. A autocensura, de qualquer maneira, é bastante disseminada, desde que Beijing começou a exercer pressão de duas maneiras, pela intimidação de um lado e pela doação monetária de outro. Há alguns anos, foi introduzida até mesmo a "liberdade para viajar", mas o que o regime totalitário entende como

---

* A marcha de protesto de 1º de julho é um manifesto que ocorre anualmente desde 1º de julho de 1987, o dia do retorno da colônia da coroa britânica e do estabelecimento da região administrativa especial de Hong Kong, convocada pela liga dos direitos humanos honconguesa. O protesto intensificou-se em virtude do Artigo 23 integrado na Constituição em 2003, uma lei de segurança que, entre outros, permite a perseguição de organizações proibidas no continente também em Hong Kong. (N.E.)

liberdade concedida é uma liberdade muito malfeita no sentido da cultura de turismo e consumo, que é ligada, além disso, à discriminação política; é uma segregação autoritária das pessoas do mesmo país dentro de dois territórios: os honcongueses totalmente simpáticos a Beijing podem movimentar-se livremente entre Hong Kong e o continente; aqueles que pertençam aos movimentos de manifestação ou as pessoas da mídia não podem entrar na República Popular da China. Aqueles que constam da lista negra do Partido perderam o "certificado de retorno à terra natal", entre eles membros do movimento democrático, como Szeto Wah ou Martin Lee, e o dono da mais conhecida revista política de Hong Kong. Uma proibição absoluta de entrada na República Popular da China para essa clientela mostra sem dúvida sangue-frio político da ditadura comunista.

Tentações econômicas não podem impedir a supressão da parada em 1º de julho

Não se pode negar que, nos dezoito anos desde o 4 de Junho, o crescimento econômico contínuo consolidou o poder político da República Popular da China. O Partido, que encontrou guarida nos efeitos positivos de suas reformas desanimadas, avança segundo o modelo de prosperidade econômica também no caso de Hong Kong. Para conciliar a insatisfação da população honconguesa com a política, Beijing demonstrou de fato uma certa habilidade com a ampliação enérgica da economia de Hong Kong. A política da liberdade de viagem entre Hong Kong e China, por exemplo, é administrada arbitrariamente pelo governo, mas, olhada de forma objetiva, tem um efeito positivo, pois a liberdade de ir e vir entre os territórios abriu uma porta para o exterior a muitos chineses. Claro que isso traz, acima de tudo, à economia na ex-colônia da coroa britânica muitas vantagens; contudo, cria também muitas possibilidades de troca da população em ambos os lados. Os habitantes da República Popular, que são sujeitos no país ao controle estatal de informação e mídia, podem lucrar com a liberdade de imprensa de Hong Kong e, com isso, têm acesso a cada vez mais informações, principalmente as não censuradas. Por um lado, a permissão especial para viajantes do continente para Hong Kong em princípio teve efeito apenas para que as pessoas viajassem como loucas para Hong Kong e deixassem os hotéis de lá permanentemente lotados. Os ricos chineses da República Popular seguiam para fazer compras em Hong Kong, e quando estes primeiro deixaram 10 mil, então centenas de milhares e milhões nas lojas, o mundo comercial de

Hong Kong explodiu de felicidade. Por outro lado, no entanto, os livros e revistas proibidos transformaram-se com a nova liberdade de trânsito em objetos desejados para chineses da República Popular. Com preços particularmente altos estavam aqueles que revelavam as maquinações obscuras do Partido. Também as manifestações e reuniões em Hong Kong tornaram-se as atrações preferidas dos chineses continentais. Ficou claro que alguns deles iam durante o período de 4 de Junho a 1º de julho para participar ao vivo da vigília em homenagem às vítimas de 4 de Junho ou das marchas de protesto do 1º de julho pela liberdade e civismo dos honcongueses. Esse efeito esclarecedor beneficia o chinês continental, em face do acesso limitado à informação na República Popular da China, o que de fato ultrapassa e muito as vantagens econômicas.

Sem dúvida, Beijing está muito ansiosa para destruir a estrutura de "um país, dois sistemas". Desde o primeiro dia da recuperação de Hong Kong, o governo tenta sem cessar, por meio de manipulação econômica e pressão política, subjugar a ex-colônia da coroa britânica às suas vontades. O primeiro passo foi a nomeação de um governador obediente a Beijing, o segundo passo foi a pressão sobre o ex-governador Tung Chee-hwa para a incorporação do Artigo 23 na Constituição. Mas Beijing tem apenas uma ideia muito limitada dos habitantes de Hong Kong e acredita de maneira imparcial naquilo que ouve das figuras proeminentes de Hong Kong, que são, de qualquer maneira, lambe-botas de Beijing. Para os poderosos em Beijing, Hong Kong é única e exclusivamente uma metrópole econômica, e seus moradores são nada mais que gado bem-comportado. Contanto que se contemple essas pessoas com bonança abastada, assim se supõe, elas se deixarão enganar politicamente. Quando o presidente chinês Wen Jiabao chegou para uma visita a Hong Kong na noite anterior a 1º de julho de 2003, ou melhor, em 29 de junho, levou na mala não apenas o CEPA (Acordo de Estreita Parceria Econômica) entre a China e suas zonas econômicas especiais como presente ao anfitrião, mas também exerceu a proximidade com o povo. Sua ideia era impor a vontade do poder despótico aos habitantes de Hong Kong por meio da força suave do benfeitor e trivializar a intensidade e o significado da marcha iminente em 1º de julho.

Contudo, Beijing contou novamente com o ovo dentro da galinha. Wen Jiabao e companhia sequer sonhavam em quanta estima os honcongueses tinham por sua situação política de cidade portuária livre e quanta coragem declarada para resistir traziam consigo. Apenas a eclosão apaixonada da resistência na manifestação de meio milhão de honcongueses contra o Artigo 23 em 1º de julho de 2003 deu a Wen Jiabao uma ideia do pouco que fazia a população simples de Hong Kong da moral da classe dominante, formada pela ânsia por dinheiro. A pérola do Oriente mostrou a todo o mundo do que realmente é feito seu brilho.

Ao contrário dos magnatas honcongueses, que venderam sua alma ao grande poder de Beijing, o povo simples é rico em sabedoria política e moral. Os magnatas fizeram de si mesmos pedintes espirituais que nada mais empreendem a não ser amealhar dinheiro e, de outra forma, ser vasos decorativos vazios do Partido Comunista.

A marcha de protesto que chamou grande atenção no mundo inteiro levou o líder-marionete de Hong Kong, Tung Chee-hwa, a ter de prestar esclarecimentos. Beijing sabia menos ainda como lidar com a situação. Para acalmar o descontentamento dos honcongueses com o Artigo 23, a administração em torno de Hu Jintao e Wen Jiabao tentou reagir de modo pragmático. Quando não restava outra coisa a Tung Chee-hwa senão arquivar em primeira instância a promulgação do artigo, os altos quadros, um após o outro, prestaram seu respeito pela decisão. Contudo, ficaram claros nesse momento o ressentimento inefável e o desespero que a delimitação das fronteiras trazia consigo ao impor a situação de "um país, dois sistemas".

O PATRIOTISMO DEGENERADO EM UM CASSETETE NAS MÃOS DOS DITADORES

Outra estratégia dominante do Partido Comunista é exercer pressão sob a etiqueta de "patriotismo", de um lado, pela propagação ininterrupta de sua concepção despótica de patriotismo com o slogan "Apenas quem ama a pátria ama Hong Kong" e, por outro lado, pela instrumentalização dos simpatizantes e meios de comunicação como porta-bandeiras do patriotismo. Chega até a difamação de membros do movimento democrático de Hong Kong, com ataques pessoais brutais, e a ofensa e a condenação moral de alguns indivíduos. Lá, onde o amor à pátria chafurda no lamaçal da linguagem brutalizada, da propaganda irritante e das palavras e atos imundos, pode-se falar apenas de um patriotismo *hooligan* degradante. O patriotismo não é apenas o último refúgio de gângsteres e patifes, mas torna-se uma arma, um grande cassetete que eles agitam ameaçadoramente sobre a humanidade. Não tem mais relação com justiça ou injustiça. O mal serve-se do patriotismo para exterminar com o sentimento humanitário.

Enquanto as autoridades em Beijing se esforçam para reconhecer a maioria dos participantes da marcha de protesto como valentes patriotas do país e de Hong Kong, atacam um pequeno grupo de indivíduos como inimigos do Estado e incitadores do caos para dar a impressão de que a maioria dos honcongueses é enganada por um pequeno grupo com interesses próprios. Esse julgamento da marcha de protesto de 1º de julho inevitavelmente me fez pensar na avaliação por Beijing do movimento democrático de 1989: a grande massa de estudantes na praça Tian'anmen é considerada de grandes patriotas, incitados pelos baderneiros e por um pequeno grupo de manipuladores subversivos que agiram nos bastidores. A aplicação dupla do patriotismo não passa de um estratagema de dominação que os poderosos de Beijing utilizam a todo momento para seu próprio fortalecimento. Logo o discurso do ex-presidente adjunto da Conferência Consultiva Política do Povo Chinês (CCPPC), Liu Yandong, expôs com total franqueza a intenção estratégica do Partido: "Unir a grande maioria e isolar o punhado".

A careta arrogante da ditadura mostra-se em todos os cantos, não importa se pela tirania política ou pelo apaziguamento pelas vantagens econômicas. Às vezes, nessa arrogância do poder, trata-se apenas de pretensão distante da realidade de autocratas senis que perderam a relação com a massa, mas com frequência também é a tentativa esperta de sábios déspotas de se oferecerem como o patriarca que deseja o bem-estar do povo. Ao primeiro tipo pertence o método ofensivo de um grande grupo dentro dos esquadrões de liderança do PC para doutrinar os honcongueses com desdém; um típico exemplo foi a repreenda à imprensa de Hong Kong por Jiang Zemin. Pertence ao segundo tipo um grupo menor desses esquadrões de liderança que por palavras e atos deseja aproximar-se da população das zonas econômicas especiais. Gestos exagerados de proximidade do povo perante os compatriotas honcongueses por Wen Jiabao em sua visita estão nesse último grupo.

WU BANGGUO MOSTRA A ARROGÂNCIA DO PODER

Confiando no crescimento econômico desenfreado, a delegação governamental de Beijing alimenta fantasias de grande potência e tenta mais uma vez impor à ex-colônia da coroa britânica suas vontades despóticas. Na noite anterior aos festejos de dez anos do retorno de Hong Kong, o governo demonstrou a arrogância de seu poder como nunca antes o fizera. Durante a conferência do décimo aniversário da promulgação da constituição de Hong Kong, o presidente do Congresso Popular, Wu Bangguo, anunciou publicamente: "A elevada autonomia do governo da região administrativa especial de Hong Kong depende da autorização do Comitê Central. Há apenas uma China, com um único governo. Os altos comitês administrativos independentes da região administrativa especial não são órgãos independentes de Hong Kong, mas são autorizados pelo Comitê Central. É o governo central que decide quanto poder se investe no governo da região administrativa especial. Em casos obscuros, de acordo com o Artigo 20 da Constituição de Hong Kong, o governo central poderá intervir e autorizar, de modo que não haja de forma alguma o suposto uso do poder. Visto dessa forma, trata-se nessa constituição de uma lei de autorização".

O discurso de Wu Bangguo causou grande agitação e preocupação entre a população honconguesa e na comunidade internacional com relação à situação "um país, dois sistemas" e à democratização de Hong Kong. Pois, se a declaração de Wu Bangguo de fato fosse aplicável em Hong Kong, significaria o anúncio da morte da política de "um país, dois sistemas". Não foi por acaso que o governo da República Popular foi criticado pela ex-primeira-ministra britânica, Margareth Thatcher, e pelo último governador da colônia, Peng Dingkang (Christopher Patten) pela lentidão do processo de democratização. Representantes do movimento democrático de Hong Kong, como Anson Chan, Martin Lee, Szeto Wah, Tu Jinshen, Albert Ho, Chen Rijun e Kong Lingyu, trouxeram para discussão repetidas vezes o discurso de Wu Bangguo. Mesmo a velha raposa até então sempre moderada Lin Xingzhi publicou no jornal *Sing Pao* um artigo no qual resume que o discurso de Wu Bangguo mostra claramente que Hong Kong em breve deverá se despedir do postulado de "dois sistemas" na direção de "um país". O presente de Beijing a Hong Kong pelo décimo aniversário do retorno é o seguinte: "Sou o senhor da casa; você, o serviçal".

Ao mesmo tempo, os partidos democráticos de Hong Kong iniciaram as próprias ações como resposta ao discurso de Wu. Além das fronteiras dos diferentes partidos, seus membros se lançam em uma maratona extenuante até as eleições duplas no ano de 2012. O Partido Democrático abriu um simpósio com o tema "Progresso da democratização"; os ativistas dos direitos humanos de Hong Kong já fizeram uma mobilização preventiva para uma nova marcha de protesto em 1º de julho, na esperança de que Hu Jintao, que viaja para Hong Kong para as festividades de aniversário, ouça a voz do povo. Também os mediadores nomeados não esconderam que a maioria da população deseja eleições paralelas, e os cidadãos da ex-colônia da coroa britânica viram com frustração sua confiança em Beijing.

Eu, que ainda vivo na China governada por uma ditadura e todo ano me emociono pela lembrança das vítimas do massacre do 4 de Junho, ao olhar as velas às margens do rio Xiang, acompanho a luta por eleições paralelas e as marchas de protesto desde 2003 com simpatia especial. A meu ver, essa chama viva há dezoito anos é o luzir mais fantástico da pérola do Oriente, pois o que a mantém acesa são o amor à liberdade dos honcongueses, sua defesa da justiça e a resistência contra a tirania.

Quando penso na marcha de protesto de 1º de julho de 2003 contra o Artigo 23, vejo principalmente a maravilha que os honcongueses criaram para representar todos os povos amantes da liberdade. É uma prova do sucesso da consciência democrática de Hong Kong e do fracasso do governo honconguês manipulado e da política de Beijing. É o resultado da junção de boa organização, solidariedade e opinião pública, que tem poder maior que as forças da ditadura. O sistema liberal é o maior capital dos honcongueses, sua maior força é a união do povo na resistência contra a ditadura, seu maior esteio é o clima político do mundo.

Em longo prazo, dois aspectos da resistência bem-sucedida de Hong Kong contra a usurpação pela grande pátria e em defesa de sua liberdade desempenham um papel importante: por um lado, os esforços conjuntos para a imposição direta da democratização política da região administrativa especial, especialmente a eleição livre e geral do administrador. Por outro, a influência indireta das reformas políticas na República Popular da China de todas as maneiras possíveis. A proteção das relações democráticas em Hong Kong é a obrigação sagrada não só dos próprios honcongueses, mas também de toda a população chinesa. Pois são um todo indissociável na questão da liberdade para todos os chineses em todo o país. Apenas quando os cidadãos da República Popular desfrutarem da liberdade, esta também será garantida permanentemente a Hong Kong.

18 de junho de 2007, em casa, em Beijing

Fonte: *Kaifang* (Revista Aberta), revista de Hong Kong, julho de 2007

Os chineses não têm liberdade, os tibetanos, nenhuma autonomia

A CRISE DO TIBETE EM 3 DE OUTUBRO, que dura até hoje, continua no centro das atenções internacionais. Se o governo de Hu Jintao e Wen Jiabao não conseguir reagir adequadamente, a resistência dos tibetanos e a crítica da comunidade internacional continuarão até o final dos Jogos Olímpicos, que aos olhos da opinião pública perderá significativamente a consideração. Logo agora, as dificuldades relacionadas à passagem da tocha olímpica são um claro sinal desse fato.

Não será possível de forma alguma o governo comunista confiar em suas forças quando precisar oprimir a resistência da população tibetana e servir-se do chauvinismo populista da etnia han para ter o apoio da população em seus atos. Já pela representação sui generis e seletiva dos levantes de 14 de março no Tibete, pelo exagero unilateral de certos erros na cobertura da mídia estrangeira, pela mobilização pública com o slogan "Contra a ruptura, mantenha à frente a tocha da união", pelo bloqueio estrito de informações e pela propaganda parcial, o governo conseguiu instrumentalizar as agitações no Tibete para um nacionalismo cada vez mais selvagem. O conflito político entre liberdade e despotismo foi transformado em um conflito étnico entre os chineses han e os tibetanos. Contudo, o poder estatal pouco poderá limitar a resistência dos tibetanos fora das fronteiras do país, bem como não pode esperar uma aprovação de seus atos pelos países estrangeiros mais importantes. Menos ainda arrancará as raízes da situação de crise no Tibete, tampouco conseguirá simplesmente erradicar as causas profundas da crise em toda a China. Dessa maneira, a suposta presunção do Partido Comunista nessa situação constitui apenas o resultado de um expediente totalmente míope que naturalmente serve para a manutenção da ditadura, mas em longo prazo não representará uma política para a resolução dos numerosos problemas de uma China multiétnica.

Antes da recente crise no Tibete, os enviados especiais do Dalai Lama e os políticos responsáveis de Beijing encontraram-se seis vezes para entabular discussões, mas agora, após a eclosão da crise durante os Jogos Olímpicos, o governo em torno de Hu e Wen enxerga o Tibete como mero elemento problemático que corrompe sua bela e imensa festividade internacional. Não há dúvida de que por isso a suspeita de Beijing perante Dharamsala foi aprofundada até o ódio e a solução da questão do Tibete ficou mais distante ainda.

A meu ver, a crise do Tibete tem as mesmas causas da crise nacional. O conflito entre a unidade e a autonomia de grau elevado, em princípio, constitui um conflito entre ditadura e liberdade. O maior dano que a crise do Tibete causou até hoje não consiste em ter intensificado os conflitos e as inimizades entre os chineses han e os tibetanos, mas em as lutas étnicas desviarem-se da crise do sistema. Visto a partir do sistema atual da China e da estratégia do governo do poder estatal, o Partido Comunista nunca estaria pronto, mesmo sem a crise, para aceitar o meio-termo proposto pelo Dalai Lama: "Não queremos independência, mas apenas autonomia". Se o governo, segundo a exigência do Dalai Lama, estivesse de acordo com o alto grau de autonomia, seria igual à postergação do poder administrativo do governo central para uma administração autônoma do Tibete, que concederia ao Tibete o mesmo status de Hong Kong e a política "um país, dois sistemas". Essa relação é totalmente inaceitável ao atual governo.

O ponto no qual a questão tibetana se diferencia claramente do caso de Hong Kong diferencia-se ainda mais do caso de Taiwan.

Há cem anos, Taiwan não mais está sob a administração do continente chinês. E o Partido Comunista, que conquistou o continente em 1949, nunca reagiu a Taiwan. Sob o governo de Guomindang, Taiwan não formou apenas uma política externa independente e um exército próprio, mas conseguiu, em 1979, até a retomada das relações diplomáticas entre a República Popular da China e os Estados Unidos, um assento como membro das Nações Unidas. Nesse meio-tempo, Taiwan reformou seu sistema político com sucesso. Hoje, os direitos humanos fundamentais em Taiwan são respeitados, o país aperfeiçoa todos os dias seu sistema democrático, no qual o presidente foi mesmo escolhido em eleições livres por 23 milhões de taiwaneses. Não há motivo para que Beijing se intrometa na política interna e externa e nas questões militares de Taiwan.

O poder político sobre Hong Kong sempre esteve nas mãos do governo britânico-honconguês. Quando do retorno de Hong Kong à China em 1997, houve apenas uma transferência dos direitos de soberania da colônia da coroa britânica para a China, mas a independência de Hong Kong pela política "um país, dois sistemas" foi garantida. Sua economia, sua política, suas leis, o sistema político fundamental da nação insular permanecem o legado do governo colonial britânico. Mesmo que, desde o retorno, o administrador da região especial de Hong Kong precise do consentimento de Beijing para sua política, ainda é independente na obrigação perante os habitantes de Hong Kong, e seu governo rege com independência os assuntos de Hong Kong. À parte disso, Hong Kong ainda tem uma economia de mercado independente, uma justiça independente e liberdade de imprensa.

E, no que diz respeito ao Tibete, o poder governamental sobre o país até 1959 estava ao menos parcialmente nas mãos do Dalai Lama e do governo Gasha e lembrava o modelo "um país, dois sistemas". Contudo, o Tibete perdeu totalmente, após 1959, sua autonomia administrativa; o 14º Dalai Lama foi exilado e o décimo Panchen Lama* foi colocado em prisão domiciliar em Beijing. O poder governamental sobre o Tibete foi tomado violentamente pelo governo central comunista e a partir de então o secretário do Partido enviado ao Tibete tornou-se de fato também administrador da província. A partir de então, os tibetanos seguem como os chineses han. Não restou nada além de curvarem-se à política da ditadura comunista e serem expostos à mesma situação humana catastrófica, acima de tudo durante a Revolução Cultural, pois a cultura tibetana de certo não fora exposta a abuso e destruição menores do que a chinesa. Os budas vivos do Tibete, descendentes de famílias nobres, artesãos, artistas e médicos tradicionais tibetanos foram atacados, enxotados pelas ruas, espancados, presos e torturados até a morte. O décimo Panchen Lama permaneceu por quase dez anos na cadeia, sofrendo o mesmo destino de inúmeras outras personalidades denunciadas como capitalistas e ofensoras da lei em toda a China.

Com o início do processo de reforma, os chineses e tibetanos partilhavam nos anos 80 das mesmas esperanças pela reforma política, exatamente como suas esperanças foram afogadas em 1989 num banho de sangue, e experimentaram a mesma opressão política e a troca de direitos humanos pela prosperidade econômica. Embora atualmente tanto os chineses como os tibetanos lucrem com o desenvolvimento econômico, e o bem-estar material tenha aumentado para a ampla maioria dos dois povos e não mais lembre nem remotamente a luta por subsistência rudimentar com moradia e comida dos tempos de Mao, falta a tibetanos e chineses a defesa de seus direitos humanos fundamentais. Não há liberdade para os tibetanos, bem como para o restante dos chineses. O Dalai Lama não consegue voltar em circunstância alguma para seu país, menos ainda os dissidentes chineses que emigraram

---

* Número 2 na hierarquia do budismo tibetano. (N.T.)

para o exterior em 1989. A maneira como o atual governo trata o Dalai Lama assemelha-se àquela com a qual os grupos religiosos, como Falun Gong, por exemplo, são tratados em toda a China. Obrigar os tibetanos a difamar o Dalai Lama da mesma forma que se coage os seguidores da seita Falun Gong a denegrir publicamente Li Hongzhi faz parte de tal tratamento.

O embate entre tibetanos e chineses han é ilusório e também de natureza puramente superficial. Sua base está no conflito entre a liberdade e o despotismo. Ambos grupos étnicos são expostos a um regime despótico, e seus principais problemas se correspondem. O que foi totalmente escondido na atual crise, na qual inúmeros chineses han não se prejudicaram ao manchar o Dalai Lama na internet com injúrias, é a real situação do Tibete e de toda a China: todos somos prisioneiros de um sistema despótico. Enquanto nós, chineses, estivermos presos nesse sistema, os tibetanos dificilmente conseguirão a liberdade, e enquanto todo o povo não puder ter um governo definido por si, os tibetanos e outras minorias nacionais também não conseguirão impor nenhuma autonomia para o seu povo.

Por isso, a solução da questão tibetana depende em princípio da solução da questão do sistema político para toda a China. A premissa indispensável para a solução da questão do Tibete, independente de como ela parecerá, é a democratização de toda a China. Se haverá uma conversa pacífica e honesta entre o Dalai Lama e o governo de Hu Jintao e Wen Jiabao, não depende de como a relação entre Beijing e Dharamsal se constituirá, tampouco da pressão das nações ocidentais. Depende do avanço do processo interno de reforma política na China. Quando uma verdadeira democratização política da China for posta em marcha, terá chegado o dia das negociações essenciais entre Beijing e o Dalai Lama.

Numa frase: enquanto os chineses não tiverem liberdade, não haverá autonomia para o Tibete. Ou, dito de outra forma: os tibetanos não têm autonomia, os chineses, nenhuma liberdade.

10 de abril de 2008, em casa, em Beijing
Fonte: *Guancha* (Observe China), 11 de abril de 2008

O Partido Comunista Chinês e a síndrome
da medalha de ouro

Durante o período inteiro dos sete anos entre a propaganda bem-sucedida de Beijing para sediar os Jogos Olímpicos e a transmissão dos jogos, a propaganda nacionalista do governo girou o tempo todo em torno do sonho com os "jogos do século". Pouco antes do início dos jogos em Beijing, teve início a propaganda nacionalista e, até que os jogos acabassem, a mídia nacional tropeçava em publicidade para as Olimpíadas. Quando chegou o momento, a ofensiva nacionalista primeiro continuou a alimentar as ilusões em torno da única e bombástica cerimônia de abertura e em seguida ateve-se exclusivamente ao quadro de medalhas.

Com a primeira medalha de ouro para a China após a abertura da competição, teve início a convocação para a "Contagem de medalhas de ouro" pela emissora estatal central CCTV e todas as emissoras televisivas locais. Por toda a duração dos jogos, os quadros de medalha e o ouro para a China sempre vinham em primeiro lugar nos noticiários; em qualquer frequência o ranking da obtenção de medalhas era veiculado ininterruptamente. Quando se via reportagens sobre a delegação chinesa, em toda contribuição dos repórteres e comentadores, tinha-se a impressão de que não havia nada mais para ver além das medalhas de ouro. No tom e na expressão dos apresentadores, em toda entrevista dos jornalistas locais com os atletas chineses vitoriosos, as pessoas sentiam-se como inebriadas pelo consumo de tanto "ópio da medalha de ouro"; após as medalhas de ouro e a bandeira nacional vinham novamente medalhas de ouro e a bandeira nacional; podia-se falar realmente de toda uma capital mergulhada em vermelho e dourado. Nada, realmente nada se ouvia a respeito dessa competição brilhante e do entusiasmo resultante dela, e menos ainda do tão prometido espírito olímpico e do valor do ser humano.

O comentarista da CCTV, Han Qiaosheng, após o boxeador chinês Zhang Xiaoping ter conquistado a medalha de ouro na categoria acima de 81 quilos contra o boxeador irlandês Kenny Egan, chegou a dizer: "Nosso Zhang Xiaoping fez o adversário beijar a lona!". E continuou: "O chinês inspira respeito e mostrou isso ao adversário. Falamos com os punhos; nessa resistência poderosa está a sabedoria, aqui também há a força pela qual nasce um mito: a China que emerge, o dragão chinês que se levanta!".

Após o encerramento dos Jogos Olímpicos, havia apenas um tema para todas as emissoras de propaganda e canais: a China em primeiro lugar no quadro de medalhas. Nenhum lar chinês, inclusive aqueles de Hong Kong e Macau, pôde fugir da infiltração de tal propaganda. A emissora de notícias estatal e os canais de esporte das estações locais não queriam parar de contar repetidamente as medalhas em todos os lugares, apresentar uma retrospectiva das medalhas obtidas, uma após a outra, elogiar novamente cada um dos vencedores e festejar a todo momento o crescimento da China como um gigante das medalhas de ouro. O portal de internet *Xinlang* (*sina*) lançou a página "Retrospectiva de todas as medalhas de ouro da China nos Jogos Olímpicos de Beijing. A glória sem fim da ascensão da grande potência". Um outro portal de internet, o *Wangyi* (*Net Ease*), lançou na forma de vídeos e de um atlas um retrospecto das 51 vitórias com medalha de ouro intitulado: "O encerramento perfeito das Olimpíadas de Beijing. O primeiro lugar para a China com 51 medalhas de ouro faz história".

Ao mesmo tempo, os vencedores das medalhas de ouro precisavam viajar, sob a direção do funcionário esportivo do PC, Liu Peng, para Hong Kong e Macau para estender o brilho das medalhas do continente aos dois estados insulares. Na coletiva de imprensa em Hong Kong, Liu e outros funcionários pareceram extremamente autoritários. Não apenas pelo fato de que respondiam no lugar dos atletas às questões extremamente delicadas dirigidas a eles, mas porque respondiam também e exclusivamente com frases predefinidas. A maneira de se apresentar e seu modo de se expressar deram a entender aos honcongueses: todos os medalhistas de ouro são heróis nacionais chineses, qualquer ataque por parte dos jornalistas fica proibido.

A obsessão, com traços patológicos cada vez maiores, do poder estatal e dos patriotas pelas medalhas de ouro lembra os prazeres perversos que os novos ricos da China encontraram no dinheiro. Com afinco, contam as moedas dos bolsos, o ressoar do dinheiro tilintante é para eles o mais belo em todo o mundo, e a cor mais exuberante do mundo é a do vil metal.

Sob o regime ditatorial de Hu Jintao e Wen Jiabao, as Olimpíadas de Beijing tornaram-se o meio político mais importante, serviram à ampla manipulação política e à mobilização nacional. O enorme investimento financeiro do governo e a onda nunca antes vista de patriotismo foram inigualáveis nos cem anos de Jogos Olímpicos. A importância da vitória e o fracasso em uma competição esportiva internacional tornaram-se na China um símbolo para a politização e a nacionalização geral. As medalhas de ouro dos Jogos Olímpicos alimentam as fantasias excessivas de uma grande nação, alimentam o complexo herdado da era Mao Zedong de querer sobrepujar todos os outros países.

Não sei se também outros países gostam tanto de medalhas de ouro como a China, sei apenas que não há por certo qualquer outro país no qual de fato se empreenderia com toda a força um tal "Grande Salto de Medalhas para Frente". O chefe do PC chinês, Hu Jintao, anunciou à imprensa antes dos Jogos Olímpicos: "As Olimpíadas de Beijing apresentarão a prova da superioridade da força do sistema na organização de grandes eventos". Tal estilo de pronunciamento lembra o lema de Mao Zedong, "Superar a Inglaterra e os Estados Unidos", durante o afamado Grande Salto para Frente, que deveria ser se equiparar em quantidade de produção de aço. Naquela época, todo o povo colaborava em obsessão fanática para o crescimento da produção de aço. Palavras de ordem idiotas como "O povo todo na produção de aço!" de cinquenta anos atrás e "O povo todo pelos Jogos Olímpicos!" são todas farinha do mesmo saco.

Funcionou a estratégia olímpica da ditadura chinesa, na qual tudo gira em torno das obrigatórias medalhas de ouro, junto com os investimentos financeiros gigantescos que todo o país deve aguentar, e levou de fato a um aumento contínuo das medalhas conquistadas. Nos Jogos Olímpicos de 1996, em Atlanta, quarto lugar; 2000, em Sydney, em terceiro; Atenas, em 2004, segundo, e, por fim, primeiro lugar em casa – uma escalada coerente ao pódio. O objetivo mais importante da Olimpíada de Beijing foi sair das competições com o maior número de medalhas de ouro depois de Atenas. Ao chegar à satisfação de seu desejo, a China ultrapassou os Estados Unidos e estufou o peito de orgulho diante de todo o mundo com o ouro das medalhas.

Lembremos das Olimpíadas de Atenas em 2004, em que o atleta Liu Xiang, com sua vitória nos 110 metros com barreiras, quebrou o recorde olímpico da época em 12,91 segundos e marcou um novo recorde mundial. Foi o primeiro asiático que trouxe para casa esse triunfo. A arrogância do comentarista ao vivo da CCTV, os gestos exagerados de Liu na entrega das medalhas e suas palavras grandiloquentes durante a entrevista que se seguiu, "Sou da Ásia. Sou da China", fizeram dele de uma hora para outra herói nacional. "Xiang voador" tornou-se sinônimo do atletismo chinês, em suma, ele é o herói nacional que traz a esperança de toda a nação nos ombros.

Com o início das Olimpíadas de Beijing, a aura de nacionalismo de Liu Xiang iluminou todo o país, das grandes cidades até o menor vilarejo, das avenidas principais até minúsculas vielas, todas as placas de propaganda reluziam com Liu Xiang. Ainda mais vulgar foi a interpretação do seu número de competidor, 1.356, como símbolo de 1,3 bilhão de habitantes da China e suas 56 etnias. Seu surgimento no Ninho de Pássaro de Beijing atraiu todas as atenções, e a conquista da medalha de ouro em 110 metros com barreira foi a que mais contava para os chineses. Chegou ao ponto de muitos espectadores chineses frequentarem o Estádio Olímpico de Beijing pelas corridas com barreiras. Contudo, quando Liu Xiang precisou sair da competição por uma contusão, o frenesi dos atletas chineses pelas medalhas de ouro despedaçou-se, e o herói popular perdeu de uma vez o brilho de sua glória.

Foi tão grave o fato que as demonstrações de tristeza dos patriotas levadas ao ápice chegaram a causar tumultos públicos.

Na história dos Jogos Olímpicos, não raro os atletas precisam desistir da sua participação na competição em virtude de contusões. Mesmo se tratando de um esportista com tanta fama, foi algo inédito a comoção popular pela retirada de Liu Xiang. Embora a China, nesse ínterim, tenha ultrapassado os Estados Unidos como soberanos em medalhas de ouro no mundo dos esportes com grande distância, os muitos debates em torno da desistência de Liu Xiang confirmam, entretanto, que por trás dessa caça febril por medalhas figura a mentalidade do mau perdedor, como é peculiar das nações fracas. Exatamente porque o poder estatal e o povo fazem tanto alarde pela conquista de medalhas, nossos patriotas conseguem ser tão pretensiosos e, ao menor chiado, bradar a espada imperial dos interesses nacionais ou da glória do povo, sob a qual todos devem se curvar. A confusão em torno de sua retirada dos jogos eclodiu até mesmo na arrogância do atleta antes celebrado com o título de "Xiang voador", que se viu obrigado a apresentar publicamente desculpas diante de toda a nação.

Na minha opinião, apenas a China é capaz de transformar toda a nação num templo da adoração de medalhas de ouro, e apenas com essa espécie de fanatismo consegue-se transformar os Jogos Olímpicos em palco de um teatro do absurdo – pois que outra coisa seria se não um teatro do absurdo, quando um atleta que precisa se retirar de uma competição por ter se machucado é obrigado a pedir desculpas por isso diante de toda a nação? Ainda mais absurda é a lógica que se encontra por trás desse teatro: o sucesso esportivo de Liu Xiang ocorreu graças ao fomento financeiro do Estado-Partido, e também a distinção honorífica como "herói do povo" foi concedida a ele por esse mesmo Estado-Partido e pelas massas patrióticas. Por isso seu sucesso e fracasso não têm apenas um caráter pessoal, mas atingem em primeiro lugar o uso que o Estado fazia deles e a honra do povo. Como ele traz simplesmente o número 1.356 nas costas, isso significa ser responsável diante de 1,3 bilhão de chineses no êxito e na ruína; a honra do povo e da pátria depende de seus sucessos, e suas falhas são a vergonha desses. Obviamente, é por essa espécie de lógica que ele precisa desculpar-se por sua derrocada.

Desde que a China, nos jogos de 1984 em Los Angeles, abriu a grande competição pelo ouro olímpico, a caça por medalhas elevada a uma questão nacional já custou aos contribuintes chineses montantes gigantescos. Para a China, ter ficado em primeiro lugar no quadro de medalhas nas Olimpíadas na própria capital aumentará ainda mais a pressão que pesa sobre os ombros dos atletas chineses. Quanto mais alto, maior o tombo. No fim dos jogos, a mídia chinesa desfez-se em elogios sem fim ao próprio país e mencionava sem cessar os comentários positivos da imprensa estrangeira. O narcisismo chegou ao ponto de o louvor do presidente do Comitê Olímpico Internacional, Jacques Rogge, pelos *truly exceptional games* (jogos realmente excepcionais) ter sido traduzido para o chinês por "jogos incomparavelmente excepcionais". A conquista de medalhas trouxe a toda a nação tal entusiasmo, como se tal vitória fosse um sinal de que a China, nos próximos Jogos Olímpicos, ultrapassaria com grande distância os Estados Unidos e se tornaria o número 1 absoluto do mundo. Desde então, o mundo esportivo da China foi infectado totalmente pelo vírus da adoração à medalha de ouro – ficou plenamente dependente da conquista de medalhas e vê nela seu grande impulso. Essa síndrome questionável esconde, na minha concepção, essencialmente os quatro seguintes riscos:

1. O projeto "Olímpia", para o Estado unipartidário, é um projeto único para defesa da própria imagem. Para a imagem do Partido, dinheiro e mão de obra são desperdiçados em grande estilo, o que levou a uma divisão unilateral fatal dos recursos esportivos do país. No decorrer dos últimos sete anos de preparação dos Jogos, esse projeto utilizou em virtude do Estado os maiores e melhores recursos para o esporte, de tal maneira que praticamente não restou qualquer fomento esportivo para o povo. Os atletas olímpicos chineses foram endeusados como esportistas sacrossantos que recebiam muito dinheiro e todas a honras, enquanto os esportistas que não pertenciam a esse círculo nobre permaneceram pobres em ambos os sentidos. Essa incongruência reflete diretamente a desproporção que se mostra na veneração do PIB após as vagas reformas: uma China que se divide hoje em dia num paraíso dos privilegiados que enriqueceram do dia para a noite de um lado e num

inferno para os sem direitos e poderes do outro. A adoração por medalhas criada pelo sistema também transforma o país num paraíso para as modalidades esportivas de elite e num inferno para os esportes de massa.

O primeiro lugar na quantidade de medalhas para a China dependeu acima de tudo de grandes investimentos financeiros. Sem falar do empenho humano e material considerável para manter viva a chama olímpica e garantir a segurança e a ordem em torno dos Jogos, os investimentos gerais para estes ficaram em aproximadamente 43 bilhões de dólares (o presidente do Comitê de Organização de Beijing, Wei Huang, designou secretamente até mesmo a soma de 520 bilhões de yuans, que equivaleriam a 70 bilhões de dólares). Seria quatro vezes os 9,7 bilhões que a China gastou em 2007 com o sistema de saúde ou três vezes os 15,7 bilhões do sistema de educação. Tais gastos para a "educação das medalhas" não são extravagantes apenas para um país do Terceiro Mundo; mesmo em comparação com as grandes nações industriais, esse montante significa Jogos extraordinariamente luxuosos. É bem possível que seja o maior investimento que jamais houve e talvez jamais haja de um país para uma Olimpíada. O valor do investimento e a mobilização de pessoas para a Olimpíada de Londres em quatro anos não ultrapassarão de qualquer maneira os de Beijing. Apenas uma ditadura que despreza os direitos e interesses do povo pode assumir tal luxo, que faz os simples contribuintes pagarem as contas para os jogos de poder.

Em contraste óbvio com a megalomania das Olimpíadas de Beijing está o plano recém-criado pelo COI de "contenção de despesas". Após o encerramento dos Jogos em Beijing, o presidente do COI, Jacques Rogge, embora cheio de elogios pelo enorme sucesso das Olimpíadas chinesas, não se deixou levar por tal êxito a ponto de recomendar aos outros países anfitriões imitar o exemplo de Beijing, mas clama por reformas para o futuro dos Jogos Olímpicos: "No passado, a megalomania dos Jogos Olímpicos onerou os países-sede com encargos pesados. Para o futuro, gostaríamos de realizar 'Jogos mais enxutos' e de forma alguma coordenar novamente Jogos nesse formato gigantesco".

2. Os atletas chineses pagam pela luta pelo primeiro lugar no quadro de medalhas com sua honra e a perda de direitos pessoais. Pelas medalhas, os esportistas chineses são escolhidos na infância por escolas esportivas do Estado, onde são aquartelados como num regime militar e treinam totalmente isolados do mundo exterior, precisando renunciar não apenas à sua liberdade pessoal, mas também a todos os seus relacionamentos pessoais. Dessa maneira, como um funcionário da área esportiva do Partido Comunista formulou: "A honra

de ganhar os Jogos Olímpicos pela pátria é um dever sagrado atribuído pelo Comitê Central do Partido". Esse "dever sagrado" rouba impiedosamente dos esportistas qualquer ligação familiar. Assim, por exemplo, a medalhista de ouro no judô, Xian Dongmei, que é a única mãe na delegação olímpica do país, não viu sua filha de dezoito meses durante todo o ano de treinamento antes dos Jogos. Cao Lei, medalhista de ouro em levantamento de peso, foi impedido de receber as notícias da morte da própria mãe, de forma que não conseguiu comparecer ao enterro.

A preparação para o campeonato olímpico tira dos atletas a possibilidade de qualquer vida determinada por eles. Chen Yibing, medalhista de ouro na prova de argolas da ginástica artística, não fez qualquer segredo sobre esse fato numa entrevista à imprensa: "Você não consegue decidir sua própria vida. O treinador está sempre ao seu lado. Todos observam você o tempo todo – do médico ao chef de cozinha da cantina. Não tem escolha, a não ser dedicar-se integralmente aos treinos para que os outros não se decepcionem com você".

Os atletas da China sofrem consequências desastrosas sobre a sua saúde com essa obrigação de defender toda a nação. Os atletas de saltos ornamentais, por exemplo, já são escolhidos com cinco ou seis anos de idade para sua longa trilha de treinamentos; entretanto, como mostram os exames médicos, nessa tenra idade os olhos não estão totalmente formados. Mesmo assim, eles começam com os saltos na água e arriscam dessa maneira sofrer ferimentos graves nos olhos, pois ao mergulhar na água, a força do impacto pode causar danos sérios à retina. Por exemplo, foi assim que Guo Jingjing, medalhista de ouro em saltos ornamentais, adquiriu uma doença ocular grave. Ela enxerga tão mal que quase não consegue reconhecer o trampolim e logo ficará totalmente cega. A médica da equipe nacional chinesa de saltos ornamentais, Li Fenglian, explicou aos jornalistas que ela já havia indicado em um relatório publicado no ano passado que, entre os 184 atletas de saltos ornamentais, 26 têm retina danificada.

3. O número 1 para a China no quadro de medalhas demonstra ao país e ao mundo a força da "política onipotente" de um Estado unipartidário. Quando fizeram dos Jogos Olímpicos o "maior beneficiário do país", é natural que também fossem "a maior missão política", pela qual tudo o mais precisava ser abdicado. Isso justificava os lemas "Tudo pela Olimpíada" e "Abrimos o caminho para a Olimpíada". Todos, Partido, governo, forças militares, povo, comércio, escolas, foram mobilizados para a conclusão dessa "grande missão política". Não houve economia de recursos financeiros, materiais

e humanos na construção dos estádios e da infraestrutura. Não apenas o número de trabalhadores, voluntários e pessoal de segurança participando dos Jogos ultrapassou o dos eventos anteriores. Para garantir que se tratava de pessoal comprometido com a política, todos passaram ainda por um processo seletivo em diversas fases, provas e treinamentos. Sua missão mais importante estava em transitar com total flexibilidade entre os espectadores estrangeiros e jornalistas e oferecer para eles sempre um sorriso galanteador e os melhores serviços possíveis para com isso reduzir qualquer "escândalo" aos menores decibéis imagináveis.

Ao mesmo tempo, no interesse do Estado-Partido, a "política da onipotência" foi empregada sem qualquer escrúpulo e mentiu-se com imprudência despudorada até as últimas consequências: começando pela voz falsa da menina na cerimônia de abertura e informações falsas sobre a idade dos atletas até o sorriso fingido dos voluntários. Além disso, eliminou-se dessa maneira qualquer divergência – do lema "Crítica zero" na mídia do país até os elogios na mídia estrangeira, da expulsão de alguns manifestantes estrangeiros até os protestos inexistentes nos três parques declarados como "zona de protesto".

Essa mesma política de onipotência possibilitou ostentar diante do mundo estádios e infraestrutura de primeira linha, estabelecer organização exemplar e logística excepcional para as competições e transformar Beijing, no que diz respeito à segurança, numa fortaleza intransponível. Contudo, o que se esconde por essas evidências de primeira linha é a traição pelo Estado unipartidário dos direitos humanos. No lado obscuro da concretização do sonho do primeiro lugar no quadro de medalhas das Olimpíadas estão as perspectivas turvas para os direitos humanos e o real pesadelo dos habitantes da China.

4. O maior dano que o primeiro lugar para a China no quadro de medalhas causou foi intensificar a resistência contra a reforma pelos defensores do antigo sistema. O poder estatal comunista percebe nesse fato uma confirmação de sua política de seleção central dos esportistas pelo Estado, e meus concidadãos alimentam a ilusão de que esse resultado significa quase ser o número 1 do mundo em qualquer aspecto.

E, assim, são levados a crer em última instância na eficiência do sistema comunista. Bem dessa maneira, Zhang Yimou, que dirigiu a cerimônia de abertura dos Jogos, disse mais tarde numa entrevista: "Uma cerimônia de abertura tão luxuosa e extravagante, na qual tudo estava coordenado de tal forma que formava toda uma história e que exigiu tal empenho de recursos humanos, materiais e financeiros, só pode ser realizada hoje em dia pela China ou pela Coreia do Norte". Dessa forma, não apenas as reformas do antigo e corrupto sistema são abaladas, esse sistema será até mesmo reforçado em longo prazo. É inacreditável a naturalidade com a qual os funcionários da área esportiva do PC, após o quadro de medalhas ter sido confirmado, endossaram no nível mais alto o desperdício do dinheiro público em prol dos Jogos. O conselheiro do Comitê Organizador de Beijing, Wei Jizhong, declarou com orgulho numa coletiva de imprensa que tantas medalhas de ouro seriam prova de que o sistema obteve bons resultados na seleção centralizada estatal. Acrescentou, ainda, que era possível ver no exemplo da União Soviética e do declínio de seu êxito esportivo após o seu desmembramento como seria razoável manter na China o sistema do poder central forte.

Pouco depois das Olimpíadas, o jornal *Renmin Ribao* publicou sob o título "O esporte se manterá no sistema de seleção central estatal" uma entrevista com Liu Peng, o secretário-geral do departamento esportivo do Partido Comunista, na qual ele deixou claro que a China se manterá no sistema até então conduzido quanto aos esportes, conforme o sentimento nacional chinês e, acima de tudo, por se tratar de uma necessidade política. Ele disse: "O esporte tem pouco caráter político, mas uma função política forte. Visto a partir da perspectiva da ligação estreita entre o esporte e a consciência popular e nacional, ele tem outra forma e significado, de acordo com a situação e a época histórica. Na China, ele tem grande importância. Quando um país fraco não conta com os esportes, isso é sentido de forma extremamente dolorosa pelo seu povo. Quando se concede ao fomento dos esportes no desenvolvimento de um país um papel de destaque, isso conta ainda mais que outros estímulos para a consciência popular. Aumenta a autoconfiança de um povo, seu orgulho, e tem utilidade e sentido significativos para a formação do povo no Estado". E Liu continua: "Por isso nos manteremos no princípio da seleção nacional, pois corresponde à nossa tradição gloriosa, é a soma de nossos modelos eficientes e ao mesmo tempo um meio de concentração e disciplina. Nossa preferência pelo sistema da seleção nacional é muito clara: primeiro nos manteremos nela e em seguida a melhoraremos mais ainda". Ele completou, com mais orgulho ainda: "Ouvi que várias outras nações seguirão agora o modelo chinês de seleção nacional".

A pressão perversa que emana dessa arrogância inacreditável do poder e dessa crença de superioridade popular levou o esporte a tornar-se na China uma competição na qual não se pode perder. Assim, por exemplo, a comoção pública em virtude da retirada de Liu Xiang oprimiu tanto o esportista que ele não pôde fazer outra coisa senão desculpar-se publicamente. A delegação chinesa seguirá para Londres em 2012 com o peso imenso das medalhas de ouro em suas costas. Coitados, se daqui a quatro anos o número de medalhas para a China não atingir 51 ou mesmo se a situação atual dos medalhistas não for mantida! Não ouso imaginar a histeria que tomará conta de todo o país.

Com relação à comercialização do esporte e do nacionalismo no mundo de hoje, as medalhas de ouro certamente não podem representar a marca do espírito esportivo sozinhas, e menos ainda conseguem espelhar a real força e o nível cultural de um país. Durante a Guerra Fria, a ex-União Soviética surgiu diversas vezes como vencedora de medalhas e primeiro lugar no quadro de medalhas, especialmente nos Jogos Olímpicos de Seul em 1988, nos quais festejou com 55 medalhas de ouro e um total de 132 medalhas seu maior triunfo esportivo, a maior conquista de medalhas que uma nação até hoje conseguiu obter na história esportiva. Também a antiga República Democrática Alemã (RDA) foi na época uma nação esportiva forte, que nos Jogos Olímpicos de Montreal, Moscou e Seul ficou em segundo lugar no quadro de medalhas. Contudo, essas vencedoras gigantescas, sob a marca do sistema de seleção nacional, não conseguiram evitar o rompimento ruidoso do império soviético.

Que podemos aprender dessa lição? Que o nacionalismo das medalhas de ouro é ainda mais prejudicial para a cultura esportiva que a comercialização do esporte, principalmente quando Estados ditatoriais orientam as competições esportivas pelo formato internacional. O sistema da seleção nacional consegue torná-los Estados medalhistas de ouro, mas de forma alguma é capaz de elevar o nível civilizatório de uma nação. Ao contrário, impinge ao povo danos muito significativos: o esporte torna-se um instrumento indispensável da propaganda própria dos ditadores, o espírito esportivo geral é reduzido ao seu uso pelo nacionalismo e o brilho ofuscante das medalhas de ouro serve única e exclusivamente à consolidação do poder estatal e à promoção de uma ideia muito limitada de patriotismo.

Se os burocratas e a população da China continuarem a se perder nesse luzir das medalhas de ouro do sistema da seleção nacional e não pararem de falar de modo complacente na tradução livre de "jogos únicos", o esporte chinês persistirá no caminho da politização, de um lado, e da extravagância, de outro, que conduz a uma adoração cega ao ouro da medalha. Dessa maneira, nossa "grande nação medalhista" nunca se tornará uma nação civilizada.

18 de setembro de 2008, em casa, em Beijing

Fonte: *Cheng Ming Monthly* (Competição), revista de Hong Kong, setembro de 2008

A CONTRIBUIÇÃO DOS REPUBLICANOS PARA A ELEIÇÃO DO PRESIDENTE OBAMA

QUANDO O NOVO MORADOR DA CASA BRANCA e sua família acenavam ao mundo após a última eleição nos Estados Unidos, não encontraram apenas a cordialidade nunca existente dos americanos, mas também um interesse global que ultrapassava a medida normal.

Vistos superficialmente, os Estados Unidos são a potência líder entre as nações liberais; seu presidente não é apenas o número 1 dessa potência líder: também é o primeiro em questões internacionais. As eleições nos Estados Unidos, portanto, sempre atraem a atenção do mundo inteiro. Não é à toa que existe a seguinte piada: "Os americanos elegeram o presidente do mundo".

Contudo, as imagens derrubadas do governo Bush no mundo e no próprio país formam, em uma decepção profunda, o histórico da eleição atual, principalmente pela situação difícil em virtude da crise financeira e pelo atoleiro iraquiano. A crise de Wall Street transbordou sobre todo o mundo; e a crise do Iraque alimenta o medo do terrorismo. As duas crises empurram essas eleições presidenciais ainda mais que antes para o centro do interesse global. Dentro e fora dos Estados Unidos, os sinais são de uma virada na Casa Branca.

Obama, um negro, um homem que não pode apresentar uma carreira política impressionante, tampouco conquistas políticas extraordinárias, sem dizer sobre a experiência administrativa, parecia relativamente fraco com sua carreira nos parlamentos locais e no Congresso perante os outros candidatos no pleito. Por isso, no início da corrida presidencial, ninguém acreditava que ele surgiria como candidato realmente vencedor. Logo na eleição de nomeação do candidato dos democratas, ninguém poderia sonhar que o negro vindo do movimento *grass roots* pudesse enfrentar Hillary Clinton, política experiente e branca. Ainda no início da corrida presidencial entre Obama e McCain, a opinião pública temia uma influência negativa da questão racial no resultado das eleições. Entretanto, Obama foi nomeado e prevaleceu nas votações que se seguiram com um avanço visivelmente extraordinário contra seus adversários experientes.

A eleição de Barack Obama para 44º presidente dos Estados Unidos mostrou para mim mais uma vez, como chinês, uma sensação de superioridade do sistema liberal da América e de sua grandeza cultural. Não me interessa nesse caso se Obama tem condições de controlar a crise. Interessa-me em primeiro lugar que a democracia ao estilo americano tem os mecanismos eficazes para correção de alguns erros. Especialmente em tempos nos quais se veem confrontados por uma grande crise, os Estados Unidos estão preparados para iniciar um sistema de autorregulação e melhoria autônoma. As eleições gerais a cada quatro anos constituem um dos mecanismos de autorregulação dos quais toda a população participa. Além disso, a problemática do racismo estende-se no povo norte-americano de maioria branca quase por toda a sua história mais que bicentenária, e a discriminação racial está entre as doenças crônicas do Estado vistas com aversão pela opinião pública internacional – uma mancha estigmatizada difícil de se amenizar no manto da liberdade democrática dos Estados Unidos. E agora esse negro americano com raízes no Quênia assume a Casa Branca e demonstra ao mundo a alma da América no século XXI.

Em 1961, ano de nascimento de Barack Obama, os Estados Unidos ainda eram uma sociedade de separação racial, até o movimento dos direitos civis de Martin Luther King espalhar-se como fogo em mato seco e ser festejado como um grande sucesso com a "Carta dos Direitos Humanos" promulgada pelo Congresso em 1964. Essa lei pôs fim à política de separação racial e de discriminação racial e em pé de igualdade jurídica a população negra e branca. No mesmo ano, o dr. King teve a honra de ser laureado internacionalmente com o altamente respeitável prêmio Nobel da Paz. No entanto, o racismo cultural e ideológico não foi erradicado, e a discriminação racional na realidade ainda perdura. O assassinato de Martin Luther King por um fanático racista em 4 de abril de 1968 e a revolta de Los Angeles em 1992 confirmam claramente a persistência da questão racial.

Na visão do processo de desenvolvimento político dos Estados, a eleição do primeiro presidente negro nos Estados Unidos significa nada menos que o encerramento lógico de uma longa história. O solo fértil correto para um sistema liberal, a luta dos negros por seu direito à independência, combinada com a solidariedade dos brancos honestos, e os esforços conjuntos de republicanos e democratas contribuíram para que a América tivesse seu primeiro presidente negro. Claro que o agradecimento do presidente após sua mudança para a Casa Branca primeiro deveu-se ao apoio enérgico por parte dos democratas; mas ele deveria agradecer ainda mais aos seus adversários, os republicanos. A vitória dos democratas no pleito deve-se em primeiro lugar ao fracasso político dos republicanos, no entanto estes, no que diz respeito à primeira eleição de um afrodescendente para presidente, não fizeram nenhuma contribuição substancial.

O movimento negro na primeira metade do século XIX, liderado por John Brown, marcou o início da abolição da escravatura e da libertação dos escravos. O partido dos democratas sem dúvida alguma tem grande parcela na longa caminhada da população negra da América rumo à igualdade racial. Lyndon B. Johnson, que promulgou a "Carta dos Direitos Humanos" de 1963, pertencia a esse partido, e os democratas sempre lutaram contra a discriminação racial. A cultura de campus fortemente influenciada pela esquerda levou o tema de igualdade racial ao nível de pedra de toque da retidão política, que se elevava até a discriminação de brancos. De qualquer forma, a participação do Partido Republicano na imposição da igualdade racial também é de imensa importância. Abraham Lincoln, o maior presidente na história dos Estados Unidos, era um republicano e assinou a "Proclamação de Emancipação", com a qual a escravidão foi legalmente abolida. Poucos anos depois, em 1868, o 14º Artigo da Constituição Americana foi promulgado, assegurando a todos os americanos de origem africana os mesmos direitos civis. Com isso, os Estados Unidos deram o primeiro passo na direção da libertação da população negra e criaram a base para o *Movimento dos Direitos Civis* que viria mais tarde. É justo dizer que sem a *Proclamação de Emancipação* não haveria, cem anos mais tarde, a *Carta de Direitos Civis*.

Como é de conhecimento público, outro grande presidente após a Guerra Fria, Ronald Reagan, ao decretar a terceira segunda-feira de janeiro o *Martin Luther King Memorial Day* (Dia de Martin Luther King), um feriado nacional em memória ao grande defensor dos direitos civis. Para os Estados Unidos, um dia especial para lembrar de uma personalidade histórica constitui uma honra inigualável. Hoje existem apenas três pessoas que receberam tal honraria: Cristóvão Colombo, o descobridor do Novo Mundo, que é lembrado toda a segunda segunda-feira de outubro com o "Dia de Colombo", o primeiro presidente dos Estados Unidos, George Washington, cujo feriado cai na segunda segunda-feira de fevereiro (Dia do Presidente), e, por fim, o feriado mencionado para o precursor do movimento dos direitos civis, Martin Luther King.

Mesmo o governo Bush, que no fim das contas manobrava de uma crise para a outra, não teve participação menor para que um negro pudesse subir no mais alto trono do país. Nos oito anos da administração Bush, pela primeira vez dois negros participaram do governo. A nomeação dos dois primeiros secretários de Estado negros significou uma renovação nunca antes vista na história dos Estados Unidos: Colin Powell foi o primeiro negro que, durante o primeiro mandato de George W. Bush, assumiu o cargo de ministro das Relações Exteriores dos Estados Unidos. Condoleezza Rice, nomeada no segundo mandato, foi a primeira ministra das Relações Exteriores negra da história dos Estados Unidos.

Esse passo estava ligado a uma melhora enorme na imagem da população negra da América e causou também um entusiasmo crescente para a participação política entre as minorias dos Estados Unidos. A presença contínua na mídia de Powell e Rice como candidatos dos republicanos nas eleições prévias formou também um ótimo apoio para a eleição de um presidente negro.

Não importa se Obama terá condições de mudar realmente a política interna e externa dos Estados Unidos enquanto é observado criticamente como novo senhor da Casa Branca por todo o mundo, a primeira família americana composta por quatro negros, que envolve a demonstração da alteração fundamental e profunda dos Estados Unidos e a nova imagem internacional, é um símbolo mais forte que qualquer campanha ou declaração política. Julgando a posteriori o que observei na televisão, a eleição de Obama foi recebida em todos os países muito positivamente, inclusive na terra natal de seu pai, o Quênia.

No que diz respeito aos mais de duzentos anos de História desde a fundação dos Estados Unidos, seria melhor descrever a eleição de Barack Obama não como o "milagre Obama", mas sim como o "milagre americano". Novamente, o caldeirão dos Estados Unidos tornou sensível outro lado do sonho americano, que não tem a ver com o sonho de grande riqueza: a verdadeira grandeza do sonho americano não se mostra em Wall Street, mas na Casa Branca; o maior sucesso da população negra dos Estados Unidos não consiste no fato de ter produzido o melhor jogador de basquete do mundo, Michael Jordan. Agora existe Barack Obama, que subiu ao mais alto trono do poder.

Exatamente como o presidente recém-eleito formulou em seu discurso após a vitória eleitoral: "Se lá fora ainda houver alguém que duvide que os Estados Unidos sejam um país de possibilidades ilimitadas, se ainda houver alguém que acredite que o sonho do pai fundador da América não estaria mais vivo em nossos tempos, se ainda houver alguém que questione a força de nossa democracia, então esta noite serve como resposta".

A partir dessa ocasião, gostaria de desenvolver os pensamentos de meu amigo Wang Lixiong* para a solução dos conflitos étnicos na China:

---

* Wang Lixiong, nascido em 1953, é um escritor chinês e pesquisador do Tibete. (N.E.)

enquanto o Partido Comunista tiver controle sobre a situação, enquanto o Dalai Lama, defensor de um caminho sem violência, viver, a discussão direta entre as maiores esferas do PC chinês e o Dalai Lama e negociações substanciais ofereceriam uma boa chance de uma solução amigável da questão do Tibete. Com base no respeito do qual Dalai Lama desfruta entre o povo tibetano e sua alta reputação internacional e, também, como há cada vez mais chineses seguidores da fé budista, o poder estatal chinês deveria mostrar um pouco de senso político, e a população chinesa han, abertura suficiente. O governo deveria pedir ao Dalai Lama para voltar e assumir a presidência do Estado. Então o conflito entre China e Tibete chegaria ao fim com um golpe apenas.

Pois, em primeiro lugar, o Dalai Lama poderia, graças à sua situação de santidade no Tibete e à autoridade elevada de suas palavras, convencer os tibetanos a aceitarem o status de província autônoma dentro da China, e os radicais ferrenhos da independência do Tibete seriam marginalizados.

Em segundo lugar, o Dalai Lama poderia, por sua grande reputação no mundo, ser uma personalidade valorosa para a melhoria da imagem internacional da China e certamente constituiria um pleno apoio para a reconciliação das etnias chinesas.

Terceiro, a solução pacífica do conflito tibetano poderia contar como um exemplo para a solução da questão taiwanesa e também de outros conflitos étnicos, e o risco de tais conflitos no futuro serem deflagrados com crescente intensidade e violência poderia ser diminuído.

Quarto, o Tibete almejado pelo Dalai Lama, com grande autonomia, seria um Tibete democrático com uma separação entre Estado e religião. Ele já pratica há muitos anos esse experimento democrático no âmbito de seu governo exilado. Pela força de sua sabedoria e autoridade, são muito boas as chances de sucesso de tal experimento democrático nos anos de vida que ainda lhe restam, como foi com Tschiang Ching-guo* em Taiwan. Isso teria uma influência enorme e exemplar sobre a transformação de toda a política chinesa. O dia no qual o Partido Comunista Chinês verdadeiramente assumir negociações com o Dalai Lama será o dia do verdadeiro início das reformas políticas na China.

5 de novembro de 2008, em casa, em Beijing
Fonte: *Guancha* (Observe China), 5 de novembro de 2008

---

* Também Tschiang Chingkuo ou Jiang Jingguo (1910-1988), filho mais velho de Chiang Kaishek e seu sucessor como presidente de Taiwan. (N.E.)

Parte III

Cultura e sociedade chinesas

Posfácio de *Os intelectuais chineses e a política chinesa contemporânea*

Em seu livro Os intelectuais chineses e a política chinesa contemporânea, *o autor realizou nos anos 80, por meio de uma comparação das culturas chinesa e ocidental, uma profunda crítica à cultura chinesa. Liu Xiaobo mostra que os chineses e os intelectuais chineses eram, no nível pragmático e utilitário e no sistema de provas tradicional, dependentes do poder e lhes faltava independência. O livro está esgotado.*

Nota da organizadora

No nível de uma comparação da China com o Ocidente e de uma mudança da China, talvez meu livro tenha um certo valor, pois a realidade e a cultura chinesas são de fato, numa comparação internacional, antiquadas, corruptas, estagnadas e obsoletas, precisam de um estimulante, forte e ameaçador desafio de uma cultura estrangeira, precisam de um oceano amplo e agitado para sair de suas barreiras e isolamento, solidão e insignificância. Precisa da vergonha do atraso para tomar a decisão e encontrar o desejo para uma mudança autônoma.

Como parâmetro de uma comparação mútua, a cultura ocidental está claramente em condições de perceber as peculiaridades complexas e pontos fracos da chinesa; como arma crítica, a cultura ocidental consegue apresentar de forma eficaz uma cultura chinesa exaurida; como uma inteligência construtiva, a cultura ocidental pode trazer sangue novo à China e mudar a realidade chinesa.

Contudo, no que tange à elevada expectativa do destino da humanidade, à preocupação com o futuro do mundo e à autorrealização individual, meu livro talvez não valha o papel no qual foi impresso. Pois a questão na qual ele se concentra é colocada de forma superficial e muito estreita – faz referência a um ponto de vista puramente chinês, concentra-se exclusivamente na China, falta-lhe um enfoque para o futuro do mundo do ponto de vista da humanidade, nunca se refere ao ponto de vista do trágico da existência individual e não volta seu olhar à autorrealização do indivíduo. Como o valor deste livro está exclusivamente relacionado a um deserto cultural totalmente sem valor, seus pontos fracos ficam claros especialmente nos seguintes aspectos: em seu ponto de vista estritamente nacionalista e em sua adulação cega à cultura ocidental.

1.

Este livro, juntamente com as afirmações que publiquei sobre a cultura chinesa, baseia-se no nacionalismo chinês e, em absoluto, como me acusaram, na "ocidentalização plena". Sou da opinião de que uma das características essenciais da cultura ocidental é a tradição da razão crítica, uma "ocidentalização" verdadeira consistiria não apenas em uma revisão crítica da cultura chinesa, mas muito mais da ocidental: dirigiria sua atenção ao destino de toda a humanidade e à imperfeição da existência individual.

Contudo, a tentativa de reanimar o povo chinês com a ajuda da cultura ocidental consiste num chauvinismo tipicamente chinês e não numa "ocidentalização". Tal ponto de vista nacionalista, no qual a China representa a grandeza essencial, estreitou nosso olhar para questões maiores (e também, acredito eu, estreitou o horizonte de uma maioria esmagadora dos intelectuais chineses. Com certeza também mostra-se um estreitamento do ângulo de visão pelo ponto de vista nacionalista o fato de a China dos novos tempos não conseguir originar nenhum mestre de nível internacional).

Não consigo conduzir, no nível de uma participação no destino da humanidade, um diálogo com uma cultura avançada, cosmopolita, tampouco posso alcançar a partir da espera de uma autorrealização puramente individual uma transcendência religiosa. Sou muito utilitarista, muito realista e sempre preso às questões do atraso da China real e às questões mundiais.

Minha tragédia, talvez como a tragédia de Lu Xun em seu tempo, está na inexistência de valores transcendentes, na falta de um deus. As experiências trágicas que Lu Xin sofreu em sua vida já alcançaram a profundidade, como ficou manifesto em *Ye Cao* (*Relvas selvagens*), e esse conflito interno profundo teria precisado de valores transcendentes para sua exacerbação. Seu desespero insolúvel, que via diante de si apenas o túmulo, precisou da condução de um deus; de um Lu Xun da época da criação de *Relvas selvagens* não poderiam mais sobressair valores profanos. Ele percorria há muito o caminho da crítica sóbria à realidade chinesa do ponto de vista da cultura chinesa a partir de uma crítica a si mesmo e da profunda falta de esperança. Sem referência ao absoluto, os valores que transcendiam os interesses profanos eram nas *Relvas selvagens* de Lu Xun o ponto alto de sua criatividade e a sepultura que ele próprio cavara, a qual ele não superou.

De fato, Lu Xun não suportou mais a solidão interior, o isolamento e o desespero após *Relvas selvagens*, abandonou a agonia de seu íntimo, precipitou-se novamente na baixeza da realidade chinesa e admitiu com uma série de inimigos triviais que não lhe chegava aos pés uma luta ainda mais trivial.

Quem se permite entrar numa luta trivial, torna-se ele mesmo trivial. Lu Xun não tinha qualquer possibilidade de enfrentar sozinho um mundo desconhecido, o horror da sepultura, e não estava disposto a travar um diálogo transcendente com sua alma sob os cuidados de um deus. Marcado pelo caráter utilitarista de um intelectual tradicional chinês, ele, que não tinha deus algum, podia apenas cair.

Lu Xun era muito influenciado por Nietzsche, mas a grande diferença para com o filósofo alemão é que Nietzsche, após desesperar-se com o mundo e consigo mesmo, tomou o caminho para a exacerbação de sua vida pessoal pela referência ao *sobre-humano*; ao passo que Lu Xun, após desesperar-se com os chineses e consigo próprio, não encontrou nenhum sistema referencial transcendente e retornou à realidade originalmente tão desprezada por ele.

Esse fato me leva à seguinte questão: por que em todos os países da Europa Ocidental, da União Soviética e de todos os países do Leste Europeu, surgiu um número tão grande de proeminentes autores, filósofos e cientistas exilados e na China não?

Por que homens famosos da cultura chinesa, assim que foram exilados, não produziram mais nada relevante?

Penso que o horizonte dos criadores artísticos na China é muito estreito, então eles se preocupam apenas com os problemas da China; o pensamento dos chineses é muito utilitarista, preocupam-se apenas com os valores da vida real; na vida dos intelectuais chineses falta um impulso transcendente, falta-lhes coragem diante de um mundo alheio e desconhecido; falta-lhes espírito de resistência que suporte a desolação e a solidão e coloque sua vida individual contra toda a sociedade. Conseguem viver apenas em solo firme, nos bastidores e diante do aplauso de todos os outros tolos. É muito difícil para eles desistir de sua reputação chinesa e recomeçar do zero num país estrangeiro. É um complexo chinês que dificilmente poderá ser superado.

É exatamente esse complexo que faz pessoas renomadas da cultura chinesa agarrarem-se ao patriotismo, mas é como se agarrar ao vento. Não enfrentam seu verdadeiro Eu a fim de viver sua sólida realização; estão diante de uma fama criada por tolos que não corresponde à realidade e vivem com a sensação agradável de um redentor ilusório.

Na China, todas as suas ações, qualquer som que emitirem, receberá atenção e audiência, enquanto no exterior, completamente sozinhos, não desfrutariam novamente da admiração de tantos seguidores; salvo o entusiasmo de alguns estrangeiros, para quem os problemas da China falem ao coração, ninguém estará disposto a prestar atenção neles.

Para suportar essa solidão, ninguém precisa de força social renovada, mas de força individual, com a qual seu talento, sua inteligência e sua criatividade serão mensurados. Por isso, não importa o quanto se era famoso na China e qual situação se tinha lá. Assim que se pisa no mundo estrangeiro, é necessário travar um diálogo com todo o mundo, munido de sua existência pessoal totalmente verdadeira.

Poderia ainda elogiar de forma exaustiva a cultura ocidental e ainda criticar de forma fundamental a cultura chinesa pelos motivos mencionados. Fico, contudo, como o *Sapo no poço*, de Zhuangzi, cuja visão do céu não é maior que um palmo.

No nível teórico, para a avaliação e a crítica da realidade e tradição chinesas, não é necessária uma inteligência muito elevada, nem mesmo uma reflexão criativa destacada. As armas teóricas com as quais avalio a China são há muito conhecidas e estão disponíveis, não descobri nada novo. Os princípios que são considerados pelos chineses tão profundos e inovadores já foram há muito formulados com clareza pelos transmissores de cultura ocidentais e, após muitos séculos no Ocidente, entraram no domínio público. No que tange ao pensamento, já é obsoleto, e eles não precisam de mim para levar areia ao deserto.

Se eu estivesse em condições de conceber de forma exata e rigorosa esse paradigma, não seria de todo mau.

Quando entrei pela primeira vez no Metropolitan Museum of Art, tomei consciência sobre como todas as questões que eu discutia eram desimportantes diante de uma criatividade intelectual superior. Eu, que estava envolvido há muito por uma cultura absurda, quase desértica, apenas ali tomei consciência de como meu pensamento era raso, do quanto minha vitalidade era fraca.

Olhos que estavam há tanto na escuridão e não viam o céu acostumam-se apenas com dificuldade quando de repente uma janela é aberta e são expostos de uma vez à luz do sol. Para mim foi impossível tomar coragem de supetão e enfrentar minha própria realidade, muito menos entabular um diálogo de pronto com o mundo.

Mas eu tinha esperança de que conseguiria deixar para trás todas aquelas ideias vazias de mim mesmo, começar do zero e iniciar minhas experiências de pesquisa em um mundo desconhecido. Para essas pesquisas, eu não precisava apenas do conhecimento criado pela inteligência do mundo há muito e disponível em grande escala, também era necessário avançar em terreno desconhecido. Precisaria de uma inteligência que se amparasse apenas em mim mesmo, e da coragem de ser um homem de verdade. Esperava que eu pudesse estar em condições de suportar uma nova agonia e apenas deixar meu caminho numa situação de desespero. Mesmo se eu fracassasse, esse fracasso, acredito eu, seria real. Esse fracasso venceria os inúmeros falsos sucessos que eu já tivera.

2.

Exatamente pelo meu ponto de vista nacionalista e como tento mudar a China com a ajuda da cultura ocidental, a idealização absoluta da cultura ocidental é uma condição da minha crítica à China. Negligencio ou ignoro intencionalmente os muitos pontos fracos da cultura ocidental, mesmo os pontos fracos que percebi e dos quais tomei consciência há muito. Assim, para mim é impossível analisar criticamente por uma expectativa mais elevada a partir da cultura ocidental e atacar os pontos fracos da humanidade. Posso apenas bajular a cultura e a civilização ocidentais, com gestos exagerados embelezar a cultura ocidental e, com isso, a mim também, como se a cultura ocidental não fosse apenas a salvação para a China, mas o refúgio último para toda a humanidade. Com ajuda desse idealismo ilusório, trajo eu mesmo as vestes de redentor do mundo.

Sempre detestei redentores do mundo, isto é, enquanto fossem outros; quando se trata de mim mesmo, fica difícil para mim não assumir de forma intencional-não intencional o papel detestado e deslizar na direção da grande comiseração, do grande pesar e do objetivo ambicioso de um salvador do mundo.

Sei que a civilização ocidental é útil para uma mudança na China apenas na fase atual, mas no futuro não terá condições de salvar a humanidade. A partir da expectativa da transcendência, os pontos fracos da civilização revelam apenas a tempo os pontos fracos de toda a humanidade. Com isso, o capítulo "Inundações outonais", do livro de Zhuangzi, me vem à mente.

Um rio pode ser muito grande, mas comparado a um oceano é limitado; um oceano pode ser grande, mas comparado ao universo é minúsculo; "criar a beleza sob o céu totalmente em si mesmo*" é um sonho.

Em analogia, a China, se comparada ao Ocidente, está bem atrasada, mas com relação à toda a humanidade, também o Ocidente é limitado, e a humanidade, se comparada ao universo, é mínima. A arrogância do ser humano mostra-se não apenas na autossuficiência da formação chinesa da moral e de sua autossatisfação à la Ah Q, mostra-se também na crença ocidental na onipotência da razão e da ciência.

Mesmo sendo grande a crítica à própria racionalidade dos ocidentais e violenta a repulsa das sábias elites ocidentais também ao próprio colonialismo e ao sentimento de superioridade da raça branca, os ocidentais ainda têm perante outros povos uma sensação de superioridade profundamente arraigada. Orgulham-se muito e sempre de sua coragem de se autocriticar e de sua verdade. Os ocidentais conseguem estar abertos para enfrentar as próprias críticas, mas torna-se muito difícil para eles quando a crítica não vem deles próprios. Quando eu, como alguém que viveu mais de trinta anos sob um sistema despótico na China, desejo analisar a humanidade e a mim mesmo a partir da elevada expectativa do destino da humanidade e da autorrealização de cada ser humano, preciso ao mesmo tempo e em diversos níveis conduzir uma dupla crítica:

a) uma crítica à cultura e à realidade chinesas em comparação à cultura ocidental;

b) uma crítica à cultura ocidental a partir da criatividade própria e pessoal.

Não se pode misturar de forma alguma esses dois níveis de crítica, tampouco fundi-los. Consigo enxergar que a precedência absoluta da racionalidade, da ciência e do dinheiro levou ao desaparecimento da vida individual e à comercialização da toda a resistência, negou a crítica à ordem internacional formada pela integração técnica e orientada ao status científico que leva a um estilo de vida com consumo elevado, que o homem sofre da doença dos ricos que não possuem nenhum impulso mais para questionar, e

---

* Zhuangzi, "Inundações outonais", cap. 1. (N.E.)

à covardia, que evita a liberdade. Mas essa crítica não pode ser feita à pobre China, que não conta com qualquer consciência científica.

Por isso, é necessário atentar ao fato de que a crítica ao paradigma da cultura ocidental não deve se transformar numa crítica à China, muito menos se pode tomar como base o paradigma da cultura chinesa para criticar a cultura ocidental.

No primeiro caso, significa jogar pérolas aos porcos e agir no escuro; no último caso, da crítica da cultura ocidental diante do paradigma da chinesa, levará a uma degeneração da civilização de toda a humanidade. Alguns métodos ocidentais voltaram-se ao Oriente pela insatisfação com a própria realidade e tentaram encontrar na cultura oriental a chave para problemas complexos da humanidade, uma paranoia cega e especulativa. As culturas do Oriente não estão em condições de dominar suas próprias crises, como poderiam resolver os difíceis problemas diante dos quais a humanidade se encontra?

Acredito ser um grande erro que a humanidade cometeu no século XX a tentativa de eliminar suas dificuldades com uma civilização já existente. Seja o classicismo oriental já existente ou a cultura do Ocidente, nenhum deles tem a força para devolver a humanidade ao paraíso. A superioridade da cultura ocidental no máximo conseguiu levar o Oriente atrasado para um estilo de vida ocidentalizado, mas tal estilo de vida sempre foi uma tragédia.

Até hoje, a humanidade não encontrou uma possibilidade de criar uma civilização totalmente nova para resolver problemas como a explosão demográfica, a crise energética, o desequilíbrio ecológico, o aumento das armas nucleares, o hedonismo e a comercialização, tampouco temos uma cultura que poderia nos ajudar a erradicar de uma vez por todas as agonias espirituais e a autolimitação do ser humano.

A humanidade é confrontada com armas assassinas que ela mesma criou e que bastam para dizimá-la num piscar de olhos – dessas preocupações ela não consegue se livrar, essas preocupações servem de pano de fundo para a vida do homem atual, não se pode tirá-las do caminho por nada. Em face da morte, todos os esforços do homem são em vão. Ter de encarar essa realidade terrível e ainda lançar-se ao precipício com coragem leva a humanidade ao limite.

Desde que o homem foi expulso do Jardim do Éden para tornar-se um sem-pátria permanente, essa falta de pátria ou lar não teve fim, inclusive a cultura ocidental não é a fuga almejada, mas apenas mais um trecho do caminho. Mais triste ainda é que o "sentimento de pecado original" na cultura ocidental fica cada vez mais fraco, a consciência da culpa mais e mais empalidecida, e a santidade da religião torna-se algo como o rock'n'roll, uma autorreflexão que diverte e não traz dor a ninguém.

Desde a crucificação de Jesus, não houve nenhum outro mártir da humanidade. Ela perdeu sua consciência. A perda gradual do "sentimento de pecado original" tornou a vida dos seres humanos mais fácil, o que sem dúvida é um retrocesso no que diz respeito à humanidade. A queda de Adão e Eva é uma queda que a humanidade não poderá reverter. Como pessoas que não têm o "sentimento de pecado original" conseguirão ouvir a voz de Deus? Da racionalização de Deus no início até o Deus onipotente no fim da Idade Média, da racionalização total de Deus na idade contemporânea até sua gradual secularização na modernidade e atualmente, a civilização humana retrocedeu, matou com suas próprias mãos os valores sagrados em seu íntimo.

Por esse motivo, de repente eu não sabia mais como eu poderia realizar uma autoanálise crítica da cultura chinesa com ajuda da cultura ocidental, estava num dilema indissolúvel. De forma abrupta tomei consciência: critiquei com uma arma antiga uma cultura ainda mais antiga, com o orgulho de um homem meio deficiente ridicularizei uma pessoa totalmente paralisada.

Quando realmente adentrei no mundo aberto, descobri num estalo que não era teórico, tampouco alguém famoso, era muito mais uma pessoa totalmente normal que precisava recomeçar do zero.

Na China, uma base de ignorância apoiava minha sabedoria, um maluco desde o nascimento pareceria para mim alguém meio doente; como no Ocidente a base de ignorância desapareceu, eu não era mais um sábio; como a ênfase pelos malucos ruiu, de repente eu era um homem totalmente doente. E estava cercado por doentes.

Na China, vivi para uma fama vazia, constituída quase em noventa por cento por nada; no Ocidente, pela primeira vez eu me confrontava com a vida real e a escolha amarga que uma pessoa precisa fazer. Como alguém que dos picos de suas ilusões despenca no precipício da realidade, descobri apenas aqui que não havia galgado alturas, mas o tempo todo batalhei à exaustão num abismo. O desespero indissolúvel após o despertar de um grande sonho me fez hesitar, titubear e ansiar, medroso, por um país que eu conhecesse como a palma da minha mão. Se não houvesse o Metropolitan Museum of Art, teria novamente buscado a sociedade dos ignorantes.

Há muito tempo, minha mulher me escreveu uma carta: "Xiaobo, visto superficialmente, você é um filho famoso, mesmo que desviado desta sociedade, mas na verdade há entre você e esta sociedade uma profunda identificação; esta sociedade pode compreendê-lo com sua atitude negativa, pode perdoá-lo, elevá-lo ao céu, até mesmo seduzi-lo, você é uma decoração negativa, um ornamento negativo para esta sociedade. E eu? Uma desconhecida, não sou importante o suficiente para fazer qualquer exigência a esta sociedade, não penso sequer em xingar; entre mim e esta sociedade os laços estão cortados, você nunca entende minha indiferença, você não consegue me compreender".

Naquele tempo, essas palavras não despertaram quase nada em mim; hoje, quando penso nelas, vejo que minha mulher estava correta. Sou grato a ela. Não é apenas minha mulher, também faz as vezes da minha crítica mais ferrenha. Não consigo escapar de sua crítica multifacetada por nada.

Para mim não há mais caminho de volta, ou atravesso o abismo ou nele pereço. Quem deseja ser livre precisa enfrentar esse desafio.

Por fim, gostaria de dizer algumas palavras a alguns ocidentais que constantemente bajulam a China. Não será um prazer para eles ouvi-las. Alguns ocidentais interessam-se pela cultura chinesa e transbordam de entusiasmo; aos meus olhos, há motivos psicológicos para tanto:

1) Exceto por uma natureza, tendência e predileção puramente pessoais e por ideais estritamente pessoais, eles estimam a cultura chinesa, encontram nela um apoio emocional e um consolo espiritual. Isso é uma atitude bastante humana e não há nada de errado nela. Infelizmente, há poucos desses ocidentais que assumem a responsabilidade apenas por si mesmos; levando ao extremo, há pouquíssimas pessoas como essas.

2) Pela insatisfação com a cultura ocidental, eles se voltam à cultura chinesa, tentam encontrar nesta uma arma para a transformação da cultura ocidental. Por isso, transformam em paradigma uma cultura isolada e antiquada e um pensamento isolado e antiquado e explicam a cultura chinesa com o conhecimento dos ocidentais. Não é o mesmo que uma sinização dos ocidentais, é muito mais chauvinismo ocidental.
Sou da opinião de que cada cultura é exclusiva; a não ser que nasça um gênio que a tudo transcenda, ninguém consegue se libertar da gaiola de sua cultura. A idealização da cultura chinesa pelas pessoas do Ocidente pode acontecer como decisão pessoal, mas como método e arma para a solução dos problemas da humanidade pode levar apenas a um retrocesso. Tal esperança seria ainda mais absurda do que colocar a esperança da humanidade na cultura ocidental.

3) A partir do sentimento de superioridade dos ocidentais, a cultura chinesa é tratada com gestos desdenhosos de aristocratas. Suas afirmações da cultura chinesa são como o elogio do adulto a uma criança quando ela fala como os grandes, como um senhor todo-poderoso que elogia a fidelidade de seu escravo, uma atitude composta por misericórdia e desprezo.

Quando estive dessa vez no exterior, ouvia com frequência elogios: "Pela primeira vez ouço um chinês falando assim", ou "Como um chinês entende tanto de filosofia ocidental?", ou "Como a China criou um filho desviado como o senhor?". O subtexto dessas palavras favoráveis é: os chineses são totalmente inferiores.

Cada vez que eu preciso ouvir tais discursos elogiosos, tenho a sensação de não estar no exterior, mas dentro de uma mala, em um avião fretado e como artigo novo para ser levado a algum país estrangeiro; eles pensam: agora você está aqui, agora seria também daqui. Vista daqui, apesar de algumas centenas de anos de democratização e de igualdade, a atitude senhorial arrancada com tanto esforço pelos povos não desapareceu, ela ainda está lá. Claro que esses ocidentais são os tais sinólogos, inspirados por um utilitarismo extremo.

4) Como turistas, elogiam a cultura chinesa por curiosidade pelas coisas diferentes. Os ocidentais, que têm desfrutado da civilização moderna e nunca poderão renunciar a esse benefício, precisam de um regulador para estimular seu apetite. E a China, que após algumas décadas de isolamento se viu num estalo aberta, era para eles com certeza o objetivo mais adequado. O desconhecimento, o atraso, sim, o primitivismo da China era tão diferente da civilização ocidental que conseguiu despertar a curiosidade e a veneração dos turistas. Se louvam a cultura chinesa, é apenas porque ela consegue aplacar sua ânsia pelo novo. Quando esse tipo de turista já obteve sua satisfação, não fala mais de questões básicas, o que também é bom. O ponto central e crucial é que esses turistas valorizam seu hedonismo como elemento decisório sobre a cultura da humanidade, um processo absolutamente absurdo. Além disso, fazem apenas passeios turísticos, não permanecem de modo algum. Por isso, teriam de fato ainda menos oportunidades de dizer aos chineses: "Sua cultura é maravilhosa, é o futuro da humanidade". Essa transmutação de turistas em redentores não é apenas absurda, mas também amarga. Lembra-me as lutas de gladiadores na Roma antiga. O nobre, sentado na tribuna, nunca participaria ele mesmo de uma luta daquelas, mas ficava enlouquecido para vê-la. O cenário bárbaro e sangrento de fato é cheio de apelo ao novo e aos sentidos e isso pode mesmo ser um prazer. Mas para os escravos lutadores, o júbilo do público é uma crueldade. Observar com prazer de um avião como alguém, de forma primitiva, ara o campo com um boi tem algo de idílico, mas quem maneja o arado não consegue ao mesmo tempo explicar àquele que o observa que ele deverá lidar por toda a eternidade com queimadas e se conformar com tal ideia para sempre.

Podemos observar um quadro que transborda essa aura primitiva, mas quando se transforma a vida real e as pessoais reais em objetos estéticos, então temos uma situação ainda mais injusta e muito mais terrível. Está entre as coisas mais abjetas que os homens podem empreender apascentar seu desejo hedonista às custas do sofrimento alheio.

Como chinês, sei muito bem que a China não é a esperança da humanidade para o século XXI. Como a China, com sua população que ultrapassa um bilhão de habitantes, poderia ser a esperança do século XXI num mundo onde as posições já estão claramente distribuídas e num globo onde as matérias-primas já são escassas?!

Mesmo se a autorreestruturação da China tivesse sucesso em curto prazo, ainda assim ela não teria oportunidade de alcançar o nível econômico do Japão e dos Estados Unidos, a Terra já não pode mais aguentar o peso que o surgimento de outra superpotência traria consigo. Por isso, não tenho esperança de melhorar a mim mesmo com ajuda da prosperidade de qualquer povo e também não depositarei essa esperança em nenhuma população; espero ainda menos que o progresso social resolverá a questão de meu futuro pessoal; posso apenas formar um contrapeso a esse mundo apoiado por mim mesmo e por minha luta pessoal.

5) E há ainda um número extremamente pequeno de ocidentais que observam a China por uma perspectiva puramente científica, são relativamente objetivos, sóbrios e pesquisam o país de uma certa distância. Se consideram a China boa ou não, isso não tem nada a ver com seus interesses sociais, mas suas visões sobre o país são mais realistas e têm valor teórico maior. Os chineses devem prestar especial atenção à voz deles.

Ao fim deste posfácio, sinto-me bastante cansado.

Por fim, gostaria de agradecer ao Centro de Pesquisa de Estudos Chineses do Instituto Ásia-Pacífico da Universidade do Havaí por ter colocado tempo e instalações à disposição para que eu escrevesse este livro. Agradeço ao meu amigo Jon Solomon, pela energia que ele dispensou para discutir e publicar este livro.

Março de 1989, Nova York

Publicado originalmente pela Tangshan Publishing House, Taipé, 1990.

O TESTAMENTO QUE LIN ZHAO ESCREVEU COM SUA VIDA É HOJE A ÚNICA VOZ DE LIBERDADE NA CHINA

Lin Zhao (1932-1968), originalmente Peng Lingzhao, nasceu na cidade de Suzhou. Frequentou a partir de 1954 o Instituto de Literatura Chinesa na Universidade de Beijing e foi redatora da revista Shikan *(Poesia) e da revista de literatura e arte* Honglou *(Câmara vermelha). Em 1957, foi declarada, junto com seu colega de classe Zhang Yuanxun, dissidente direitista e condenada a três anos de reeducação por trabalho, mas recebeu a permissão de se recuperar de uma doença em casa, enquanto Zhang foi condenado a oito anos. Em 1960, era a coeditora da revista* Xinghuo *(A faísca), em cujo primeiro número publicou dois longos poemas intitulados "Canção à gaivota" e "Prometeu". Pouco tempo depois, os funcionários da* Xinghuo *foram presos e Lin Zhao também foi encarcerada. Lá, por diversas vezes fez greve de fome, tentou suicidar-se e enviou cartas ao prefeito de Shanghai e ao jornal* Renmin Ribao, *nas quais expressava suas visões políticas; além disso, escreveu um diário e, por protesto, uma carta com seu próprio sangue, que consistia em 20 mil ideogramas e na qual acusava as autoridades competentes por perseguição política e tortura, à qual era submetida na cadeia. Em 1965, foi condenada a vinte anos. Em 29 de abril de 1968, essa condenação foi convertida em pena de morte, e Lin Zhao foi executada de imediato em Shanghai. Em seguida, representantes do Departamento de Ordem Pública foram até a mãe de Lin Zhao e exigiram dela cinco fen* como pagamento pelo projétil.*

---

* Menor unidade monetária chinesa. Um yuan corresponde a dez jiao. Um jiao corresponde a dez fen. (N.T.)

Em 1980, o Tribunal Superior de Shanghai revisou a sentença e declarou Lin Zhao inocente. Até hoje é um tabu na China falar sobre o caso Lin Zhao.

Nota da organizadora

Lin Zhao,

Numa festa de Qingming*, em sua honra e para se desculpar, sua professora Ding Zilin contou que trilhou um caminho árduo e procurou seu túmulo na cidade natal de Suzhou. Colocou flores no túmulo e fez uma oração funerária póstuma em seu nome.

Mas era realmente seu túmulo? Quem poderia saber onde suas cinzas se perderam nessa grande faixa de terra com 9,6 milhões de metros quadrados? Quantas das 1,3 bilhão de pessoas conseguiam ouvir seu espírito?

Na época em que você foi executada, cada quinhão deste solo era uma praça de execução, a famosa Universidade de Beijing, sua alma mater, não era exceção. O tirano Mao Zedong, que trabalhou como temporário aqui na biblioteca da universidade, matou você. Mais tarde, dirigiu essa escola superior com o brilho de grande salvador, as mãos dele, grudentas com seu sangue, foram louvadas pelo fanatismo de figuras de alta projeção, de Guo Moruo a Feng Youlan** ajoelharam-se diante dele, e as mãos do tirano tornaram-se grandes, gordas, poderosas e pálidas, as mesmas mãos que, alternadas, escreviam poemas de amor e assinavam sentenças capitais. A única coisa que seu aparelho despótico estava disposto a fazer logo depois de alojar uma bala na sua nuca: obrigar sua mãe a pagar a bala que lhe matou.

Lin Zhao, quando dou voz à minha ira sobre esse tempo de loucura, quando expresso meu desprezo pelos notáveis que de joelhos beijaram as mãos do carrasco, que conto eu, então! Permita-me imaginar: se, naquela época, fosse eu seu amigo ou seu colega de classe, se eu tivesse sido cegado pela sua beleza, se tivesse escrito cartas de amor cheias de juras apaixonadas, teria sido massacrado por teu amor à liberdade, meu amor por você teria sido estilhaçado por aquela bala?

---

* A festa de Qingming, ou Festa das Luzes, é uma festividade em memória aos mortos no início da primavera que em seus princípios e também em alguns costumes (visita a cemitérios, velas nos túmulos) assemelha-se ao Dia de Finados católico. (N.E.)

** Guo Moruo (1892-1978), escritor e político chinês. Feng Youlan (1895-1990), um dos mais importantes filósofos e historiadores da filosofia chineses do século XX. (N.E.)

Jovem Lin Zhao, seu túmulo vazio há muito deu a resposta.

Aqui regem cetros e bolsas de dinheiro, aqui a universidade de pouco vale, menos ainda a formação acadêmica e o pensamento. Pois o amor é nada, a verdade é nada, o sangue é nada, a traição é nada e o esquecimento, também nada.

Ofegante em minha insignificância, permaneci por muito tempo diante de sua beleza; tímido, estendi a mão, tirei o pedaço de algodão de sua boca. Com dedos rígidos e frios, toquei seus lábios ainda mornos. Na escuridão, que também não consegue dissipar uma baioneta, seu sangue é a única luz que ofusca minha alma – diante de você posso ainda acreditar que tenho uma alma.

Chuva de primavera, são agulhas que caem do céu, uma festa de Qingming estranhamente fria, sento-me ali, na chuva gélida, não posso fazer outra coisa, o luto da natureza me condena, tira de mim o direito de chorar sua morte.

Algumas flores, alguns túmulos, tudo parecia trivial diante de sua morte pela liberdade. A chuva fria na festa de Qingming pode amolecer a terra árida, mas seu espírito ela não desvanece, e as estrelas que cobrem a noite chuvosa não trazem de volta sua beleza.

Você foi na sua época quase a única pessoa de valor que havia na China.

Observava com olhar frio o mundo, mais absurdo que os romances de Kafka: quando foram levantadas as taças de jubileu pela comemoração dos cem anos da Universidade de Beijing, quando o grito se repetia após a construção de uma universidade internacional de ponta, você apenas riu alto. A mais famosa escola superior da China apresentou-se fora do mundo acadêmico a partir do momento no qual ela apontou a você a saída. Desde então tornou-se um lugar no qual os eunucos do imperador anunciam os decretos.

    Uma lágrima no sangue da pátria
    Uma lágrima para o amor à liberdade
    Limpe-a! Limpe-a! É sangue!
    Sangue de mártir, quem limpa?

Lin Zhao, essas são linhas que você escreveu na prisão. Contudo, nessa terra que lhe sugou o sangue, a semente da liberdade até hoje não floresceu.

Esse lugar repulsivo onde eles pisotearam seu amor e venderam seu sangue não combina com sua atitude nobre, sua beleza, não vale seu sangue, tampouco suas lágrimas.

Lin Zhao, eu engasgo com o pedaço de algodão que lhe puseram na boca, quando me faltam palavras ouço suas reivindicações, meu único direito. Pois o testamento que escreve com sua vida é hoje a única voz de liberdade na China.

4 de abril de 2004, em casa, em Beijing

Fonte: *Guancha* (Observe China), 4 de abril de 2004

A ORGIA
Uma crítica à cultura comercial chinesa

A CHINA PÓS-4 DE JUNHO TORNA-SE, com a cultura do consumo da elite poderosa, cada dia mais hedonista, superficial e trivial, e a função social desse materialismo é cada vez mais o entretenimento com o qual o atual regime mantém sua ordem autocrática. A massagem da alma pelos comediantes, que tiram sarro de tudo, desenvolve um efeito paralisante para a lembrança e debilitante para o espírito; a doutrinação coerciva de uma propaganda de amor ao povo reforça a consciência de salvador-súditos; concubinas, prostitutas, infidelidades, sexo casual e confusões eróticas semelhantes a que as pessoas se permitem equivalem a orgias, como são apresentadas pelos produtos da cultura comercial.

E, assim, o antigo entusiasmo pelas reformas políticas transformou-se na adoração atual pela riqueza e pelos excessos sexuais; Mao Zedong, outrora modelo de máxima moral, paulatinamente perdeu, no processo de desmaoização e de comercialização da herança maoísta, sua aura sagrada; a verdadeira face do déspota aos poucos tornou-se visível, e também as libertinagens de sua vida privada vieram pouco a pouco à tona.

A vida privada de altos oficiais dos comunistas chineses, como Mao, que Deus o tenha, dá ao povo não apenas material para as piadas correntes, também serve de modelo para as amantes e concubinas, que se mantêm inferiores, como os altos oficiais.

A posição especial de Mao na China e a fonte de sua fama são fundamentadas não apenas no fato de que a esquerda alimentava intelectualmente o populismo, mas também, e muito mais, porque muniam os comerciantes de argumentos para a busca pela riqueza.

O sonho dourado de riqueza da noite para o dia contém também a esperança de aventuras amorosas todas as noites; assim que a sexualidade há muito oprimida é liberada, necessita na realidade precipitar-se na prostituição e no concubinato disseminados e, além disso, em traições e gritos agudos na cama. É impossível pensar em novelas sem fim e filmes de Ano-Novo sem "atores atraentes"; inclusive a literatura entrou num momento de "descrição de sensualidade"; depois das autoras de boa aparência, arriscam também no ramo os "autores de boa aparência"; após os bordéis dos burocratas vieram as confissões das prostitutas, seguidas de "livros eróticos" absolutamente autênticos por sua vez seguidos de perto pelo mulheril intelectual pós-graduado, que coloca suas fotos de nudez na internet. Um ponto fervilhante da literatura virtual está na "literatura sexual" florescente. Os homens e as mulheres nessas obras exibem seu apetite carnal e suas predileções sexuais anormais sempre desvelados, e isso até um grau que não mostra em sua mímica vergonhosa nada além do desejo sexual por carne, cada vez mais carne.

1. Aumento gradual da exibição da sensualidade

Os anos 80 rompem a zona de tabu político chamada sexualidade

Nos anos 80, com a libertação do pensamento e seu entusiasmo esclarecedor, o ataque principal da cultura comercial chegou ao continente chinês, vindo de Hong Kong e Taiwan, e formou em dois níveis uma rebelião contra a cultura da autocracia: por um lado, uma rebelião contra uma cultura monopolizada pelo Partido, que impelia os chineses à rejeição da filosofia de luta da ideologia oficial e iniciava um despertar na direção da natureza humana e dos sentimentos humanos; por outro, a rebelião contra a dita elite cultural, que rompeu a hegemonia linguística da elite cultural e levou ao surgimento e à diferenciação de um mercado de cultura e dos interesses de grupos-alvo.

Canções de Hong Kong e Taiwan, romances de cavalaria de Louis Cha* e romances de amor de Qiong Yao** são representantes da cultura trivial que se transformou em moda no continente; não apenas as pregações oficiais perderam mercado, também a influência de revistas como *Renmin wenxue* (Literatura Popular), *Shikan* (Poesia) e *Shouhuo* (Colheitas), que representam a cultura elitista, perderam cada vez mais sua força; o público leitor da assim chamada literatura séria diminuiu rapidamente. Isso significa também que a cultura trivial contribuiu para a degradação de uma "cultura unitária",

---

* Louis Cha (1924), pseudônimo de Jin Yong, é um autor chinês de romances de cavalaria de muito sucesso traduzido em diversos idiomas. (N.E.)

** Qiong Yao (nascido em 1938, em Sichuan) é o pseudônimo de uma autora taiwanesa de romances de amor com frequência transformados em filme. (N.E.)

um efeito realmente positivo que fez o mercado cultural do continente se diferenciar e obrigou uma coexistência pluralista de cultura oficial, cultura elitista e cultura comercial (de massa).

Além dos temas propagados obrigatoriamente da cultura do Partido e da cultura da pregação das elites, surgiu uma margem na qual a massa da população podia escolher novos produtos culturais para o seu consumo.

A rebelião da cultura comercial estendeu-se naturalmente também ao campo do amor e da sexualidade. Nos anos 80, a liberação sexual chegou primeiro por músicas pop, cópias de romances manuscritos e filmes japoneses vindos de Hong Kong – entre eles, canções de Deng Lijun e filmes japoneses tinham a maior influência.

As tristes canções de amor de Deng Lijun, que ela soluçava com voz suave, não passavam, para pessoas acostumadas a "melodias de aço", de modinhas que o desejo revolucionário subvertia. Mas sua voz de fato inebriou a jovem geração após o final da Revolução Cultural – mesmo quando foi oprimida na "campanha contra a sujeira intelectual" no início dos anos 80, suas canções continuavam em todas as bocas e influenciavam também a primeira luz das canções populares no continente.

O longo cabelo com penteado elegante da protagonista no filme japonês *Pursue and Capture*, a história de amor inesquecível em *The Love into Death* fizeram também com que as noites dos jovens nas cidades ficassem cheias de sonhos eróticos.

Em meados dos anos 80, os principais caminhos pelos quais os chineses podiam dar asas aos seus desejos sexuais eram, por um lado, a recepção massiva de literatura estrangeira traduzida para o chinês, como os romances eróticos de D.H. Lawrence; por outro, as pessoas reuniam-se na casa de algum amigo que tinha um videocassete e viam "vídeos pornôs" escondidas, e a reunião se transformava logo numa relação mais íntima entre os amigos; por fim, aqueles que tinham sorte de ir ao exterior faziam dos "bairros da luz vermelha" do mundo capitalista um cenário de viagem, e quem voltava desse tipo de viagem ao exterior contava aos amigos com alegria sobre a liberdade sexual e os bairros de prostituição no Ocidente.

Na literatura, a liberação sexual dos autores chineses no início da política de reforma e abertura não podia ainda mostrar o desejo sexual e a sensualidade, mas apenas englobava tudo isso no "amor", colocado sob o tabu da política. O romance *Não se pode esquecer o amor*, de Zhang Jie, é representante do rompimento das zonas de tabu políticas pelo tema amor; pela primeira vez, a tormenta do amor humano foi acusada pelo regime totalitário. Mesmo quando se tratava de revistas do submundo, como a *Jintian*

(Hoje), que pertenciam exclusivamente à sociedade civil, também se fazia do amor tema principal; por exemplo, "No carvalho", da poetisa Shu Ting.

Por volta do final dos anos 80, a descrição dos sentimentos entre homem e mulher aos poucos se infiltrava também no campo da sexualidade. O romance de Zhang Xianling, *A metade do homem é uma mulher*, pela descrição do amor sexual entre uma moça de vilarejo e o herói do livro, um dissidente direitista, causou agitação por um período. Mas a descrição de Zhang Xianling de amor e sexualidade é apenas um subproduto de sua crítica ideológica, que de um lado tinha a tarefa de romper a zona de tabu para os escritores e perseguir o objetivo esclarecedor da liberdade criativa e, por outro lado, serviu para descrever o destino pesado dos antigos intelectuais chineses. Deve-se entender como acusação contra o fado amargo dos antigos intelectuais chineses que o romance carregue com tanta importância os atos sexuais e mostre que os intelectuais "viam o povo simples como Deus" – a menina do vilarejo, vinda de condições muito precárias, cura com seu corpo exuberante o intelectual pobre e desempregado de sua impotência, e simplesmente pelo amor corporal ela salva a alma já perdida do intelectual; no fim acompanha o herói do livro ao Grande Salão do Povo com tapete vermelho.

O filme *Cidade de hibiscos* também é uma acusação contra a perseguição dos dissidentes direitistas. Essa história erótica sobre um literato sem trabalho e em dificuldades e uma mulher beligerante do interior foi laureada com o maior prêmio cinematográfico chinês. Isso significa também que o amor secreto transformado em tabu político entre um dissidente direitista e uma "gostosa" vinda da massa foi considerado uma representação adorável e humana e também conseguiu o aval oficial por uma premiação estatal.

Nessa época, a teoria da libido de Freud estava na moda no continente, a teoria do inconsciente influenciava o tratamento que muitos autores davam à questão da sexualidade. Pode-se dizer que era um avanço conceitual da característica geral da literatura e da arte antigas.

Assim, por exemplo, se Wang Anyi em sua série de romances eróticos *Três amores* colocasse a ênfase maior sobre a descrição da repressão e da distorção da sexualidade por um sistema totalitário, eu, como leitor, teria a seguinte sensação: ela escreveu, durante a leitura de *Três ensaios sobre a teoria da sexualidade* de Freud*, a parte sobre a libido subconsciente em seu livro.

O filme de Zhang Yimou, *O sorgo vermelho*, virou moda por um período, pois contava a história de um caso cheio de selvageria; a voz rouca da canção-título "Irmãzinha, apenas coragem" é a representação franca de

---

* O conceito de pulsão surge em Freud em 1905, nesta obra. (N.E.)

um vigor primitivo transmitido pelo desejo. Com o milharal vermelho-fogo na solidão do nordeste chinês como fundo e sob um céu imenso e um sol enorme, uma bela do vilarejo é raptada por bandidos; o sexo desenfreado nos milharais, os ladrões que se matam por uma mulher, uma protagonista que, numa grande tina de barro na qual se fermenta a aguardente, derrama a urina fétida de seu salvador e de uma maneira fantástica recebe a famosa aguardente muito longe dali etc. Toda essa sequência de superestruturas de ação dramáticas e descrições humanas, e não apenas as formas estranhas de atos sexuais com as quais homens e mulheres aliviam sua libido, resulta numa fantasmagoria visual de vigor dos mais inacreditáveis. A premiação de *O sorgo vermelho* simboliza uma virada no comportamento de nossos concidadãos perante a sexualidade: a "representação da sexualidade" foi aceita como "ebulição de vitalidade".

A estranha relação do tabu político com o erotismo clandestino recebeu no romance de Wang Xiaobo, *Tempos dourados*, uma expressão muito mais artística e profunda. O capítulo mais esplêndido desse romance é a descrição da vida do herói, Wang Er, quando adolescente em formação.* Enviado para as montanhas e para o interior, para a "aceitação de uma nova criação por camponeses pobres e inferiores", o que esses jovens educados da cidade tinham nas áreas rurais era um esclarecimento extremamente realista nas questões de sexualidade, um esclarecimento raso, rústico, efusivo e, contudo, pleno de estímulo ao proibido.

Os alunos urbanos da escola secundária que não se arriscavam a andar de mãos dadas por muito tempo, após seguirem o apelo do grande líder e irem para o interior, no ambiente especial de tropas e alojamentos coletivos, de repente ultrapassaram a distância entre homem e mulher; a vida intelectual aborrecida precisou ser preenchida pelo amor, e nela também a vergonha diante da sexualidade e o sentimento de fazer algo proibido foram abolidos.

Como consequência, "o grande desenvolvimento" no "vasto interior" de Wang Xiaobo foi descrito como "o grande desenvolvimento da sexualidade". As terras amplas e ermas forneciam a uma geração de jovens, cuja sexualidade havia sido oprimida na cidade, um enclave de paixão e histórias secretas de amor. Na situação política da época, o amor pequeno-burguês era uma "forma de vida da classe capitalista" que precisava ser erradicada; casos secretos eram alta traição e heresia, principalmente as mulheres que eram envolvidas nesses "casos" precisavam usar um quepe de extrema difamação – eram as "abusadas".

---

* Esses adolescentes eram enviados para o interior durante a Revolução Cultural para aprender com os camponeses. (N.E.)

Wang Er, o protagonista, e Chen Qingyang, a protagonista do romance, discutiam, antes de praticar o ato sexual ao ar livre no campo, o problema de que ela seria vista como uma "abusada": se as pessoas de sua região também vissem Chen Qingyang como abusada, ela mesma nunca admitiria. Contudo, mesmo que se temesse o risco de um caso secreto pela transformação em tabu político e a discriminação moral, enfrentava-se o temor exatamente pelo risco e pela excitação com o proibido.

A heroína de Wang Xiaobo não era antes uma "abusada", mas, sob os ataques sexuais de Wang Er, torna-se uma. Antes da Revolução Cultural, ninguém teria ousado chamar a esposa do chefe de Estado de "abusada", mas durante a Revolução Cultural a Guarda Vermelha pendurou uma placa com a palavra "abusada" no pescoço de Wang Guangmei*, mulher do presidente Liu Shaoqi. Quando Liu Shaoqi e sua viúva foram reabilitados após o fim da Revolução Cultural, perdeu-se aos poucos a antiga mácula de pecaminosidade na expressão "abusadas", e elas tornaram-se heroínas positivas nos romances e dotadas com honestidade moral. Com isso, teve início um tempo de prazer sensual, no qual a "sexualidade" festejava sua ressurreição, as "abusadas, das quais se fugia antes como o diabo da cruz, tornaram-se as "empolgadas", que eram procuradas na época da prosperidade. E hoje em dia há no continente uma expressão repetida em todos os dramas televisivos possíveis: "Casamento é como par de sapatos, apenas quem veste sabe se ele serve".

O desfrute do erotismo nos anos 90

Com os anos 90, cada vez mais a cultura geral submetia-se aos mecanismos do comércio, os impactos da resolução da cultura partidária aos poucos se desvaneciam e as elites se embrenhavam uma após a outra na concorrência pelo lucro da cultura comercial. Além disso, a cultura geral paulatinamente confluía com a melodia principal da cultura partidária: por um lado, a cultura do Partido embalava cada vez mais seu treinamento nas formas de cultura geral, a ordem despótica nos tempos de prosperidade precisava de entretenimento comercial com ainda mais urgência como decoração para seu lema de "amor, paz e harmonia"; por outro, a cultura geral sempre precisava com urgência de apoio do mercado, que estava nas mãos dos poderosos, precisava da grande mídia oficial como palco para sua autopromoção. A vulgaridade transformou-se na principal qualidade da cultura no continente.

---

* Wang Guangmei (1921-2006) era mulher de Liu Shaoqi, ex-presidente chinês e membro do Comitê Permanente do Congresso Popular Nacional da República da China. (N.E.)

Por isso, havia e há entre as diversas estrelas do entretenimento uma certa disputa em torno das festas oficiais de primavera, que sempre são realizadas por ocasião do Ano-Novo chinês, pois elas representam o maior fórum para sua autopromoção. Como consequência, a coloração política dos produtos culturais de conteúdo erótico tornou-se mais e mais fraca, enquanto a tendência ao desfrute puramente sexual crescia diariamente.

Em 26 de janeiro de 1991, deixei a prisão de Qincheng e fui enviado de Beijing para minha cidade natal, Dalian. Quando saí do trem, dei uma olhada pelas bancas de livros próximas à estação. Uma revista bastante peculiar saltou diretamente aos olhos: uma bela mulher nua estava deitada e encolhida com mechas no cabelo, sob ela: "Um cadáver do fim do mundo". Em outras revistas havia também títulos como: "Revelado pela primeira vez: o primeiro grande caso de sadismo na China", "O segredo do fetichismo vaginal", "Mulherengo em terras universitárias", "Sexomaníacos sádicos", "O segredo de uma vida sexual plena" – e ainda no final "Mao Zedong e sua segunda esposa, He Zizhen".

Quando vi naquela época esses livros e revistas em todos os lugares, fiquei chocado de verdade: haviam se passado apenas dois anos desde 4 de Junho de 89, Deng Xiaoping não havia começado ainda sua viagem ao sul, a segunda fase das reformas econômicas com seu estímulo à sanha materialista ainda não tivera início, ainda havia um lado oficial com todas as forças para rufar os tambores contra a liberalização e o desenvolvimento amigável.

Na propaganda oficial, os ataques à economia privada e a eliminação da pornografia eram parte importante da luta contra a liberalização. Mas os livros e revistas daquelas bancas mostravam que a campanha contra a pornografia não surtira nenhum efeito: não apenas não se conseguia dominá-la, pelo contrário, estava totalmente fora de controle e ultrapassava muito a dimensão dos anos 80. Mais tarde, passei por algumas livrarias em Dalian e Beijing e confirmei que o que mais vendia eram leituras de fácil compreensão sobre sexo e crimes, e também revelações da vida privada de grandes nomes do Partido Comunista Chinês já falecidos.

Ao mesmo tempo, era publicada também a "literatura fantástica erótica" da pena de escritores conhecidos como sérios, desde *Cidade abandonada*, de Jia Pingwa, e *A planície do veado branco*, de Chen Zhongshi, que estavam muito na moda, passando pelo entusiasmo amplificado de *Incesto*, pelo filme de Zhang Yimou, *Judou*, pelos ciúmes mesquinhos disseminados entre mulher e concubina na luta pela preferência do homem em um grande pátio no filme *Lanterna vermelha*, um "orgasmo em êxtase convulsivo" sob a luz soturna das lanternas vermelhas, pelas jovens mulheres arrebatadas pelos relacionamentos extraconjugais no romance americano *As pontes de Madison*, até o canibalismo da história do poeta obscuro Gu Cheng, que no exílio neozelandês assassinou a mulher e se suicidou em seguida – o tradicional "interesse pelo sexo" dos literatos chineses decadentes voltou com belas palavras, o mundo da sexualidade que antes era vedado aos chineses continentais abriu-se abruptamente, a literatura séria transformou-se num catalisador das "orgias" de uma cultura comercializada.

Assuntos como sodomia, incesto e poligamia eram absorvidos, e se aprendeu com relacionamentos extraconjugais e se praticou em detalhes – tudo isso permeava a obscenidade dos literatos e sua alegria imunda pelo sexo; o desejo de um marido e homem das letras era ter mulher e concubina, e ficava alucinado com grandes lanternas vermelhas no pátio; não se podia fazer outra coisa, era necessário pensar em literatura erótica como *Jinpingmei* e a coletânea de histórias *Sanyanerpai* do final da era Ming, em Zhang Ailing e Zhang Henshui.

Os literatos polígamos aspiravam às tragédias reais e de fato as realizavam: o poeta Gu Cheng tinha uma esposa e uma concubina; quando sua amante o abandonou e sua mulher falou de divórcio, caiu em agitação extrema e loucura e sua vida se despedaçou. Por fim, ele assassinou sua mulher com um machado e matou-se em seguida. Contudo, quando a história foi revirada pela grande mídia no continente, estavam lá apenas umas poucas pessoas que encararam esse terrível banho de sangue e levantaram a voz em prol de Xie Ye, assassinada sob o machado de Gu Cheng; ao contrário, Gu Cheng foi valorizado como poeta romântico que "morrera por amor"; o pai de Gu Cheng e a amante dele, Ying Er, e mesmo o ex-amante de Ying Er, utilizaram o furor que esse caso suscitou para se venderem também. O assassinato real de uma mulher transformou-se para a opinião pública numa pura história de amor para, em seguida, tornar-se um best-seller famoso e lucrativo.

As orgias do desejo carnal no novo século

Na passagem do século passado para o novo, a descrição da ânsia sexual em obras literárias transferiu-se de autores para autoras. Muito antes de as autoras se estabelecerem, Lin Bai tivera seu momento de fama pela descrição de suas experiências sexuais quando jovem; também Zhang Kangkang e Tie Ning, duas autoras de meia-idade, começaram a escrever histórias eróticas do ponto de vista das mulheres, e romances como *Galerias do amor* ou *Mulher na banheira* foram best-sellers por muito tempo. O trabalho documental de An Dun, *Absolutamente íntimo*, também atingiu sucesso em vendas por um tempo pela descrição de segredos eróticos de mulheres.

Bem no início, *Xangai Baby**, de Wei Hui, no qual as cuecas de grife de engravatados de escritório e o levante orgulhoso de membros ocidentais eram mostrados, o ambiente de "uísque e café" nas franquias de Shanghai era ajustado pelo sexo do qual os engravatados da nova Shanghai desfrutavam no toalete. A sexualidade que Wei Hui descreve é pouco a pouco ocidentalizada, todas as protagonistas imitam em vestimentas, alimentação, moradia, trejeitos e preferências intelectuais a descontração ocidental, cobrem seu corpo com roupas de grife ocidentais, bares ocidentais enfeitam sua vida noturna, música ocidental as anima, a decadência ocidental afunda a degeneração em cores, mesmo as formas do ato sexual, o encanto e os orgasmos vêm dos ocidentais. No fim, o narcisismo rude da autora precisa ser aperfeiçoado ainda por uma lésbica ocidental. Todas as citações no início dos capítulos são de autores, poetas, filósofos, grandes nomes ocidentais... Ao ler esses trechos, temos um pouco a sensação de que se festeja o Dia dos Namorados num bar do continente com uma orgia extravagante.

Mian Mian, outra dessas autoras lindas, solta em seu livro *Açúcar* o grito autobiográfico do prazer e aproxima-se da paisagem erótica em uma rua boêmia do bairro Sanlitun, em Beijing: bubos, como os jovens se chamam numa mistura de *bourgeois* (burguês) e *bohème* (boêmio), e algumas estrelas do mundo do rock, caçadores sexuais e executivos solitários aproveitam a noite com álcool, drogas e café ocidentais para acompanhar a música selvagem, e entregam-se a flertes espontâneos e ao sexo casual – um ambiente pseudo-hippie.

Se os altos executivos se deleitam em seus excessos como "bodes velhos em capim fresco", a perversidade condizente com a idade, além disso, segue não mais em uma, mas em duas direções: se existe uma discriminação tradicional contra as mulheres de uma sociedade patriarcal, quando homens velhos e ricos buscam "garotas virginais", há uma nova moda de uma China próspera onde mulheres mais velhas e ricas mantêm rapazes. Entre os clientes habituais em alguns bares que buscam aventuras sexuais também existem com frequência mulheres ricas da meia-idade. Ao mesmo tempo, o desejo carnal e a decadência espiritual de hoje não têm mais relação com a rebelião contra a ideologia ortodoxa dos anos 80, sendo apenas diversão, diversão e mais diversão.

---

* A grafia do título do livro foi mantida como é publicado no Brasil (Globo, 2002), ao contrário da grafia seguida neste texto, que usa o sistema *pinyin* de romanização do chinês. (N.E.)

Em seguida, veio *Corvos*, da autora Jiu Dan. Pela imaturidade de seus textos e seus dotes narrativos fracos, fica muito aquém de Wei Hui e Mian Mian, mesmo que tenha conseguido ser festejada pela mídia como uma das autoras belas. A única coisa que Jiu Dan tem a dar ao leitor é uma descrição sem maquiagem de uma mulher do continente que faz carreira como prostituta em Cingapura; experiências amargas embelezadas aqui e ali vivenciadas por ela em sua profissão no exótico país estrangeiro. Jiu Dan orgulha-se de sua "verdade absoluta" e não considera as "histórias inventadas" de outras autoras.

Quando explodiu na mídia um embate ferrenho entre Wei Hui, Mian Mian e Jiu Dan sobre quem seria "a melhor entre as belas escritoras", surgiu do nada outra autora chamada Mu Zimei, que deixou muito para trás as outras três autoras com suas descrições corporais. As *Cartas de amor* de Mu Zimei publicadas na internet difundem o que há de mais íntimo diante de todos os olhos e concentram-se na divulgação de seus segredos de alcova: em seus diários, ela se atém a detalhes completos de todas as contorções e gritos que empreende com todos os homens possíveis na cama.

Enquanto se diz que as manchas de sêmen na saia de Monica Lewinsky, a protagonista do "escândalo do zíper" em torno do ex-presidente americano Clinton, teriam sido apresentadas por pressão da opinião pública, Mu Zimei divulga voluntariamente os vestígios de suas cópulas aos cidadãos da comunidade internauta. A violenta onda sexual que desencadeou apavorou até mesmo a sempre rígida Televisão Central: no programa "Observações Morais", Mu Zimei foi entrevistada e defendeu sua obsessão pelo sexo casual com o argumento de sentimento humanitário.

As belas escritoras parecem publicamente se empenhar em uma "disputa de descrições carnais"; cada vez que uma delas dá uma entrevista, as rivais são depreciadas, e sua obstinada troca de farpas é explorada pelos meios de comunicação.

No entanto, a influência exercida por essa literatura erótica depende também de quem se exibe com mais coragem, nudez e veracidade, "o mais ousado vence a batalha"; por isso, adquirem cada vez mais coragem, e quem vem por último nesse caso é quem recebe mais atenção.

Quando Mu Zimei publicou todo seu diário de cama, os meios de comunicação perderam o interesse por Wei Hui, Mian Mian e Jiu Dan. Não houve surpresa quando alguém declarou: "2003 foi o ano de Mu Zimei!".

Diante de um repórter, Mu Zimei disse em tom sarcástico: "Quando um jornalista deseja me entrevistar, primeiro precisa conhecer minha cama e, depois que ele fizer amor comigo, eu concedo a entrevista".

Numa entrevista com Yang Lan, uma conhecida jornalista, ela desconcertava a todo o momento a imagem modelo de uma mulher bem-sucedida com seu vocabulário insolente. Mu Zimei desafiou Yang Lang, cujo enfoque é tratar de assuntos da sociedade e política, e mostrou contudo uma franqueza sem máscaras, o que, por sua vez, foi simpático.

Não há dúvida de que algumas mulheres corajosas e pioneiras ficaram ricas e famosas com essa "disputa de descrições carnais" e encorajaram com isso outras mulheres que queriam ser famosas.

Pouco depois da entrevista de Mu Zimei na Televisão Central, uma jovem, segundo ela estudante de literatura, adotou um apelido virtual extremamente romântico e pequeno-burguês: "Pupilas verde-bambu". Há um bom tempo ela já publicava na rede, mas nenhuma de suas publicações ganhou notoriedade.

Inspirada pela literatura de alcova de Mu Zimei, ela agarrou-se a um tipo de descrição sexual muito mais agressiva e colocava suas fotos de nudez direto na internet. Essa jovem literata pareceu, contudo, ter algumas inibições: as fotos de nudez que colocava na internet tinham a cabeça cortada, permanecendo apenas o corpo; folhas de palmeira cobriam as partes eróticas, como na "Canção de pipa"*, um poema de Bo Juyi**, da dinastia Tang: "Escondia metade do rosto ao segurar uma pipa".

No entanto, exatamente esse corte suscitou a excitação sexual pura e direta. Ao mesmo tempo em que a falta da cabeça e as folhas de palmeira traziam um certo segredo que lançava os cidadãos às fantasias eróticas, que cabeça poderia encaixar nesse corpo nu: era a própria "Pupila verde-bambu" ou se enfeitava com a nudez alheia? Teria ela um rosto que era belo como de uma fada, ou era mesmo um sapo horrível?

De fato, à exceção das belas autoras exaltadas pela mídia, literatura erótica na internet já era há muito um chamariz, e autores eróticos na internet, mesmo sem terem sido festejados pela imprensa, causaram furor na rede, e deixaram aquelas autoras muito para trás no que diz respeito à ousadia de seus temas, à franqueza e à anormalidade psíquica de suas descrições.

Dessa maneira, por exemplo, a autora que se denomina "Pequena Bela" e "Escrava", na maioria das vezes trata de sexo grupal e incesto entre mãe e filho; da pena do autor que na internet se chama "Bobo" surgem, entre outras, histórias sobre "adultérios fascinantes", "voyeurismo", "troca de casais", "incesto", "sodomia" e "sexo com ficção científica"; há especialistas para "maduros e virgens" ou "maduras e garotos", outros se dedicam à des-

---

* Instrumento de cordas chinês semelhante a um violão. (N.T.)
** Bai Juyi (722–846), poeta da dinastia Tang muito popular. (N.E.)

crição de homens jovens que são de propriedade de mulheres maduras acima dos 45, e as relações sexuais entre cidadãos ricos e jovens babás do interior também são um tema apreciado.

Esses produtos são enfeitados aqui e ali por fantasias narcóticas, submissão violenta, sadomasoquismo, escatologia, e sim, há até mesmo literatura erótica que se serve do formato das fábulas.

Esses autores eróticos são, em grande parte, escritores muito produtivos que redigem romances em série; são subdivididos pelos críticos em diversos gêneros eróticos, como, por exemplo, os "orgiastas", que escrevem principalmente sobre orgias e incestos; o "grupo sadomasoquista", que escreve em princípio sobre as práticas correspondentes; os *swingers*, que escrevem acima de tudo sobre adultérios, histórias de poligamia e troca de casais; os "fantasiosos", que se dedicam a escrever sobre fantasias eróticas (inclusive ficção científica). E então ainda há aqueles que são divididos por seus históricos, entre outros, em "parcela de cavalaria", "parcela universitária", "parcela de mundo real" e "parcela de loja de departamento". Além disso, a literatura erótica definiu na internet especificamente uma área para prêmios; em especial existem, entre outros: prêmio para os melhores novatos, prêmio para o progresso mais rápido, prêmio para o melhor autor, prêmio para o autor preferido, prêmio para a melhor obra (dividido em romances, novelas e contos), prêmio por originalidade, prêmio para méritos especiais e prêmio para sucesso especial.

A literatura erótica acima deriva exclusivamente da internet não oficial; sua propagação, crítica e distinção são totalmente não oficiais.

Comércio com belas mulheres

Na televisão e em outros meios de comunicação, a descrição literária dos corpos femininos transformou-se na premissa para exibi-los na tela; o "comércio com belas mulheres" não se limita apenas à prestação de serviços sexuais ilícitos em caraoquês, casas de massagem e bons restaurantes, o corpo feminino é apresentado em qualquer tipo de empreendimento comercial: eventos para busca de investidores são todos embelezados com mulheres bonitas; garotas que esperam poder tornar-se famosas do dia para a noite inundam a capital na procura de uma chance; jovens mulheres ficam em filas para se inscrever para testes e audições de todas as escolas de artes e artes dramáticas possíveis; as taxas de inscrição sobem de preço dia após dia; todos os tipos de "aulas de estrelas" fraudulentas possíveis brotam do chão como capim; existem até mesmo mulheres que vão para a cama com diretores e apresentadores famosos, pois não tiveram o sucesso financeiro esperado, e não se envergonham de mostrar sua vida íntima – dessa forma, algumas mulheres tornaram público seu caso amoroso com o diretor Huang Jianzhong e exigiram indenização, pois o "diretor Huang" não cumpriu com sua promessa; uma mulher chamada Gu processou Zhao Zhongxiang, um dos mais antigos apresentadores da CCTV, e queria uma indenização, pois ela teria se entregado a ele.

Quando se liga a televisão, corpos magérrimos rivalizam nas propagandas, por exemplo, em inúmeras competições de modelos, beleza e cantoria e na grande competição a "Supermulher"... Os convidados que distribuem os prêmios no palco (em sua maioria altos oficiais, ricos empresários e atores famosos) chegam, sem exceção, de braços dados com uma jovem linda.

As vestes das participantes no palco não ficam apenas cada vez menores, mais finas, decotadas e transparentes, é necessário fazer troça sobre a vergonha do corpo e as inseguranças; algumas damas de meia-idade mais conhecidas aparecem também como convidadas em diversos programas de entretenimento, inclusive não faltam a presença e as difamações mútuas de casais, pais e filhos, mães e filhas, nas quais se jogam ao vento, sem qualquer consideração, as respectivas intimidades: a libido da infância, o primeiro amor romântico, experiências amargas ou doces do casamento, critérios atuais para a escolha do parceiro, as dores e as delícias das mulheres solteiras, o encanto e os problemas dos relacionamentos extraconjugais etc. E, quando se chega a falar algo que emocione, lágrimas cintilam nos olhos dos convidados, os apresentadores não dão mais palavra diante dos soluços, a plateia em frente ao palco acompanha e está pronto o *reality show* das fraquezas humanas.

Em qualquer assunto que se trate nos shows televisivos de hoje, seja em filme de época, cavalaria, empresários, oficiais, a luta contra a corrupção, os militares, histórias policiais ou numa praça de mercado – em todos os lugares há roteiros com triângulos amorosos, relacionamentos extraconjugais, concubinas e prostitutas, e a cama para o sexo com a amada é o local para o qual corre o oficial corrupto do programa.

Não se pode falar dos filmes especialmente românticos sem faltar a sedução carnal da "terceira peça do jogo", mas filmes televisivos nostálgicos com material revolucionário também são temperados com adultérios.

A única coisa que diferencia essas histórias é o pano de fundo: os casos secretos da época próspera acontecem quase exclusivamente nos locais de alto consumo, como, por exemplo, no restaurante ocidental ou no bar de um restaurante cinco estrelas, nos pontos de encontro dos peixes grandes, nas piscinas, nas pistas do jóquei-clube e, este é um cenário dos mais queridos, em campos de golfe. Em um cenário com música oscilante e flores naturais, as pessoas bebem café, fumam, bebericam vinho ou outras bebidas alcoólicas ocidentais, beliscam-se docinhos, são trazidas e buscadas por carros de luxo, agradam alguém com caros anéis de diamante.

Nessas cenas coloridas, nas quais o luxo e o consumo são exibidos, sempre há cortes para cenas nostálgicas em preto e branco: a banca na rua, quando ainda era pobre, os abrigos na respectiva unidade, as vestes e alimentação simples, o presente de noivado barato, o sufocamento do amor pela política...

A representação inescrupulosa do amor falso, das sensações falsas e da satisfação sem aspiração podia estar entre os métodos mais terríveis de castração da alma humana.

O filme de Ano-Novo *O celular* emplacou de maneira impressionante, pois fez ressuscitar de forma realista a depravação íntima da elite nas grandes cidades da China atual diante de nossos olhos. A anarquia sexual e a alta tecnologia andam de mãos dadas, o horror e o amor pelo celular levam o protagonista a um dilema, cada palavra que ele diz é mentira, seu rosto denuncia apenas a maldade, a primeira excitação e o primeiro prazer em seu caso secreto aos poucos são reprimidos pelo medo do embaraço de ser descoberto pela esposa. Por fora, são mostradas dignidade e respeitabilidade, e por dentro escondem-se a degeneração e criminalidade; em todos os lugares giram as intrigas e todos tramam algo uns contra os outros; quando alguém abre a boca, mente, as relações entre homem e mulher são mentirosas, mesmo quando se cala, fala-se bobagens, engana-se também no adultério.

A expressão facial na mentira é realmente depravada, o tom no qual se corteja alguém é muito obsceno, a escuridão e a falta de sentido do mundo espiritual é a nota fundamental desse filme, e o estilo de vida cínico da elite das grandes cidades torna-se realisticamente visível. Não apenas nas ocasiões oficiais a verdade não é dita, também na vida privada se dissimula; o estilo de comédia que é produzido pelo roteiro, a formação das personagens, os diálogos e a música mostram a degradação da China de hoje: o exterior elegante dos ternos ocidentais não consegue encobrir a degeneração da linguagem, da mímica, das relações entre os homens e realçar a comparação entre a criança montanhesa nos tempos sem telefone e o famoso apresentador na era do celular.

O celular mostra a constituição intelectual da China atual, enquanto o drama televisivo *O perfume das flores das acácias em maio*, que era transmitido pela emissora na época, mostra a constituição intelectual de nossos compatriotas na época da República, entre 1911 e 1949; em ambos dominam a falsidade e a malevolência obscena, que têm a mesma origem.

Além dos filmes e da televisão, e adequado às mãos dadas do poder e do dinheiro, há o florescer da indústria do sexo no continente: em todas as ruas das cidades e comunidades, salões de beleza baratos, pedicures, bares de caraoquê, videobares, pequenos hotéis e restaurantes e grandes estações de trem atraem clientes com serviços sexuais.

Os restaurantes, casas noturnas, bares, pontos de encontros mais nobres nas grandes cidades e casas de veraneio, "vilarejos de concubinas" e "jardins do amor" nas cidades costeiras fornecem aos peixes grandes e aos executivos da alta gerência sexo para as noites.

Mesmo que a prostituição ainda seja punível, o número de mulheres na China que vendem seu corpo nas ruas já chega, numa estimativa aproximada, a 6 milhões, e com isso a China tem a maior indústria sexual ilegal do mundo.

Com o poder e o dinheiro de mãos dadas e a concorrência no mercado, as secretárias são como amantes, belas mulheres no trabalho de RP e na hospitalidade, presentes pensados para grande parte dos clientes; oferecer uma dama a um cliente há muito entrou no rol dos gestos normais de cordialidade.

Os adultos são mais "abertos" em seu comportamento sexual, o que também pode influenciar o comportamento sexual e as ideias dos jovens sobre sexualidade. A nova geração nas cidades, composta em sua maioria de filhos únicos, não precisa se preocupar com comida e roupas, mas cresce num período de negligência intelectual. Em casa, todos são "pequenos imperadores", fora de casa disfarçam-se de "bubos" e de "Geração X".

No que diz respeito às questões de sexualidade, predomina de forma geral a ideia de desejar casamento e filhos mais tarde; os jovens desprezam a família e as obrigações emocionais, no trato com o sexo oposto buscam "amor e sexo precoces" e "se divertir", tendem ao sexo casual por vontade e disposição e aos "encontros às cegas pela internet", e não se amedrontam diante do sexo antes do casamento.

O resultado de uma análise abrangente de 196 relatórios de pesquisa do "Programa de Cooperação Internacional para Saúde na Puberdade da Associação Chinesa de Planejamento da Natalidade" mostra: sessenta por cento dos casais tiveram experiências sexuais antes do casamento. Atualmente, um ditado está na moda entre os jovens do continente: "Transar antes do casamento é como ir ao banheiro". A todo momento acontecem incidentes nos quais garotas abandonam seus bebês e, além disso, há notícias na mídia como: "Garota tem relação sexual com seu pequinês".

Por fim, a indústria alimentícia também tirou proveito da experiência de "sexo vende": após as "sopas infantis" da "cultura da alimentação saudável para a prosperidade" e os "banquetes dourados" da "cultura da alimentação da vida longa", agora surgem o "banquete dos corpos femininos" e "a cultura da alimentação lasciva": uma tábua cheia de carne e verduras é espalhada sobre um corpo totalmente nu, deitado, de fato uma refeição bela e sofisticada que se pode ver e com a qual é possível se fartar.

Um *baozi*, ou seja, um bolinho de massa com o nome de "*baozi* concubina", surgiu num famoso restaurante em Shenzhen. Contudo, a cozinha erótica não é novidade nas mesas de muitas grandes cidades, e os nomes para esse tipo de petiscos eróticos em geral têm a ver com conceitos já populares, como "Essa pequena ganha os clientes", "Três carinhos com a concubina", "Adorável Viagra", "Striptease da menina de jade" e "Amante secretária"; em seguida vieram "Olhares amorosos" ou "Flerte", então "Unha e carne", por fim "Felicidade dos homens, amor das mulheres" e o bom "Lágrimas dos amantes"...

O mais impressionante é que esses tipos de "prato de prazer" nus são elevados por alguns literatos ao nível de patrimônio cultural, sobre o qual eles se pronunciam: na China, seria sempre uma marca de prosperidade que as pessoas "aquecidas e de barriga cheia anseiam pelo prazer" e um parâmetro para refeições de alta qualidade seria composto de "três partes de paladar e sete partes de cultura"; os chineses teriam ultrapassado a fase de "aquecidos e de barriga cheia" e entrado agora na fase do "anseio pelo prazer"; essa elevação cultural de "refeição" para "erotismo" refletiria um esforço intelectual e moral.

De fato, a China parece ter entrado em uma fase de prosperidade, na qual as pessoas "aquecidas e de barriga cheia anseiam pelo prazer".

2. A SEXUALIZAÇÃO DA ECLOSÃO DO ÓDIO NACIONALISTA NA INTERNET

As orgias na internet são a emanação do puro prazer; misturam-se também, no entanto, com o sadismo linguístico pleno de ódio, como é utilizado nos rompantes de "emoções nacionalistas extremas": quando o objetivo de ataque dos "patriotas" fanáticos é feminino, a língua de ódio puro da violência é acompanhada pela violência verbal contra as mulheres.

Assim, a crítica ferrenha da comunidade internauta patriótica à orgia em massa dos japoneses em Zhuhai não apenas foi inundada por ódio encarniçado, também as prostitutas chinesas que se envolveram com os japoneses foram expostas à violência verbal.

Outro exemplo: em 4 de abril deste ano, um domingo quente de primavera, uma multidão de visitantes foi atraída pela "Festa da Cerejeira em Flor" no parque Yuyuantan, em Beijing. Duas mulheres de quimono posavam entre as cerejeiras floridas para fotos e, com isso, suscitaram a indignação de um grupo de "patriotas". As duas foram envolvidas numa briga, da multidão de boquiabertos ninguém interveio, ao contrário, os agressores ainda foram estimulados: "Não basta a vocês serem boas chinesas, querem ser japonesas! Vocês merecem isso mesmo!".

Quando essa notícia surgiu na internet, alguns indivíduos na rede criticaram os agressores, mas uma quantidade expressiva de usuários também clamou: "Bem feito!" Eram da opinião de que mulheres chinesas que "puxavam o saco dos japoneses" dessa maneira deveriam não apenas ser xingadas e agredidas, também tinham que ser expulsas do país e mandadas para um bordel no Japão, pois lá poderiam "puxar o saco dos japoneses" mesmo.

Ao mesmo tempo, grande número de usuários de internet xingaram a apresentadora da Televisão Central, Zhang Yue, das piores coisas, apenas porque o cachecol que ela usava tinha uma padronagem que parecia a bandeira japonesa. A juventude furiosa estava extremamente indignada. Nos ataques a Zhang Yue na internet, claro que não faltava a violência verbal de teor sexual e sadista. Por esse motivo, a Televisão Central fez uma declaração especial: o cachecol de Zhang Yue seria um produto italiano e não teria nada a ver com o Japão.

Um caso especialmente típico de violência verbal contra as mulheres chinesas pelo ódio nacionalista de usuários patriotas na internet é o "incidente com a bandeira militar japonesa" ocorrido com a estrela de cinema Zhao Wei.

Em fotos publicitárias para uma certa empresa têxtil, Zhao Wei aparecia com uma roupa na qual havia uma padronagem semelhante à bandeira das forças militares japonesas. Mal esse modelo foi identificado e publicado na internet, toda a sociedade imediatamente foi invadida pela paixão patriótica: ouviam-se inúmeras condenações e difamações, e não apenas os xingamentos, críticas e censuras patrióticas comuns foram proferidas também por cientistas e especialistas; todos juntos atacavam Zhao Wei com violência moral. Sob violenta pressão social, nada restou à desesperada Zhao Wei além de se desculpar pessoalmente.

Mas esse "incidente com a bandeira militar japonesa" não foi encerrado até hoje, continuou até 2004 na internet como um dos assuntos mais comentados. Um apelo de condenação de Zhao Wei continua até hoje no fórum de notícias do Netease.com, volta ao topo da lista continuamente e é o mais acessado até então, com mais de 40 mil cliques.

Sob a permissividade oficial que recobre a crise da moral e da legitimidade com patriotismo e encorajada pela "onda de nacionalismo" cada vez mais impressionante na sociedade civil, a comunidade internauta pode, quando tem na manga a arma do patriotismo, fazer o que quiser ao atacar alguém.

Os ataques a Zhao Wei que continuam até hoje na rede não se limitam à crítica e aos insultos, a exigências de desculpas e interdição; algumas pessoas na internet pedem que ela pague por seus erros com grandes favores sexuais.

Assim, por exemplo, alguns usuários gastaram muito tempo discutindo no "Fórum Estado Forte", pelo qual o jornal *Renmin Ribao* é responsável, como eles humilhariam sexualmente Zhao Wei – se cortariam primeiro seus seios, o nariz ou as orelhas – para castigar a traição dessa "vagabunda de soldado" dos japoneses. Em fóruns de diferentes portais da internet, como Sina.com, Netease.com e Sohu.com, algumas pessoas discutem com qual animal teriam mais diversão se elas o fizessem violentar Zhao Wei.

O fato de Zhao Wei ter vestido uma roupa com a padronagem da bandeira militar japonesa tem, aos olhos dos internautas patriotas, as seguintes consequências: as vestes que envergava fortaleciam a imagem do militarismo japonês, e um fortalecimento do militarismo seria alta traição; quando ela, uma atriz conhecida, cometeu tal traição, caracterizou-se como "vagabunda de soldado" ou "mulher de consolo"; se a pequena tropa imperial japonesa pode foder essa "vagabunda de soldado" desavergonhada, por que nós, patriotas, não podemos?!?

Além disso, não acalmava esses patriotas ofender violentamente Zhao Wei com suas palavras ordinárias, queriam mesmo voltar a algumas gerações anteriores de sua família para, como diz um ditado chinês, "atingir suas ancestrais até a oitava geração"! Os xingamentos de "traidora da pátria" transformaram-se em obscenidades verbais a uma mulher conhecida, a eclosão do ódio transformou-se numa orgia de sexo verbal, em desprezo patriótico, violência sexista.

Os patriotas são muito moralistas, e o caráter anônimo da internet é um instrumento high-tech: quando ambos convergem, levam à falta de consideração e à presunção; além disso, ninguém precisa se responsabilizar por nada e não precisam ter consciência. E, assim, o patriotismo torna-se uma maneira de proteção legítima aos *hooligans* virtuais; eles ofendem uma estrela de cinema verbalmente e não apenas com a satisfação de defenderem algo justo e aplacarem o ódio nacional; para eles, também é uma possibilidade confortável de se masturbar com suas fantasias e se excitar pela violência verbal contra uma mulher famosa. É outra forma de orgia, uma orgia em nome do patriotismo, exceto pelo fato de que essas orgias que acontecem sob o arco do triunfo do patriotismo são evidentemente muito mais desavergonhadas, infames e brutais que todas as descrições físicas de todas as belas autoras juntas.

Atualmente, o patriotismo no continente chinês constitui a raiz moralmente legitimada do massacre verbal e das obscenidades dos *hooligans* intelectuais. Sob a bandeira do patriotismo, eles se envolvem no anonimato em ataques pessoais bárbaros, desrespeito ao ser humano, arrebatamentos bestiais e julgamentos morais. O patriotismo não constitui somente a última fuga da escória política, há muito se degenerou na grande clava dos bastardos moralistas.

Um nacionalismo que dessa maneira troca justo pelo injusto e confunde bem e mal evoluiu há tempos para o extremo de um amor pátrio distorcido no qual "é melhor ser escravo do que humilhado pelo estrangeiro". Essa é a relação entre alguns dos importantes chineses no drama televisivo *O perfume das flores das acácias em maio*, cheia de inflexibilidade, traição, interesse, atrocidade e intrigas; talvez fosse melhor se o título fosse "O homem é o lobo do homem" – no entanto, independente do que as pessoas fazem umas com as outras, o diretor cuidou para que todas tivessem sentimentos patrióticos: quando um chinês trai outro chinês, há uma violação moral, quando um chinês trapaceia um estrangeiro, é firmeza nacional. Um antiquarista que arruína o outro e toda a sua família mostra-se reformado, caso se trate da migração de bens culturais, ou seja, de uma ocasião de grande importância nacional. Algo como Mao Zedong, que nunca viu o povo chinês como pessoas, mas até hoje é adorado como salvador que "fez o povo chinês se erguer".

"Um bom ato sobrepõe centenas de atos maus", como diz o belo ditado.

3. As limitações sistemáticas e a avaliação da orgia

De romances a diários até as imagens comentadas, a descrição da corporeidade erótica tornou-se cada vez mais encorajadora e reveladora e, com a ajuda da Rede Mundial, cada vez mais pública e popular. A maioria esmagadora dos 80 milhões de usuários de internet busca diversão na rede; pelos canais de informação high-tech os estímulos sensíveis da corporeidade encontram a maior disseminação possível e formam na rede uma orgia de prazer e o ápice das fantasias sexuais – a partir do ângulo da sexualidade, mostra-se a desumanidade de nossos compatriotas.

Comercialização demais, globalização demais?

Segundo uma definição bastante disseminada, o motivo principal da erosão do sentimento humanitário na China está na introdução da sociedade de mercado e da globalização.

Sem dúvida, toda a exploração da economia de mercado do corpo feminino vem do Ocidente; a autocomercialização das mulheres que chamam a atenção com seus corpos nus, de mulheres que têm a coragem de exibir em "performances ao vivo" sua nudez, há muito faz parte das notícias sensacionalistas nas colunas sociais. Por exemplo, a famosa estrela pop Madonna saiu nua para a rua e a italiana "Ciccolina" candidatou-se ao parlamento despida. As belas escritoras chinesas deixaram-se influenciar por isso ao máximo. Num tempo no qual a fama se iguala à riqueza, a descrição da corporeidade serve, contudo, não exclusivamente à descarga de pulsões, à fantasia e ao prazer sexual, também toma parte em uma estratégia de se tornar um nome, e isso diz respeito unicamente a vantagens materiais. Sobretudo numa sociedade patriarcal, como a chinesa, na qual a força política é protagonista, supostamente é o caminho mais curto para uma mulher desconhecida e impotente o uso de seus recursos sexuais especiais, caso ela queira conquistar um lugar no mundo masculino – e, assim, ela vende sexo por riqueza, posição social e atenção. As chamadas concubinas tomam esse atalho quando vendem o corpo aos peixes grandes, colocam-se na concorrência e compensam a venda de sexo com posições oficiais e dinheiro; as belas escritoras tomam esse atalho quando vendem as descrições físicas ao público, com as quais elas quebram tabus morais universais e comercializam numa concorrência do desvelamento de corpos e da corporeidade.

Contudo, aos meus olhos, essa ligação casual de economia de mercado, comercialização e "desalmamento" moral é muito simplista e desvia-se do real problema – algo como a nova esquerda, que atribui à economia de mercado e à globalização a culpa pela polarização e a degeneração dos costumes na sociedade chinesa –, pois ela tira do caminho o fato óbvio de que é o próprio sistema chinês que é desumano e imoral: de todas as indecências na China, as maiores e mais danosas acontecem na política.

Da indecência política à sexual

A complexidade do problema chinês está na oposição entre propaganda e realidade.

Em seus pronunciamentos, o governo ortodoxo cuida cada vez mais da imagem da nobreza confucionista, que "rejeita a corrupção e nunca sujaria as mãos". A moral elevada da cultura tradicional surge ainda com tais aspirações nobres. Os comunistas chineses voltam-se nos mais altos tons contra a corrupção, os altos oficiais também não têm permissão para ter concubinas; contudo, mesmo esses altos oficiais que se mostram inimigos de todas as tentações não evitam em grande parte de sua vida privada essa erosão. Por isso, reforçou-se nas novas prescrições de disciplina para quadros no partido, e na política especialmente, a proibição estrita de "segundas esposas", "prostitutas" e "concubinas". Um regime que descreve a si mesmo como representante de uma cultura avançada precisa também agir contra a prostituição e a falta de limites sexuais, e também a concorrência sobre a nudez, como ocorre na literatura, não é permitida pelo âmbito oficial. Por isso, a ostentação do corpo nu das mulheres chinesas para nos textos literários e fotos de nudez e não ousa dar o passo na direção da "performance ao vivo".

No entanto, na realidade, nossos compatriotas nunca pregaram a moral, independente do que se trata: revolução, poder, patriotismo, fama, dinheiro... nunca se foi pudico na escolha de seus meios e a sexualidade não formou, tampouco forma, uma exceção. As autoridades responsáveis que deveriam expurgar a pornografia podem inaugurar bares dançantes, executivos conseguem proteger a prostituição ilegal, e os oficiais, que clamam publicamente pelo combate à corrupção e à degradação dos costumes, esgueiram-se à noite sob os lençóis de sua "segunda esposa".

Na realidade, foi exatamente na época de Mao Zedong, famosa pela esquerda como período de incorruptibilidade social, que a última sobra de sentimento moral foi cegamente destruída. Isso significa que a sociedade chinesa de hoje "não teria alma", e isso vem da época de Mao Zedong. Já durante a Revolução Cultural, nossos concidadãos não tinham mais alma, tinham entregado ao presidente Mao, para que precisavam de alma? Quem tivesse uma alma na era Mao, era "contrarrevolucionário". A luta brutal, na qual a política totalitária é tão aficionada, obrigou há muito as pessoas a competir umas com as outras na venda de sua alma – e assim surgiu o rompimento entre casais, a inimizade entre pais e filhos, a traição entre parentes e amigos, a falsidade e os ataques impiedosos também àquele que estava caído ao chão; a brutalidade pavorosa durante as campanhas políticas prolongadas, nas quais não se questionava a moral, fez com que o resto da moral social se dissolvesse cada vez mais. Desde a política de abertura e da campanha de confissões, na qual se salvava quem pudesse, após o massacre de 4 de Junho de 1989, aproximadamente durante a opressão de Falun Gong introduzida em todo o país, oralmente e por escrito, os comunistas chineses obrigaram toda a sociedade a trair sua consciência. Nesse sentido, não é de hoje que os chineses são um povo que engana sua consciência – como seria possível construir uma moral social saudável dessa maneira?

Mesmo que a sociedade chinesa tenha desenvolvido, a partir das reformas, uma ânsia pelo lucro, que não seja mais crime perseguir os próprios rendimentos e que a esfera privada tenha experimentado uma certa ampliação, diante da superioridade violenta do regime autocrático, o indivíduo continua sendo nada. Por mais brilhante, inteligente e inescrupuloso que ele possa ser sozinho, apoiado em seus próprios negócios, ele não tem chance alguma de se impor contra os negociantes que são íntimos do aparato do Partido e do poder. As belas autoras, que não se garantem com a autoridade do sistema, pagam a mais-valia social, que elas ganhavam pela exposição da intimidade ou pela descrição da corporeidade com uma afronta à ordem estabelecida. Assim, por exemplo, Mu Zimei não pôde encontrar guarida de forma alguma sob a dupla pressão da proibição oficial e da tirania moral diante dos "princípios gerais" desta sociedade. O período no qual ela avançou até tornar-se a escritora mais famosa do país terminou como uma assombração. Sua vida hoje é um "monte de estilhaços". Da mesma forma que Hong Ying, que voltou à China do exterior, cujo romance *K* também foi proibido pelas "descrições obscenas". Ainda mais absurdo, contudo, é que a proibição não veio do ministério, que é o principal responsável pela ideologia, mas de um tribunal popular intermediário de Changchun, capital da província de Jilin.

Por mais despótica, desonesta e patriarcal que seja a China atual, o capital com o qual as escritoras conseguem buscar fama e sucesso é a descrição da corporeidade – entretanto, é também uma demonstração corajosa de individualidade verdadeira e liberdade pessoal e carrega muito de humanidade real e uma grande quantidade de inconformismo. Isso significa também que a estratégia das escritoras de conseguir um nome dessa maneira é muito mais decente e limpa que a das mulheres que aspiram por meio do poder oficial à fama e ao dinheiro. Mas essas mulheres, que trabalham principalmente com os recursos dentro do sistema e orientam-se na linha dos poderosos, atuam não apenas de forma mais decente, também estão em condições de atingir o maior lucro por aquilo que fazem. Por isso, as escritoras tiveram inevitavelmente muita dificuldade em serem aceitas nesse sistema com suas descrições de corporeidade. De Wei Hui até Mu Zimei, as escritoras, ao provocar reações enérgicas do público por sua apresentação individual, feriram ao mesmo tempo um duplo "tabu" da sociedade: a ideologia ortodoxa oficial (que apresenta a elas uma proibição pelo Ministério de Notícias e Publicações) e a moral sexual tradicional geral (que apresentava a elas os xingamentos reforçados dos vigilantes da moral). A proibição oficial pertence à "tirania do poder", a danação moral, à "tirania da maioria".

Enquanto isso, uma mulher como Yang Lan, apresentadora de televisão, bem casada, após o escândalo do diploma falso de seu marido, Wu Zheng, não mostrou qualquer arrependimento ou pensou em falar sobre o fato, muito pelo contrário: pessoal e inescrupulosamente ela tentou camuflar tudo em favor de seu marido e, com subterfúgios políticos dos mais desprezíveis, desencorajar a mídia e seus representantes no país e no exterior a revelar o escândalo. Em um sistema no qual o imoral é incentivado e o moral, pressionado, uma pessoa como Yang Lan, que perdeu qualquer credibilidade, pode levar uma vida de luxo com o restante de sua reputação como apresentadora conhecida da Televisão Central e "embaixadora da imagem na propaganda dos Jogos Olímpicos" sob a proteção dupla do sistema e do dinheiro. Pois, em comparação à "ilegalidade" política ou moral das escritoras, Yang Lan, que se alinha ao poder, tem nas mãos a dupla "legitimidade".

O QUE SE GANHA COM A DESCRIÇÃO DA CORPOREIDADE

No continente da era pós-Mao, contudo, não se pode dizer que as autoras sistematicamente marginalizadas não conseguiram nada. A ineficiência crescente da ideologia ortodoxa, o posicionamento rebelde da sociedade civil e a ampliação veloz de um segundo canal econômico-privado no mercado de livros e revistas levaram a uma imensa diminuição da influência do controle de opinião pelos comunistas chineses; uma proibição oficial e o julgamento moral não conseguiam reprimir completamente o sucesso de uma das belas autoras e também não estavam em condições de compensar o lucro das descrições de corporeidade.

A exploração dessas autoras nas questões de fama e dinheiro era extremamente considerável. Não apenas o posicionamento rebelde dos leitores tornava os livros proibidos best-sellers, como havia, além do canal de publicação do sistema de livrarias Xinhua, um segundo canal muito mais amplo da sociedade civil, que era muito difícil de ser controlado pelo âmbito oficial e oferecia aos livros proibidos uma rede de distribuição ampla.

Dessa forma, por exemplo, as *Cartas de amor* de Mu Zimei já eram antes da proibição um best-seller, e a proibição pelas autoridades competentes aumentou ainda mais as vendas. A primeira edição lícita contou com 100 mil exemplares; após a proibição, as cópias piratas alcançaram no mínimo algumas centenas de milhares de exemplares. Além disso, era possível comprar o livro na maioria das pequenas livrarias e bancas na rua.

As cópias piratas de outros best-sellers tinham um preço muito menor que as edições originais, mas as das *Cartas de amor* eram mais caras que as originais, que custavam apenas vinte yuan, enquanto a cópia pirata custava entre 22 e 25 yuan (vide "A proibição da venda de *Cartas de amor* leva a um aumento do preço do papel em Luoyang e faz a cópia pirata mais cara que o original" *in Xiandai kuaibao* (Correio Expresso Moderno), 8 de dezembro de 2003.

Ao mesmo tempo, o mercado internacional, que a abertura da China trazia consigo, e os grandes bastidores da globalização fizeram com que os "rebeldes" e os "livros proibidos" tivessem um novo mercado aqui no país: fossem as publicações de dissidentes ou obras de autores rebeldes, de forma geral os autores e livros proibidos pelo âmbito oficial, mesmo que em diferentes medidas, poderiam atrair os olhares do Ocidente.

Assim, entre as belas autoras, a primeira proibida, Wei Hui, teve muita sorte: sua proibição pelo Ministério de Notícias e Publicação foi para ela a melhor propaganda mundial. *Xangai Baby*, o livro que a tornou famosa, não foi o mais vendido apenas na China, mas encontrou rapidamente o caminho dos mercados livreiros ocidentais. Embora nunca se tenha debatido o fato de ela ter se tornado uma "*porno pet*" da inebriada civilização ocidental, ao menos ela recebeu os direitos autorais com isso.

Como consequência, a fama das belas autoras também não foi de todo negativa; ao contrário, alguns críticos literários, na sua maioria internautas jovens e especialistas de estudos de gênero com ênfase feminista, apreciaram o surgimento de Mu Zimei, que desencadeou uma discussão imensa. Sua autorrepresentação corajosa não consistia apenas em desfrutar uma vida sexual como ela desejasse, ela também invertia as posições dominantes do patriarcado nas questões do sexo e conseguiu alcançar uma posição realmente independente dos homens, o que significava também, sem atentar ao fato de Mu Zimei ter ou não consciência de seu comportamento, que ela representava em si, de forma objetiva, um ataque aos papéis de gênero tradicionais determinados pelo patriarcado.

Considerações finais

A época revolucionária orientada pelo poder e a época próspera direcionada pelo dinheiro têm uma similaridade íntima com relação à atrofia moral dos homens. Após a transformação de uma sociedade totalitária totalmente politizada em uma sociedade pós-totalitária com sua primazia pela economia e segurança, a extrema indecência política transmutou-se diretamente em uma indecência moral ampla e pública: oficiais não falam mais sobre a moral do governo, os empresários não comentam a boa-fé do mercado, os doutos não se expressam mais sobre os padrões acadêmicos, a sociedade como um todo não fala sobre honra e confiança, produtos falsificados e baixa qualidade espalham-se sobre todo o país. Contudo, o projeto de ataque aos produtos falsificados não diz respeito à maior falsificação, a política, pois essa é uma área da qual o regime atual não deseja se aproximar de maneira alguma. Ou, melhor dizendo, a ruína da humanidade e da moral evocada pela era Mao chega à China de hoje como herança intelectual, uma "desumanização" realmente geral e oficial.

Nessa situação, existe uma reciprocidade malévola entre a liberdade sexual e a principal melodia de prosperidade entoada pela ditadura. Após o sentimento humanitário de nossos compatriotas já ter sido destruído em larga escala pelas infinitas campanhas políticas sob o totalitarismo, a introdução da ideia da liberdade sexual vinda das sociedades ocidentais em nossa sociedade ditatorial não impulsionou apenas a libertação do homem e o estabelecimento da individualidade, mas também trouxe consigo um *hooliganismo* obscuro e maldoso por meio das tradições sexuais dos tempos do império, como as concubinas, ruas de bordéis e práticas sexuais conjuminadas com a indecência política. Em suma, a liberdade sexual conseguiu mudar as represálias anormais da opressão sexual de outrora, que agora é vivida até as últimas consequências no alívio sujo, fragmentário e pérfido das pulsões.

13 de junho de 2004, em casa, em Beijing

Fonte: http://chinesepen.org/index.shtml

DA IRONIA DE WANG SHUO* ÀS PARÓDIAS DE HU GE**
Sobre as piadas políticas do povo na autocracia pós-totalitária

NOS ÚLTIMOS DOIS ANOS, as paródias na internet ficaram expressivamente populares. Em especial, são satirizadas tradições, autoridades, personalidades, modas e acontecimentos públicos. Assim, entre outras, personalidades importantes do cinema e da televisão, celebridades da cultura, tendências populares e clássicos vermelhos.

Por exemplo, as seguintes palavras-chave foram buscadas na internet com frequência inacreditável: "Paródia de Chen Kaige", 300 mil vezes; "Paródia de mulheres *superstars*", 900 mil vezes; "Paródia do bom jovem", quase 200 mil vezes; "Paródia dos clássicos vermelhos", 110 mil vezes; "Paródia da Copa do Mundo", mais de 270 mil vezes.

Em inúmeros artigos, a criatividade e o espírito anárquico das paródias foram avaliados pela crítica como "humor frio" – um humor que na comunidade internauta desencadeia com frequência grande entusiasmo. Como Hu Ge, que, com seu vídeo curto *A vingança do pãozinho no vapor*, paródia do filme *A promessa*, do famoso diretor Chen Kaige, causou um verdadeiro rebuliço na internet. O duelo entre o insignificante Hu Ge e o grande diretor Chen Kaige evoluiu para um confronto nos tribunais; por um tempo, esse foi o assunto cultural mais importante do país, e do dia para a noite Hu Ge também tornou-se uma personalidade.

Como consequência, a moda das paródias na internet espalhou-se com a velocidade da luz. Após *O segredo de Brokeback Mountain*, de Ang Li, ter sido tão premiado, foi parodiado duzentas vezes, e a partir dos "três minutos quentes***" de Huang Jianxiang surgiram no dia seguinte trinta paródias na internet.

---

* Wang Shuo (1958), escritor e dramaturgo contemporâneo. (N.E.)
** Hu Ge (1974), músico e videoartista. (N.E.)
*** Alusão ao jogo entre Itália e Austrália na Copa do Mundo de Futebol da Alemanha, em 26 de junho de 2006, no qual o comentador chinês Huang Jianxiang deu voz à sua simpatia pela Itália por meio de ataques anti-Austrália. (N.E.)

Todos os websites mais queridos e populares têm uma "Página da paródia", há divisões dessas páginas em "Idiotas", "Mantou", "Boca grande", "Fã" e "Animação". Muito rapidamente surgiram sites especiais de paródia e formou-se uma coalizão de parodistas virtuais: entre eles estão paródias da MTV, do cinema, das estrelas, dos clássicos, de fotos e de dramas. Se alguém *baidut* – o equivalente chinês de procurar no Google – a palavra "paródia" em 12 de setembro de 2006, encontrou 11,4 milhões de resultados. Não é de se espantar quando famosos da rede declaram: "Sem paródia não há diversão" e "Sem paródia não há website".

Exatamente como um crítico explicou: "Nos últimos anos, a paródia virou moda no país e no exterior, acima de tudo no mercado interno chinês essa tendência é cada vez mais forte. Parece compreender todas as esferas da vida: a visual, a auditiva e assim por diante. Estende-se da bi para a tridimensionalidade. No início havia cartazes de paródia, então paródias 'relâmpago', até no último ano surgirem a espirituosa videossequência *A vingança do pãozinho no vapor* e, por fim, no último ano, o filme adolescente adaptado *A brilhante estrela vermelha*. A grande estrutura da paródia consiste em um humor indelicado, um humor frio, a ridicularização irônica de fenômenos sociais. Em todas, mostra-se a rica imaginação e a criatividade da comunidade de internautas. Não há como negar que todo o país entrou na era do entretenimento!".

1. A IRONIA DE WANG SHUO, QUE ABRIU CAMINHO PARA AS PARÓDIAS NA INTERNET

Tal entusiasmo com as paródias oficiais foi favorecido pela explosão informacional pela internet que oferece aos cidadãos simples uma plataforma ampla, com a consequência de o monopólio das elites intelectuais sobre a opinião pública ter sido perdido de forma irreversível.

Pelo conforto, infinidade e abertura da internet, pode-se dizer que não é possível estabelecer limites para as contribuições irônicas e satíricas. Contudo, no que diz respeito à mudança do gosto estético da sociedade civil desde as reformas, a paródia não é o único produto da era da internet. Seus predecessores intelectuais remontam aos anos 80 do século passado.

A "literatura pseudo-hippie" da China pode ser observada como a primeira expressão desse espírito paródico, que ganhou grande influência já em meados dos anos 80; *Rock'n'Roll na nova Grande Marcha* trazia algumas características das paródias atuais aos clássicos vermelhos (Cui Jian adaptou com instrumentos do rock a canção vermelha "Nanniwan", causando na época imenso descontentamento nos antigos esquerdistas, como Wang Zhen, ex-membro do Politburo). A canção falou à alma da juventude rebelde da época. No final dos anos 80 até início dos 90, entrou em cena de repente a ironia de Wang Shuo: estava na moda no mundo literário, subvertia linguisticamente a ideologia dos comunistas chineses e das autoridades, e pode ser considerado uma expressão mais madura do espírito paródico.

O aparecimento de Wang Shuo levou a rebelião cultural de toda uma geração pós-Revolução Cultural das dúvidas e gritos ferozes para a ironia e o sarcasmo jocosos. A frase "eu não acredito", do poema de Bei Dao "Resposta", era uma incorporação dessa geração, e a canção mais famosa de Cui Jian, "Yi wu suo you" ("Sem Nada"), era cantada com toda a vontade; contudo, nos anos 90, a empolgação pela liberdade foi destruída nas pontas das baionetas, um banho de sangue; o sentimento de justiça da juventude foi esmagado pelas esteiras dos tanques, um grito; sob a pressão desse terror imenso, em lugar algum se podia dar vazão à consternação e à ira, e a consequência foi o desespero geral e um sentimento comum de impotência.

Na área do discurso público, temas culturais sérios, como consequência da propaganda massiva contra o Ocidente e contra o desenvolvimento pacífico dos comunistas chineses, degeneraram-se até a mudez, as pessoas podiam apenas diminuir a pressão por meio de entretenimentos de massa. Dessa maneira, a ironia, que não leva mais nada a sério, foi tomada como forma adequada de descarga emocional. Com frases como "Pelo amor de Deus, que você quer dizer com 'humano'?" ou "também somos apenas um pequeno-burguês", as pessoas tiravam sarro de si mesmas, uma ironia que indicava a opinião "Também sou um canalha, devo ter medo de quem?"; dito de outra forma, a reação à pressão do terror que o massacre de 4 de Junho trouxe consigo foi, em primeiro lugar, a ironia de Wang Shuo e, em seguida, o humor de um Wang Xiaobo, que determinaram o discurso da sociedade civil e abriram um espaço para o riso para a sociedade sufocada.

Wang Shuo tem o dom do contador de histórias, principalmente quando descreve com humor negro a dor e a delícia dos grupos marginais. O "povinho" que ele descreve percebe-se com frequência como "grosseirões": eles usam a ironia para brincar com sua vida, gozam das altas autoridades e elites e desmascaram os pequenos-burgueses; Wang Shuo é um mestre da "codificação", tem um senso para as sutilezas da língua, destilou a partir da entonação em extinção dos antigos cidadãos de Beijing e do falar revolucionário da Beijing vermelha um meio de expressão coloquial único e conta com o antigo e obscuro dialeto de Beijing o cotidiano insípido da plebe da Beijing esquerdista; e, com a linguagem específica dos grosseirões, faz troça com a vanguarda autonomeada de literatos e estudiosos. A vaidade da Nomenklatura desmorona com um rugido sob seu humor inteligente, ácido e sem rodeios; e a falsa modernidade das elites mostra por um instante sua miséria. O "novo dialeto de Beijing", que Wang Shuo criou, é uma desconstrução poderosa da linguagem dos oficiais e das elites.

Nos anos 90, a influência de Wang Shuo estendeu-se com grande velocidade a todos os campos da cultura, uma influência que chamou atenção especialmente no cinema e na televisão, na literatura, na arte e na crítica de arte.

Na área de cinema e televisão, *Histórias da redação* deu início aos programas de televisão irônicos, seguidos pela comédia familiar *Eu amo minha família* e também por *A viagem de Protzkis ao Ocidente*, com Stephen Chow no papel principal, e as comédias de ano-novo de Feng Xiaogang, até o grande sucesso de público rodado com baixo orçamento, *A pedra maluca*.

No campo das artes, a influência conjunta da ironia de Wang Shuo e da arte pop ocidental nos anos 90 criou uma forma chinesa de "pop", marcada pela blasfêmia dos clássicos vermelhos (como a série sobre a Revolução Cultural, do pintor Wang Guangyi, a série "Piadas", de Liu Xiaodong, a série "A grande família", da era Mao de Zhang Xiaogang, até todas as performances e instalações); o representante do espírito de paródia pós-4 de Junho seria o pintor vanguardista Fang Lijun. Na sua série "Carecas idiotas", que ele fez a partir de "Feiura Beleza", "Idiotice Esperteza" e "Difamação Sublimação", pode-se perceber o rosto da China após o massacre: é um sorriso estúpido após o choque e o olhar idiota após forte excitação, contudo, é muito mais o desprezo próprio e a difamação própria após um tempo de inconsciência.

Com a entrada do século XXI, as "paródias sexuais" formaram a vanguarda das paródias. Isso significa também que, antes ainda de a paródia tornar-se moda na internet, o grosseirão que ria das "palpitações" tornou-se um jovem descolado e, como consequência, as belas autoras "descoladas" entraram em cena: jovens autoras como Wei Hui e Mian Mian descreviam os prazeres carnais, a decadência intelectual e o consumo das marcas da juventude urbana e viraram moda com sua mistura de estilo ostentador e estrangeiro entre os engravatados. Seguiu-se a fenomenal "paródia sexual" na internet, os ciúmes nos diários amorosos de Mu Zimei; e Jiu Dan com seu romance-documentário sobre uma prostituta e a dança da cobra da senhorita Hibisco* elevaram a "concorrência do corpo" ao sinal mais patente da moda na época.

---

* Senhorita Hibisco, pseudônimo de Shi Hengxia (1977), tornou-se em 2005 uma celebridade cômico-embaraçosa pelas fotos pin-up que colocou na internet por menosprezar seu efeito. (N.E.)

Essa paródia sexual é um produto inevitável da época das "concubinas", e, enquanto o mundo ainda se espantava, as pessoas que buscavam diversão na internet traziam um sorriso fácil.

Mulheres que ficaram malucas com essas paródias sexuais e que fabricaram, a partir de uma espécie de repressão do autoconhecimento, audácias sem muita novidade, como se fossem escolhidas para que caíssem os olhos do homem que lançasse um olhar à sua figura, tinham a coragem para uma estetização do horrível, tinham a valentia para transformar o extravagante em puro, o baixo em sublime, e tinham a bravura para vender por quase nada sua sexualidade por meio de uma humilhação própria que permanece totalmente velada para elas.

Aos meus olhos, essa "paródia sexual" é, contudo, uma outra forma de "paródia", cujo maior argumento de venda é a divulgação da "degeneração e da criminalidade" escondidas no passado e uma quebra dos tabus tradicionais e do patriarcado masculino, na qual os papéis sexuais de *gentleman* e *lady* coagem a uma região morta de sentimentalismo – se ainda houvesse algo como cavalheiros e damas na China.

A "paródia sexual" consistia não apenas no fato de Mu Zimei e de a senhorita Hibisco terem vendido seu sexo a preço de banana, um grande sucesso de vendas era também o "entusiasmo pelos clássicos vermelhos". Em geral, eram *remakes* de clássicos comunistas (como a ópera modelo da Revolução Cultural *Shajiabin*, o romance *A planície nevada de Hailin* e o balé *O batalhão das mulheres vermelhas*), em grande parte temperados com elementos das artes marciais e – principalmente – com erotismo. Os heróis exalavam virilidade, as heroínas eram reduzidas ainda mais à sua "feminilidade"; tanto heróis como heroínas não precisavam apenas amar loucamente, precisavam também resvalar em triângulos amorosos.

A paródia de um clássico comunista que oficialmente causou ira há pouco foi uma disseminada por usuários de internet sobre Lei Feng. Antigamente, Lei Feng era a personalidade heroica mais famosa que Mao Zedong colocou no pedestal, era o bom guerreiro do presidente Mao e um bom exemplo para todo o país. *O diário de Lei Feng* fazia tanto sucesso quanto a "bíblia de Mao".

Mesmo assim, os usuários de internet de hoje fizeram um filme sobre a vida privada inventada de Lei Feng: *O primeiro amor de Lei Feng*. Esse filme enfureceu os antigos colegas de Lei Feng, que apresentaram uma reclamação conjunta na Sede da Política do Exército para Libertação do Povo. A Sede da Política naturalmente levou bastante a sério e imediatamente acionou o Departamento Central de Cinema e Televisão e a Administração Principal de Notícias e Publicações; o Departamento Militar Central de Política fez com que fosse expedida a ordem de proibição imediata de *O primeiro amor de Lei Feng*.

Outra paródia da internet que ganhou atenção no país e no exterior foi *O caso Liu Di*. Era uma aluna do Instituto de Psicologia da Universidade Normal de Beijing que tinha um apelido bastante notável: "Rato de aço inoxidável". Em 7 de novembro de 2002, foi detida pelas autoridades competentes com a fundamentação de acusação por disseminar discursos contrarrevolucionários na internet e pela organização secreta de um partido. Graças ao apoio que recebeu no país e no exterior, as autoridades competentes a liberaram em 28 de novembro de 2003, com a condição de que ela se "preparasse para interrogatórios".

Liu Di era muito ativa na internet, era a gerente de website de muitos BBS não oficiais. O fórum "Alameda Xici", do qual ela participava, pode ser considerado um pioneiro das paródias políticas. Alguns amigos internautas que se divertiam zombando do Partido, do Estado e da política organizaram um "pequeno grupo de leitura do jornal *Renmin Ribao*" e postaram diversas "paródias políticas" muito boas. A paródia mais original do "pequeno grupo de leitura" foi "Seguimos com o Partido rumo à eternidade", um jogo de internet. Suas paródias eram tão políticas que isso poderia facilmente levar a uma catástrofe e colocar todos na cadeia. O ano no qual Liu Di foi presa é a melhor prova disso.

Entre esses amigos internautas, Liu Di era conhecida por seu humor, com frequência fazia paródias sobre as brigas internas do "nosso Partido" e, politicamente, não se comportava com muita correção; uma imensa diversão para os seus amigos. Principalmente os artigos nos quais ela fazia troça sobre a política atual valiam muito a pena e a tornaram uma das escritoras na internet cujas chamadas mostravam mais efeito.

Assim ela brincava, no artigo "O primeiro congresso nacional de delegados do Partido do Óleo de Caqui do Bairro de Xici foi aberto em Nanking", com as descontroladas publicações oficiais dos comunistas chineses. Para fazer algo pela libertação de Huang Qi, o criador do site de busca *Tianwang* (Labirinto), publicou a "Capitulação do surfista da internet da Facção de Óleo de Caqui diante do Partido e do Governo". Esse artigo expressava para todos evidentemente sua insatisfação sobre o fato de os comunistas chineses terem fechado o site de busca e convocava os surfistas internautas da Facção do Óleo de Caqui, que publicavam na rede discursos "contrarrevolucionários", a encarar as autoridades de segurança e denunciar a si mesmos.

Sua incorreção política mais famosa foi o artigo "Deixe-nos ir para as ruas e propagar o comunismo!", no qual ela convocava a comunidade de internautas a ir para a rua e propagar o *Manifesto comunista*.

Ela escreveu: "Vão para as ruas e coletem assinaturas; podem fazer como aquelas pessoas que distribuem anúncios dos quais as ruas estão cheias – se de fato ninguém quiser fazê-lo, então entupam as cestinhas de bicicleta das pessoas ou preguem nos postes". Em seu comentário sobre a fundação de associações não oficiais após sua soltura, ela mostrou que havia conservado o humor: "Fazer uma FESTA pode, mas organizar um partido, nem pensar".

Nesse sentido, as paródias na internet se resumem a um transplante da ironia à la Wang Shuo na internet. Apenas pela franqueza, facilidade de acesso, infinitude e proximidade com os cidadãos da internet em si, rompeu-se para a grande massa o monopólio linguístico da elite intelectual com relação às paródias e concedeu-se a ela uma plataforma, disseminando-se rapidamente em todas as camadas culturais de forma que mesmo pessoas sem condições de formular uma frase correta pudessem postar suas declarações na rede.

2. A "PIADA POLÍTICA" NA SOCIEDADE PÓS-TOTALITÁRIA AUTOCRÁTICA

Os intelectuais, por um lado, divertem-se com a ironia de Wang Shuo e com as paródias de Hu Ge; por outro lado, preocupam-se. Divertem-nos a maneira pela qual as paródias viraram de cabeça para baixo a ideologia da Nomenklatura, mas veem com preocupação a exacerbação do cinismo moral. São da opinião de que a zombaria do sacrossanto e a subversão de autoridades seriam apenas destrutivas, e não construtivas. Se elas prevalecessem, o preço da perda da autoridade do Estado seria a ruína moral.

E eles têm razão: as paródias na China pós-totalitária são a característica da fome espiritual e da pobreza intelectual dos chineses. São uma espécie de droga intelectual que se encaixa nos programas humorísticos de entretenimento nas mídias oficiais como uma segunda pele. Além disso, têm um efeito anestesiante muito forte que falta aos programas de humor oficiais. As pessoas se embriagam com piadinhas políticas e consomem não apenas sua própria miséria, obscuridade e insatisfação como também todo o resto. Pode-se até mesmo dizer que, na maioria assoladora dessas bobagens, são levados ao túmulo sob risadas cruéis o sentimento de justiça e a compaixão.

E, contudo, não se pode de forma alguma mudar esse estado moral de desumanidade com as portarias administrativas do governo. Há apenas um caminho: é necessário colocar à disposição das pessoas uma dieta intelectualmente valorosa; apenas por uma discussão livre, na qual centenas de escolas competissem, seria possível fazer surgir claramente o certo e o errado, o bom e o mau; apenas com a livre concorrência no mercado das ideias a superioridade vencerá moralmente a inferioridade; apenas numa relação pluralista e de atenção mútua será possível libertar a criatividade intelectual de uma sociedade.

Ou, melhor dizendo, a realidade chinesa nos alertou repetidamente. O vazio moral ou a ruína intelectual após 4 de Junho de 1989 foi primeiramente um problema do sistema corrompido; a opressão da liberdade de expressão pelo poder autocrático, a educação oficial para a mentira e a propagação forçada do preconceito moral dos governantes são os principais culpados de nossa desumanidade atual.

Também quem acredita que a iconoclastia paródica seria apenas destrutiva, sem qualquer força construtiva, tem razão apenas aparentemente. Na minha visão, o escárnio da política é há muito uma das formas nas quais a resistência da sociedade civil se mostra em uma sociedade autocrática pós-totalitária. Na União Soviética e na Europa Oriental antes da virada não era diferente (somente as piadas políticas da União Soviética e da Europa Oriental que corriam na internet chinesa eram extremamente variadas), e na China após 4 de Junho de 1989 também não.

O escárnio da política na cultura de massa da China após o 4 de Junho (pode-se também chamar de "política branda") tinha uma criatividade que não enfurecia os rostos sérios contratados pela política. Dito de outra forma, os produtos culturais sérios apresentados pela Nomenklatura em grande parte pioravam para um pastelão sério que, quanto mais se propunham austeros, mais risíveis ficavam, enquanto o humor não oficial era um produto da inteligência de base, em seus cacos reluzia com frequência uma aura sagrada.

Certa vez, o famoso pensador Mikhail Mikhailovich Bakhtin pesquisou especialmente a "terça-feira de carnaval". Trabalhou por meio de uma análise clássica do carnaval de massa o significado social da cultura da piada. Bakhtin chegou à seguinte explicação: o carnaval tem um lado trivial, tolerante, no qual as pessoas se fantasiam, mas também um lado renovador, criativo-espiritual, no qual se vive integralmente emoções reais. Principalmente em sociedades autocráticas, a dominação oficial diária depende em grande medida do pânico das massas, pois os governantes criam conscientemente uma atmosfera de rigor e seriedade para intimidá-las, o que leva à sacralização, legitimação e consolidação da soberania no primeiro mundo.

O "viver integralmente" das massas durante o carnaval permite de repente à base outrora repreendida "não mais temer", orientar-se por uma lógica de rejeição ou oposição criada por ela mesma, subverter a hierarquia de nobreza e plebe ou de cima para baixo, e por meio de todas as formas possíveis de sátiras, como paródias, travessuras, degradação, insulto e pirraça, dar voz a seus sentimentos não oficiais. Não é apenas o destronamento ou negação, mas também a entronização e renovação jocosas pela negação (vide Wang Jian'gang (org.): *A poética carnavalesca: pesquisas sobre a teoria literária de Bakhtin*. Shanghai: Xuelin, 2006).

Acredito, sob o ângulo de visão do significado social das piadas políticas, que os efeitos positivos da anarquia paródica ultrapassam muito os negativos. As experiências da Europa Oriental antes da virada talvez possam servir de referência para essa opinião.

Desde a campanha antistalinista de Khrushchev, o império soviético-comunista moveu-se após o "período de degelo", expressão de Václav Havel, para uma época de autocracia pós-totalitária. O movimento de resistência da sociedade civil dessa época foi um desafio corajoso e público mal antevisto pelos prognósticos e, ao mesmo tempo, uma resistência passiva da maioria calada, à margem.

Assim, por exemplo, na Tchecoslováquia pós-totalitária sob os tanques soviéticos, levantou-se o grupo Carta 77, representado por Václav Havel, que iniciou publicamente um "movimento pela verdade", foi considerado o símbolo antiautocrático pela moral e pela justiça da sociedade civil e foi mundialmente observado; e o grupo daqueles que, com Kundera como figura principal, votaram com os pés (ou seja, saindo do país) mostrou pela piada anárquica a resistência passiva da maioria calada. Por isso, a publicação da primeira obra representativa de Kundera, *A brincadeira*, foi para a Tchecoslováquia de 1967 uma voz explosiva, e no breve ano antes de o livro ser oficialmente proibido *A brincadeira* liderou a lista dos mais vendidos, teve três edições e alcançou uma tiragem de muitas dezenas de milhares de livros.

Afirma-se que a cortina de ferro da Guerra Fria teria sido derrubada pelas piadas políticas da sociedade civil. Embora essa afirmação inevitavelmente superestime o efeito da piada política, a verdade e a piada tiveram um efeito complementar na queda da autocracia pós-totalitária: ambas formaram um componente de "política voltada contra a política".

A política da verdade foi um desafio evidente de poucas e respeitáveis pessoas que não tinham medo da violência; as piadas eram uma ação privada de solapamento pela maioria calada. Sem a política da verdade, não teria havido expressão pública para a resistência da sociedade civil e sua coragem moralmente justificada; sem a piada política, a política da verdade teria perdido também o apoio social do qual ela dependia.

Quando se afirma que a resistência na forma em que Václav Havel a praticou tanto mostrara claramente a todo o mundo a desumanidade da autocracia pós-totalitária quanto elevara a firmeza com a qual as pessoas mantiveram a dignidade humana a um nível no qual elas não temiam mais a violência – ambos os fatos tiveram no despertar da sociedade civil tchecoslovaca e no desencadeamento da pressão internacional um efeito insubstituível; pois as piadas políticas que circulavam pela população no âmbito privado mostraram que a maioria calada não havia perdido sua decência e, ao mesmo tempo, deixaram claro como o sistema da autocracia pós-totalitária estava desde o início corrompido aos olhos da população; e um sistema que está corrompido desde o início precisa cedo ou tarde ruir com uma avalanche.

Em primeiro lugar, a anarquia indireta das piadas, em comparação com o desafio direto de uma política da verdade em uma sociedade autocrática pós-totalitária, não constitui uma expressão criadora da opinião pública, mas sua ação não se limita à resistência passiva, também tem outros efeitos positivos. Embora o escárnio da política visto de fora seja marcado pela falta de respeito e insignificância, ele precisa apenas encontrar na sociedade civil disseminação suficiente para ter efeito subversivo pleno; e uma subversão fundamental da autocracia que utilize toda lacuna é uma comprovação do desejo sincero dos homens e das tendências gerais de evolução. Quando um sistema social já está corrompido na opinião pública desde o início, as piadas políticas fornecem o amplo apoio social para uma revolução, como foi a "Revolução de Veludo".

Em segundo lugar, as piadas políticas são um símbolo de que a legitimidade do sistema autocrático deve se manter apenas com dificuldade, de que podem atenuar enormemente a psique tensa e o sentimento de ódio da sociedade civil; as piadas políticas são também um símbolo de que no final o sistema autocrático declinará, que dá à sociedade civil uma expectativa psíquica determinada e uma preparação mental para o colapso da autocracia, e a perplexidade que uma alteração errática traz consigo é bastante reduzida.

Isso significa que a insatisfação social que não consegue vir à tona tem uma explosividade extremamente perigosa, ao passo que, se a pressão e a insatisfação podem ser aliviadas até um determinado grau por meio de piadas, claramente a desintegração da ordem em tempos de grandes mudanças sociais pode ser atenuada.

Por isso, uma sociedade civil acostumada a piadas políticas, caso de repente também possa acontecer um colapso completo da autocracia pós-totalitária, não se surpreenderá, nem se renderá à insegurança e muito raramente aproveitará a oportunidade para empreender uma vingança política violenta em grande medida. Dito de outra forma, a anarquia subversiva da piada política atua como amortecedor ao evitar a perda da ordem social e como proteção contra um círculo vicioso de violência, em que o macio vence o rígido. Ela reduzirá imensamente os custos que a sociedade como um todo deve pagar pelo colapso do antigo sistema.

As piadas políticas da sociedade civil sob a autocracia pós-totalitária são bem-vindas tanto no âmbito público como no privado. O sorriso do povo é o pesadelo dos déspotas!

18 de setembro de 2006, em casa, em Beijing

Fonte: *Ren yu renquan* – Humanity and Human Rights, outubro de 2006

VIVER E VIVER COM DIGNIDADE
Sobre a atitude chinesa diante da vida

NUM ESTADO TOTALITÁRIO, a existência política e a máquina política giram única e exclusivamente em torno do poder, não há outro motivo; a existência do Estado ou do povo é apenas um pretexto para o exercício do poder, não há qualquer outro valor. As pessoas sob um sistema autocrático vivem única e exclusivamente para viver, não há outros valores que seriam exigidos.

Quem vive dessa maneira, antigamente considerado idiota pelo fanatismo comunista, hoje aliciado pela promessa de prosperidade, vivia naquela época como hoje vive, num deserto humano.

Os chineses como humanos viviam outrora sem a mínima dignidade, não passavam de uma ferramenta da ordem do terror e não contavam mais com qualquer valor fundamental.

Mao Zedong ensinou aos nossos compatriotas: "Sede um parafuso no motor revolucionário!".

Não importa se as pessoas se dedicavam à revolução na era Mao ou evitavam a revolução sob Deng Xiaoping, nossos compatriotas tinham apenas uma escolha: ser um parafuso no maquinário dos déspotas.

Quem vivia, vivia como oportunista, entregue a uma vida sem escolha segundo a "Teoria do Escuro e Espesso".

Quem vivia, vivia na hipocrisia, uma estratégia cínica, tendendo à uma cisão de caráter.

Quem vivia, vivia de joelhos, satisfeito com o pão da caridade.

Quem vivia, vivia leviana e trivialmente; a vergonha moral e a consciência indelével morriam em silêncio.

Quem vivia, vivia apenas com os joelhos dobrados e a cabeça baixa, uma impotência moral que não acreditava mais no poder da consciência e da justiça.

Quem vivia, vivia apenas assim, numa desesperança moral, na qual o oportunismo devorava a consciência.

Quem vivia, vivia esperto e escorregadio, vendo primeiro sua consciência, então seus heróis que tinham consciência e, por fim, a vergonha que assumia a responsabilidade por seus pecados. Uma pessoa e um povo que não têm vergonha podem viver bem felizes.

Na justificativa dessas "máximas da vida", a espiritualidade e o intelecto há muito se degeneraram, e a propagação do animalesco e do material transformou o homem em um homem-bicho; a fé e o sagrado foram desvalorizados, todos se converteram em escravos da ganância; a compaixão e o senso de justiça foram castrados, o homem transmutou-se num *homo oeconomicus* calculista implacável; no fim, mesmo um coração normal se tornou um luxo.

Quando alguém, apenas para sobreviver, se posta de joelhos, quando a existência física e a dignidade espiritual entram em conflito, e ainda pode ser tão bem-sucedido, tão sossegado, tão engomadinho, tão descolado, esse alguém é uma criatura sem alma; quando alguém se ergue pela dignidade, e pode ainda ser tão amargo, tão pobre, tão problemático e tão perigoso, esse alguém faz a nossa vida ter algum valor.

Contudo, os chineses sempre se deparam com tal pergunta e com frequência têm respondido: o homem precisa de dignidade e consciência? Ideais, consciência, compaixão, senso de justiça, vergonha... não se pode comer tudo isso, com isso não se faz dinheiro, papo furado que não tem serventia alguma ao Estado e ao homem! E as coisas que se pode comer são apenas um incansável vaguear.

Sem dúvida uma justiça que não se apoia em um poder real é impotente, mas um poder real que não se ampara na justiça é maléfico. Quando, na escolha entre a impotência da justiça e um poder real maligno, a maioria decide-se pelo poder real, então o mal será sempre o lobo e a humanidade, sempre a ovelha.

Apesar disso, a humanidade tem caminhos, caminhos milagrosos, como os apóstolos de Jesus venceram a espada dos césares; foi uma justiça engrandecida pelo amor. Temos a vitória que a resistência dos seguidores de Gandhi e Martin Luther King alcançaram, renascimentos históricos nos quais a justiça sobrepujou o poder.

Por isso, Jesus tornou-se um ídolo das questões justas: frente à tentação do poder, do dinheiro e da beleza, Jesus disse "não"; mesmo em face da crucificação iminente, Jesus ateve-se ao "não".

Mais importante ainda é que Jesus disse o "não" sem ódio e desejo de vingança, olho por olho, dente por dente, mas pleno de amor e tolerância infinitos; ele não clamou para se enfrentar violência com violência, mas manteve-se em sua resistência passiva e pacífica, tomou a cruz para si e disse, calmamente, "não"!

Independentemente do quanto o mundo ainda ficará secularizado e pragmático, enquanto Jesus, filho de Deus, estiver ali, haverá no mundo entusiasmo, maravilhas e beleza.

Agosto de 1998, no Instituto de Reeducação de Dalian

Fonte: *Da jiyuan* (*Epoch Times*), 18 de julho de 2004

BA JIN, UMA BANDEIRA BRANCA INDOLENTE

EM 7 DE OUTUBRO DE 2007, BA JIN, o centenário senhor com seus sucessos literários e sua decência irrepreensível, foi redimido – junto com sua justificativa para *Dizer a verdade*, a qual ele nunca cumpriu plenamente, junto com sua inquietude interior, da qual ele nunca se livrou, junto com suas ideias de um "Museu da Revolução Cultural", que ele nunca conseguiu concretizar conforme desejado.

Na tarde de 24 de outubro, aconteceu a despedida solene de seus restos mortais na agência funerária Longhua, em Shanghai. Hu Jintao e outras importantes personalidades entre os comunistas chineses enviaram coroas de flores; Jia Qingling, o presidente da Conferência Consultiva Política do Povo Chinês, e outros prestavam as condolências no local, panegíricos de personalidades famosas da vida cultural inundavam a mídia importante do país.

Especificamente no contexto chinês, uma honra como essa sem rigor excessivo, sem pedantismos e sem exagero é possível apenas diante do corpo desse homem centenário. Quem apreciava a obra de Ba Jin deveria mesmo lamentar a morte daquele que surpreendeu as pessoas, que além disso pediu para "dizer a verdade", "arrepender-se" e "fundar um Museu da Revolução Cultural"; deveria mesmo agir para completar seu último desejo; pela covardia e cegueira de Ba Jin, pode-se também alegar compaixão e compreensão. Pois numa China dominada pela tirania, tais celebridades, como Ma Yanchun, que preferiria morrer a se curvar, podem ser "caracteres" acentuadamente raros – sem falar de um santo como Lin Zhao. Se o rigor levaria facilmente a criticar alguém "até a morte", então leva necessariamente a uma exaltação sem limites louvar alguém *post mortem*.

O luto mantido sob a direção oficial para Ba Jin é uma demonstração da frente única dos comunistas chineses e de seus literatos. Os comunistas chineses concederam a ele, a título de caridade, o título de "escritor do povo" e "mestre da literatura"; na notícia publicada pela agência de notícias Xinhua, com um total de 1.121 ideogramas: "Jia Qinglin, entre outros, prestaram suas últimas homenagens na cremação dos restos mortais de Ba Jin em uma agência funerária de Shanghai", apenas 222 ideogramas diziam respeito ao funeral de Ba Jin. A perseguição à qual ele foi exposto durante a Revolução Cultural não foi sequer mencionada, muito menos se comentou sobre seu "Dizer a verdade", seu "Arrependimento" e seu "Museu da Revolução Cultural", mas 889 ideogramas foram utilizados para a participação das autoridades competentes do PC, entre eles 583 para a enumeração dos nomes de seus oficiais de alto escalão.

Quando se olha com mais cuidado o luto do mundo cultural por Ba Jin, ele mostra uma tendência à glorificação ilimitada. Literatos, como Wang Meng, entre outros, levantaram seus chapéus para ele, "uma bandeira" e "uma consciência do século", mas nenhuma pessoa parecia disposta a "Dizer a verdade", a mostrar "Arrependimento" e a aceitar a herança de Ba Jin.

Assim disse, por exemplo, Yu Qiuyu: a última exortação de Ba Jin, "Dizer a verdade", seria "de extrema importância", ela seria "a admoestação deste século"; Shu Yi comentou: "As 'anotações à margem' de Ba Jin são um monumento".

Apesar disso, até hoje nenhum dos dois mostra nenhum arrependimento, Yu Qiuyu, por seu surgimento na Revolução Cultural, Shu Yin, por seu comportamento durante a Revolução Cultural, como ela colocou a causa justa acima da família e criticou seu próprio avô, o escritor Lao She.

Não apenas porque ela de forma alguma disse a verdade, mas porque ela nunca se envergonhou em mentir com tanta eloquência. Por isso, declarações de luto como aquelas, com sua glorificação sem limites, nada mais são que mais uma encenação cínica.

Aos meus olhos, quando se coloca em comparação internacional, não há em princípio nenhum mestre na história da moderna literatura chinesa.

No que diz respeito às proezas literárias de Ba Jin, ele foi nada mais, nada menos que um escritor influente, mas não um mestre da literatura. Como alguém que estudou literatura chinesa na universidade, principalmente a história da literatura moderna pós-1949, conheço a estima da qual gozam os seis assim chamados grandes autores da literatura moderna: Lu Xun, Guo Moruo, Mao Dun, Ba Jin, Lao She e Cao Yu. Esses seis parecem monopolizar toda a história da literatura moderna, mas essa separação dos êxitos literários é de natureza política, todos sem exceção são um produto da estratégia da frente única dos comunistas chineses e da descrição histórica por eles dirigida.

Como escritor, Ba Jin apresentava a falha de sua linguagem não ter qualquer originalidade. Além disso, ele escreveu uma série de livros péssimos e sua contribuição para a literatura em idioma chinês fica muito aquém daquela de nomes como Lu Xun, Shen Congwen, Lao She e Cao Yu, sim, ele mal alcança Zhang Ailing e Xiao Hong.

Embora Ba Jin não tenha publicado poucos romances, apenas o romance *Família* pode ser classificado como totalmente aceitável, e apenas no sentido de sua influência social, e não de sua originalidade literária. Os outros romances de Ba Jin são lentos, presunçosos, falta o domínio da expressão, os textos não têm qualquer sensibilidade para o belo, ao menos não consegui lê-los até o fim durante os meus estudos.

Quando se fala em tempo de vida, Ba Jin foi o mais agraciado entre os seis grandes ídolos da literatura chinesa moderna. Tornou-se a primeira autoridade na literatura chinesa que alcançou a idade de cem anos.

Contudo, quando falamos de vida literária e caráter, o mais feliz e, no entanto, o que menos viveu foi Lu Xun. Foi poupado de vegetar, sob o domínio dos comunistas chineses, em coma literário. Faleceu em 1936, sendo poupado de afundar no pântano da mudança coerciva do pensamento, poupado de se humilhar em autocríticas forçadas e, acima de tudo, das críticas combativas públicas, da permanência no estábulo, da prisão, de ser espancado até a morte ou do suicídio pela vergonha insuportável.

Dito de outra forma, o fim carnal prematuro de Lu Xun consumou sua grandeza intelectual. Mesmo quando foi nomeado pelo imperador Mao porta-bandeira "com os ossos mais rígidos" *ex cathedra* e usado como uma estaca com a qual quaisquer protagonistas se digladiavam, não foi culpa de Lu Xun, mas um pecado do sistema totalitário.

Dos outros cinco, Guo Moruo decaiu de um "patife com talento", como Lu Xun o chamava, para um escrevinhador totalmente vergonhoso; Mao Dun, o pequeno-burguês com tendências esquerdistas, tornou-se um joão-bobo comum, escorregadio; de gênio dramático Cao Yu fez-se um bufão medroso e pau-mandado, e Lao She, que a princípio foi elevado a grande mestre dos romances, "escritor do povo", segundo o gosto da capital, foi aniquilado pelo ataque duplo da injustiça de um Estado unipartidário e a insensibilidade de sua mulher e filhos, virando comida de peixe no lago Taiping; o produtivo escritor Ba Jin, que mais viveu e desfrutou da maioria dos privilégios oficiais, tornou-se um paciente pseudocomatoso da literatura.

Quando o sensível Shen Congwen, no início dos anos 50, em virtude das perseguições, tentou sem sucesso tirar a própria vida, seu velho amigo Ba Jin observou e não disse nada; quando Shen Congwen desistiu da literatura e decidiu-se pelo silêncio, Ba Jin ocupava-se em louvar o novo tempo em tons grandiloquentes e em participar da campanha contra Hu Feng, atacando-o enquanto este ainda estava estirado no chão. Sobre Hu Feng e outros que precisaram aguentar a perseguição literária, Ba Jin expressou sua "ira" copiosamente, pediu a palavra diversas vezes com "Eu acuso" em alto e bom som, seus artigos de crítica a Hu Feng foram publicados em parte no jornal *Renmin Ribao*, em parte no *Wenhuibao*. Criticava até mesmo o sorriso de Hu Feng, dizendo-o "cheio de desprezo", e comparava Hu Feng, entre outros, com uma "purulência" que causava náuseas. Chegou a dizer: "É necessário aplicar sobre ele seus próprios métodos: primeiro, nada fazer, segundo, não descansar, é purulência que precisamos espremer!" (vide "Seus crimes precisam ser punidos com severidade", *in*: *Wenhuibao*, 27/5/1955).

Durante a campanha contra os dissidentes direitistas, que tinha uma dimensão muito maior, muitos amigos e pessoas próximas de Ba Jin enfrentaram dificuldades, mas Ba Jin escapou com sorte da catástrofe, pois começou a desdobrar-se em expressões de lealdade. Nas grandes festividades do jubileu de dez anos da tomada do poder pelos comunistas chineses em 1959, Ba Jin publicou sete artigos consecutivos que tinham títulos como "Queremos construir o céu sobre a Terra", "Boas-vindas à nova luz", "Um capítulo glorioso e incomparável".

Mas a lealdade de Ba Jin não conseguiu manter todo o ódio longe de seus calcanhares. A Revolução Cultural, na qual tudo foi varrido, atingiu também a família de Ba Jin. Quando Lao She resolveu suicidar-se em virtude das centenas de humilhações sofridas durante a Revolução Cultural, a família de Ba Jin foi atacada pela primeira vez após 1949. Os guardas vermelhos pularam o muro, invadiram a casa e colocaram toda a família de Ba Jin em fila no quintal.

A mulher de Ba Jin, Xiao Shan, escapou deles e prestou queixa na delegacia de polícia mais próxima, mas para sua surpresa a polícia não ousou intervir. Ba Jin, duas irmãs mais jovens e sua filha, Li Xiaolin, foram trancados juntos no banheiro; mais tarde, Ba Jin foi enxotado para o estábulo e precisou aguentar uma crítica combativa sobre si mesmo; em uma escola de treinamento "7 de maio" ele escreveu uma autocrítica humilhante, na qual criticava e desmascarava colegas. Sua mulher, Xiao Shan, sucumbiu a uma doença durante a Revolução Cultural, e Ba Jin não conseguiu sequer lhe prestar as últimas homenagens.

A despeito disso, Ba Jin escreveu nos anos 80 suas "Anotações à margem" da política de reformas e abertura, nas quais ele defendia a "verdade" e o "sentimento de remorso" e dissecava o processo no qual ele se transformaria "num animal". Teve medo de enfrentar Hu Feng após a reabilitação deste, mas em suas "Anotações à margem" expressou seu arrependimento perante Hu Feng e os outros; pediu para que fosse construído um "Museu da Revolução Cultural" para lá reunir ensinamentos da História e evitar que tragédias semelhantes se repetissem.

Acima de tudo, esse arrependimento de Ba Jin mostrou uma decência que foi uma raridade extraordinária no sentimentalismo da antiga cena literária e as sombras indistintas do homem que fora antes de 1949.

Mas também é necessário enxergar que sua verdade e seu arrependimento tinham limites e ele permanecia encerrado no quadro determinado pelas autoridades competentes. Assim, por exemplo, ele disse a verdade com relação à Revolução Cultural definida pelas autoridades competentes como "catástrofe de dez anos" e expressou seu remorso perante Hu Feng e os outros apenas quando estavam oficialmente reabilitados, mas não encontrou a verdade com relação à campanha de limpeza ideológica dos anos 80 "contra a sujeira intelectual", "contra o liberalismo" e à crítica ao filme *Amor amargo*; no silêncio opressivo após o massacre de 4 de Junho de 1989 e durante toda a década de 90, quando mais precisávamos de uma palavra de verdade, Ba Jin adotou para si o lema: silenciar é ouro!

Portanto, não surpreende quando o famoso estudioso Zhu Xueqin se pergunta: "Ele (Ba Jin) disse que viveu nos últimos dez anos apenas com três palavras: dizer a verdade. Nos últimos anos, tantas palavras da verdade deveriam ter sido ditas e o senhor, velho senhor, precisaria ter dito algo! Não precisava ser muito, talvez uma frase, seria pedir muito? Ninguém teria proibido tal frase, não é?"

Isso significa também que a covardia de Ba Jin na segunda metade da vida foi mais intensa que seu decoro, não raro mentiu quando disse a verdade. Quando alguém afirma que o autor independente pré-1949, que publicou o clamor "Eu acuso", teria representado toda uma geração de jovens depressivos, esse Ba Jin, autor independente pós-1949, estava morto, nada mais restou além de um "literato contratado", um "vaso de flores de enfeite da política".

De 1999 até sua morte, permaneceu num quarto especial de um famoso hospital de Shanghai o último corifeu da literatura chinesa; quem quisesse visitá-lo precisava de uma permissão especial. Somente quando ele faleceu, o público soube que estava num quarto qualquer no térreo do hospital Huandong e que todo o andar, inclusive o elevador, era vigiado pelo pessoal de segurança.

Esse "escritor do povo", que não podia mais falar, que ninguém mais reconhecia, que não conseguia mais mover as mãos, cujos pés não o carregavam mais a lugar algum, que não ingeria mais nada nem retinha mais nada em si, vegetava apenas e talvez nem conseguisse mais sentir qualquer dor. Contudo, os meios de comunicação diziam que Ba Jin ainda estaria em condições de agradecer com um leve menear de cabeça aos altos oficiais dos comunistas chineses, que o cumprimentavam por seu aniversário.

Dizem que custou 30 mil yuan por dia para manter Ba Jin vivo, que para Shanghai, que já vivia uma explosão econômica, eram uma bagatela. Quando se tratava de se ornamentar com a atitude de "fomento à cultura", com certeza o Partido autocrático não se importava com dinheiro.

O fato de homens doentes regerem o Estado é uma peculiaridade dos Estados despóticos. Como na época em que Mao não conseguia mais formular uma palavra com clareza, mas ainda exerce autoridade pela posição de sua boca para dizer milhares de frases com apenas uma oração e dominar um país gigantesco com mais de um bilhão de pessoas.

Ba Jin, já com idade avançada, ficara mais doente que Mao Zedong. Contam que, quando Ba Jin eventualmente estava em plena consciência, requisitou diversas vezes a eutanásia, o que lhe foi negado todas as vezes. Pois nem o Partido, tampouco a família, muito menos as pessoas que amavam ardorosa e intimamente o grande senhor da literatura, chegavam a um acordo nesse sentido. Ba Jin não conseguia se impor contra as pessoas que necessariamente queriam impedi-lo de caminhar, portanto ele obedecia, por bem ou por mal, a uma grande verdade, que era mais grandiosa e superior que seu sofrimento, e dizia que "permaneceria vivo por todos".

Por esse motivo, ele ainda continuava a viver como cabeça de uma cena literária "reunida como peças de um jogo" – como presidente da Associação dos Escritores Comunistas Chineses e vice-presidente da Conferência Consultiva Política. Para muitas grandes encenações, nas quais ele foi coberto de hinos de louvor, seu honrado nome ainda era utilizado. Assim, por exemplo, Ba Jin, esse "corifeu da literatura", em seu aniversário, recebendo cuidados da família e do pessoal do hospital, precisava aguentar as medidas mentirosas dos poderosos despóticos e dos charlatões da cena literária e as congratulações de pessoas de todo o país, principalmente dos estudantes. Em 2003, todo o país cumprimentou Ba Jin por seu centésimo aniversário, ele recebeu o título de honra de "escritor do povo", e Wen Jiabao apareceu pessoalmente ao lado de seu leito.

A frente única entre os criadores culturais e os governantes existe na China desde sempre, teve seu início ainda antes da unificação do reino pelo primeiro imperador Qin, quando os regentes dos diferentes reinos alimentavam muito dessa clientela. Nesse aspecto, os comunistas chineses são muito mais criativos que seus predecessores, são tão cruéis quanto versáteis nesse jogo (que de forma alguma se assemelha à frente única de Stalin e Gorki); e como eles entram no jogo depende sempre das necessidades políticas dos comunistas chineses. Quando precisam de algum ornamento, são antigos vasos de flores de valor inestimável, e eles os colocam bem à mostra; quando não precisam mais deles, não passam de entulho e restos de argila e são guardados bem longe. Enquanto Ba Jin era de utilidade prática aos olhos dos comunistas chineses, precisavam cultivar seu amor incondicionalmente e protegê-lo, por medo de que algo pudesse se romper pelo mínimo descuido – e seria apenas pelo fato de o valor íntimo dessa antiguidade ser perdido prematuramente!

Embora Ba Jin ficasse bem longe, em uma cama de hospital em Shanghai, em 2002 foi eleito vice-presidente pelos delegados da Décima Conferência Consultiva Nacional do Povo Chinês no Congresso Popular Nacional e na Conferência Consultiva do Povo Chinês, no Grande Salão do Povo. Naquele momento, as autoridades responsáveis dos comunistas chineses, que mantinham Ba Jin vivo com todo poder e faziam de um paciente em estado vegetativo uma personalidade de liderança do Estado, cobravam de todo o país o preço moral desse ato. E esse preço era a desesperança.

Após a morte de Ba Jin, foi publicada reportagem no *Jornal Vespertino de Jinling* de 18 de outubro: "Ontem à noite, pouco depois das sete horas, nosso repórter recebeu a triste notícia da morte de Ba Jin e rumou rapidamente para o local, mas o pessoal de segurança, esperando grande balbúrdia da imprensa, havia isolado tudo hermeticamente; também alguns policiais armados seguiram para o local do acontecimento e vigiaram as duas entradas do hospital; apenas carros da administração municipal de Shanghai entravam e saíam diretamente, as personalidades líderes da cidade prestavam ao velho Ba Jin sua última homenagem. Os repórteres nas portas do hospital se acumulavam cada vez mais e o pessoal de segurança reforçava ainda mais a vigilância".

Esse isolamento pela morte de Ba Jin por forças armadas dos comunistas chineses, que excluíam repórteres e o público e permitiam a entrada apenas de seus oficiais, mostra de forma bastante patente o último Ba Jin, que foi alimentado e sacrificado pelos comunistas chineses. Era tudo, exceto a "consciência do século" da China, era um espelho dos intelectuais na China totalitária, e o abismo entre sua fama imensa, a mediocridade de sua obra e a torpeza de seu caráter resulta numa aparência que é comum a quase todas as celebridades entre os intelectuais chineses contemporâneos. Os hinos que foram cantados a Ba Jin na época por literatos e altos oficiais do Partido são uma continuação de tal aparência.

A honraria póstuma de Ba Jin como "grande mestre", como "consciência" e "bandeira" não mostra a atenção da *intelectualidade* de hoje diante de Ba Jin, mas a afetividade dessa *intelectualidade* na época do cinismo: ela desmascara o isolamento, a condescendência e a concentração do poder político como escravos mais elevados desse mesmo poder; os louvores esplêndidos, excessivos e carregados com falsa afetividade dos intelectuais são uma continuação da ignomínia.

Quando se deseja tornar Ba Jin necessariamente uma "bandeira", é muito mais uma "bandeira branca", com a qual os intelectuais chineses abdicaram de sua independência e capitularam diante do poder autocrático. Nesse sentido, é triste que a *intelligentsia* chinesa, que precisou aguentar tantas catástrofes e lições amargas, ainda faça dessa "bandeira branca indolente" uma "flâmula tremulando alto no céu".

25 de outubro de 2005, em casa, em Beijing
Publicado pela primeira vez em: *Minzhu zhongguo* (China Democrática)
http://www.minzhuzhongguo.org

A ATUAL PERSEGUIÇÃO DA PALAVRA E O APOIO DA SOCIEDADE CIVIL E DA OPINIÃO PÚBLICA

A CHINA É UM GRANDE PAÍS NO QUAL a perseguição da palavra sempre esteve na ordem do dia. Da "queima de livros e intelectuais*" de Qinshi Huangdi até a "campanha contra os dissidentes direitistas" e a "Revolução Cultural" de Mao Zedong, a série de vítimas dos processos literários nunca foi rompida e cresceu de forma desmedida com base na responsabilidade do clã. Mesmo que a China de hoje tenha chegado ao trigésimo ano de sua política de reforma e abertura, ainda amargam em suas cadeias oitenta jornalistas e autores internautas.

Ainda mais exagerado é o fato de que, quando os Jogos Olímpicos se aproximavam, não se conseguia mais saber nada sobre a série ininterrupta de perseguições pela palavra dentro dos meios de comunicação chineses.

1. PERSEGUIÇÃO DA PALAVRA PELOS OFICIAIS MUNICIPAIS

O caso dos poemas de Pengshui – em agosto de 2006, por um SMS no celular no qual satirizava as autoridades municipais sob o título clássico "Primavera no jardim da princesa Qin" e descrevia a verdadeira situação de Pengshui, um funcionário do departamento pessoal do Comitê Educacional do município de Pengshui, na cidade de Chongqing, chamado Qin Zhongfei, foi lançado na prisão pelo secretário do comitê distrital, Lan Qinghua, e pelo prefeito do município, Zhou Wei, sob acusação de "dano à reputação e difamação da liderança do município". Mais tarde, Qin Zhongfei foi liberado graças à pressão da opinião pública e ao respaldo na lei e recebeu do Estado uma indenização de 2.124,70 yuan.

---

* Uma ação que ocorreu no ano de 213 a.C., era do Primeiro Imperador, e custou a vida de centenas de intelectuais. (N.E.)

O caso literário de Jishan – em abril de 2007, três funcionários da área de Ciência e Tecnologia do município de Jishan, província de Shanxi, chamados Nan Huirong, Xue Zhijing e Yang Qinyu, montaram um texto a partir de materiais sobre o secretário do comitê distrital, Li Runshan, e o enviaram a 37 autoridades da região. No texto, eles expressavam sua insatisfação com Li Runshan e o criticavam em diversos pontos. Dias depois, os três foram presos por "dano à reputação e difamação". Além disso, Nan Huirong e os outros, em uma conferência convocada pelo comitê distrital que servia como alerta, na qual participaram mais de quinhentos funcionários da área científica, foram obrigados a fazer uma autocrítica e reconhecer sua culpa algemados.

O caso das canções de Danzhou – em julho de 2007, dois professores da Segunda Escola Secundária, chamados Li e Liu, fundaram um fórum na internet onde criticavam no dialeto de Danzhou e na forma de canções montanhesas uma decisão da administração de Danzhou de mudar a Segunda Escola Secundária para Escola Secundária Dongpo. Sob a "acusação de ataques pessoais e danos à reputação difamatórios a personalidades de liderança da cidade", os dois professores foram detidos pela polícia com prisão disciplinar de quinze dias.

O caso do fórum de Gaotang – em dezembro de 2006, alguns cidadãos, como Dong Wei, Wang Zifeng e Hu Dongchen, após discutirem assuntos governamentais de sua região no fórum de Gaotang, do portal de internet Baidu, foram presos sob "acusação de ofensa e difamação do secretário do comitê distrital em exercício de Gaotang, Sun Lanyu". Mais tarde, em 21 de janeiro de 2007, o município tomou a decisão por vias oficiais, graças à pressão da opinião pública e ao respaldo legal, de revogar a prisão e liberar os envolvidos. No fim das contas, estes últimos instauraram uma ação indenizatória e receberam cada um uma compensação estadual de 1,7 mil yuan.

O caso dos livros de Mengzhou – em dezembro de 2007, seis camponeses de Mengzhou, em Henan, reportaram mau uso do dinheiro público de um vilarejo na ampliação de um mercado de bebidas alcoólicas. Imprimiram um folheto com o título "Clamor por justiça", no qual, entre outros, criticavam o vice-prefeito e o antigo vice-líder do departamento de frente única do comitê distrital de Mengzhou. Os seis camponeses não conseguiram a justiça pela qual clamavam, mas foram condenados pelo juiz local a meio ano de prisão por "difamação". Pior ainda é que os camponeses foram arrastados duas vezes pela rua para humilhação pública.

O caso Zhu Wenna – em 1º de janeiro de 2008, a revista *Faren* (O jurista), de responsabilidade da Sociedade Editorial Fazhi ribao (diário "O Sistema Jurídico"), trouxe um artigo de Zhu Wenna que criticava o secretário do comitê distrital, Zhang Zhiguo, do distrito de Xifeng, cidade de Tieling, província de Liaoning. Em 4 de janeiro, oficiais da Segurança Pública apareceram na editora dos "juristas" e prenderam a jornalista Zhu Wenna com a seguinte acusação: "difamação". O Departamento de Segurança Pública do distrito, por pressão da opinião pública, retirou posteriormente a ordem de prisão e desculpou-se. Em 4 de fevereiro de 2008, o secretário do comitê distrital, Zhang Zhiguo, seguindo instruções de cima, assumiu a responsabilidade, voltou atrás e redigiu uma autocrítica detalhada para o comitê municipal de Tieling. O comitê municipal era da opinião de que "no caso da prisão da jornalista Zhu Wenna na capital", o Departamento de Segurança Pública teria agido, na denúncia e prisão, com consentimento do secretário do comitê distrital, Zhang Zhiguo, mas este teria pouco discernimento e, por isso, o departamento deveria assumir diretamente a responsabilidade por esse acontecimento. Essa perseguição de autores e jornalistas fundamenta-se na barbárie do sistema autocrático e na piora da administração atual.

Em primeiro lugar, o sistema autocrático na China mantém-se há mais de um milênio e até hoje não sofreu mudanças em seus fundamentos. A antiga autocracia era um império sob o céu, o poder do imperador não aceitava qualquer desafio, mas uma minoria extrema de imperadores esclarecidos havia abolido as leis que "criminalizavam as palavras" (como Han Wendi com o "crime de difamação e heresia"); no reino partidário da moderna autocracia, o poder do Partido suporta ainda menos qualquer dissidência política e pode-se dizer que a perseguição catastrófica da palavra na época de Mao Zedong alcançou seu ápice absoluto. Mesmo após trinta anos de reformas, no sistema em que o poder do Partido está acima de tudo, não houve a mínima mudança: do Comitê Central até as administrações regionais, sempre é o secretário do comitê do Partido que tem "tudo na mão", toda a autoridade, como bem descreve uma nova canção popular: "O secretário acena, o Congresso Popular autoriza, o governo pula, a Conferência Consultiva aplaude".

As administrações regionais em todos os níveis são sempre bárbaras e brutais, a caça pela maior vantagem pessoal possível pelos oficiais transforma-se num "carreirismo do oficialato", e esse "carreirismo" deriva da corrupção generalizada do aparelho dos oficiais e de um desperdício do patrimônio da população trabalhadora pelo avanço dos oficiais. Aqui também se origina a "política do silêncio", na qual "criar prosperidade à população" transforma-se em "oprimir a massa" e em "anunciar a calamidade". Muitas personalidades da vida pública que revelaram a corrupção de oficiais locais foram enviadas para a cadeia – e mesmo quando os oficiais corruptos finalmente precisam renunciar, as personalidades da sociedade civil que agiram contra a corrupção não recebem um bom tratamento.

Além disso, no império unipartidário da China, o poder do Partido está acima de tudo, as notícias não são livres, a justiça não é independente, a promulgação e a execução das leis são controladas pela vontade e em favor de um único Partido, a função mais importante do aparato do poder da polícia etc. é a de um instrumento para manutenção do poder da autocracia. Mesmo que na Constituição chinesa esteja estabelecido o direito dos cidadãos à "livre expressão do pensamento", os comunistas chineses não se fazem de rogados em violar a sua própria Constituição em público quando se trata de proteger a supremacia do Partido; no parágrafo 105 do Código Penal existe "o crime de incitação para subversão do Estado e do governo", que constitui o fundamento jurídico para a perseguição da palavra. Por isso, sempre implica um alto risco criticar os comunistas chineses e seus oficiais superiores e inferiores. Dessa maneira, nunca falta um preso político nos cárceres chineses.

Na política real, as leis e a máquina da ditadura são instrumentos para sua proteção; tanto os simples "oficiais florestais" como os secretários dos comitês distritais, nos poucos hectares pelos quais são responsáveis, são imperadores que podem cobrir o céu com uma mão – e quem provocar o descontentamento do imperador voltará à cadeia assim que possível.

E, ainda assim, a falência dos ideais comunistas e o fomento de uma primazia do lucro transformaram, desde o início das reformas, o Partido revolucionário dos comunistas chineses em Partido do lucro, o oficialato fica a cada dia mais degenerado, a administração piora dia após dia, e não apenas pela ligação do oficialato com o comércio, mas também pela aliança de administração e crime; as sociedades secretas já se infiltraram em alguns governos. As sociedades secretas compram as autoridades locais com propinas, as autoridades locais utilizam o poder das associações secretas para manter a ira sob controle. Com a consequência de que o comportamento de oficiais do Partido se equipara cada vez mais ao dos padrinhos das sociedades secretas, e não aceitam a menor crítica ou dissidência. Utilizam o aparato da ditadura para cortar a garganta de alguém ou levam essa pessoa a calar-se por métodos escusos.

2. O CONTROLE EFETIVO DA OPINIÃO PÚBLICA SOBRE A PERSEGUIÇÃO POUCO SENSÍVEL DA PALAVRA

Nos dezoito anos que se passaram desde 4 de Junho de 1989, a administração dos comunistas chineses em todos os níveis produziu diversas perseguições da palavra, cujas vítimas em sua maioria são dissidentes políticos e defensores dos direitos civis. Como no sistema chinês esse tipo de perseguição da palavra é um assunto de alto sigilo político, as notícias sobre esses casos devem ser totalmente bloqueadas pela mídia do continente. Quando não se pode anunciar algo na esfera da opinião pública, também não se pode falar que a opinião pública exerce influência auxiliadora.

Como a liberação temporária de uma minoria de presos políticos conhecidos resulta da pressão que importantes países ocidentais exerceram, a "política externa por reféns" é hoje parte integrante da política dos comunistas chineses, com a qual eles reagem à pressão internacional.

A persistência da perseguição da palavra escrita mostra o lado obscuro do continente, mas não se pode dessa maneira ver só a escuridão. Pois não vivemos mais na China de Mao Zedong, onde apenas um tinha a palavra absoluta; o espaço para a liberdade de expressão torna-se necessariamente maior, o movimento de proteção dos direitos da sociedade civil avança, sua sede pelo alcance público chegou a um nível no qual não se perde nenhuma oportunidade, a cada segundo a opinião pública busca uma possibilidade de se expressar e, quando encontra tal oportunidade, ela se impõe com força.

Principalmente com o estabelecimento do confortável instrumento internet, que se tornou uma importante plataforma para a transmissão de informações e para a opinião pública, e um importante motor para a formação desta última.

Após 4 de Junho de 1989, formou-se aos poucos um consenso majoritário a partir do desprezo da sociedade civil pelas tais perseguições da palavra escrita, ampliou-se o impulso para a busca da liberdade de opinião do mundo dos intelectuais e das notícias para todas as esferas da sociedade, sendo esta cada vez mais um bem comum e cada vez mais forte.

Exatamente a calamidade que tais oficiais distritais causaram abriu à sociedade civil uma fissura e lhe concedeu a oportunidade de condenar a perseguição da palavra. Pois as perseguições pelas quais esses oficiais de níveis inferiores eram responsáveis, e suas vítimas, não pertenciam de forma alguma às "forças inimigas" definidas pelo regime (dissidentes políticos ou defensores dos direitos civis), mas aos simples oficiais no serviço público, jornalistas comuns e pessoas totalmente normais; a crítica que elas expressavam não era voltada ao sistema comunista chinês e aos seus representantes superiores, mas contra os chefes distritais e a política regional.

Por isso, essas perseguições eram muito menos sensíveis politicamente, o que possibilitava à forte vontade de expressão da sociedade civil a oportunidade de romper o gargalo da opinião pública, "no qual santo de casa não faz milagre", de forma que as perseguições da palavra e os processos correspondentes puderam penetrar no discurso público do país e também as perseguições atuais da palavra aos poucos são manipuladas na mídia de forma menos sensível.

Nos últimos anos, o rápido desenvolvimento da internet criou o mais valioso espaço de opinião para a participação dos cidadãos do continente nos assuntos públicos. De um lado, a internet mudou a situação na qual as pessoas no continente não tinham qualquer possibilidade de obter informações verdadeiras e objetivas. Por outro lado, a internet é a plataforma mais tranquila para a opinião pública, que quebrou o monopólio das elites sobre a opinião pública de forma que esta última fosse cada vez mais definida pelos cidadãos comuns. Ocasiões culturais, econômicas e políticas importantes dos anos passados foram sem exceção avaliadas pela opinião pública na internet.

Por isso, bastou a atenção intensa da sociedade civil à perseguição da palavra para iniciar a avalanche da opinião pública que se transformou em longas reportagens e em crítica política nos jornais do continente. Jornais como *Nanfang duschibao*, *Nanfang Zhoumo* e *Zhongguo Quingnianbao*, que sempre foram esclarecidos, lançavam reportagens investigativas e contínuas críticas de forma que mesmo a agência de notícias Nova China, o megafone dos comunistas chineses, com frequência fazia críticas ferrenhas à perseguição da palavra.

Por exemplo, isso aconteceu com um comentário assinado por Wang Ping, publicado sob o título "Por que os protagonistas das 'perseguições da palavra' sempre são secretários de comitês distritais" na Rede Xinhua, que por um tempo foi uma verdadeira atração que todos os grandes websites se apressavam para postar.

No site de busca Baidu, o número total de entradas com relação a essas perseguições de palavra causadas pelos secretários de comitês distritais aumentou de repente para mais de cem mil; apenas para o artigo "Por que os protagonistas das 'perseguições da palavra' sempre são secretários de comitês distritais" havia 5.580 resultados.

Não importava qual fosse o tipo de perseguição da palavra, era necessário apenas encontrar uma possibilidade de publicar na mídia do continente e logo a atenção da opinião pública da sociedade civil no continente, de onde vinha um apoio seguro para os envolvidos, era atraída de forma intensa e absoluta.

Mesmo quando esse apoio da opinião pública aos envolvidos não tinha nenhum efeito totalmente satisfatório e também nenhuma possibilidade de causar a execução jurídica dos criminosos, mostrava no mínimo resultados razoavelmente adequados, ou seja, conseguia tirar o peso do encarceramento das costas das vítimas e ao menos indenizações estatais, tinha condições de intimidar os criminosos para que não lhes restasse outra opção senão revogar suas diretivas e se desculpar, sim, até mesmo fazer com que os níveis superiores tomassem medidas disciplinares quanto aos respectivos oficiais.

Dessa forma, os envolvidos nos casos do poema de Pengshui e do fórum de Gaotang foram libertados da prisão e receberam uma indenização, o responsável pelo caso Zhu Wenna, o secretário do comitê distrital Xifeng Zhang Zhiguo, teve de renunciar ao cargo por ordem superior.

Mesmo que na China atual as autoridades competentes oscilem entre o relaxamento e a intensificação no controle da opinião, foi inevitável o aumento da ânsia com a qual a sociedade civil luta pela liberdade de expressão. Por exemplo, nos anos 90, todas as cartas abertas publicadas pela sociedade civil sobre a perseguição da palavra eram assinadas, quando muito, por algumas dúzias de pessoas. Com a entrada na era da internet, essas cartas abertas eram assinadas por algumas dúzias de pessoas quando eram poucas, quando muitas, por alguns milhares.

Dessa maneira, a carta aberta em apoio aos envolvidos no "Caso de Nandu" foi assinada por mais de 3 mil pessoas apenas do mundo das notícias. E a pressão imensa da opinião pública no país e no exterior com relação a esse caso fez com que as pessoas encarceradas, em primeiro lugar Deng Haiyan e Cheng Yizhong, fossem libertadas em abril de 2004 (fundamentação oficial: "falta de provas"); Li Minying e Yu Huafeng primeiro conseguiram uma imensa alteração da sentença, em seguida uma diminuição considerável da pena, então Li Minying recebeu a liberdade em 12 de fevereiro de 2007, e Yu Huafeng, em 8 de fevereiro de 2008.

A resistência contra a perseguição da palavra é uma luta direta pela liberdade de opinião; não é apenas uma parte importante do movimento de proteção dos direitos, mas também o primeiro instrumento para suas outras áreas. A proteção da liberdade de expressão é quase algo como a condição fundamental para qualquer tipo de proteção de direitos da sociedade civil. Ou, pode-se dizer, quase toda a proteção de direitos da sociedade civil precisa ser comunicada pela internet à opinião pública do país e estrangeira.

Nesse sentido, não importa se falamos de um caso de proteção de direitos isolado ou de proteção contra uma lei perversa, contanto que se possa formar uma opinião pública no país, será possível chegar a um direito ao esclarecimento e também ao apoio pela opinião pública.

As experiências do movimento de proteção de direitos da sociedade civil nos últimos anos provam que, nas vezes nas quais se chegou a um resultado satisfatório em um determinado caso, sempre houve uma ruptura importante na luta pelo direito à liberdade de publicação, informação, expressão e imprensa. Isso significa também que a sociedade e a mídia esclarecida, mesmo quando o controle das opiniões no continente vigora como sempre vigorou, têm condições de exercer um certo efeito de apoio pela opinião pública e, nos casos de violações dos direitos humanos que tenham grande visibilidade no país e no exterior, alcançar resultados satisfatórios. Existe até mesmo uma série de perseguições da palavra sigilosas e politicamente explosivas como, entre outros, os casos de Liu Di, Du Daobin, Sun Dawu e Bing Dian, nos quais a opinião pública da sociedade civil também teve condições de alcançar algum sucesso.

Assim, fica difícil de tomar as rédeas do crescimento contínuo e espontâneo dos websites da sociedade civil, mesmo quando o âmbito oficial controla a internet com todos os meios imagináveis, promulga constantemente leis e determinações sobre esse controle, investe somas grandiosas para levantar uma "Grande Muralha" em torno da internet e do número crescente de usuários e contrata escritores para ter nas mãos os formadores de opinião na internet.

Particularmente o mundo da *intelligentsia* liberal esgota a mídia de internet o tempo todo, em cada área cultural existe um website da sociedade civil ou parcialmente dela com tendências liberais, entre eles até mesmo alguns websites criados pela mídia oficial, como o "Fórum Estado Forte", o "Fórum Nova China", "Juventude Chinesa On-line" e o "Rede Sul", nos quais surge uma quantidade de artigos críticos sobre o sistema atual e as decisões políticas do alto escalão e se educa uma sociedade civil bastante objetiva.

Ao mesmo tempo, o isolamento dos comunistas chineses não consegue bloquear a mídia de internet do exterior, cada vez mais as pessoas no continente utilizam softwares desenvolvidos no exterior para romper o isolamento. Pela internet, na qual o mundo está conectado em uma única comunidade, a participação do público internacional nas questões comuns da China torna-se cada vez mais profunda, e a sua influência, cada vez mais ampla.

A mídia do exterior traz à comunidade internauta do continente uma multiplicidade de informações nunca antes existente; os artigos explosivos de dissidentes também alcançam o país por meio de websites estrangeiros.

O crescimento diário da comunidade internauta permite também a alguns oficiais de mente aberta expressar sua afeição ao povo com ajuda da internet. Assim, as centenas de milhares de pessoas que, durante as nevascas catastróficas de 2008, ficaram presas nas estações de trem da província de Guangdong foram um dos focos da imprensa. Para acalmar as emoções da população, o recém-empossado secretário do comitê da província, Wang Yang, e o governador da província, Huang Huahua, publicaram no website "oeeee.com" uma "Carta aos amigos internautas de Guangdong".

Essa carta não foi apenas mantida na linguagem corrente da comunidade internauta, mas cumprimentava expressamente – um procedimento bastante raro – suas críticas ao governo. A carta trazia o seguinte: muitos amigos da comunidade internauta mostraram "sabedoria, discernimento, paixão e energia" diante das nevascas e do frio incomuns e catastróficos dos últimos tempos, muitos usuários da internet trouxeram ideias e propostas muito boas e foram "uma base importante para apoiar nossas decisões; no caso de perguntas que são caras a todos nós, estamos prontos para ouvir a todos na internet; quando nosso trabalho e nossas decisões não forem suficientes, qualquer 'pedrada' que tomarmos na rede será bem-vinda".

Mesmo que no continente, onde não há qualquer transparência da imprensa, tal influência quantificada pela participação da opinião pública nos processos políticos decisórios quase não seja valorizada, a participação da sociedade civil nos assuntos públicos por meio da internet expande-se rapidamente e ganha mais influência sobre os diversos fenômenos sociais, sobre o público e os atos governamentais.

Somente no ano de 2007, houve uma série de grandes ondas da opinião pública, por exemplo, com relação à "residência dos despejados relutantes", às "olarias clandestinas", aos casos de "Nie Shubin", ao "poema de Pengshui", ao "homicídio por um vigilante municipal", à "proposta para abolição da reeducação pelo trabalho", a "Xifeng" e assim por diante, de forma que é possível chamar esse ano de "o primeiro ano das questões públicas" ou "o ano da opinião popular".

No continente chinês, onde coexistem o controle relacionado ao escudo protetor do poder despótico e um espaço de opinião cada vez maior baseado na pluralização da sociedade, os impulsos e atos heroico-morais que desafiam o governo em nome da justiça são uma raridade extrema, enquanto uma "prontidão para ação" bastante silenciosa se tornou a marca essencial da sociedade civil. Essas pessoas dispõem do conhecimento geral liberalista e da capacidade de criar fatos, bem como da vocação de empreender a resistência de forma inteligente e tática e com isso se proteger; sob as condições estabelecidas, nas quais nada mudará em curto prazo na macroestrutura, elas estão ansiosas, na microestrutura que nos cerca, para realizar o máximo de alterações possível; mesmo que no âmbito moral haja algumas possibilidades aqui, não são particularmente persuasivas, mas formam um componente ativo na luta pela liberdade de opinião.

A comunidade internauta rompe ato contínuo o controle de opinião oficial e é incansável na ampliação do espaço de opinião da sociedade civil, o que ela consegue também centímetro a centímetro. Essa energia da sociedade civil é a maior esperança para uma concretização da liberdade de expressão na China.

Mesmo que a China de hoje, em comparação com a era Mao, inclusive se comparada com os anos 90, comece a mostrar um crescimento contínuo da eficácia da pressão da opinião pública da sociedade civil nos resultados acima mencionados nos casos de direitos humanos, ainda estamos muito longe de uma garantia e de um apoio sistêmico à proteção dos direitos humanos. O apoio à proteção dos direitos da sociedade civil pela opinião pública é ainda mais espontâneo, externo ao sistema e disseminado e pode no futuro ser criminalizado por nosso sistema despótico – mas o tempo das armas maravilhosas da Nomenklatura e do silêncio da sociedade civil acabou de uma vez por todas. Melhor dizendo, esta é uma época na qual luz e sombras, resistência e controle existem lado a lado, a sombra da Nomenklatura não tem mais condições de cobrir por completo a luz da resistência da sociedade civil. A cada enfrentamento de autoridade e população – seja de indivíduos ou grupos –, ficará mais visível a força espontânea da luz e da resistência e a fraqueza interna da sombra e do controle.

19 de fevereiro de 2008, em casa, em Beijing

Fonte: *Ren yu renquan* – Humanity and Human Rights, março de 2008

ONTEM, CÃO SEM DONO; HOJE, CÃO DE GUARDA

OS CHINESES FICAM EMPOLGADOS pela ascensão de seu país a potência. Paralelo à ascensão econômica desenvolve-se um crescimento cultural, o caminho vai da dispersão de dinheiro mundial à exportação de *soft power*. No país, a Televisão Central, após o "entusiasmo pelos clássicos", o "entusiasmo pelo pensamento de Confúcio" e a "inspiração pelo confucionismo" com o "pódio das cem escolas", desencadeou uma "admiração por Confúcio" para ressuscitar a ortodoxia confucionista na China; no exterior, os comunistas chineses investiram intensamente para a ampliação dos "Institutos Confúcio" para exportar o *soft power*. Como a eclosão do pensamento imperial oprimido por mais de um século, ou seja, o "tudo sob o céu" pertence à China, essas atividades formam uma linha em torno do santificado Confúcio no país e no exterior, tornando a "admiração por Confúcio" cada vez maior.

Contudo, por trás dessa onda de entusiasmo e inspiração, não vejo o renascimento da cultura clássica, mas a ressurreição do tradicionalismo como parte de um nacionalismo extremo lançado pelo âmbito oficial. Pois após o 4 de Junho, a Nomenklatura guiou por um lado uma rota antiliberal e contra o desenvolvimento pacífico e, por outro, orientou e alimentou o patriotismo – um patriotismo que há muito é uma das colunas ideológicas do regime comunista chinês e serve muito bem para que o grito oficial do "florescimento da prosperidade" traga consigo um excesso de nacionalismo.

Assim, no final do "Discurso festivo em memória de Confúcio na Festa Internacional da Cultura confucionista em Qufu" foi declarado: "A prosperidade começou, sonhamos com a grande unidade. Felizmente, damos as boas-vindas ao florescimento, o país é forte e impressionante" – um típico exemplo do duplo tom do nacionalismo e da feliz mensagem do florescer econômico.

Há alguns anos, a Televisão Central causou, com sua propagação da cultura tradicional no "Fórum das Cem Escolas", um "entusiasmo por Yu Dan*" que tomou todo o país.

Por um lado, a mídia de massa popularizou e comercializou com sucesso a televisão de Confúcio (usando uma expressão de Lu Xun, fez dele um "Confúcio moderno") exatamente como alguns anos antes fez Mao Zedong. Todos os livros possíveis sobre Confúcio estão há muito entre os produtos altamente lucrativos no mercado livreiro, cada curso sobre a China clássica e cada leitura dos clássicos são altamente lucrativos.

Por outro lado, as falações de Yu Dan sobre Confúcio consistem numa mistura charlatanesca a partir de citações dos clássicos e canções pop conhecidas; suas explicações arbitrárias e rasas sobre Confúcio derramaram no "entusiasmo pela renascença do confucionismo" o entorpecente da trivialização. Segundo *Impressões dos 'Lunyu'* **, de Yu Dan, a quintessência do confucionismo é que todos podem viver com todo o conforto numa postura de cinismo – seja lá o que enfrente, contanto que não se queixe, mas enfrente as coisas com bom humor e poderá sentir-se totalmente em casa e viver feliz e satisfeito.

Exatamente para casar com esse "entusiasmo pelo confucionismo" desencadeado por Yu Dan foi lançado o livro *O cão sem dono – minhas leituras dos 'Lunyu'*, de Li Ling, professor da Universidade de Beijing, no qual ele realiza com esforço exegético uma "desmistificação" restauradora do santificado Confúcio. Em seu "prefácio", ele explica a postura com a qual leu os *Lunyu*: "Meu livro foi escrito a partir da minha visão, aqui não serão encontradas repetições mecânicas de opiniões alheias e não me preocupo também com o que santos de segunda ou terceira classe, o que grandes ou menores mestres disseram. Aquilo que não coincidir de fato com o livro, desculpem, não vou adotar. Quando leio os *Lunyu*, leio o original. Se alguém quiser saber o que Confúcio pensou, precisará olhar o original. Todas as minhas conclusões derivam daquilo que o próprio Confúcio disse – não vou escarnecê-lo com os intelectuais, tampouco agradar as massas populares [...] Quando se lê o livro de Confúcio sem santificá-lo e sem subjugá-lo, pode-se apenas dizer: ele era um Dom Quixote".

Exatamente por essa postura destemida, realista e que não fala o que a massa quer ouvir, Li Ling conseguiu romper com a tradição da veneração sagrada de Confúcio, que se mantém há mais de 2 mil anos. Ele comenta: "Com este livro, gostaria de dizer a todos que Confúcio de forma alguma era

---

* Yu Dan (1965), professora associada na Universidade Normal de Beijing, estudou chinês clássico e tecnologia midiática. (N.E.)

** Analectos de Confúcio. (N.T.)

um santo. O Confúcio a quem imperadores por tempos veneraram não é o verdadeiro, mas um Confúcio "artificial, criado pelo homem". O Confúcio real, o Confúcio vivo, não era santo, tampouco rei, em princípio nem se pode dizer que ele tinha a 'atitude de um santo e a aparência de um rei. [...] Confúcio não era santo, era apenas uma pessoa, uma pessoa de origem humilde, mas que subiu a velho nobre (os verdadeiros nobres) à medida social; uma pessoa ambiciosa com um amor pela Antiguidade, um pupilo incansável, doutrinador, um transmissor da naquela época já antiga cultura, um professor das leituras dos clássicos, um conhecedor da moral, sem qualquer poder ou influência, mas com a coragem de criticar os peixes grandes de seu tempo; um viajante nas questões de doutrina que se preocupava com os governantes, que os exortava até não querer mais a se refinarem e voltarem ao caminho correto; um entusiasta apaixonado que sonhava com uma restauração do domínio do príncipe de Zhou e com uma estabilização do império e das pessoas. Tinha muito medo e desesperança, falava até perder o fôlego, andava sem recursos pelas terras como um cão sem dono. Essa é a verdade".

O nível no qual o autor lê os *Lunyu* é muito superior, tanto no que diz respeito à sua exegese como à sua interpretação, à leitura rasa e arbitrária de Yu Dan. Contudo, mais importante é que Li Ling, como intelectual moderno, traz para o intelectual Confúcio de mais de 2 mil anos atrás uma compreensão bastante amigável, pois no fim das contas ambos tiveram experiências bastante semelhantes.

Ele escreve que Confúcio não se considerava mais do que um cão sem dono. Pois "Confúcio duvidava de sua própria pátria, resmungava em suas andanças para o mar e para as residências dos bárbaros, mas em todos os lugares os senhores feudais o irritavam, ele não conseguia nada, então voltava a sua terra natal. Com idade mais avançada, ficava cada vez mais aflito. Perdeu seu filho, chorou pelo unicórnio* e derramou a última lágrima com a morte de seus pupilos queridos, Yan Hui e Zi You. Morreu em casa – e, mesmo assim, nunca teve um lar. E se ele tinha razão ou não com suas ideias, vejo nele o destino de um intelectual".

E assim foi a crítica de Li Ling sobre o cão sem dono, quando uma grande pedra foi jogada no "entusiasmo por Confúcio" e no "entusiasmo pela China antiga": para os apóstolos morais confucionistas, as emoções estavam em ebulição, eles espumavam e sua ira se descarregava em difamações. Li Ling foi repreendido como "rapaz iracundo", criticado como "escatológico", houve até pessoas que sequer leram seu livro e o estigmatizaram como "lixo".

---

* Qilin, animal mítico semelhante ao unicórnio ocidental, simboliza a bondade, a pureza e a caridade. Esse animal permeia a vida de Confúcio desde o seu nascimento. (N.T.)

O motivo para tanto seria unicamente porque Li Ling chamou Confúcio, no seu livro sobre suas leituras dos *Lunyu*, de "cão sem dono". Assim, pode-se reconhecer que a veneração de Confúcio pelos novos confucionistas na China de hoje chegou ao ponto de "o santo Confúcio" ter se tornado intocável. Por sorte, esses confucionistas modernos não têm qualquer poder político considerável nas mãos – se eles tivessem, provavelmente retornaríamos ao tempo no qual "qualquer frase era verdade e uma frase era como mil frases".

Li Ling é um historiador sério, lê os *Lunyu* não como um livro sagrado, mas para pesquisar a História; o Confúcio que surge de suas exegeses não é santo, mas um intelectual sem lar. Exatamente como ele próprio admite: "Para mim, os *Lunyu* são um requisito da pesquisa histórica, não de oração". De fato, o "cão sem dono" de Li Ling nada mais é que uma reconstrução do pânico dos intelectuais, que durante o período de outono e primavera da China não encontraram em lugar algum um emprego para si. Li Ling interpreta a expressão "cão sem dono" da seguinte maneira: "Todo aquele que traz em si qualquer ideal e não encontra no mundo real um lar espiritual é um cão sem dono".

Na minha visão, essa crítica de Confúcio como um homem "que perdeu o lar espiritual" é muito exagerada. Na realidade, as viagens de Confúcio aos diversos reinos não eram em absoluto uma busca por seu lar espiritual, mas a busca por uma terra onde ele pudesse exercer o poder. Não realizou seu desejo mais profundo, ser "preceptor de um rei", era um "cão sem dono", que não encontrou nenhum poder ao qual pudesse servir. Se naquela época ele conseguisse encontrar um rei que lhe confiasse um cargo importante, teria se tornado logo um "cão de guarda".

Li Ling também não criou a expressão "cão sem dono", foi um julgamento de Confúcio pelos antigos, no mais uma opinião que o próprio Confúcio aprovava. Quando Confúcio, em sua caça vã de catorze anos, rumava de reino para reino, suspirou raivoso em extremo desespero: "Minha situação é desesperadora, o reino não consegue dar conta de mim!".

E apenas por isso os que vieram depois dele o consideravam "miserável como um cão sem dono". No entanto, do ponto de vista dos apóstolos da moral, a última exortação de um sábio surge quando o próprio Confúcio se nomeia "cão sem dono", expressão simples de significado imenso para o governar de um reino e a educação dos homens; ao passo que se lhes afigura como heresia quando Li Ling chama Confúcio de "cão sem dono", um "lixo" que não vale a pena ser lido. Os "revoltados neoconfucionistas" até mesmo clamam: "Professor Li Ling tem um parafuso solto!".

Não importa quanto os atuais seguidores de Confúcio desprezam o "cão sem dono" de Li Ling, na minha opinião o Confúcio que Li Ling descobre a partir de sua obra, especialmente no "prefácio" tão simples quanto brilhante, supera tudo que foi dito sobre Confúcio pelos neoconfucionistas, como Jiang Qing. Dessa forma, o livro de Li Ling recebeu críticas bastante elogiosas de uma série de famosos estudiosos.

O historiador Wu Si comentou em seu "Sobre a viabilidade da integridade: *O cão sem dono – minhas leituras dos Lunyu*, de Li Ling": "Acredito que Li Ling realizou um bom trabalho; como também desenvolvemos a cultura no futuro, deveríamos fundamentá-la sobre livros respeitáveis e confiáveis. Em seu livro, a meu ver, Li Ling é mais intenso que Zhu Xi*".

O professor Qian Liqun, do Instituto Chinês da Universidade de Beijing, comentou em seu artigo "Como lidar com a tradição de Confúcio até Lu Xun. Sobre *O cão sem dono – minhas leituras dos Lunyu*, de Li Ling": "Na minha opinião, a abordagem e o método de pesquisa "simpática" de Li Ling, 'olho no olho', são bastante característicos de suas leituras dos *Lunyu* e também um de seus pontos fortes. Li Ling desvela com essa abordagem 'simpática' o Confúcio "cão sem dono". [...] Quando leio essa expressão, sinto nela uma certa ironia, mas muito mais, no entanto, obstinação e tristeza".

Liu Mengxi, chefe do Instituto de Pesquisa da Cultura Chinesa na Academia de Pesquisa de Arte Chinesa, louva em uma entrevista a seriedade, o esforço exegético, a dessacralização e o espírito crítico das leituras dos *Lunyu* por Li Ling.

Qin Hui, professor na Universidade de Qinghua, explicou em seu artigo "Como os *Lunyu* se tornaram um clássico" (in: *Nanfang Zhoumo*, 12/7/2007): "Em muitos lugares, os *Lunyu* são realmente exaltados como a 'bíblia do confucionista', como em seu tempo o livrinho *Citações do Presidente Mao Zedong* foi declarado a 'bíblia' e o ápice do marxismo. Seria o atual entusiasmo dos confucionistas pelos *Lunyu* efetivamente uma propaganda semelhante como foi a 'Bíblia de Mao' naquela época, ou é a sua ruína?".

Na China, com sua longa tradição de oração a Confúcio, este último era e é, aos olhos dos apóstolos da moral, um santo inquestionável, preceptor de imperadores e reis de diversas dinastias, um "rei não coroado", a "fonte e o rei mais santo da literatura", um deus louvado por Kang Youwei e pela igreja confucionista como "fundador de uma religião" e transformado pelos neoconfucionistas atuais em símbolo da cultura chinesa.

Cada frase que Confúcio disse é uma máxima para o governo do Estado e para o desenvolvimento do mundo e uma instrução formadora de

---

* Zhu Xi (1130-1200), mais importante filósofo neoconfucionista. (N.E.)

caráter. O exagero maior é quando se diz que "metade dos *Lunyu* basta para governar um reino", "Confúcio regeu os últimos e regerá também os próximos 5 mil anos" e "quem não leu Confúcio não é gente".

Os confucionistas de hoje não se intimidam em lançar algumas notícias falsas espetaculares no mundo e fazem com que essas mentiras também sejam confirmadas pelos ocidentais: em 1988, os 75 ganhadores do prêmio Nobel de todo o mundo teriam se reunido em Paris para eleger Confúcio o pensador mais importante da história mundial.

Em face de tal culto sagrado obsessivo, peço que me perdoem por algumas palavras mais duras aos neoconfucionistas: como aos seus olhos Confúcio é um santo, cada peido dele se faz importante e cheira a incenso. Vocês, idólatras, tornaram-se tão obsessivos que não reconhecem mais a diferença entre bobagens triviais e palavras simples, mas cheias de significado, portanto leem nas besteiras triviais nos *Lunyu* conteúdos prenhes de importância. Assim, por exemplo, nas primeiras linhas dos *Lunyu*: "Aprender e sempre exercitar, não é mesmo uma alegria? Amigos que vêm de longe não são uma felicidade?..."

Isso deveria ter "sentido profundo em linguagem simples"? Essas bobagens triviais? Vale a pena desperdiçar as forças do cérebro por mais de 2 mil anos com seus comentários? E hoje ainda se faz isso?

Como Zhou Zuoren disse em seu *Notas aos Lunyu*: "O que os *Lunyu* nos dizem são em sua maioria máximas, como a maneira de se movimentar na sociedade, pelas quais as gerações posteriores possam se orientar, mas não é uma doutrina abrangente, muito menos uma ideia política ou filosófica fundamental, com a qual alguém possa reger um país e pacificar um reino". Também para o grande filósofo alemão Hegel, os *Lunyu* não continham mais do que alguns princípios do senso comum.

Quando se afirma que o destino de Confúcio no período de primavera e outono teria sido como o de um cão sem dono, que não chegou ao poder e à honra, então se fez do segundo filho de Kong, pela elevação do confucionismo a "única doutrina observada", o mestre Kong, o Confúcio, e os restos mortais de um cão sem dono tornarem-se um "cão de guarda" para o sistema despótico do poder imperial. Como a doutrina dos Rujia, como os confucionistas se chamavam antigamente, era útil para o domínio do poder imperial, sua posição como "cão de guarda" permaneceu também por mais de 2 mil anos intocada.

Contudo, quando o ídolo dos intelectuais foi elevado ao céu por uma Nomenklatura e até mesmo se transformou em um ídolo dourado no templo ancestral da família imperial, exatamente isso mandou para o inferno a *intelectualidade* chinesa e seu pensamento e a transformou em uma servidora do poder. Assim também Sima Qian gemeu alto quando o imperador Han Wudi mandou castrá-lo: "Nenhum de meus ascendentes recebeu a honra da nomeação imperial, eram escritores de histórias e calendários, algo entre adivinhos e xamãs, ridicularizados pelos senhores, colecionados como peças de jogo e desprezados pelo mundo".

Apenas quando o Ocidente abriu à força as portas da China, teve início a rápida decadência do sistema e da ideologia tradicionais; a Revolução de Xinhai pôs fim ao sistema imperial tradicional, e os confucionistas, que concederam ideologia ao poder imperial despótico, perderam o apoio do sistema e transformaram-se novamente de "cães de guarda" em "cães sem dono".

Apesar do grande espetáculo de restauração do reino imperial e da adoração de Confúcio por Yuan Shikai, ele foi apenas uma farsa temporária, pois o colapso do sistema tradicional e de sua ideologia há muito era inevitável.

Na minha opinião, essa perda do apoio pelo poder foi uma grande infelicidade para os confucionistas tradicionais, que transformou os cães de guarda da autoridade imperial em cães vadios. Mas para a intelectualidade chinesa foi uma sorte que, no processo de transformação do intelectual tradicional em intelectual moderno, o douto chinês não era mais um "cão de guarda", mas novamente um "cão sem dono"!

Pois os intelectuais que não mais apoiavam o poder dos déspotas, fosse voluntariamente ou por obrigação, poderiam desenvolver um espírito crítico independente com mais facilidade. Infelizmente o destino da intelectualidade chinesa como "cão sem dono" durou apenas meio século. Quando o governo totalitário dos comunistas adentrou a China continental, os intelectuais chineses não mais puderam ser "cães sem dono". A maioria degenerou-se em "cães perdidos", que foram perseguidos e oprimidos com obstinação e dos quais apenas uma minoria teve a sorte de se tornar "cães de guarda" do regime de Mao Zedong. Como Guo Moruo, que nos tempos da república teve a coragem de xingar Chiang Kai-shek, tornaram-se partidários de Mao após 1949.

O destino de Confúcio na China do presente próximo e distante é imensamente paradoxal; duas vezes seguidas precisou suportar campanhas de "abaixo às academias confucionistas", uma vez durante o Movimento de 4 de maio, outra no movimento de crítica a Lin Biao e Confúcio iniciado por Mao.

Após 4 de Junho de 1989, houve uma onda de antirradicalismo pela intelectualidade chinesa, que media o antitradicionalismo do Movimento de 4 de maio e o antitradicionalismo de Mao Zedong com a mesma régua e repudiava ambos da mesma forma como revoluções radicalistas, sem atentar que esses dois movimentos anticonfucionistas nada tinham em comum.

Em primeiro lugar, os criadores dos respectivos movimentos anticonfucionistas eram totalmente diferentes. O Movimento 4 de maio era um movimento cultural da sociedade civil que vinha de baixo para cima, seus iniciadores vinham em grande parte da intelectualidade recém-formada pela sociedade civil, recebiam ideias vindas do Ocidente, novos valores e métodos, e discutiam com base em valores ocidentais o motivo para o atraso da China. Não estavam satisfeitos com a máxima do movimento Yangwu, nossos instrumentos seriam piores que os do Ocidente, tampouco com a dos reformistas, nosso sistema seria pior que o do Ocidente, mas avançavam até o nível em que nossa cultura seria pior que a do Ocidente.

A crítica a Confúcio e a Lin Biao era, na época da Revolução Cultural, um movimento político imposto pelo poder despótico, vindo das esferas superiores para baixo, cujo iniciador, Mao Zedong, não apenas mantinha o poder absoluto nas mãos, mas reprimia todos os outros pensamentos com o posicionamento fenomenal das ideias dele, fossem de origem estrangeira ou vindas da tradição chinesa.

Além disso, os dois movimentos anticonfucionistas eram totalmente diversos em sua essência. A revolução para uma nova cultura da nova intelectualidade de 4 de maio, que se punha contra as "academias confucionistas", não se destinava a um Confúcio da era pré-Qin, na qual as cem escolas competiam entre si, mas contra o santo que desde o tempo de Han Wudi representou apenas um ensinamento; tratava-se de derrubar o "cão de guarda" confucionista do poder imperial despótico.

A campanha de Mao Zedong para crítica a Confúcio, por sua vez, não fora de maneira alguma motivada pelas exigências culturais e pela tentativa de substituir o antigo pelo novo. Baseava-se única e exclusivamente nas necessidades políticas da manutenção do poder pelo indivíduo. Mao transformou a crítica a Confúcio em um instrumento de disputa intrapartidária para destruir tanto Lin Biao quanto para alertar Zhou Enlai, o "grande confucionista" dentro do Partido.

Isso significa também que esses dois movimentos apresentavam diferenças essenciais: a nova intelectualidade impotente aqui e o poder absoluto do Qin Shihuangdi moderno lá, o movimento cultural espontâneo aqui e a campanha controlada pelo poder lá, a busca por uma saída cultural para a antiga China aqui e a garantia do poder absoluto e do expurgo de dissidentes lá.

Por isso, ainda hoje aprovo o movimento cultural de 4 de maio direcionado contra as "antigas questões confucionistas", mas sou um inimigo decidido da campanha política contra Confúcio da época da Revolução Cultural.

Quando Lu Xun descreve em seu ensaio "Confúcio na China moderna" como "santo moderno", também faz uma crítica à veneração sagrada tradicional de Confúcio na China dos imperadores. Ele comenta: "Na China, os governantes elevaram o mestre Kong a um pedestal, era um santo dos poderosos ou daqueles que desejavam sê-lo, não tendo nada a ver com o povo normal".

A meu ver, no entanto, essa tradição da China está entre os maiores empreendimentos falsos com os quais gerações de governantes e literatos comprados colaboraram. O Confúcio "canonizado" por esses senhores e grandes confucionistas havia deixado há muito o verdadeiro Confúcio para trás – uma das maiores fraudes que já houve.

E, de fato, quem ler cuidadosamente os mestres da era pré-Qin descobrirá que o Confúcio louvado como santo é o mais trivial pregador da moral entre tais mestres. Se comparado a Zhuangzi, Confúcio não tem um estilo especial, nenhuma aura nem espontaneidade, e, com relação a sua imaginação, também não mostra qualquer elegância marcante e amplitude vocabular, não dispõe de um conhecimento filosófico culto nem de um talento literário abundante, muito menos tem uma consciência alerta para a tragédia do homem.

Em comparação a Mêncio, falta a Confúcio a ousadia de virilidade ampla e generosa e também a autoestima perante o poder, além da simpatia pelas pessoas simples. Mêncio disse: "Primeiro vem o povo, então o Estado e somente por último o governante".

Comparado a Han Feizi, Confúcio é hipócrita, ardiloso, não tem a abertura, a pungência e a ironia que marcam o talento de Han Feizi.

Falta a Confúcio a autodisciplina moral se comparado a Mozi. Do populismo deste último, que eleva a igualdade ao patamar de um ideal, falta àquele a lógica para as peculiaridades formais.

A tudo que Confúcio diz falta a sabedoria extensa. A única coisa que tem é espertez, um pensamento extremamente utilitarista, escorregadio como uma enguia, que não conta com interioridade estética e profundidade filosófica, tampouco com uma atitude nobre e um grande coração.

Primeiro percorreu todo o mundo para cavar um cargo; como fracassou, se fez de fundador moral de uma religião; sua sabichonice e sua "incansável mania de doutrinar", que ele considerava o caminho do professor, eram o resultado de seu caráter arrogante e superficial. Seu jeito astucioso de se posicionar na sociedade – "apareça nos tempos de florescimento e quando o caos dominar permaneça escondido" – é típico de um oportunismo que não assume de maneira alguma a responsabilidade.

Triste ver que exatamente esse Confúcio escorregadio, utilitarista, ardiloso, irresponsável e frio permaneceu por mais de 2 mil anos como santo e modelo para o povo chinês. Cada povo tem o santo que merece, e cada santo, o povo que merece – todo o servilismo dos chineses tem aqui sua origem, e essa herança cultural perdura até hoje.

O real significado das leituras dos *Lunyu* do professor Li Ling está, por um lado, no fato de ele objetivar precisamente o nacionalismo extremo da China atual. Mesmo que seu livro represente uma tentativa acadêmica séria de reconstruir o "verdadeiro Confúcio" e retirar o manto sagrado que os confucionistas deitaram sobre ele através dos tempos, também está cheio de uma preocupação fortemente realista: ele contesta diretamente o "entusiasmo pelos clássicos e por Confúcio" e indiretamente suspeita da assim chamada ascensão da China como potência.

Li Ling vê um Confúcio que é apenas um "cão sem dono" que "no mundo real não encontra um lar espiritual", faz uma crítica aos neoconfucionistas de hoje que fizeram de Confúcio o salvador do mundo. Nas palavras de Li Ling: "Não me interessa encher todo o mapa-múndi com bandeirinhas de Confúcio. Confúcio não pode salvar a China, tampouco conseguirá salvar o mundo".

Em segundo lugar, seu livro critica a tradição de que intelectuais buscam a proximidade com o poder. Essa crítica é oportuna, pois os confucionistas de hoje não têm outra urgência senão a proximidade com o poder. Para eles, a doutrina confucionista é a única salvadora, invocam o confucionismo não para reerguer a moral de nossos compatriotas, pois para eles a função política do confucionismo mais importante é: "Autoaperfeiçoamento, ordem na família, ordem no Estado e paz sob o céu". Perseguem o caminho ideal de uma união entre política e religião; elevam Confúcio ao pedestal de um "preceptor de imperadores e reis" ou de um "doutrinador da nação", clamam por tornar o confucionismo a "religião do Estado", esperam que o governo, com seu poder executivo, apoie Confúcio de forma enérgica, mas na verdade esses neoconfucionistas desejam desempenhar eles mesmos o papel de "preceptores de imperadores e reis" para tornarem-se num próximo passo "reis dos filósofos" no sentido platônico e tomar nas mãos o grande poder.

Portanto, essa nova forma de Confúcio pelos neoconfucionistas constitui um retrocesso para os tempos de Han Wudi, querem "abolir as cem escolas" e tornar "o confucionismo a única doutrina", seu Confúcio é altamente ideologizado; um renascimento da tradição na qual as pessoas se tornam deuses e "deuses na forma humana" são louvados.

Li Ling é da opinião de que os intelectuais cheios de utopias na história chinesa encontram seu destino apenas como força crítica independente do poder, enquanto intelectuais precisos; quando conseguem ter o poder nas mãos, são um perigo, até mesmo uma catástrofe para o Estado.

Segundo Li Ling: "Os intelectuais são perspicazes, têm uma cabeça esclarecida e são tiranos como qualquer um. Quando têm uma faca nas mãos, os primeiros que precisam acreditar nisso são seus pares". Pois grande parte dos intelectuais chineses é extremamente pretensiosa, consideram-se "mais sábios, morais e idealistas que todos os outros", acreditam que "se preocupam com todos os outros e terão a felicidade apenas quando todos os outros sob o céu estiverem felizes", acreditam que poderiam salvar as pessoas simples da água e do fogo e erigir um paraíso na Terra: "Para céu e terra, espírito, para os homens, a vida, para sempre a paz, esforçar-se pela santidade", essa máxima do confucionista da dinastia Song, Zhang Zai, é para muitos intelectuais chineses ainda hoje um lema de vida, deixando claro que a pretensão tradicional dos doutos chineses tem raízes muito mais profundas.

E é nessas bases que Li Ling exorta os intelectuais chineses da atualidade a tirar lições da História e manter a distância necessária do poder, renunciar à ambição de serem "preceptores de imperadores e reis" e à tradição de politizar e ideologizar os clássicos antigos, manter a independência intelectual, conceitual e acadêmica e estimular a criatividade espiritual dos intelectuais. Dessa maneira, Li Ling coloca no fim do seu "prefácio" o seguinte: "É necessário ler os *Lunyu* de forma calma e serena – sem politizá-los, sem moralizá-los, sem fazer deles uma religião. Não deve haver outro motivo, precisamos de um verdadeiro Confúcio, sobretudo neste mundo onde os ritos estão estilhaçados e a música está destruída". De outra forma, a intelectualidade chinesa atual, como a *intelligentsia* chinesa em toda a sua história, não terá condição de fugir do fado de ser lacaia de outras. A diferença seria apenas que em tempos mais ingratos teríamos "cães sem dono" e, em tempos mais clementes, "cães de guarda" premiados.

Na minha visão, a maior tragédia da cultura chinesa não é a "queima de livros e intelectuais" do Primeiro Imperador, mas a elevação do confucionismo a doutrina do Estado por Han Wudi. A doutrina confucionista adaptada posteriormente por Dong Zhongshu descreve o sistema imperial, fundado com a violência e com ela mantido, como a materialização do *tao* (caminho) do céu. "O céu não muda e seu *tao* não muda" tornou-se a prova ontológica da legitimidade do sistema imperial e concedeu para sempre ao poder imperial secular uma confirmação cosmológica. A supremacia da violência pura recobriu-se com uma mantilha aparente de soberania conciliadora e humana. Claro que os imperadores e reis reconheceram o efeito sugestivo dessa mantilha, que estabeleceu posteriormente a "ortodoxia confucionista" como ideologia oficial única e como caminho mais importante para os intelectuais estabelecerem uma existência de alguma forma na tradição do "bom lacaio". Exatamente como Mao Zedong via os intelectuais: "Se não há pele, como pode haver pelos?"

A tarefa mais importante da intelectualidade moderna não é conservar uma tradição sagrada respaldada pelo poder despótico, mas não mais se deixar vender pelo poder e continuar a nova tradição de "livre pensamento e homem independente" existente desde o Movimento de 4 de maio.

18 de agosto de 2007, em casa, em Beijing

Fonte: *www.boxun.com,* 2 de setembro de 2007

A INTERNET E EU

ATUALMENTE, A COMUNIDADE INTERNAUTA na China já ultrapassou os cem milhões de membros, a postura do regime quanto à internet é dividida, eles não dão um bom exemplo. De um lado, as lentas reformas precisam do crescimento econômico, e a internet é obviamente um meio de fazer bastante dinheiro; por outro lado, insistem na autocracia e temem a liberdade de informação e opinião, por isso os impactos políticos da internet causam medo extremo.

Sobretudo nos últimos anos, a internet despertou em grande medida a consciência do poder de nossos compatriotas e promoveu o movimento de proteção de direitos da sociedade civil, o que causou ainda mais inquietação no regime, de forma que o controle dos artigos na internet e o bloqueio das notícias via rede têm prioridade máxima no controle ideológico. Não temem aplicar quantias imensas para o Projeto Escudo Dourado* e para a contratação de um grande número de policiais internautas e querem obrigar as empresas de internet ocidentais, por meio de seus interesses econômicos, a cooperar com essa vigilância virtual.

Contudo, tive a experiência pessoal de que não se pode subestimar o papel da internet na melhora da liberdade de opinião na China. Mesmo em uma situação na qual os bloqueios da rede ficam cada vez mais rígidos e a perseguição da palavra na internet continua a crescer, a internet ainda é uma ajuda enorme para a sociedade civil no continente.

Em 7 de outubro de 1999, voltei para casa após uma estada de três anos na cadeia; em casa já havia um computador que amigos de minha mulher haviam dado para ela de presente, e ela estava ali, aprendendo a digitar e a lidar com a internet. Mal estava de volta e num piscar de olhos o computador tornou-se meu utensílio de escrita, e desde então minha mulher não teve muito o que fazer sobre isso.

---

* O Projeto Escudo Dourado ou Chinas Great Firewall é um projeto de censura e controle da internet, lançado em 1998 que começou a operar em 2003. (N.E.)

Quando voltei para casa, quase todos os amigos que nos visitavam insistiam para que eu aprendesse o mais rápido possível a lidar com o computador. Tentei algumas vezes e tive a sensação de que não poderia escrever diante daquela máquina. Assim, resisti por um tempo ao computador e segui escrevendo com caneta. Sob a exortação paciente e instrução de amigos, me familiarizei com o aparelho e então não consegui mais me livrar dele.

Como alguém que vive da escrita, que participou do movimento de 1989 e depois dele se engajou por longos anos no movimento da sociedade civil, é difícil expressar minha gratidão à internet em uma palavra, seja no sentido privado ou público.

No primeiro ensaio que escrevi no computador, trabalhei uma semana com interrupções. Nesse meio-tempo, pensei algumas vezes em desistir, mas com o encorajamento de meus amigos cheguei ao fim da empreitada.

No primeiro e-mail que enviei, recebi para minha surpresa uma resposta da redação após poucas horas; foi a primeira vez que senti que maravilha era essa internet, e tomei a decisão de aprender a mexer no computador o mais rápido possível.

Como o discurso público é bloqueado, meus artigos podem ser publicados apenas no exterior. Antes de eu utilizar o computador, custava-me uma imensidão de tempo e forças para corrigir meus manuscritos e, além disso, os custos com correio eram muito altos. Para evitar que meus artigos fossem interceptados, precisava com frequência correr do lado oeste para o lado leste da cidade para procurar um amigo estrangeiro que tivesse um aparelho de fax. Claro que os altos custos influenciaram também a eficiência e o entusiasmo por minha escrita; quando muito, eu publicava na mídia estrangeira um ou dois artigos ao mês.

Hoje, ao contrário, estou ligado via internet com todo o mundo e preciso apenas de um computador, e o espaço no qual eu posso enviar notícias como indivíduo cresceu num piscar de olhos, numa medida que antes seria difícil acreditar.

O computador facilita a escrita, a internet facilita o recebimento de notícias e o contato com o mundo de fora, sobretudo torna extremamente mais fácil enviar meus artigos para o exterior. A internet é como um propulsor que faz minha escrita borbulhar como uma fonte. E os honorários que garanto bastam para manter minha independência sem passar fome e frio.

No que diz respeito ao público em geral, a internet abriu canais de notícias à China com seu regime autocrático que são difíceis de bloquear totalmente, e para a expressão e troca de opiniões da sociedade civil, ela oferece uma plataforma na qual esta consegue organizar a si mesma.

Em um Estado autocrático, cartas abertas assinadas por uma pessoa ou por um grupo são sempre um dos meios mais importantes de fazer resistência à autocracia e lutar pela liberdade. As cartas abertas que Václav Havel enviou ao ditador tcheco Husák e a Carta 77, assinada, entre outros, pelo próprio Havel, são exemplos clássicos de resistência da sociedade civil contra a autocracia. Em especial, cartas abertas assinadas pela população são a expressão da opinião política da sociedade civil e também uma concentração de seu poder organizada em paralelo.

Bem antes do movimento de 1989, as cartas abertas da sociedade civil chinesa alcançaram um efeito amplo: o famoso Fang Lizhi foi o primeiro a publicar uma carta aberta a Deng Xiaoping, na qual ele exigia a soltura do preso político Wei Jingsheng; em seguida, houve outras duas cartas abertas que foram assinadas por 33 e 45 pessoas, respectivamente. Essas três cartas ao público são consideradas a abertura do Movimento de 89. Durante o Movimento de 89, choveram cartas de abertura da sociedade civil, de quase todas as áreas da sociedade chegaram clamores públicos de apoio aos estudantes.

Quando hoje eu, como um daqueles que após o 4 de Junho participaram dessas ações de abaixo-assinado da sociedade civil e as organizaram, me sento diante do computador e escrevo, entro na internet e envio e-mails, as lembranças não raro ficam alertas, e surge o sentimento forte de não querer olhar para trás.

Em meados dos anos 90 do século passado, a sociedade civil no continente já vivia um pequeno casamento com as cartas abertas; uma após a outra, houve uma série de ações de abaixo-assinado que eram enviadas por intelectuais renomados dentro e fora do sistema: "O manifesto da liga para garantia dos direitos e interesses da população trabalhadora", "Propostas para abolição do sistema de reeducação pelo trabalho", "Propostas contra a corrupção", "O ensino fora do derramamento de sangue promove a democracia e o Estado de direito – exortação ao sexto aniversário do '4 de Junho'". O conteúdo dessa mistura de cartas abertas e ações de abaixo-assinado relacionava-se exclusivamente aos direitos humanos; os intelectuais e dissidentes que as assinavam pertenciam a todas as faixas etárias.

Principalmente no contexto do sexto aniversário do 4 de Junho, foi publicada uma série dessas cartas abertas. A mais influente foi, naturalmente, "Damos as boas-vindas ao ano da tolerância das Nações Unidas e clamamos pela concretização da tolerância em nosso país". Essa carta veio de Xu Liangying, um membro veterano da parcela liberal dentro do partido; a lista de assinaturas foi liderada pelo físico nuclear Wang Ganchang e por muitos membros reunidos da Academia Chinesa de Ciências e por conhecidas personalidades da cultura como, entre outras, Yang Xianyi, Wu Zuguang, Lou ShiYi, Zhou Fucheng, Fan Dainian, Wang Zisong, Ding Zilin, Jiang Peikun e Wang Ruoshui; as Mães de Tian'anmen enviaram em 1995 a primeira carta aberta aos comunistas chineses e, nos dez anos seguintes, todos os anos; a carta aberta enviada por Bao Zun e por mim, na qual pedíamos um tratamento hospitalar a Chen Ziming fora da prisão, também mobilizou diversos intelectuais, entre eles Ji Xianlin, Tang Yijie, Yue Daiyun, da Universidade de Beijing, e He Ziquan, Tong Qingbing e Wang Furen, da Universidade Normal de Beijing.

Pode-se dizer que 1995 foi o ápice do movimento de proteção dos direitos da sociedade civil após o 4 de Junho.

Contudo, quem conhece apenas o movimento de proteção de direitos na internet mal consegue imaginar quantos custos e quanto tempo gasto significava a organização de tal ação de abaixo-assinado com as possibilidades limitadas da tecnologia de comunicação de antigamente. Se alguém quisesse fazer uma carta aberta sobre 4 de Junho, era necessário iniciar as preparações um mês antes. Em primeiro lugar, precisávamos encontrar alguém que tivesse tudo na mão, então encontrar apoiadores, isso durava um tempo; em seguida, o conteúdo, vocabulário e período da publicação precisavam ser discutidos e eram necessários alguns dias para chegar a um consenso; por fim, era preciso encontrar um lugar onde a carta aberta escrita a mão pudesse ser colocada, impressa e reproduzida, e para isso em geral precisávamos buscar amigos no bairro de estrangeiros Jianguomenwai; quando o texto final estava pronto, chegava a parte mais cansativa e demorada da ação, pois os iniciadores precisavam sair cada um por si para coletar assinaturas.

Como os telefones de personalidades visadas eram oficialmente grampeados, quase ninguém confiava nesse meio de comunicação, que no entanto era o mais conveniente na época; por isso, não restava outra coisa além de ir de bicicleta ou de ônibus para todos os cantos de Beijing; dessa maneira, participei da redação e do envio de uma carta aberta sobre o sexto aniversário de 4 de Junho e, pelas assinaturas do famoso compositor Mang Ke e do conhecido crítico de arte Li Xianting, precisei ir até os dois amigos e falar com eles, e então voltar para casa, o que significou correr do extremo oeste para o extremo leste de Beijing, e então do extremo leste para o extremo norte – uma empresa de fato cansativa e demorada para um retorno limitado.

Quando não havia internet, não se podia coletar algumas centenas ou milhares de assinaturas em um espaço de tempo mais curto, era ocupação para diversos dias e no final reuniam-se apenas algumas dúzias de assinaturas.

Contudo, desde que a China entrou na era da internet, a voz da sociedade civil tem um apoio tecnológico difícil de ser bloqueado por completo.

1. A internet favoreceu o surgimento do "movimento de proteção dos direitos na rede". Em comparação com o movimento de proteção dos direitos nos anos 90, quando se coletava assinaturas por telefone e com bicicleta, as ações de abaixo-assinado avançaram bruscamente por meio da internet no novo século, o que possibilitou uma ascensão rápida da capacidade de mobilização da sociedade civil – um salto quantitativo e qualitativo. Graças a algumas particularidades da internet: é barata, rápida, conveniente e não conhece limites, houve uma redução drástica dos custos na organização do movimento de proteção dos direitos.
A redação, a discussão, a correção e a impressão das cartas abertas, tudo pode ser processado pelo computador. Bastam alguns cliques fáceis no mouse e alguns e-mails, e todos os problemas podem ser basicamente resolvidos; o problema mais complexo, a coleta de assinaturas, pode também ser resolvido por mensagens circulares e sites de assinatura. Uma mensagem circular pode conseguir de uma vez até cem assinaturas; um website de assinaturas fixo e aberto a todos pode fazer o mesmo em todas as partes do país e em todos os países do mundo. Se alguém voluntariamente assumir a responsabilidade de reunir o número de assinaturas e as contribuições escritas e publicar todos os dias na internet, o número crescente de assinaturas levará a um movimento de proteção dos direitos na internet que aumentará continuamente. Ao mesmo tempo e oportunamente, surgem também muitos websites do movimento de proteção dos direitos da sociedade civil, sendo o site de Proteção dos Direitos Civis um representante de tal movimento.

2. A velocidade, a abertura e a liberdade da internet com relação a postagens contribuíram muito nos últimos anos para a dinâmica da opinião pública da sociedade civil; a voz do povo na internet tornou-se aos poucos a principal força de luta da formação de opinião; em qualquer catástrofe pública maior, a imensa opinião pública na internet influenciou mais ou menos a mídia tradicional e a postura oficial.
Em primeiro lugar, a internet obrigou outras mídias a se abrirem e se tornarem mais pluralistas em sua cobertura; transformou-se há muito em um dos parâmetros mais importantes para a abertura de uma mídia, para que ela possa manter o passo com as notícias e a opinião pública na internet.
Em segundo, as mídias tradicionais podem ser oficialmente controladas, mas não há possibilidade de controle completo sobre a internet. Os escândalos

bloqueados pelas mídias oficiais são em imensa parte disseminados pela internet, onde se forma uma opinião pública muito forte que obriga as autoridades a considerar mais ou menos os desejos do povo e liberar em extensão limitada notícias de uma determinada área. E os oficiais envolvidos em escândalos precisam visitar os familiares dos prejudicados e se desculpar diante de toda a sociedade. Aconteceu pela primeira vez em março de 2001, em duas ocasiões durante o "triste caso da explosão de uma escola primária em Fanglincun", que fez 41 vítimas fatais e desencadeou na internet uma imensa discussão pública. O ex-presidente Zhu Rongji visitou as famílias das vítimas e desculpou-se perante toda a sociedade.
Desde então, tais desculpas públicas de oficiais não mais pararam. Ao mesmo tempo, a forte opinião pública na internet fez com que também as autoridades competentes superiores precisassem fazer quaisquer oficiais de bodes expiatórios e puni-los (como, entre outros, nos casos da SARS, dos graves acidentes na mineração e da poluição do rio Songhua).

3. A internet tem tido uma função especial como mídia da troca de notícias e com isso fornece à auto-organização da sociedade civil uma plataforma simples e rápida. Primeiramente, a internet foi uma plataforma rápida e conveniente para a sociedade civil onde se podia reunir ideias e conhecimentos, um website ou um *bulletin board* da sociedade formou uma plataforma que se organiza de modo autônomo, na qual pessoas com ideias semelhantes podiam se encontrar, e a troca e as discussões entre amigos formam os fundamentos de um consenso teórico discutido à exaustão. Em segundo lugar, era uma grande ajuda para a mobilização da sociedade civil, quando a opinião pública se reunia e se organizava em torno de um caso ou de uma questão social mais importante. No caso de questões menores aparentemente desimportantes e não consideráveis (como o "caso Bao Ma", em Heilongjiang) ou da perseguição silenciosa de pessoas simples e sua resistência (como, entre outros, Liu Di, Du Baobin, Lu Xuesong), era possível, logo que postado na internet, criar imediatamente uma opinião pública para na sequência talvez se tornar um movimento de proteção dos direitos na internet e, por fim, uma questão pública que ganhava atenção e apoio no país e no exterior.

4. De forma correspondente, a liberdade e a grande eficácia da internet também têm tido um efeito estranho, elas "fazem 'estrelas'".
A internet pode não apenas "construir" dentro de um período curtíssimo estrelas menores do entretenimento, como a "senhorita Hibisco", também transforma pessoas do movimento de proteção dos direitos em "estrelas",

criando "formadores de opinião", "exemplos morais" ou "heróis da verdade" para a sociedade civil.

Primeiramente, pela disseminação na internet, intelectuais respeitados de meia-idade conseguiam rapidamente ampliar a influência de seu pensamento e de sua crítica pública, como, entre outros, Liu Junning, Xu Youyu, Qin Hui, Cui Weiping e Zhang Zuhua; então, a internet ofereceu a uma nova geração de intelectuais a possibilidade de mostrar seu talento, como a Yu Jie e Wang Yi, cujos apelos encontraram grande ressonância; por fim, a internet criou heróis da sociedade civil, como o médico militar Jiang Yanyong, que foi elevado a herói da verdade, o agroempresário Sun Dawu, chefe do movimento de proteção dos direitos Feng Bingxian, os excelentes comunicadores Cheng Yizhong, Lu Yuegang, Li Datong, os professores Jiao Guoji e Lu Xuesong – todos fizeram um nome no movimento de proteção dos direitos da sociedade civil na internet; por último, mas não menos importante, uma série de personalidades públicas de um grupo de proteção de direitos, a saber, o Grupo dos Advogados, ganhou fama por meio da internet: entre outros, Zhang Sizhi, Mo Shaoping, Pu Zhiqiang, Zhu Jiuhu, Gao Zhisheng, Guo Feixiong, Teng Biao, Xu Zhiyong, Li Boguang, Li Heping e Li Jianqiang.

Não surpreende que alguns cristãos chineses digam o seguinte: "Mesmo que o sentimento religioso afaste os chineses, e a imensa maioria não acredite em um Deus, como no Ocidente, Deus não esqueceu em sua misericórdia suprema dos chineses tão afligidos". A internet é um grande presente de Deus aos chineses, eles têm nas mãos o melhor instrumento para se livrar da escravidão e lutar pela liberdade.

14 de fevereiro de 2006, em casa, em Beijing
Publicado pela primeira vez em: *Minzhu zhongguo* (China Democrática), 18 de fevereiro de 2006
http://www.minzhuzhongguo.org

PARTE IV

POEMAS

O segundo aniversário do "4 de Junho"

Epígrafe: Você não ouviu as admoestações dos pais, saiu pela janela do banheiro e quando caiu com bandeira levantada tinha apenas dezessete anos. Mas eu continuo vivendo, com meus 36 anos. Sobreviver é um crime diante de seu fantasma, dedicar-lhe um poema, uma vergonha. Os vivos precisam calar, espreitar a acusação dos túmulos. Não tenho direito de escrever-lhe um poema. Seus dezessete anos ultrapassam todas as palavras e tudo que um homem possa fazer.

Vivo
com uma certa má fama
não tenho coragem, nada posso
com algumas flores ou um poema
fico diante de seu sorriso aos dezessete

Sei que
ninguém se lamenta aos dezessete

Dezessete, idade que diz
a vida é simples, sem frescuras
um deserto infinito
não precisa de árvores, água
nem botões em flor
mas suporta o massacre solar

Caído com dezessete, no caminho
o caminho que então se dissolve
com dezessete o longo sono na terra
quieto como um livro
estar aqui com dezessete
não se prender a mais nada
além desse número, sem erro

O último suspiro, com dezessete
sem esperança, um milagre
a bala atravessou a montanha
um espasmo levou o mar à loucura
se todas as flores ainda tiverem
apenas uma cor, então
não há desespero com dezessete
não haverá desespero com dezessete
com dezessete o amor incompleto
dado à mãe branca como a neve

O antes, o dezessete
preso em casa
que sob a bandeira de cinco estrelas
da família rompeu
os laços sagrados de sangue
sacudida por seu olhar mortiço
ela foi aos túmulos
com seu legado
e quando ela quis cair
o dezessete deu, hálito do fantasma,
seu apoio
e a manteve no caminho

Ultrapassada a idade
ultrapassada a morte
com dezessete
já na eternidade

Beijing, 1º de junho de 1991, noite adentro

Sob a maldição do tempo
ao décimo aniversário do 4 de Junho

Sob a maldição do tempo
os dias são mais alheios

1

Neste dia há dez anos
a manhã, um vestido de sangue
o sol, calendário rasgado
todos os olhares persistem nessa
única página
o mundo olha fixo ao luto e à ira
ao luto e à ira
o tempo não suporta a inocência
os mortos se digladiam, gritam
até suas gargantas de lama
ficarem roucas

Na cela, correntes nas mãos
um momento
preciso gritar
de medo, na próxima
não há mais lágrima ali
para os mortos inocentes
é necessário lançar a adaga
friamente nos olhos
precisa pagar com cegueira
pelo cérebro de alabastro

Lembrar suga até os ossos
Recusar é o único caminho
para se dizer tudo

2

Nesse dia, dez anos depois
soldados treinados vigiam
com austeras barbas iguais
as mentiras ultrajantes
a bandeira de cinco estrelas é a manhã
que tremula na luz matinal
nas pontas dos pés, pescoço esticado
curiosa, surpresa, devota
uma jovem mãe levanta
a pequena mão da criança em seu braço
um cumprimento à mentira que esconde o céu

Outra mãe de cabelos brancos
beija a foto do filho, ele está morto
ela separa dedo por dedo
limpa, embaraçada, as unhas de sangue
não encontra qualquer pedacinho de terra
onde ele possa descansar
ela tem apenas a foto na parede

Ela vai aos túmulos sem nome
deve-se ver, a mentira de um século
das gargantas enforcadas
ela arranha nomes sufocados
espionados e perseguidos pela polícia
ela faz de sua liberdade e dignidade
a acusação contra o esquecimento

3

O maior lugar deste mundo
há muito está saneado

Liu Bang veio dos desfiladeiros
como o imperador Han Gaozu
que sua mãe a conduziu com dragões sagrados
era para ele a glória de sua casa
quão antigas as reencarnações
de mausoléu a salão memorial
os carrascos sempre são enterrados
com festa, em pomposos palácios subterrâneos
por alguns milênios de História
discutem o bobo e o tirano
a sabedoria das baionetas
de joelhos ao lado, quem elas enterraram, benevolentes

Mais alguns meses
e aqui haverá um banquete
os cadáveres bem conservados no salão memorial
os carrascos em seus sonhos de imperador
inspecionam juntos
os instrumentos assassinos na Tian'anmen
como o Primeiro Imperador no túmulo
seu imortal exército de argila

Nesse momento aquele fantasma
tem um dissabor pela glória de sua vida
os descendentes que tudo devoram
sob a proteção de seu fantasma
com seu cetro feito de ossos
oram por um século ainda melhor

Entre canteiros e tanques
entre reverência e baioneta
entre pombos e mísseis teleguiados
entre marcha e rostos apáticos
o fim do velho século tem
apenas a escuridão com seu cheiro de sangue
o início do novo século não tem
o reluzir da vida

4

Greve de fome
Fim da própria satisfação
Catar um livro dos escombros
Admirar a humildade dos cadáveres
que nas vísceras dos mosquitos
entregam-se a sonhos rubro-negros
no olho mágico do portal de ferro
a conversa com o vampiro
não precisa mais ser cuidadoso
num repente, as cólicas
e a coragem que vem quando vem a morte
por uma maldição
o esplendor de cinquenta anos
há apenas o Partido Comunista
não há uma nova China

Na manhã de 4 de Junho de 1999, Dalian,
Campo de Reeducação pelo Trabalho

Solidão de um dia de inverno

para Xia

A solidão de uma noite de inverno
o fundo azul na tela
ver tudo com perfeição e nada ter
agora, pense, sou um cigarro
me acenda, me aperte
aspire, aspire, você nunca cansará

Pés descalços tateiam pela neve
como cubos de gelo em um copo de aguardente
embebedado e louco
asas pensas de corvos
sob a mortalha infinita da Terra
uivam as chamas negras silentes

O lápis na mão que quebra de uma vez
um vento cortante perfura o céu
as estrelas rompem em encontros sonhados
as maldições sangrentas escrevem versos
a delicadeza da pele ainda
um reluzir que volta a você

Solitário, claro
lança-se ao choro da noite fria
um esqueleto acaricia a neve
mas eu
não sou cigarro, nem aguardente, nem lápis
apenas um velho livro
à moda de *O morro dos ventos uivantes*
do qual crescem dentes venenosos

1º de janeiro de 1995

Amor, meu cãozinho está morto

para meu "Winkes"

Amor, meu cãozinho está morto
morreu à tarde, eu não estava lá
morreu na volta do cinto do pai
morreu numa mentira vermelha

Amor, meu cãozinho chamava Tigre
era o companheiro mais próximo da minha infância
a alegria e a tristeza que ele dava
eram mais do que tudo

À tarde, nunca estava lá
comprara para mim ingresso do cinema
o pai, que fazia diariamente revolução
me tocou pela primeira vez

A emoção fluiu por noventa minutos
a crueldade da mentira me destruiu
meu cãozinho estava morto
morreu no amor paterno, que me tocou pela primeira vez

Os meninos do quintal pegaram a carne
sua pele foi pregada atrás da porta da casa
Tigre sempre fora tão vívido
Agora está grudado na porta dura e fria

Meu cãozinho está morto
com ele se perdeu minha infância

Ainda podia dizer à malícia do mundo:
Não acredito mais, nunca mais

Xia, meu amor, você pode
trazer meu cãozinho de volta?
Eu acredito que pode,
claro que pode. Claro!

14 de novembro de 1996

Pés frios tão pequenos
para meu pequeno e frio dedo do pé

Longos caminhos precisa percorrer, muito, muito longos
até diante da férrea porta do inverno
pés tão pequenos e um caminho tão longo
dedos do pé tão frios grudam na porta de ferro tão fria
por um olhar em mim, o prisioneiro

Um caminho solitário, sinuoso pelo esquecimento
mar cinza, orlado por antigas velas
livros e sono pesam sobre as costas
vá noite adentro, saia da manhã
e seus rastros em meus sonhos

Sempre quando você vem, penteia seu cabelo
que tanto se agita, tão orgulhoso
quando o vento chega, não fica desgrenhado
quando o tempo, pesado, obriga você a parar
você continua, seu cabelo não fica desgrenhado

Você quer entrar pela porta de ferro com os dedos do pé
Você quer polir as grades com o cabelo
Você quer reforçar nosso vazio com perseverança
além de qualquer crença
com isso o passar dos segundos
torna-se eterno nos rastros dos seus pés

9 de dezembro de 1996

Aguentar

para minha mulher em sua aflição

Você me diz:
"Pode-se aguentar tudo!"
Obstinado seu olhar contra o sol
até a cegueira transmutar-se em chamas
e as chamas transformarem o mar em sal

Amor
quero lhe dizer por entre a escuridão
antes que siga para a caverna
não esqueça de me escrever com suas cinzas
não esqueça de me dar seu endereço no além

As lascas de ossos riscarão o papel
os símbolos ficam espalhados
você se picará com o lápis quebrado
a noite, que não dorme no fogo
fará você se surpreender consigo

Uma pedra aguenta céu e terra
com ela batem forte contra minha nuca
pílulas brancas feitas de massa cinzenta
envenenam nosso amor
e com o amor envenenado
ele nos envenena

28 de dezembro de 1996, no meu aniversário

Sou seu prisioneiro, por toda a vida
para Xiamei

> *Epígrafe: Amor, na prisão dos autocratas farei resistência até um dia eu estar livre, por mais que isso dure. Contudo, como seu prisioneiro, não há para mim tempo, fico com gosto, até o chão sob mim ceder.*

Amor, sou seu prisioneiro, por toda a vida
com gosto para sempre em sua escuridão
viver das escórias de seu sangue
pensar em seus hormônios

Cada dia o ritmo das batidas do seu coração
como flocos de neve de um riacho montanhoso
sou uma pedra de mil anos
mas você não ouve dia e noite
gota a gota que penetra em mim

Estou em você
apenas tateante na escuridão
com o vinho que você bebe
escrevendo versos, que buscam você
meu implorar é o implorar de um surdo pelo som
que do amor a dança e seu ventre me inebriam

No momento sinto
seus pulmões a abrir e fechar quando fuma

o ritmo que cresce, que cai, me surpreende
o veneno que você cospe vem do meu corpo
o que sugo é vento fresco, alimento da alma

Amor, sou seu prisioneiro, por toda a vida
como um bebê que não quer ir ao mundo
agarro-me ao calor de seu ventre
Respirar é respirar por você
Acalmar é acalmar por você

Oh! Ser prisioneiro como um bebê
no fundo de sua vida
álcool ou nicotina, não tenho medo
de que seu ser solitário me envenene
preciso muito de seu veneno, muito

Talvez, como teu prisioneiro
nunca veja a luz do dia
mas acredito
que meu destino é escuridão
enquanto eu estiver em você
tudo estará bem

Lá fora o mundo é brilhante, colorido
isso me dá medo
isso me cansa
meus olhares sentem apenas
em sua escuridão –
pura e indivisível

1º de janeiro de 1997

Faca lançada no mundo

para minha pequena Xia

Você é uma faca
uma pequena faca
que nunca fere
lançada ao mundo
sem sangue, sem corte
mas engana
mostra os verdadeiros rostos
uma luz fria na decadência
você se coloca sempre na balbúrdia da cidade, dos bacanais

Contudo, teu coração sempre se distancia
um reluzir com fio de lâmina, que não pica os olhos
mas você sempre cria
a sensação de olhar das nuvens para formigas
uma boina que cai dentro do abismo

Ser uma faca
seu único dom
nas sombras alimentar a ferida
esticar-se entre as páginas do livro
brilhante e esguia
Ser uma faca
mas sem fio
acredita que sua existência
é um perigo

e sorri naquele dia
nos deixa a todos envergonhados

Como uma observadora do além-mundo
despreocupada e fria
a pungência é terrível
a perfeição é terrível
todo do outro lado do fio

      31 de março de 1997, no Campo de Reeducação

VAN GOGH E VOCÊ
para minha pequena Xia

Sua escrita me faz pequeno
em uma carta é difícil perceber o desespero
e a escrita tende à perfeição
os girassóis de Van Gogh crescem
no sobreosso que você tem pela escrita

A cadeira vazia é muito valiosa
não é o local onde você lê e escreve
em outra postura
ou seja, em outra lembrança
você olha calmamente a pilhagem
desfruta sozinha os quadros de Van Gogh

Todo dia você segue como seu coração pulsa
pensa sempre que o próximo passo é o último
um pressentimento de se jogar contra a parede lhe guia
para o outro lado do amor
para o outro lado da morte
o semeador de Van Gogh
destrói a semente que germina

Para você
o quarto é o céu
quando vem de fora
você parece salva
quando ninguém chora os fantasmas
cada um torna-se cantor

apenas você guarda o silêncio
deixa a cadeira vazia

A lembrança do sangue aperta a garganta
as palavras são salgadas
as vozes são negras
a perseguição nos ponteiros do relógio
as telas de controle no cérebro
não tiram de você o lápis
e a nevasca das imagens

A orelha de Van Gogh gira
busca para você uma cor
algumas botas de camponês cheias de lama
ficam bobas
levam você ao muro das lamentações

                                              14 de agosto de 1997

Você – Fantasmas – Perdedores
para minha mulher

Amor
o dia todo você perambula entre os túmulos
diante dos fantasmas no vento
calada
em olhares profundos
o sangue correu neles
que nada deixaram para trás
que tudo perderam: nomes, história

É noite, o vinho na sua taça
vira um fogo bêbado
ilumina os fantasmas
a sala estreita
eles contam sua vida
você espreita sua agonia
vocês são tão tranquilos
como as mãos de crianças
durante o sono

Nas pontas dos sonhos
cresce novamente o bambu macio
seu suicídio não foi alcançado
e você, a mulher
com inclinação aos perdedores,
nunca perde
pelo sorriso dos cadáveres

você sabe
que apenas um nunca perde
a morte

Sozinha na noite chuvosa
sem sombras para conversar
as mentiras enfeitam o sol
tudo se degenera no esplendor
os dias são mais ferozes que as noites
do que ninguém escapa

Amor
não se feche
não deve apenas
invejar o desespero dos perdedores
abra a porta
me considere também um perdedor
me faça
sobreviver ao triste móvito
deixe a fumaça silenciosa de seu cigarro
subir entre nós

10 de setembro de 1998

OLHANDO JESUS
para minha humilde mulher

Você me reconhece, Jesus?
Um chinês com pele amarela
sou da terra onde se subornam deuses com pãezinhos
de sangue humano
aqui reza-se apenas para perturbar os deuses
nossos deuses são dourados
imperadores, santos, guerreiros, virgens
inúmeras pessoas foram deuses para nós
pedimos por bênçãos, mas sem arrependimento
mesmo na urina vemos deuses refletidos

Não o conheço Jesus
seu corpo é macilento
pode-se ver cada osso
na imagem miserável pregada na cruz
cada nervo torturado
cabeça levemente para o lado
o pescoço com as veias saltadas
as mãos pendem sem forças
os cinco dedos soltos
como galhos murchos no fogo

Os pecados da humanidade são pesados
e seus ombros são estreitos
você consegue levar o que
lhe impuseram como cruz?
Sangue pinga nos veios da madeira

torna-se o vinho que alimenta a humanidade
acho que você é um bastardo
o Deus terrível rasga o hímen em dois
força você à morte
mas dificilmente para
anunciar o amor de Deus?

Crentes que leem o Velho Testamento
temem a sintaxe dos mandamentos
temem o Deus iracundo
nenhum se e nenhum mas
nenhum fundamento
acreditam ou não, obedecem ou não
criam o querido e o feito
destroem o querido e o Dilúvio
Deus não tem imagem
mas semeia o ódio

O Gênesis, um lindo passatempo
mas ele criou o Mal sem precedentes
o primeiro homem, a árvore do conhecimento,
a serpente
é o fluxo controlado por Deus
desde o dia no qual ele baniu o homem
Deus era um cinzeiro sem fundo
contudo, Jesus, como
você ainda não estava na Terra

Da manjedoura dos camponeses até Deus crucificado
uma pobre criança
torna o Deus do ódio em essência de seu amor
confissão e penitência, sem fim
amor
sem fim e sem fronteiras
como a escuridão pré-histórica

28 de dezembro de 1996

Para santo Agostinho
para Xia, que ama tanto as *Confissões*

O santo Agostinho
estava no altar em que eu lhe encontrei
quando se olha o traje vermelho do bispo
sente-se a dignidade de mil anos

Mas, no jardim de peras do vizinho
encontrei você
e quando as crianças surrupiavam
eu me diverti

Antes do calar do tempo
você criou a Cidade de Deus
deixou-se caminhar nos braços das mulheres
gestos voláteis transbordando
as alegrias do mundo e no fim
você empurrou a cabeça de Deus nos braços

O arrependimento foi honesto e sem dúvida
há motivo suficiente para desdenhar a carne
mas a criança, que rouba a pera, o jovem rapaz com
seus assuntos
era culpa e instinto
paixão pela experiência e maldade

Pensar em como você olha o mundo tão de cima
humildade remoendo que você adora

não sei, há mesmo diferença
entre santos e jogadores?
Quer dizer que Deus é bom nos dados
porque você, quando rejeita o inebriar do desejo,
se torna um santo e não um jogador

Talvez tenha sido sua primeira descoberta
o horror, o mistério do tempo
e você não ousa aproximar-se do mundo fugaz
homens querem viver eternamente
também você foi esmagado pelo desejo imortal

Se realmente treme perante os tempos do arrependimento
o caminho da penitência é realmente muito longo
ao homem resta apenas no drama dos deuses
o triste papel de ofertante
Deus ama o teatro?
Se Deus é apenas um desfrutador de gosto duvidoso
a criação nada mais é que
uma farsa medíocre
que justamente em sua alma
encontra novamente um palco e marionetes

Calar
é a única característica do santo
a pedra cruza a destruição e cala
o céu olha para baixo e cala
a terra enterra e cala
poemas, crença, lógica
o homem articulado é desperdício
na língua significa acreditar na promessa de Judas

26 de dezembro de 1996

Levantando o chapéu para Kant
para minha pequena Xia, que nunca leu Kant

Estou muito longe do vilarejo alemão
tão longe quanto um eunuco se mantém do harém
posso apenas vê-lo por um lixo de alguns milhares de anos
como todos vão à igreja no vilarejo
como todos os sinos dobram no vilarejo
um sábio enlutado, que nunca pôs o pé diante da porta
no vilarejo nada se entende da coisa em si
e ninguém segue o imperativo categórico

Também era arrogante quando jovem
queria encontrar um ponto de virada
fabricar um mundo cheio de paixão
o segredo da noite irrompe de repente
Horror veio da vastidão –
a infinitude fazia você arrepiar
o homúnculo fica imenso em seu estremecer
o homenzarrão fica pequeno em seu estremecer
daqui você vivenciou
o homem precisa do que ele teme
infinitude, profundidade, Deus

Diante da fronteira perigosa
o conhecimento baixa a cabeça orgulhosa
a despedida da tradição não deixa rastro de sangue
mas ela é terrível, que a alma perde a cor
como Deus, que ofendeu o progenitor dos homens

a árvore do conhecimento está carregada pelos pecados do mundo
como estilhaços lançados no cerne
uma ferida difícil de sentir
mas ela não se cura nunca, permanece sempre aberta
mas você, solteirão difícil de compreender
transforma a Filosofia em sal

Sei que nunca se casou
manteve um coração farsante, como uma criança
nalgumas noites de insônia me perguntei, quando morreu
você ainda era uma criança
assim como você perguntou pelos limites do conhecimento
foi essa a lâmina que te castrou
ou o corte da carne que castrou o conhecimento
diante do templo de razão e experiência
comparou, confiante, a Filosofia crítica
com o primeiro barco com o qual Colombo descobriu
o novo pedaço de terra
mas sob os olhares abobados das mulheres
ficava pequeno e não conseguia deixar o quarto vazio
do sábio

O imperativo categórico
mandou anunciar um Deus
essa ordem, que obriga os homens
que obriga você mesmo
se Freud tivesse vivido duzentos anos antes
seu corpo masculino virginal
teria se transformado na hipnose da psicanálise
em um sonho de cinco cores
e uma alma com todos os cinco venenos
mas você evitou a todos com seu nascimento prematuro
se foi sua sorte
não sei

Você louvava a Deus
sem entusiasmo, nem arrependimento
ia à igreja como folheava um livro antigo
brincando com sabedoria adulta

apresentava imagens inextricáveis
atrás de você estavam céu, nuvens, sol
diante de seus olhos, apenas a escuridão
brilhante como o dia

Toda metafísica e todo segredo
toda experiência e clareza
assim constrói plenamente seu túmulo
nenhum assassinato com corte sangrento
sua mão estava limpa
um cadáver da madeira frágil do pensamento
talhado em um monumento duvidoso
o respeito da posteridade acompanha a voluta azul do genocídio
os pensamentos profundos, a meditação, os dias sensíveis
ressurreição de uma língua partida
mácula de palavra e gramática
pronuncie-se, distorça-se, esconda-se, inaugure-se
eleve-se a um buraco negro no Sol

17 de dezembro de 1996

Uma manhã

para Xia, que viaja sozinha para o Tibete

Uma manhã
uma manhã com bocejos e cansaço
eu imagino
entre você e as terras altas
o céu é impensável
profundo
sem vento, sem nuvens, sem névoa
translúcido o azul evanescente como em nenhum outro lugar

Quando você foi
fiquei muito calmo
quando seu contorno desapareceu
cresceu um desejo na distância
como nas linhas das mãos pequenas
de crianças outro segue
por nossos corpos sinuosos
na busca pela palavra única

Seu círculo não precisa de asas
como um perfume, guiando a alma
os raios da manhã tremeluzem
um sentimento algo estranho
como um novo par de sapatos
pronto para a viagem

O tempo oscilante
engravida meus sonhos
as montanhas nevadas no ar rarefeito
colhem ansiosas
a fumaça de seu suspiro

                                                             14 de julho de 1993

Distância

para Xia

Meu vazio é pleno de distância
a primeira vez que experimento
tal olhar sobre a Terra
um outro mundo cresce em mim
horizonte e aurora
alternam na distância
apresentam a vida a uma distância
além das fronteiras mais externas do amor

Um violino hesitante
estilhaça na distância
tão profunda uma dor
apenas para tocar a distância

A distância se mostra toda para mim
vívida, amorosa, justa, de braços abertos
a distância é você, uma distância tênue
como madeixa que caiu no mar
sugas o ouro do azul
e começa pelo desesperado que se afoga
uma dança vertiginosa

Xiaobo, 28 de janeiro de 1997

Parte V

Textos documentais

Declaração de greve de fome de 2 de junho de 1989

Por Liu Xiaobo, Zhou Dou, Hou Dejian, Gao Xin

Os assim chamados Quatro Nobres da Praça da Paz Celestial Liu Xiaobo, Zhou Dou, Hou Dejian e Gao Xin publicaram em 2 de junho essa declaração e iniciaram na praça Tian'anmen uma greve de fome de 72 horas. Contudo, esse plano foi interrompido na noite do dia 3 de junho pelo massacre. Em 1993, Liu Xiaobo publicou em Taiwan, com o livro Monólogo de um sobrevivente do ocaso do mundo, *uma descrição minuciosa de sua participação no 4 de Junho. Esse livro começa com uma autoanálise do autor, na qual ele confessa que, após sua prisão, ajoelhou-se diante do poder e escreveu uma longa "autocrítica".*

Nota da organizadora

Entramos em greve de fome! Protestamos! Apelamos! Confessamos!
Não queremos morrer. Queremos a vida real.
Expostos à enorme pressão da política irracional das forças militares pelo governo de Li Peng, chegou a hora de os intelectuais da China pararem com sua doença de ossos fracos que perdura há milhares de anos e com seus sintomas de apresentar apenas palavras que não são seguidas de atos e se defenderem contra a imposição das leis marciais. Precisamos advogar em favor de uma nova cultura política e admitir os erros que cometemos em virtude da nossa fraqueza por todo esse tempo. Cada um de nós tem a responsabilidade pelo subdesenvolvimento da nação chinesa.

I. O OBJETIVO DA GREVE DE FOME

Desde o início, este movimento democrático único na história da China serviu-se em sua luta por liberdade, democracia e direitos humanos de meios lícitos, livres de violência, racionais e pacíficos. Mas o governo de Li Peng mobilizou centenas de milhares de soldados armados para oprimir estudantes desarmados e outras pessoas de todos os setores da população. Por isso, nossa greve de fome não é mais um pedido, mas um protesto contra o direito marcial e o controle pelos militares. Defendemos o apoio ao processo de democratização na China com meios pacíficos e somos contra qualquer forma de violência. No entanto, não temos medo dela. Queremos demonstrar de forma pacífica como a força democrática do povo é resiliente e capaz de resistir e com isso romper a ordem não democrática mantida por baionetas e mentiras. A idiotia risível e incoerente de enfrentar pedidos pacíficos de estudantes e outras associações populares com o direito marcial e o controle militar criou um precedente extremamente odioso e miserável na História da República Popular da China, que é uma vergonha para o Partido Comunista, o governo e os militares. Os frutos de dez anos de política de reforma e abertura foram destruídos de uma só vez.

A história milenar da China é cheia de ódio mútuo e violência, que é retaliada com violência, e hoje essa mentalidade belicosa já se tornou uma verdadeira tradição. A partir de 1949, a palavra de ordem da luta de classes como princípio fundamental levou ao extremo essa mentalidade tradicional de ódio e inimizade, e o controle militar imposto agora é apenas uma outra expressão da cultura política da luta de classes. Por isso, entramos em greve de fome, por isso fazemos um apelo aos chineses para imediatamente abandonarem a mentalidade belicosa e rejeitarem de uma vez por todas o princípio do ódio e da cultura política da luta de classes. Pois o ódio produz apenas violência e despotismo. Precisamos, em vez disso, começar a estruturar a democracia na China com tolerância e por meio de cooperação. A política da democracia é uma política sem inimigos e ódio, é baseada no respeito mútuo, tolerância e compromisso cujos fundamentos são a consideração de argumentos, discussões e conciliações.

Li Peng cometeu grandes erros como primeiro-ministro, pelos quais ele deveria assumir responsabilidades segundo os preceitos democráticos e renunciar. Mas Li Peng não é nosso inimigo. Mesmo que ele renuncie, goza ainda dos direitos de qualquer cidadão, até mesmo o direito de se ater aos seus erros. Fazemos um apelo a todos, desde o governo até o simples cidadão, para se livrarem da tradicional cultura política e darem vida a uma nova.

Pedimos ao governo para pôr fim ao direito marcial e apelamos aos dois lados, governo e estudantes, a reassumir negociações pacíficas e resolver o conflito com conversas e acordos.

Esse movimento estudantil desfruta em todas as camadas sociais de grande simpatia, compreensão e apoio. A imposição do direito marcial fez desse movimento estudantil um movimento democrático nacional. Contudo, faz-se necessário dizer que muitas pessoas apoiam o movimento de um lado por humanidade e de outro por insatisfação com o governo, mas não a partir de uma consciência de responsabilidade política. Por isso, clamamos para que aos poucos as pessoas parem de ser espectadores e simpatizantes e desenvolvam uma consciência para os próprios direitos civis. E isso significa uma consciência para direitos políticos igualitários. Cada cidadão deveria ter assertividade para exigir para si os mesmos direitos políticos do primeiro-ministro. Ter uma consciência de seus direitos civis não quer dizer apenas ter senso de justiça e se solidarizar. Significa engajar-se conscientemente e assumir a responsabilidade política. Cada um de nós é mais que um simples simpatizante ou apoiador, mas participa diretamente na construção da democracia. Por fim, consciência dos direitos civis significa a prontidão para assumir a responsabilidade e enxergar aí uma obrigação. Uma política social legítima e racional exige o tributo de cada indivíduo, de outra forma não pode ser chamada de legítima, tampouco de racional. Constitui a primeira obrigação civil de qualquer um participar da política social e assumir a responsabilidade conscientemente. Cada chinês deve ter claro em mente que na política democrática cada um é em primeiro lugar cidadão, apenas então estudante, professor, operário, funcionário ou soldado.

Há milhares de anos a China percorre um círculo vicioso, no qual um velho imperador é substituído por um novo, mas a História comprova que os problemas fundamentais da política chinesa nunca foram resolvidos pela saída de um governante que perdeu a aprovação do povo e a entrada de um governante que tivesse a aprovação do povo. Não precisamos de um redentor perfeito, mas de um sistema democrático perfeito.

Para tanto, exigimos:

1. A estruturação de órgãos civis de administração autônoma em diversos canais e em níveis sociais amplos para criar um contrapeso duradouro para o poder político do governo. Uma relação de forças equilibrada é a essência da democracia. Mais vale dez demônios que se dominem mutuamente do que um único anjo que detenha o poder absoluto.

2. A estruturação gradual de um sistema de destituição com o qual membros do governo que tiverem culpa em erros graves possam ser

destituídos de seu cargo. Não importa quem estará no palco ou quem sairá dele. Importa como. Ações não democráticas na ocupação de cargos podem levar apenas à ditadura.

Tanto os estudantes quanto o governo cometeram erros no decorrer desse movimento. O erro essencial do governo reside em seu conceito político tradicional de "luta de classes", que em sua concepção transforma cidadãos e estudantes em oponentes. Isso leva a uma escalada contínua do conflito. O maior erro dos estudantes consiste na imaturidade de suas próprias estruturas organizacionais. Em sua luta por mais democracia, mesclaram-se visivelmente elementos não democráticos. Por isso, fazemos um apelo aos dois lados, ao governo e aos estudantes, para refletirem e questionarem seu comportamento com tranquilidade. Na nossa opinião, considerando de forma bem geral, a maior responsabilidade pelos erros passados é do governo. Manifestações ou uma greve de fome são meios democraticamente legítimos para dar expressão às exigências do povo e não devem ser equiparados a rebelião. O governo é que fala de rebelião e levante em completa desconsideração dos direitos garantidos pela Constituição de cada cidadão e, por isso, tomou uma série de decisões políticas errôneas. Isso apenas levou à escalada do conflito e provocou uma resistência ainda maior. A política equivocada do governo é a verdadeira agitadora, seus erros políticos não devem nada àqueles da época da Revolução Cultural. Apenas pelo autocontrole do povo e os apelos contínuos por representantes visionários de todas as camadas populares, inclusive do Partido, do governo e dos militares, evitou-se até agora um grande banho de sangue. O governo precisa, em face dessa situação, confessar por fim seus erros e ceder; acreditamos que ainda não é tarde para tanto. O governo deve tirar lições amargas desse movimento democrático amplo e acostumar-se a ouvir a voz do povo, admitir que as pessoas exigem publicamente a observância de seus direitos constitucionais e aprender a reger democraticamente este país. Esse movimento democrático conduzido por todo o povo é o melhor professor para o governo conduzir esta sociedade de forma democrática e de acordo com as leis.

O maior erro por parte dos estudantes consiste na confusão em sua auto-organização, na qual falta eficiência e processos democráticos. Na prática, significa: as pessoas têm a democracia como objetivo, mas tomam caminhos não democráticos para alcançar tal meta. Escreve-se a exigência por democracia nas bandeiras, mas procede-se de forma não democrática em casos concretos. Falta um sentido de cooperação. Em vez disso, as pessoas se enfraquecem pelas lutas por poder, que contradizem no fim das contas cada processo decisório razoável e levam ao caos financeiro e ao desperdício financeiro. O excesso de emoções enfrenta uma falta de razão e um pensamento excessivo em privilégios para pouco senso de igualdade.

Na luta do povo chinês por mais democracia, as pessoas sempre pararam nos últimos anos no nível de ideologias e lemas formais teóricos. Sempre houve apenas um esclarecimento do pensamento, sem colocar algo dele em prática, sempre foram formulados apenas objetivos, sem transformar pensamentos sobre métodos em algo concreto. Somos da opinião de que a realização da política democrática consiste na democratização dos processos, métodos e abordagens políticas. Exortamos o povo chinês: ponha fim à pura ideologia da consciência do passado, da democracia dos lemas vazios e das ambições, coloque finalmente em marcha os processos e procedimentos democráticos, transforme a partir de um movimento democrático que consiste em exigência teórica em um verdadeiro movimento democrático de ação, que se faça perceptível em cada caso concreto. Exortamos os estudantes a refletir como podem reorganizar seus grupos na praça Tian'anmen.

Os erros que o governo comete de forma geral em suas sentenças e tomadas de decisão refletem-se também em sua opinião sobre o movimento dos estudantes, que ele chama de um movimento "de um punhado de gente". Com nossa greve de fome queremos mostrar à mídia no país e no exterior quem é esse suposto "punhado de gente". Não são apenas estudantes, mas pessoas de todas as camadas sociais com senso de responsabilidade política que, lideradas pelos estudantes, participam ativamente deste movimento de extensão nacional pela democracia. Tudo que fazemos é guiado pela razão e lícito. Queremos, com a inteligência da qual dispomos e com nossas ações, levar o governo a refletir e se arrepender sobre as virtudes da cultura política, da cultura própria e da força da moral, confessar publicamente e corrigir seus erros e fazer com que as organizações estudantis autônomas se reorganizem de acordo com processos democráticos e legais.

Um Estado regido democraticamente é declaradamente uma ideia totalmente alheia para um habitante da China, ou seja, cada indivíduo precisa apropriar-se dela desde o início, também os altos funcionários do Partido e as lideranças superiores do Estado. Nesse processo, os erros são inevitáveis, tanto por parte do povo como por parte do Estado. A arte reside no fato de reconhecer os erros, corrigi-los e aprender com eles para tirar o melhor proveito desse processo de aprendizagem. Com a correção de nossos erros, aprenderemos aos poucos a entender o que significa reger democraticamente nosso país. (*64memo.com – 1989*)

II. Nossos lemas centrais

1. Não temos inimigos. Não deixamos nosso conhecimento e a democratização da China serem envenenados pelo ódio e pela violência.
2. Todos precisamos fazer um exame de consciência. Cada indivíduo tem responsabilidade pelo retrocesso da China.
3. Somos em primeiro lugar cidadãos e nada mais que isso.
4. Não buscamos a morte. Queremos a verdadeira vida.

III. Local, tempo e regras para a greve de fome

1. Local: aos pés do Monumento aos Heróis do Povo na praça Tian'anmen.
2. Período: 72 horas, de 2 de junho de 1989 às 16 horas até 5 de junho de 1989 às 16 horas.
Observação: Como Hou Dejian, em 6 de junho, precisar estar em um estúdio de Hong Kong para uma gravação, seu tempo de greve será limitado a 48 horas, durando de 2 de junho às 16 horas até 4 de Junho às 16 horas.
3. Regras: Beberemos exclusivamente água fervida e não comeremos nada; não serão permitidas, além disso, bebidas nutrientes como aquelas que possuem açúcar, amido, gordura ou proteína.

IV. Os participantes da greve de fome

Liu Xiaobo: doutor em Literatura, docente no Instituto de Literatura Chinesa da Escola Superior de Pedagogia de Beijing.
Zhou Duo: ex-docente no Instituto de Pesquisa Social da Universidade de Beijing, diretor do Departamento de Planejamento Geral da empresa Sitong.
Hou Dejian: conhecido poeta e compositor.
Gao Xin: editor-chefe do jornal semanal *Shida Zhoubao*, membro do Partido Comunista Chinês.

Carta de Liu Xiaobo a Liao Yiwu

O primeiro manuscrito de seu registro autobiográfico de prisão, que Liao Yiwu terminou em 1997, foi publicado em 2004. Liu Xiaobo escreveu esta carta ao velho amigo após a leitura.

Nota da organizadora

Meu querido barbudo, meu querido careca,

Passei o dia todo, de manhã até bem tarde, lendo seu "relato testemunhal". Liu Xia leu rápido; eu, devagar. Você conseguirá facilmente reconhecer, entre quem passou sobre dez linhas de uma vez e aquele que tenta entender palavra por palavra, qual impaciente se preocupa mais com as questões. Mesmo que às vezes você seja um verdadeiro asno – da próxima vez você deve saber com quem será benevolente e com quem será reticente.

Em comparação aos quatro anos que você passou na cadeia, as três vezes que me prenderam não parecem realmente uma grande infelicidade. Na primeira vez, fiquei em cela individual em Qincheng, e, exceto pelo silêncio mortal que eu percebia às vezes, passei essencialmente melhor que você. Na segunda vez, durante o cárcere de oito meses em um grande complexo aos pés da montanha de Xiangshan, concederam-me um tratamento ainda mais privilegiado. Tinha tudo, exceto a liberdade. A terceira vez me enfiaram num campo de reeducação de Dalian, lá também em cela individual. A vida nobre que eu podia levar como prisioneiro não tem nada a ver com aquela que você teve de aguentar. Não ousaria mais descrever essas três vezes como encarceramento. Como de fato nesta terra desumana as pessoas conseguem apenas proteger sua dignidade seguindo pelo caminho da resistência, ser lançado na cadeia é apenas uma parte inevitável da própria dignidade; portanto, nada pelo que alguém deva se orgulhar. O que se precisa temer não é ser jogado na prisão, mas que se pense que, depois de ter saído de lá, se poderá exigir da sociedade um número de mortos e conduzir tudo sob seu comando.

Sei bem apenas que após o 4 de Junho muitos precisaram cumprir sentenças essencialmente mais pesadas que uma figura sempre sob os holofotes públicos como eu. As rigorosas condições de encarceramento são muito piores do que a maioria das pessoas consegue imaginar. Contudo, antes de ler seu relato, eu não tinha mais do que uma vaga ideia do que seria. Seu relato me fez realmente sentir pela primeira vez a pulsação de uma verdadeira vítima da tragédia do 4 de Junho. Não é possível colocar em palavras minha vergonha. Tudo que me resta é dedicar o resto da minha vida àquelas almas perdidas, àquelas vítimas inominadas. O que também acontece é que o sangue e as lágrimas dessas vítimas inocentes sempre serão para mim como pedras no coração, gélidas e pesadas, com pontas e cantos afiados.

Seu poema "Réquiem" é um pedaço verdadeiro de poesia, melhor ainda que "Massacre".

Em seu "relato testemunhal" você emprega muitas observações críticas sobre seu entorno, mas às vezes essas coisas ultrapassam o limite do censurável. Talvez faltasse a você no momento da escrita a distância necessária, ainda flui de sua pena o ódio silencioso; você deveria repensar esses pontos. Pode ser uma esperança vã restabelecer a verdadeira face da vida, contudo uma força interior infinita para o restabelecimento da verdade deve no mínimo emanar de nossas palavras.

Se comparados a outras pessoas que vivem sob o véu obscuro do comunismo, não podemos nos chamar de durões. Tantos anos parte dessa tragédia perpétua – e mesmo assim não engendramos ainda nenhum guerreiro da justiça no formato de Václav Havel. Para muitos que se arrogam o direito ao egoísmo, é necessário um gigante moral que se sacrifique de forma altruísta por todos. Para lutar por uma "liberdade passiva" (ou seja, aqueles que não precisam sofrer sob o exercício do poder autoritário), precisamos de uma vontade para a resistência ativa. História não é destino. O surgimento de um mártir pode mudar profundamente a capacidade de todo um povo e dar asas à moral intelectual dos homens. Gandhi foi uma coincidência e Havel, um acaso, e mais ainda aquele filho de camponês nascido em uma manjedoura há 2 mil anos. O avanço da humanidade depende desses indivíduos que vêm ao mundo por acaso. Não se pode confiar no consciente coletivo das massas, confiança é única e exclusivamente para a intuição de grandes personalidades que sabem formar das massas fracas um todo forte. Em particular nosso povo precisa de tal autoridade moral. A inspiração de um primeiro guerreiro exemplar é infinitamente grande, seu efeito simbólico pode libertar uma abundância em forças morais. Suponhamos como exemplo que Fang Lizhi simplesmente tivesse surgido da embaixada americana, ou Zhao Ziyang, após sua renúncia, tivesse voltado a se engajar ativamente na resistência ou aquele outro tivesse se negado a deixar o país. Um motivo importante para o emudecimento e o esquecimento após o 4 de Junho foi que nos faltava tal grande figura moral que entrasse corajosamente em cena.

Não é difícil montarmos uma imagem da bondade e da constância dos homens, mas sua infâmia e sua covardia ultrapassam nossa imaginação. Sempre quando acontece uma grande tragédia, fico chocado pela virulência e pelo pusilanimidade das pessoas. E, contudo, permaneço tranquilo em face da falta de bondade e força de caráter. O belo da palavra escrita está em ela iluminar a escuridão como uma luz da verdade. A beleza é a verdade consolidada. Barulho e glamour servem apenas para esconder a verdade. Você e eu somos apenas loucos neste mundo astucioso, que nós navegamos, como na Europa antiga, em nosso navio de loucos por oceanos infinitos e fazemos do primeiro pedaço de terra no qual aportamos nosso lar. Vivemos se nosso coração sofre. O sofrimento do coração é ao mesmo tempo o estado mais cego e mais alerta. É cego, pois, apesar da aparente surdez de todas as pessoas, caminha ruidoso pela região. É alerta, pois, embora todas as pessoas já tenham esquecido, lembra-se da faca pingando sangue. Certa vez escrevi em um poema para Liu Xia: "As lágrimas de uma formiga impediram seus passos".

Nunca conheci sua irmã mais velha, Feifei, ela deve ter sido realmente uma mulher especial. Pela maneira como você escreve, já me apaixonei por ela. Dançar com mortos e perdidos, essa é a dança da vida. Caso vá ao túmulo de Feifei, não esqueça de levar flores por mim.

Xiaobo, 13 de janeiro de 2000

Um sistema desonesto subvertido pela verdade
Agradecimento pela condecoração com o "Prêmio para personalidades democráticas de destaque"

A Chinese Democracy Education Foundation (Fundação de Educação para a Democracia Chinesa) foi fundada por Huang Yuchuan (1919-2003) em São Francisco. Desde 1986 concede o "Prêmio para personalidades democráticas de destaque". Há mais de vinte anos, recebem esse prêmio muitas pessoas que prestaram uma contribuição para a questão da democracia na China. Em 2002, Liu Xiaobo foi condecorado com ele, mas não conseguiu a permissão de viagem para a premiação, que aconteceu em maio do ano seguinte, em São Francisco.

Nota da organizadora

Minha carreira como escritor começou nos anos 70 como "adolescente enviado ao interior", nesse período peculiar do vocabulário da revolução emocionalmente carregado de frases vazias e entusiasmo cego, no período de mentiras ideológicas à moda das citações do grande presidente Mao, que naquela época eram apresentadas de forma pretensiosa como verdades absolutas. Quando meus escritos conseguiram um certo nível de reconhecimento nos anos 80 do século passado, me ocorreu que eu escaparia da influência do estilo de escrita maoista quando tivesse por fim começado a transformar a dignidade humana individual e a vida real em ponto de partida da minha escrita. Como um desses novos ricos que da noite para o dia conseguem prosperidade inesperada, me vi num estado de euforia no qual superestimava totalmente minhas reais capacidades.

Apenas pelo despertar sangrento há catorze anos compreendi como me tornara superficial e convencido, e apenas agora entendi como é importante a força suave e calorosa do amor. Com a tentativa de entender o real peso da existência – o crime de ser um sobrevivente e o respeito diante da alma dos assassinados –, comecei a me envergonhar profundamente da minha superficialidade dos anos 70 e de minha presunção dos anos 80. Apenas agora, quando me volto para o passado com olhar afiado, tenho certeza de que passei toda a minha juventude em um deserto cultural, que tudo que alimentava minha escrita não passava de ódio, violência e arrogância, meus mestres eram mentirosos, canalhas e cínicos. Desse veneno da cultura do Partido alimentaram-se gerações. E eu estava entre elas. Mesmo no primeiro período da libertação do pensamento, nos anos 80, as marcas que a cultura do Partido deixara em mim eu ainda não havia apagado. As ideias de Mao e o vocabulário da Revolução Cultural já haviam se tornado parte da minha vida. Libertar-se de tudo aquilo e recriar-se: era mais fácil falar do que fazer. Limpar-se do veneno que se infiltrou na própria alma é uma luta que dura a vida toda.

Presto meu maior respeito a todos os mortos inocentes.

O dia no qual recebo este prêmio, 31 de maio de 2003, está a apenas quatro dias do aniversário do massacre de 4 de Junho. Não sei se me provei digno perante os mortos e também não ouso concluir se merecia esta premiação. Vejo-a como uma condecoração para aqueles que provam dentro de um sistema desonesto a coragem para a verdade e como uma cerimônia contra o esquecimento, na qual a lembrança é mantida alerta e presto minha reverência aos mortos.

As almas dos mortos no massacre olham para mim com desdém e o fazem há catorze anos. Como participante do movimento democrático de 1989, vejo as lâminas reluzirem como sempre. Cravam-se profundamente na carne da minha lembrança, a lembrança empalada pelas baionetas, perfurada pelas balas e esmagada pelos tanques à noite e de manhãzinha. Como um daqueles que escaparam dos carniceiros, em face daqueles que deixaram sua vida pela liberdade da China, em face da onipotência da mentira e da fraude dos carrascos, sei o que significa a carga pesada da responsabilidade do sobrevivente e tento, com toda a força de cada palavra que escrevo, fazer um apelo às almas que urram de seus túmulos. Oponho ao esquecimento forçado a lembrança desses túmulos e às mentiras onipresentes, as desculpas suplicantes por esse crime.

Um poder estatal que assassina é digno de desprezo, um poder estatal que justifica seus homicídios com mentiras, abjeto – e um povo que está pronto para esquecer tão rapidamente as almas assassinadas pelo poder do

Estado é desesperador. Especialmente onde os crimes do despotismo atual há muito são patentes perante todo o mundo. Os cadáveres dos mortos inocentes julgaram seus assassinos no sentido jurídico e moral há muito tempo.

O regime despótico do Partido Comunista já tem o que responder por muitos crimes, já pesa em sua consciência muitas almas mortas que perderam sua vida injustamente e até o dia de hoje tem levado muitos, que em virtude de sua consciência se revoltam contra isso, para trás das grades. O método mais efetivo para livrar-se desse sofrimento é manter a lembrança alerta, refletir e se opor contra as mentiras instiladas pelos poderosos. É a precondição moral fundamental para a reflexão e a lembrança adequadas. Isso significa também que cada um dos sobreviventes e aqueles que podem viver em liberdade fora dos muros das prisões, apenas quando mantêm alertas as lembranças das vítimas inocentes e não participam do banquete do pão mergulhado no sangue daquelas, conseguem ter direito de existir e arrogar-se a dignidade de uma pessoa. Somente então podem assumir a responsabilidade de homens pelos homens – a responsabilidade pessoal não é substituível.

Resistir às mentiras significa subverter a ditadura

Claro que somos todos apenas pessoas simples, todos temos nossos pontos fracos e almejamos a segurança e a sorte mundana da prosperidade. Cada vez mais nos acostumamos ao avanço civilizatório sistemático pela modernização mundial. A conveniência ligada a esse avanço, os critérios ligados a ele para um tratamento humano mútuo afastam-se continuamente do ideal de "morrer por uma questão justa" do heroísmo clássico. Em vez disso, aproximam-se cada vez mais da tolerância diante das fraquezas humanas e da satisfação com a "pequena felicidade". Também não precisamos cantar nenhum cântico da moral, não precisamos necessariamente trazer o espírito das vítimas, que versa: "Liberdade e amor são toda a minha ambição, pelo meu amor poderia dar a vida, pela minha liberdade, daria o próprio amor*". Contudo, para manter na vida cotidiana as mínimas exigências às pessoas honestas, também não se precisa de grande coragem, nem nobreza, compreensão ou inteligência; não é necessário fazer sacrifícios pessoais exagerados, deixar-se lançar na cadeia, fazer greve de fome ou atear fogo em si mesmo. Basta mesmo não mentir em discursos públicos e, em face das seduções e ameaças contumazes, da política de incentivo e castigo, não votar na mentira como estratégia de sobrevivência.

---

* Citação de um poema do poeta libertário húngaro Sándor Petöfi (1823-1849). (N.E.)

O mandamento de não mentir, uma das exigências morais fundamentais que transforma homens em homens, sempre é estabelecido nas regras mais antigas e influentes de cada cultura. Com relação às pessoas que ainda hoje vivem sob um sistema despótico, a luta pela liberdade almejada sem coerção e pela segurança sem medo deveria começar pela resistência contra a mentira. Pois a ditadura da tirania que produz a coerção e o medo depende totalmente da correlação oriunda da violência e da mentira. Uma ditadura não consegue sobreviver se não for maquiada pelas mentiras. Por isso, o povo impotente – não importa se trata-se de pessoas simples ou da elite – pode no mínimo prestar uma resistência silenciosa que se negue à mentira. Proteger-se contra a mentira nas pequenas coisas cotidianas – esse é o meio mais efetivo para levar à ruína os edifícios de despotismo erigidos sobre mentiras. No fim das contas, cava-se seu túmulo.

Podemos acrescentar que a situação política deixa a China totalmente madura para uma era pós-totalitária de reformas; as tendências políticas mundiais e também o sentimento no povo são claros e tanto o poder de convencimento da ideologia pregada pelo Partido, de um lado, como a lentidão geral, de outro lado, sofrem baixas. O pluralismo na sociedade começa a tomar forma no nível econômico e no sistema de valores dos homens e balança o pedestal rígido do sistema do governo central. Exceto pelas mentiras, o despotismo pós-totalitário não tem nenhum outro capital para sua autodefesa, já está tão enfraquecido que espera que as pessoas se vulgarizem. As concessões que ele faz à vontade do povo chegam ao ponto de o governo não mais esperar que as pessoas acreditem nele e o reverenciem, mas não exige outra coisa senão uma população de cínicos que considere e elogie sua própria convicção. Isso já basta.

Por que é tão difícil não mentir

Além disso, o papel do Partido Comunista, cujo poder governamental é insuficientemente legitimado, em face da realidade, que significa a mudança brusca da divisão dos lucros e dos valores pluralistas, e a despedida da divisão de bens oficial pelo Estado em uma sociedade na qual cada um pode se preocupar consigo mesmo, é reduzido à defesa da estabilidade de sua força política – e à contenção dos diversos custos sociais do lucro da elite poderosa. Lições foram tiradas da era Mao e da opressão do movimento de 4 de Junho (espero que a administração de Hu Wen em algum momento também tire lições da opressão por Jian Zemin, da seita Falun Gong), mesmo que seja um reconhecimento contrariado. O elemento essencial da política agora não consiste mais na agitação ideológica e na opressão violenta. Lança-se mão da forma mais moderada de compra de simpatia pela promessa de lucro. Essa estabilidade comprada com dinheiro já se transformou no meio estratégico mais importante da política atual. Como consegue, portanto, pagar por estabilidade e loas à sua política na maioria dos casos com dinheiro, o Partido Comunista cada vez menos faz uso da prisão e dos canos da espingarda como meios de ameaça. Apenas perante uma ínfima minoria que não se vende ele emprega ainda a violência e a opressão. Por isso, o motivo pelo qual meus compatriotas na era pós-totalitária apenas dificilmente conseguem resistir à mentira, principalmente aqueles que são da elite dos proeminentes, não é o temor passivo frente à violência, mas uma prostração ativa diante das promessas de lucro pelo Estado. Aquilo que a oligarquia dos ditadores mais teme não é a troca de uma ditadura por outra causada pela violência – uma resistência parcial pode ser reprimida e uma revolução completa e opressora possivelmente criaria uma nova ditadura –, mas que os indivíduos, principalmente os intelectuais que se pronunciam profissionalmente perante o público, não mais se calem publicamente frente à política de incentivo e castigo, resistam à mentira, não participem dela, não estejam dispostos a tornar sua existência dependente da mentira.

UMA CORRENTE DE VERDADE COMO MEIO DE RESISTÊNCIA CONTRA A DITADURA

Na China de hoje, o risco individual para alguém que ouse dizer a verdade foi bastante reduzido. Verdades que ainda nos tempos de Mao Zedong poderiam levar à perturbação da família e à morte dos familiares são hoje em dia bem comuns. Quando as celebridades da sociedade abrem o bico, talvez contem com as conhecidas represálias, mas não devem pagar um alto preço por isso, como Zhang Zhixin ou Gu Zhunshi, e também não precisam pagar o preço que as pessoas no "Muro da Democracia" precisaram pagar por seu engajamento no início dos anos 80, enquanto as pessoas comuns devem como sempre contar com o pagamento de um preço mais amargo pela sinceridade. O destino de Yang Zili e Liu Di, que até hoje amargam a prisão, é apenas um exemplo do alto preço que pessoas comuns são obrigadas a pagar por suas palavras verdadeiras. O legado dos últimos anos do já falecido Li Shenzhi, especialmente o poema "Cinquenta anos escurecidos por nuvens e chuvas", que ele escreveu no aniversário de cinquenta anos da tomada do poder pelo Partido Comunista, apresenta um modelo exemplar das possibilidades de as celebridades poderem dizer a verdade. Nesse sentido, alguém que goza de grande prestígio perante o público deveria se tornar megafone das massas a partir de uma obrigação moral que corresponda à seu prestígio social e à sua responsabilidade pública, e retribuir ao povo dessa maneira a atenção magnânima que recebe da população. O bônus da celebridade é uma das maiores vantagens ocultas ao se tomar a palavra em público. Uma personalidade proeminente pode exercer sobre o atual poder estatal com suas palavras sinceras uma pressão moral maior e com isso contribuir para a ampliação do espaço para debates públicos. Com isso, cada vez mais outros são encorajados a romper seu silêncio.

Nem sempre a conta de custo-benefício fica completamente negativa quando se ousa dizer a verdade na cara da ditadura. Quem ousa expressar sua opinião sincera em ocasiões públicas importantes talvez não tire nenhuma vantagem material visível desse ato, mas ganha um prestígio moral pouco tangível de pronto, principalmente o reconhecimento pelo povo simples da China e pelas nações importantes do mundo – e bem aos poucos se torna uma personalidade social com grande influência pública. Durante os acontecimentos de 4 de Junho de 1989, o aparecimento corajoso de Ding Zilin diante de todas as pessoas desvelou as mentiras monstruosas do Partido Comunista, e ele ganhou com isso simpatia e apoio em todo o mundo. O sucesso do movimento perseverante das Mães da Praça Tian'anmen foi recompensado com uma série de distinções internacionais, entre outras, este mesmo "Prêmio para personalidades democráticas de destaque".

Na atual crise de SARS, as palavras claras do dr. Jian Yanyong desencadearam em todo o mundo uma onda de debates públicos que sentenciam o sistema enganador. Com isso, os bastidores obscuros da epidemia foram divulgados e o PC da China viu-se obrigado a finalmente tomar medidas políticas. Meus compatriotas viram flutuar uma centelha de esperança no combate de catástrofes naturais e criadas pelos homens. Esse foi um outro exemplo da vitória da verdade a partir da boca do povo sobre as mentiras do governo. Na mídia disseminada pelo governo, fizeram um inferno para o dr. Jiang, mas, graças à plataforma global que a internet oferece, chegaram para ele um sem-número de manifestações de solidariedade, louvores e felicitações que circularam em todo o país. O maior reconhecimento para o dr. Jiang, que ousou ser advogado do povo quando disse a verdade, é o debate intenso em torno da liberdade de imprensa que acaba de se conflagrar entre os chineses. Podemos reconhecer que, mesmo quando se trata de uma importante questão social, cada palavra verdadeira também pode mostrar efeito dentro de um sistema tirânico. De todas as gotas de verdade que se juntam na massa popular, cresce aos poucos uma onda civil gigantesca contra o governo ditatorial que torna simplesmente impossível manter um despotismo construído com base na mentira.

OUSE DIZER A VERDADE AOS PODEROSOS

Gostaria de enfatizar que mesmo um pequeno, bem-intencionado e consciente estímulo que corresponda a uma necessidade humana, mesmo que se trate de um encorajamento mínimo da esfera privada, em vista da vida na cadeia desse despotismo frio e indiferente, merece nosso respeito e nossa gratidão.

O prêmio que posso receber aqui é o prêmio com a maior importância e mais forte influência na sociedade chinesa. A Fundação de Educação para a Democracia fortaleceu o povo chinês com perseverança desde o início de suas atividades em 1985 para que não se calasse diante dos poderosos déspotas e todos os anos tem contribuído com sua premiação de forma única para o processo de transformação política em terreno chinês. Ela deu ânimo a muitas mulheres e homens da República Popular que precisaram aguentar na própria pele as adversidades. Não importa se dizia respeito à luta pela dignidade humana pessoal ou à questão das condições desde sempre difíceis para a liberdade neste país: ela tem um significado especial. Tenho certeza de que essa fundação premiará também no futuro pessoas incansáveis que levantam a voz diante dos poderosos, até o dia no qual a China finalmente submergir na corrente da humanidade civilizada e tornar-se um refúgio da liberdade de expressão.

Como um dos sobreviventes daquele massacre que de fato não merece essa existência, que caiu no crepúsculo do despotismo, tenho consciência de que não posso falar pelas almas mortas injustamente, mas apenas por mim, cheio de arrependimento e desculpas, por parte do lado errado, atrevo-me a falar por todos nós. Permitam-me que para finalizar eu cite um poema que escrevi na cadeia para os mortos do 4 de Junho:

> Na captura das grades
> Rompo num choro alto
> Tenho medo de que da próxima vez
> Não tenha mais lágrimas o suficiente
> Para lembrar dos mortos inocentes
> Preciso com mão firme enfiar

Uma faca em meus olhos
E com o prêmio da cegueira
Pagar pela clareza do pensamento
Essa lembrança que devasta a vida
Pode apenas pela resistência
Ser totalmente lembrada e nomeada.

5 de maio de 2003, em casa, em Beijing
Fonte: *Cheng Ming Monthly* (Competição), Hong Kong, junho de 2003

Carta 08

Durante o verão e o outono de 2006, um grupo de intelectuais chineses trabalhou em conjunto no esboço da Carta 08, um manifesto em prol dos direitos humanos, da democracia e da constitucionalidade concebido em admiração consciente pela Carta 77, um documento lançado na Tchecoslováquia mais de três décadas antes. Em novembro de 2008, Liu Xiaobo transformou-se em uma força propulsora da Carta 08 e se esforçou mais do que os outros para coletar assinaturas para ela. Quando a Carta foi oficialmente divulgada em 9 de dezembro de 2008, contava com 303 assinaturas – não apenas daqueles que a haviam redigido, mas também de líderes trabalhistas e de agrupamentos camponeses, bem como de alguns oficiais governamentais. A Carta foi publicada na internet e rapidamente foram coletadas mais doze mil assinaturas. Nos meses seguintes, o governo atacou duramente, apagou a Carta da internet chinesa e tentou intimidar seus apoiadores com tramoias, encarceramentos e medidas semelhantes. A Carta parece ter irritado sobremaneira os poderosos chineses, pois ela não apenas clamava por reformas muito melhores do sistema atual, mas também pela abolição de algumas de suas características essenciais, inclusive o governo unipartidário.

Em 8 de dezembro de 2008, policiais apareceram tarde da noite diante do apartamento de Liu Xiaobo e o levaram a um local mantido em segredo para, segundo chamaram, uma "inspeção da residência" (embora não se tratasse de sua residência), onde ele permaneceu até dia 23 de junho de 2009, quando foi oficialmente preso "pela acusação de incitação ao golpe de Estado". Em 23 de dezembro de 2009, um tribunal de Beijing sentenciou que Liu

Xiaobo era culpado e a Carta 08 serviu como principal prova incriminatória. Em 25 de dezembro, o tribunal condenou Liu Xiaobo a uma pena de onze anos de prisão.

Nota da organizadora

I. Preâmbulo

Neste ano, celebramos o centésimo aniversário da primeira Constituição chinesa, o sexagésimo aniversário da Declaração dos Direitos Humanos, o trigésimo aniversário do "Muro da Democracia" de Beijing e o décimo aniversário da assinatura do "Pacto Internacional sobre os Direitos Civis e Políticos*". Após terem sofrido tanto a situação catastrófica dos direitos humanos, e depois de todas as lutas difíceis e encarniçadas, os cidadãos chineses despertaram e aos poucos ficou claro para eles que a liberdade, a igualdade e os direitos humanos são valores universais e a democracia, a república e o constitucionalismo formam a base da política moderna. Uma "modernização" que ignore totalmente esses direitos universais e as estruturas correspondentes significa colocar em marcha um processo desastroso, que rouba os direitos e a dignidade dos homens e corrompe seu caráter. A pergunta é: para onde está indo a China no século XXI? Continuará com esse modelo de modernização ditado por um regime autoritário ou se comprometerá com os valores universais, se inserirá no *mainstream* e construirá um sistema governamental democrático? São questões que precisamos enfrentar incondicionalmente.

As revoluções históricas às quais a China foi exposta desde meados do século XIX desvelaram na época a decadência do império e de suas estruturas autocráticas. Formaram o prelúdio daquilo que mais tarde seria chamado de "as maiores mudanças em mil anos". Os esforços pela modernização subsequentes, segundo o modelo ocidental, serviram apenas para a melhoria superficial da tecnologia. A derrocada na guerra contra o Japão em 1895 trouxe a nova prova do atraso do sistema. Inclusive a tentativa de riscar a superfície das estruturas políticas com a "Reforma dos Cem Dias" de 1898 falhou na opressão terrível pelos eternos atrasados, que preparavam o fim da reforma e dos reformistas. O fim do império autoritário parecia finalmente ter chegado

---

* Pacto Civil das Nações Unidas (ICCPR), que entrou em vigor em 23 de março de 1976 e desde então foi ratificado por 167 Estados. O pacto foi assinado pela China, mas ainda não foi ratificado. (N.E.)

com a Revolução de 1911, em cuja sequência foi fundada a primeira República da Ásia e que extinguiu o sistema imperial que durara 2 mil anos. Contudo, os conflitos sociais da época dentro da República e a pressão política de fora não permitiram que o sistema republicano fosse duradouro. Pouco tempo depois, as estruturas governamentais despóticas retornaram. O fracasso da tentativa de, por um lado, igualar-se tecnologicamente e, por outro, renovar-se no âmbito político levou a uma reflexão crítica sobre as causas das fraquezas de nossa cultura. Originou-se, assim, o movimento de 4 de maio, que escrevera em suas bandeiras o lema "Ciência e Democracia" como panaceia para esses pontos fracos. Contudo, também essa tentativa de democratização fracassou, desembocando na guerra civil e, por fim, na invasão pelas forças inimigas. A vitória sobre o Japão inaugurou uma nova chance para um governo constituído, mas o resultado da guerra civil entre Guomindang e o Partido Comunista lançou a China no abismo do totalitarismo moderno. A "Nova China" fundada em 1949 era, de acordo com o nome, uma República Popular, mas na realidade, fundou-se um reino unipartidário. O Partido Comunista assumiu o controle sobre todos os órgãos do Estado e sobre todos os recursos políticos, econômicos e sociais, respondendo por uma longa série de catástrofes dos direitos humanos como o Movimento Antidireitista (1957/58), o Grande Salto para Frente (1958-60), a Revolução Cultural (1966-69), o Massacre da Praça Tian'anmen (1989) e a atual opressão de todos os movimentos de proteção dos direitos ou religiosos oriundos do povo. Dezenas de milhões de pessoas perderam sua vida, tendo o país e o povo pagado um preço extraordinariamente alto por isso.

 A política de reforma e abertura das últimas duas décadas do século XX por fim trouxe ao povo chinês a redenção do totalitarismo e da pobreza onipresente da era Mao; a prosperidade geral e o padrão de vida aumentaram; a liberdade individual econômica e os direitos sociais foram restituídos ao menos parcialmente. Houve um amadurecimento da sociedade civil e com isso também cresceram os clamores por liberdade política e direitos humanos. Como os poderosos, na trilha das reformas econômicas, também abriram o caminho da economia do mercado e da propriedade privada, sua postura perante as questões de direitos humanos mudou de rejeição completa para um reconhecimento sucessivo dos direitos humanos. Em 1997 e 1998, o governo chinês assinou dois importantes acordos de direitos humanos internacionais e, em 2004, o Congresso Popular Nacional alterou a Constituição, na qual a frase "respeito e garantia dos direitos humanos" foi incorporada. Para este ano (2008), existia a perspectiva de elaboração de um "Plano de Ação Nacional de Direitos Humanos". Contudo, a maioria dessas promessas políticas não valem o papel no qual são impressas. A realidade política tem outra aparência, como não é difícil de reconhecer: existem leis, mas não um Estado de direito; há uma Constituição, mas nenhum governo constitucional. As gangues políticas no governo atêm-se ao seu poder autoritário e defendem-se contra as reformas políticas sérias. Como resultado, há a corrupção dos quadros, a infiltração do Estado de direito, os direitos humanos insuficientes, o declínio da moral pública, uma polarização da sociedade, o crescimento econômico, mas a destruição do meio ambiente natural e também do ambiente humano. As liberdades civis, o direito à propriedade privada e o anseio pela felicidade pessoal não são sistematicamente garantidos e ao mesmo tempo crescem sem parar as contradições sociais. Cresce a insatisfação da população. A resistência pública contra os burocratas e os protestos em massa grandiosos aumentam rapidamente e revelam a medida catastrófica da perda de controle pelo Estado. O atraso do sistema clama literalmente por reformas.

II. Nossos princípios fundamentais

Neste momento histórico decisivo para o destino da China é necessário manter novamente em vista o processo de modernização dos últimos cem anos e voltar a resumir os princípios que baseiam nossas exigências:

Liberdade. Liberdade forma o centro dos valores universais. Liberdade de opinião, liberdade de imprensa, liberdade de crença, liberdade de reunião, liberdade para formação de associações, liberdade de escolha do local de residência, direito à greve e à manifestação e assim por diante são as formas concretas de liberdade. Não se pode falar de civilização moderna onde a liberdade não impere.

Direitos humanos. Os direitos humanos não são concedidos por um Estado. São direitos inerentes a todo ser humano, a partir de seu nascimento. Defendê-los é a obrigação máxima de um governo. Eles formam a base da legitimidade do exercício do poder público e são inalienáveis pelo princípio de considerar "o homem ponto de partida de toda a política". A sucessão de catástrofes políticas na história recente da China é uma consequência direta da violação dos direitos humanos pelo Partido governante. O homem é o mais essencial em um Estado, o Estado lhe serve e o governo está lá para ele.

Igualdade. A integridade pessoal, a dignidade e a liberdade de cada ser humano são iguais, independentemente de seu status social, profissão, sexo, situação econômica, raça, cor da pele, crenças ou convicções políticas. O princípio da igualdade perante a lei e a igualdade dos direitos sociais, econômicos, culturais, civis e políticos precisa ser de fato empregado.

Republicanismo. Significa: "Todos governam e vivem pacificamente juntos". Quer dizer, divisão de poderes, e os interesses diversos precisam ser equilibrados. Significa a participação política de diferentes grupos de interesses e alianças sociais, de pessoas com históricos culturais e concepções religiosas diversos na regulação pacífica de questões públicas, com base na participação igualitária, concorrência justa e discussão política conjunta.

Democracia. O povo é soberano e o governo é eleito pelo povo. Esse é o princípio fundamental da democracia. Ela se caracteriza pelos seguintes pontos: 1. Todo poder político origina-se do povo e o governo é legitimado pelo povo; 2. O poder político é exercido por aqueles que o povo elegeu; 3. O povo tem direito de voto efetivo e os servidores mais importantes em todos os níveis governamentais são devidamente escolhidos em eleições periódicas; e 4. Os direitos fundamentais da minoria, apesar do respeito às escolhas da maioria, sempre são mantidos. Em uma frase: a democracia é uma ferramenta moderna para transformar um governo em um governo "do povo, em favor do povo e pelo povo".

Governar constitucionalmente significa o princípio de promulgar políticas com base no direito e proteger por meio do governar legítimo os direitos e liberdades fundamentais dos cidadãos garantidos pela constituição, limitar o poder do governo, determinar essas fronteiras do poder legítimo e criar parâmetros institucionais correspondentes para tanto.

A era do império e do poder imperial já faz parte do passado chinês. Em todo o mundo, os déspotas remanescentes aos poucos enfrentam seu declínio. O período é propício para transformar todos os cidadãos desta Terra finalmente em verdadeiros soberanos de seus Estados. Para avançar nesse caminho, o povo chinês precisa livrar-se de sua mentalidade de súdito e da dependência antiquada de "senhores sábios" e "oficiais ilibados". É necessário fazer do Direito a base fundamental de toda a política, formar cidadãos conscientes com participação na responsabilidade política, empregar realmente a liberdade, seguir princípios democráticos e respeitar a constitucionalidade.

III. O QUE DEFENDEMOS

Gostaríamos de surgir, nesse sentido, como cidadãos responsáveis e construtivos de nosso Estado, e por isso apresentamos as seguintes propostas concretas para a melhoria da situação dos direitos humanos e para o avanço social em nosso país:

1. Mudança constitucional. A Constituição deve ser alterada segundo os princípios descritos anteriormente e devem ser excluídos aqueles parágrafos que não se coadunam com a ideia de soberania popular para ser uma garantia real dos direitos humanos e uma licença para o exercício do poder público. Deve se transformar em uma lei soberana que não possa ser violada por indivíduos, grupos ou partidos e sirva como fundamento jurídico para a democratização da China.

2. Divisão de poderes. Precisamos estabelecer um governo moderno, no qual a divisão de legislativo, judiciário e executivo é garantida. As fronteiras jurídicas do exercício do governo e da responsabilidade governamental precisam ser definidas e a expansão do poder executivo, evitada. O governo tem responsabilidade perante os contribuintes. Inclusive na distribuição do poder entre os governos central e das províncias, o princípio da divisão de poderes precisa ser respeitado e o poder do governo central deve ser limitado com base nas fronteiras definidas pela Constituição. O governo da província tem autonomia total.

3. Poder legislativo democrático. Todos os órgãos em todos os níveis do legislativo precisam ser determinados por eleição direta, segundo os princípios de imparcialidade e da igualdade.

4. Independência do judiciário. A legislação permanece acima de qualquer usurpação política pelo Partido, ficando livre de qualquer interferência. O judiciário é independente e a imparcialidade é garantida. É necessário constituir um tribunal constitucional e um sistema para punição de violações contra a Constituição. A autoridade da Constituição é protegida. O mais rápido possível, todos os comitês do Partido para Política e Direito precisam ser eliminados, pois prejudicam arbitrariamente a Constituição. O mau uso dos recursos públicos para objetivos privados precisa ser impedido.

5. Instituições públicas servindo ao público. As forças militares precisam ser leais à Constituição e ao Estado, as organizações partidárias precisam se retirar do âmbito militar, e o nível profissional do exército precisa ser elevado. Todos os funcionários públicos, inclusive os policiais, precisam preservar a neutralidade política. A prática atual de privilégios aos membros do Partido no serviço público precisa ser erradicada. Na nomeação, todos devem ter as mesmas chances, independente do Partido.

6. Proteção dos direitos humanos. A garantia dos direitos humanos universais precisa ser estritamente mantida, e a dignidade humana, respeitada. Defendemos a criação de uma comissão de direitos humanos que deve responder perante a representação popular superior e impedir o mau uso do poder governamental e a violação dos direitos humanos. Acima de tudo, a liberdade individual precisa ser garantida. Ninguém deve ser preso sem fundamento jurídico, ser mantido sob custódia, indiciado, interrogado ou sentenciado. O sistema de "reeducação pelo trabalho" deve ser abolido.

7. Escolha da ocupação de locais públicos. Em todos os níveis, um sistema de eleições democráticas deve ser praticado com base no princípio de "um homem, um voto". Cada vez mais, eleições diretas precisam ser realizadas para os respectivos líderes de todos os níveis administrativos. Campanhas eleitorais livres e periódicas e a participação na escolha da ocupação de locais públicos pelos cidadãos são um direito humano inalienável.

8. Emancipação de cidade e país. Exigimos a abolição do sistema de identidade duplo atual para cidadãos urbanos e do interior, que discrimina os cidadãos do interior. Cada cidadão deveria ter os mesmos direitos constitucionais e poder escolher livremente seu local de residência.

9. Liberdade para formação de associações. O direito dos cidadãos para formação de organizações e grupos de interesse deve ser garantido. Queremos a transformação do sistema atual, que exige uma permissão estatal para a formação de organizações não governamentais, em favor de um sistema que permita o simples registro de uma associação. A proibição de determinados partidos deve ser suspensa. A formação e a atividade de partidos políticos devem acontecer segundo a Constituição e as leis, ou seja, a eliminação de direitos especiais, que concedem a um único Partido o monopólio político, e a autorização da livre concorrência entre diversos partidos políticos. A concretização da normalização e da legalização da política partidária.

10. Liberdade de reunião. O direito a reuniões pacíficas, direito à manifestação e direito à livre expressão de opinião são direitos civis fundamentais prescritos na Constituição. O partido governante e o governo não devem impor a esses direitos restrições arbitrárias em desacordo com a lei.

11. Liberdade de expressão. Liberdade de publicação e liberdade acadêmica. Com elas são garantidas a liberdade de informação dos cidadãos e sua possibilidade de controle dos órgãos políticos. Necessitamos de uma "lei de imprensa", de uma "lei de publicação" e da eliminação de proibições a jornais. O artigo do Código Penal com o título "Incitação à Desmoralização do Poder Estatal" precisa ser abolido. Abaixo a prática de tornar palavras atos criminosos.

12. Liberdade de prática religiosa. A liberdade de religião e a liberdade de crença precisam ser garantidas e Estado e religião devem ser separados. O Estado não pode interferir em formas pacíficas de prática religiosa. Todas as leis e determinações que restrinjam a liberdade da prática religiosa precisam ser abolidas. Os grupos religiosos não devem mais precisar de autorização estatal para a legalização de suas atividades (e do local de sua prática), e cada grupo religioso deve se registrar livremente.

13. Sistema educacional para os cidadãos. Término dos planos educacionais e provas que servem à doutrinação dos alunos com a ideologia do Estado e do Partido único. Eles devem ser substituídos por uma educação pública no espírito dos valores universais e dos direitos civis, que ensine a consciência pública e o sentido de colocar a serviço da sociedade seus conhecimentos.

14. Proteção da propriedade privada. O direito à propriedade privada precisa ser estabelecido e protegido, e um sistema de economia de mercado livre e aberto deve ser introduzido, com, entre outras, a liberdade para constituição de empresas e a eliminação do monopólio estatal. A instituição de uma comissão responsável da representação popular superior para os bens e recursos do Estado é necessária; o direito de propriedade precisa ser reformado de maneira legítima e ordenada, o pertencimento e a responsabilidade da propriedade devem ser claramente definidos, um novo movimento de terrenos deve ter início: privatização de terrenos, garantia dos direitos à propriedade dos cidadãos, em especial dos camponeses.

15. Reforma financeira e fiscal. Formação de um sistema financeiro democrático e garantia dos direitos do contribuinte. No sistema financeiro público, precisam ser definidos direitos e obrigações com mecanismos operacionais concretos definitivos. Em todos os níveis dos governos locais precisa ser criado um sistema justo e eficiente que divida o poder financeiro. Precisamos de uma reforma fiscal radical pela qual os impostos caiam, o sistema fiscal seja simplificado e a carga tributária, compartilhada de forma justa. Sem o envolvimento do público e a aprovação pela representação popular eleita, as autoridades administrativas não podem simplesmente aumentar os impostos ou introduzir uma nova contribuição. Por uma reforma do direito de propriedade, pode-se obter mais competição entre uma multiplicidade de participantes de mercado. De forma correspondente, os obstáculos para acesso aos meios financeiros precisam ser reduzidos. Com isso, serão criadas as condições para a estruturação de financiamento, e o sistema financeiro pode desenvolver toda a sua força.

16. Seguridade social. É necessário constituir um sistema de seguridade social para todos os cidadãos que garanta um acesso básico à educação, ao seguro-saúde, à pensão por idade e ao trabalho.

17. Proteção ao meio ambiente. A partir da responsabilidade por todas as gerações futuras e pela humanidade, precisamos proteger nosso meio ambiente e implementar o desenvolvimento sustentável. Para tanto, não basta que apenas o Estado e seus oficiais em diversos níveis administrativos tomem as medidas correspondentes. É preciso permitir também a participação de organizações não governamentais para o controle e a realização dessas medidas.

18. Um Estado federativo. Na consciência de sua responsabilidade como grande nação, a China deveria preocupar-se, por meio da atuação justa e equânime perante seus Estados vizinhos, com a paz e o desenvolvimento na região. As estruturas liberais disponíveis em Hong Kong e Macau precisam ser mantidas. Sob as premissas de liberdade e democracia, um caminho em negociações igualitárias e por troca cooperativa precisa ser encontrado para a união pacífica entre os dois lados do estreito de Taiwan. Os caminhos possíveis para uma convivência frutífera de todas as minorias nacionais deveriam ser examinados com cuidado e planejados com esmero. O objetivo deve ser a formação de uma República Federal da China com estruturas políticas constitucionais democráticas.

19. Anistia e reabilitação. Todas as pessoas e suas famílias que no passado sofreram perseguição política devem ser politicamente reabilitadas e uma indenização precisa ser concedida a elas. Todos os presos políticos e presos em virtude de sua crença e de suas convicções precisam ser libertados. Uma comissão da verdade deve ser fundada, que revele os fatos sobre as injustiças passadas, que faça com que os responsáveis prestem contas e seja feita justiça às vítimas. São esses os fundamentos para uma reconciliação social.

IV. Observações finais

Como uma das grandes nações do mundo, um dos cinco membros do Conselho de Segurança das Nações Unidas e membro do Conselho de Direitos Humanos, a China deveria prestar uma contribuição para a paz da humanidade e melhoria da situação dos direitos humanos. Infelizmente, nosso país é a única das grandes nações do mundo que se mantém em um sistema governamental político autoritário e, com isso, continua a violentar de forma catastrófica os direitos humanos e suscita crises sociais que aprisionam o povo chinês e impedem o avanço civilizatório da humanidade. Precisa haver um basta! Não podemos nem devemos postergar mais a democratização de nosso sistema político.

Por isso ousamos deixar que nosso senso de responsabilidade por esta sociedade se transforme em atos e publicar a Carta 08. Esperamos que todos os cidadãos chineses que tenham semelhante sensação de crise e responsabilidade e sintam um impulso de agir, não importa se pertencem ao governo ou sejam simples cidadãos, independentemente de sua situação social, apesar de todas as diferenças, estejam num consenso e envolvam-se ativamente em prol dos objetivos deste movimento civil. Juntos poderemos trabalhar em mudanças importantes para a sociedade chinesa e logo nos tornaremos uma nação liberal, democrática e constitucional. Podemos tornar real o sonho de nossos pais, por cuja realização eles têm lutado em vão há mais de cem anos.

Minha autodefesa (ou defesa pela minha inocência)
(23 de dezembro de 2009)

O LIBELO ACUSATÓRIO (Autoridade de Execução Penal de Beijing, Seção I, nº 247 [2009]) lista seis de meus artigos e a Carta 08 e menciona a partir deles mais de 330 ideogramas com base nos quais sou acusado por ter violado o Artigo 105, Parágrafo 2 do Código Penal, e fui condenado pelo crime de "incitação à desmoralização do poder estatal", pelo qual devo ser responsabilizado.

Exceto pela afirmação "da coleta de mais de trezentas assinaturas", que não corresponde à realidade, não tenho nenhuma objeção quanto aos fatos relacionados no libelo acusatório. Esses seis artigos foram redigidos por mim, participei da Carta 08, mas recolhi apenas setenta assinaturas, e não "mais de trezentas"; as demais assinaturas não foram colhidas por mim. Como tal fato é utilizado como fundamento para a acusação contra mim, não posso aceitá-lo. Durante todo o ano desde o momento no qual eu perdi minha liberdade, durante os interrogatórios por policiais, procuradores do Estado e juízes, sempre afirmei que sou inocente. Apresentarei agora, com base nas disposições pertinentes da Constituição chinesa, no Acordo Internacional dos Direitos Humanos das Nações Unidas, nas minhas convicções com relação às reformas políticas e nos sinais da época, uma defesa abrangente da minha inocência.

Primeiro. Um dos importantes resultados do processo de reforma e abertura foi a consciência crescente de meus compatriotas para questões dos direitos humanos e da defesa universal dos direitos do povo, que alcançou alguns avanços na postura do governo chinês no que tange às questões dos direitos humanos. Em 2004, o Congresso Popular Nacional promulgou uma alteração da Constituição e incluiu nela a frase "O Estado respeita e garante os direitos humanos". Com isso, a garantia dos direitos humanos foi elevada a um princípio fundamental da política constitucional. Os direitos humanos que o Estado a partir de então deve obedecer e proteger são os direitos civis identificados no Artigo 35 da Constituição, um dos quais é a liberdade de expressão. Portanto, quando expresso em meus artigos opiniões políticas que divergem da opinião do poder estatal, lanço mão do meu direito à liberdade de expressão garantido pela Constituição a cada cidadão chinês. O governo não pode me privar desse direito ou arbitrariamente revogá-lo, deve antes, em nome do Direito, respeitá-lo e garanti-lo. Por isso, as acusações levantadas contra mim no libelo acusatório violam meus direitos humanos fundamentais, na qualidade de cidadão chinês, bem como a Constituição da República Popular da China. Esse é um típico caso de criminalização das palavras, uma continuação da prática antiga da inquisição literária na China moderna, que de fato julga moralmente, e deve ser punido como violação constitucional. O Artigo 105, Parágrafo 2 do Código Penal também está sob acusação de ferir a Constituição, e a constitucionalidade de sua aplicação deveria ser examinada pelo Congresso Popular Nacional.

Segundo. Com base em algumas citações de meus escritos, o libelo acusatório me incrimina por "incitação à desmoralização do governo estatal por difamação e calúnia e por subversão do sistema social". São acusações falsas. Pois "difamação" significa disseminar fatos falsos intencionalmente para prejudicar um terceiro, e "calúnia" significa sujar a imagem e a personalidade de outro sem qualquer fundamento. Ambas referem-se a fatos verdadeiros e falsos e à imagem e aos interesses de outrem. Meus ensaios, contudo, são todos comentários críticos, expressão de um determinado pensamento e ponto de vista, são julgamentos de valores, não sentenças sobre fatos, e não impingiram dano a ninguém. A partir daí, meus escritos não têm a mínima relação com difamações ou calúnias. Dito de outra forma, a crítica não é igual à difamação e oposição há muito não se iguala a calúnia.

Terceiro. Com base em alguns trechos da Carta 08, o libelo acusa-me de difamação ao Partido governante e "tentativa de incitação de golpe sobre o governo atual". Essa acusação baseia-se em citações totalmente retiradas do contexto e ignora a totalidade dos princípios formulados na Carta 08 e também os pontos de vista totalmente representados em todos os meus artigos.

Lá estariam acima de tudo as catástrofes dos direitos humanos mencionadas na Carta 08. Trata-se sem exceção de fatos que acontecem assim na China atual. A campanha antidireitista difamou 500 mil pessoas injustamente como "dissidentes direitistas". O "Grande Salto para Frente" teve como consequência a morte violenta de mais de 10 milhões de pessoas. A Revolução Cultural foi uma catástrofe nacional. O 4 de Junho, um banho de sangue no qual muitas pessoas perderam a vida e muitas foram lançadas na cadeia. Tudo isso são "catástrofes dos direitos humanos" publicamente reconhecidas, que levaram o progresso da China a crises e "algemaram o desenvolvimento do povo chinês e inibiram o progresso civilizatório da humanidade". No que tange à abolição do monopólio do governo por um único partido, trata-se apenas da exigência de que o partido governante coloque em marcha reformas que concedam ao povo poderes governamentais para por fim estruturar um país que seja regido pelo lema "ao povo, para o povo e pelo povo".

O segundo objetivo de longo prazo da Carta 08 e dos valores e sugestões nela declarados para as reformas políticas é a fundação de uma república federal democrática e livre. Para tanto, foram relacionadas dezenove medidas de reformas e defendido um modelo gradual e pacífico para sua implantação. Em face das reformas hesitantes e dos excessos de corrupção e desleixo, com os quais atualmente temos que lidar, queremos que o Partido progrida com a reforma sobre duas pernas saudáveis e não com uma claudicante; que as reformas econômica e política andem de mãos dadas. E isso significa também que essas reformas precisam incorporar a perspectiva do povo e, por isso, devem conter a urgente delegação do poder governamental ao povo. A pressão precisa ser exercida de baixo para cima para movimentar o governo na realização das reformas políticas de cima para baixo, de forma a encontrar por fim uma cooperação interativa e positiva de povo e governo e realizar o mais rápido possível o sonho de meus compatriotas que há mais de cem anos almejam um Estado democrático.

Novamente, nos vinte anos passados entre 1989 e 2009, sempre declarei em meus discursos e escritos sobre a reforma política na China que sou a favor de reformas graduais, pacíficas, regulamentadas e controláveis. Sempre me posicionei claramente contra reformas da noite para o dia e mais ainda contra uma revolução violenta. Em meu ensaio "Mudança do regime pela mudança da sociedade", formulei minha ideia de reformas sucessivas de forma explícita: pela consciência de que todo poder provém do povo, pela ampliação da proteção dos direitos do povo, pela autorregulamentação e pelo desenvolvimento de uma sociedade civil, exercer pressão de baixo para cima e com isso alcançar reformas de cima para baixo. De fato, os trinta anos desde o início das reformas na China mostraram que a força propulsora por trás de cada reforma inovadora das instituições vinha de reformas da administração civil independente. Pela crescente identificação com as reformas civis e sua influência ascendente, o governo viu-se obrigado a assumir os esforços construtivos da população e transformar em decisões políticas concretas que sistematicamente foram empreendidas de cima para baixo.

Em suma: passo a passo, pacificamente, regulamentadas, controláveis e com interação entre De-baixo-para-cima e De-cima-para-baixo são, para mim, os conceitos-chave para as reformas políticas na China. Pois, dessa maneira, consegue-se com o menor esforço o maior efeito. Sei como uma transformação política deve correr da forma mais razoável; um processo de transformação regulamentado e controlável, em todos os casos, é melhor que um sem regulamentação ou controle. As relações ordenadas sob um governo ruim são sempre melhores que o caos total sob uma anarquia. Por isso, minha oposição contra o despotismo político e o monopólio não constitui de forma alguma "incitação à subversão do governo estatal atual". Em outras palavras: oposição é diferente de revolta.

Quarto. Existe na China o tradicional ditado "Quem perde seu orgulho ganha em humildade", e no Ocidente há o alerta "Quanto maior o orgulho, maior a queda". Tenho consciência das minhas próprias limitações e, dessa maneira, sei também muito bem que meus discursos públicos são tudo, menos perfeitos ou ideais. Isso serve especialmente para meus comentários às notícias, nos quais com frequência se apresentam argumentos fracos, fico emocionalmente agitado, escolho formulações erradas e em muitas considerações finais generalizo tudo. Tais atitudes não são fáceis de evitar. Não obstante, é impossível designar esses comentários imperfeitos como crimes, e eles não podem servir como fatos para uma execução penal. Pois a liberdade da palavra não encerra apenas o direito à publicação de pontos de vista corretos, mas também o direito à publicação de contribuições não corretas às discussões. Opiniões corretas e opiniões da maioria precisam ser protegidas; opiniões incorretas e opiniões de minorias merecem a mesma proteção. Isso significa o seguinte: não concordo com sua opinião e me oponho a ela, mas defenderei com todos os meios o direito à expressão pública de sua opinião, mesmo que ela seja falsa*. Essa é a ideia fundamental da liberdade de expressão. Na tradição chinesa também existe uma definição clássica dessa ideia. Chamo essa definição de máxima das 24 palavras: "Diga o que sabes, diga sem hesitação; quem fala é inocente, quem ouve já está avisado; se é falso, corrija, se está certo, melhore". Exatamente porque essa máxima das 24 palavras contém a essência da liberdade de expressão, foi passada de geração para geração e todos os meus compatriotas a sabem de cor. Acredito que a frase nela contida, "Quem fala é inocente, quem ouve já está avisado", ou seja, não culpe quem fala, mas se deixe alertar por suas palavras, bem pode servir

---

* Liu Xiaobo refere-se a uma citação de Voltaire, que, no entanto, ele não menciona corretamente: "Não concordo com sua opinião, mas defenderei seu direito de expressá-la até a morte". (N.E.)

como *leitmotiv* para meus contemporâneos ao lidar com opiniões críticas e, mais do que nunca, aos poderosos atuais como aviso ao lidar com visões políticas contrárias.

Quinto. Sou inocente, pois a acusação contra mim viola os padrões de direitos humanos internacionalmente reconhecidos. Já em 1948, a China, como membro permanente do Conselho das Nações Unidas, participou da redação da *Declaração Universal dos Direitos do Homem*. Cinquenta anos depois, em 1998, o governo chinês fez a admissão solene à comunidade internacional para assinatura dos dois acordos internacionais de direitos humanos redigidos pelas Nações Unidas. O "Pacto Internacional sobre Direitos Políticos e Civis" contido neles menciona o direito à livre expressão como direito humano universal mais fundamental e exige de cada governo sua observância e garantia. A China, como membro permanente do Conselho de Segurança das Nações Unidas e membro do Conselho de Direitos Humanos das Nações Unidas, fica obrigada a observar os acordos de direitos humanos das Nações Unidas, tem a responsabilidade de prestar o próprio reconhecimento de tal observância e deveria implementar de maneira exemplar as garantias dos direitos humanos declaradas pela ONU. Apenas dessa maneira, o governo chinês poderá com seriedade garantir os direitos humanos aos seus cidadãos, prestar sua própria contribuição para o desenvolvimento dos direitos humanos internacionais e, com isso, demonstrar o elevado nível civilizatório de uma grande nação.

Infelizmente, a China não manteve totalmente sua promessa, nem o Estado cumpriu suas obrigações ou tirou do papel as garantias asseguradas. A China tem uma Constituição, mas não tem um governo constitucional, o país faz promessas, mas no fim das contas não as cumpre. Desde sempre, esta é a regra do comportamento do governo chinês perante a crítica vinda da comunidade internacional. A acusação contra mim é apenas mais um exemplo desse fato. Essa tentativa de transformar palavras em crimes está em contradição patente à situação da China como membro permanente do Conselho de Segurança das Nações Unidas e do Conselho de Direitos Humanos da ONU. Ela inflige dano à imagem da política chinesa e aos interesses nacionais e impossibilita ao mundo civilizado depositar confiança na política da China.

Sexto. Não importa se na China ou em outro lugar do mundo, não importa se na Antiguidade ou na Modernidade, uma inquisição literária que transforme palavras em crimes é um ato contra a humanidade e contra os direitos humanos, indo contra todas as tendências dominantes do presente e contra a vontade do povo. Quando olhamos a história chinesa, mesmo durante a forma de governo patriarcal da era imperial, da dinastia Qin à dinastia

Qing, a inquisição literária foi considerada em todos os períodos uma mácula na política do respectivo poder estatal e representou uma vergonha para o povo chinês. O primeiro imperador da China, Qin Shihuang (259-210), unificou o reino, contudo seu domínio tirânico, a queima de livros e o enterro de intelectuais vivos sujaram seu nome para todo o sempre. O imperador Wu de Han (156-87) foi um homem de grande talento e visão, mas sua ordem de castrar o historiador Sima Qian prejudicou sua fama póstuma. Durante a dinastia Qing (1644-1911), houve o famoso período de florescimento da cultura e da sociedade sob os imperadores Kangxi (1654-1722) e Qianlong (1735-1799), mas a inquisição literária recorrente sob seu governo deixou uma mancha de vergonha em seu nome. Ao contrário, o imperador Wen de Han (202-157) mereceu a fama de nobre esclarecido e humano, pois há mais de 2 mil anos retirou a inquisição literária dos "crimes de difamação". Seu governo e de seu filho Jing (179-143) foram louvados pelas gerações posteriores como "a época do esclarecimento sob Wen e Jing".

Voltemo-nos para a China moderna. O fundamento essencial pelo qual o Partido Comunista Chinês desenvolveu-se como partido forte, que finalmente conseguiu vencer o Guomindang, foi sua força moral na "luta contra o despotismo e pela liberdade". Antes de 1949, sempre eram publicados nos jornais do Partido *Xinhua Ribao* e *Jiefang Ribao* artigos que atacavam o governo de Chiang Kai-shek por sua opressão à liberdade de opinião e atraíam as atenções aos intelectuais que haviam se tornado vítimas da criminalização da expressão de sua opinião. Mao Zedong e outros líderes partidários faziam a todo momento discursos em defesa da liberdade de opinião e dos direitos humanos fundamentais. Contudo, na era Mao pós-1949, da campanha contra os dissidentes direitistas até a Revolução Cultural, da execução de Lin Zhao até a decapitação de Zhang Zhixin, a liberdade de expressão desapareceu e todo o país mergulhou num silêncio mortal em virtude do clima de extrema opressão política. Com o início do período de reformas, o partido governante trouxe novamente ordem a esse caos, e o nível de aceitação de opiniões políticas diversas cresceu claramente. Inclusive o espaço para discussões públicas fica cada vez maior. A inquisição literária diminuiu bastante, mas a tradição de criminalizar as palavras não foi totalmente abolida. Sempre existem casos de criminalização da livre expressão, do movimento de 5 de abril de 1976 ao 4 de Junho de 1989, do Muro da Democracia à Carta 08. O fato de eu ser acusado aqui neste momento não passa de outro caso de inquisição literária.

Hoje, no século XXI, a liberdade da palavra é para a maioria de meus compatriotas um consenso, e a inquisição literária é condenada de forma geral. Observada puramente para efeitos objetivos, é mais difícil calar a boca das pessoas do que represar um rio. Nem mesmo os altos muros da prisão conseguem deter a liberdade de opinião. Um poder estatal mal poderá reclamar a legitimidade oprimindo as opiniões oposicionistas, e nunca alcançará a paz e a ordem duradouras por meio da inquisição literária. Pois os problemas que surgem pela ponta de uma pena podem apenas ser resolvidos pela ponta de outra pena; quem combater a ponta de uma pena com o cano de uma arma não produzirá outra coisa senão catástrofes dos direitos humanos. Apenas pela erradicação sistemática da inquisição literária, pode-se cumprir o direito previsto na Constituição: a liberdade de expressão para cada cidadão. Apenas quando o direito dos cidadãos à liberdade de expressão for de fato institucionalmente garantido, a inquisição literária poderá ser varrida de toda a China.

A criminalização da palavra não condiz com os princípios dos direitos humanos na Constituição chinesa, representa uma violação das convenções de direitos humanos declaradas pelas Nações Unidas, contradiz os princípios universais de moral e justiça e ignora os sinais da época. Espero que a defesa redigida por mim pela minha inocência seja aceita pelos membros do júri de forma que a sentença neste caso se torne um precedente na história política e jurídica do país, se sustente em cada exame no sentido dos parágrafos referentes aos direitos humanos da Constituição chinesa e da Convenção Internacional dos Direitos Humanos, bem como em uma análise moral, e resista perante a História.

Meus sinceros agradecimentos aos senhores.

Não tenho inimigos — uma última declaração

Na minha vida que já ultrapassa meio século, o dia 4 de Junho de 1989 foi um importante marco. Até então, fui simplesmente um dos primeiros que puderam estudar depois do restabelecimento dos exames de admissão universitária, após a Revolução Cultural (ano letivo universitário de 1977). Sem esforço, passei no exame de bacharelado, então no mestrado e na prova de doutoramento, e permaneci em seguida como docente na Escola Superior de Pedagogia de Beijing. Era um professor realmente querido dos alunos, colocado em um pedestal. Ao mesmo tempo, era um intelectual conhecido publicamente, que nos anos 80 do século passado publicou uma série de artigos e livros, que causou algumas turbulências. Regularmente era convidado para apresentar palestras em todos os lugares e aceitava convites para estadas de pesquisa na Europa e nos Estados Unidos. Minha exigência comigo mesmo era, fosse como indivíduo ou como intelectual, a de levar uma vida correta, responsável e digna. Depois disso, como havia voltado dos Estados Unidos para ingressar nas manifestações do Movimento Democrático de 1989, fui para a cadeia sob a acusação de "propaganda contrarrevolucionária e amotinação", perdi meu amado pedestal e consegui uma proibição de proferir palestras e publicar meus escritos em todo o país. Apenas em virtude da expressão de outras visões políticas e participação em um movimento democrático pacífico, um docente perdeu sua permissão para lecionar, um escritor, seu direito de publicação, um intelectual conhecido por todos, qualquer possibilidade de apresentação pública. É uma tragédia, não apenas para mim como pessoa, mas para toda a China, uma nação que já tem em seu rastro um processo de reforma e abertura que dura trinta anos.

Os acontecimentos dramáticos que presenciei após 4 de Junho de 1989 paradoxalmente sempre tiveram a ver com o tribunal. As duas vezes nas quais tive a oportunidade de falar ao público em geral foram durante julgamentos no

Tribunal Intermediário da cidade de Beijing, a primeira vez em 1991, a segunda vez agora. Mesmo que a acusação em ambos os casos tenha sido diferente, nos dois casos ela é da mesma natureza: sou condenado pelas palavras.

Desde então, passaram-se vinte anos, mas os espíritos do 4 de Junho ainda não alcançaram a paz. Eu, que fui conduzido ao caminho dos dissidentes pelo "complexo do 4 de Junho", após ter sido solto da prisão de Qincheng em 1991, perdi os direitos de me apresentar publicamente no meu próprio país, e poderia me expressar apenas pela mídia fora das fronteiras da China. Para tanto, fui condenado a supervisão contínua, prisão domiciliar (de maio de 1995 a janeiro de 1996) e reeducação pelo trabalho (de outubro de 1996 a outubro de 1999), e agora o poder estatal me lança novamente no banco dos réus como seu inimigo. Mas quero declarar diante desse poder estatal, que roubou minha liberdade, que ainda insisto nas afirmações formuladas em 2 de junho de 1989 em nossa "declaração de greve de fome" – Não tenho inimigos, desconheço o ódio. Ninguém, nem os policiais que me vigiaram, prenderam e interrogaram, nem os procuradores do Estado que expediram o mandado de prisão, nem os juízes que me condenaram, são meus inimigos. Mesmo que eu nunca aceite suas vigilâncias, encarceramentos, acusações e sentenças, respeito sua vocação e suas personalidades, inclusive as dos procuradores do Estado Zhang Rongge e Pan Xueqing, que acabam de conduzir a acusação contra mim. Durante o interrogatório que conduziram em 3 de dezembro comigo, pude sentir seu respeito e sua honestidade.

O ódio pode apodrecer a sabedoria e a consciência de um homem, o ressentimento envenena o espírito do povo, provoca batalhas brutais de vida e morte, destrói a tolerância e a humanidade de uma sociedade, obstrui o caminho da sociedade na direção da liberdade e da democracia. Por isso, espero poder superar meus reveses pessoais e me concentrar ainda mais no progresso e na transformação da sociedade e enfrentar com a maior boa vontade a hostilidade do poder estatal e fazer com que o ódio se dissipe com amor.

Todos sabem que foi a política de reforma e abertura que possibilitou o progresso de nossa sociedade e a transformação social. Na minha opinião, a reforma e a abertura deram início ao fim da política governamental da era Mao segundo o lema "A luta de classes é nosso princípio fundamental", que foi substituído pelo desenvolvimento da economia e a harmonização da sociedade. A abolição dessa doutrina de luta de classes significou também o desaparecimento gradual da mentalidade de hostilidade e a eliminação da psicologia do ódio. Finalmente foi descartado como o leite da loba que envenenava a natureza humana. Apenas dessa maneira foi criado o clima tranquilo que possibilitou a política de reforma e abertura. Apenas com isso foi preparado um solo fértil suave e humano no qual poderiam florescer novamente o amor mútuo e a coexistência pacífica de interesses e valores diversos. As pessoas eram estimuladas à humanidade, na lida com sua criatividade em ebulição e com o ressurgimento do amor e da compaixão pelo próximo. Poderia se dizer que o abandono do lema "Contra o imperialismo e o revisionismo" para fora e "Viva a luta de classes" para dentro, até o dia de hoje, foi a condição fundamental para a reforma e a abertura. Tanto a tendência para a economia de mercado como a nova multiplicidade cultural e a ordem social que aos poucos se aproxima dos princípios do Estado constitucional lucraram pelo retrocesso da mentalidade de amizade ou inimizade. Mesmo numa área menos progressiva, a da política, a diminuição dos estereótipos de inimigo levou a uma tolerância da sociedade pluralista que cresce dia após dia, e também a rigidez da perseguição dos dissidentes diminuiu; mesmo o adágio oficial sobre o movimento democrático de 1989 foi atenuado de "incitação à rebelião" para "agitações políticas". No caso do poder estatal, a redução dos estereótipos de inimigo levou aos poucos a um reconhecimento dos direitos humanos universais. Em 1998, o governo chinês declarou-se pronto para assinar dois acordos de direitos humanos internacionais das Nações Unidas e sinalizou com isso o reconhecimento do padrão de direitos humanos internacionais. Em 2004, o Congresso Popular Nacional promulgou uma alteração da Constituição, com a qual a frase "O Estado respeita e garante os direitos humanos" foi incluída na Constituição, ou seja, os direitos humanos já pertencem aos princípios fundamentais do direito chinês. Ao mesmo tempo, o governo em exercício propaga as palavras de ordem "Em primeiro lugar está o homem" e "Construir uma sociedade harmônica", o que representa um avanço no estilo de governo do Partido Comunista.

No nível micro, pude sentir na pele esse progresso desde a minha detenção.

Insisto que sou inocente e que as acusações levantadas contra mim não estão de acordo com a Constituição. Contudo, no ano em que perdi minha liberdade, fui encarcerado em dois locais diferentes e vi quatro policiais em interrogatórios prévios, três procuradores do Estado e dois juízes, e preciso dizer que seus métodos nunca foram desrespeitosos, nunca excederam o tempo ou buscaram forçar uma confissão. Comportaram-se perante mim de forma calma e razoável e com frequência e inesperadamente eram generosos. Em 23 de junho, fui transferido do local da minha prisão domiciliar para o Centro de Detenção Urbano nº 1 do Departamento de Segurança de Beijing, chamado abreviadamente de Beikan. Durante seis meses no Beikan pude verificar avanços claros na administração carcerária.

Em 1996, estava novamente preso no antigo Beikan, que ainda se encontrava em Banbuqiao. Em comparação ao velho Beikan de mais de dez anos antes, achei o novo Beikan, tanto no que diz respeito às instalações como à administração, essencialmente melhor. Principalmente a nova administração humana do novo Beikan, que se pode deduzir do respeito pelos direitos dos presos e de sua personalidade, aplica efetivamente o princípio do tratamento brando e correto dos prisioneiros. Entre eles, "Notícias de Rádio do Calor Humano" e a revista *Remorso*, música antes das refeições, música para acordar e dormir. Esse modelo de administração carcerária deu aos prisioneiros um sentimento de dignidade e calor e os motivou a respeitar a ordem carcerária e ser contrários ao assédio entre os presos. Isso não significava apenas um ambiente humano para os internos do centro de detenção, mas melhorava também sua constituição psíquica com relação ao processo judicial iminente. Tive contato próximo com o supervisor responsável por mim, Liu Zheng, cujo respeito e empatia pelos internos se mostrava em cada detalhe de seu tratamento para conosco, se expressava em suas palavras e atos e nos dava a sensação de calor. Posso me considerar sortudo em ter conhecido esse oficial conscencioso, honesto, consciente de sua responsabilidade e amigável chamado Liu durante minha estada no Beikan.

Com base nessas experiências pessoais, tenho a firme convicção de que o avanço político na China ainda não alcançou seu fim, e encaro a China liberal do futuro cheio de otimismo, pois nenhum poder poderá deter a ânsia humana por liberdade. No fim, a China se tornará um Estado de direito, no qual os direitos humanos serão respeitados. Por isso, acalento a esperança de que esse avanço se mostre no processo judicial e conto com a sentença justa do júri – uma sentença que resista perante a História.

Peço permissão para dizer, ainda, que a experiência mais feliz que pude ter nos últimos vinte anos foi o amor altruísta de minha mulher, Liu Xia.

Não foi possível para minha mulher estar presente aqui hoje, contudo gostaria de dizer a você, minha mais amada, que tenho a certeza de que seu amor por mim é o mesmo de antes. Em todos esses anos que precisei passar sem liberdade, nosso amor foi forçado por circunstâncias externas a muita amargura; contudo, seu sabor continua de infinitude. Enquanto cumpro minha pena numa prisão tangível, você me aguarda na prisão intangível do coração. Seu amor ultrapassa todos os muros, é o raio de sol que atravessa as grades e acaricia cada fibra da minha pele, aquece cada célula do meu corpo e me traz em todos os momentos a paz interior, luz e generosidade. Ele dá um sentido a cada minuto que passo em minha cela. Meu amor por você, ao contrário, é tão cheio de arrependimento e remorso que seu peso às vezes me faz tropeçar. Sou uma pedra bruta na natureza, chicoteada por tempestades e chuvas, tão fria que ninguém ousa tocá-la. Mas meu amor é sólido como rocha e afiado, transpassa qualquer obstáculo. Mesmo se me triturem até virar pó, poderei abraçá-la com minhas cinzas.

Minha querida, como tenho seu amor, posso enfrentar minha sentença com tranquilidade, não me entristecer por nada e enfrentar o dia de amanhã com otimismo. Me alegrarei no dia em que meu país for um país de livre expressão e neste solo a palavra de cada cidadão for tratada igualmente. No dia em que diferentes valores, opiniões, confissões de fé e visões políticas puderem concorrer e coexistir pacificamente; no qual as visões da maioria e da minoria sejam observadas e protegidas igualmente e, acima de tudo, as visões políticas dissidentes dos atuais poderosos sejam respeitadas e sua liberdade de expressão seja garantida. O dia no qual todas as visões políticas poderão ser difundidas à luz do dia para que o povo escolha entre elas, e nenhum habitante deste país precise se sentir minimamente temeroso de expressar suas opiniões políticas e não possa em circunstância alguma ser perseguido politicamente por essa expressão. Espero muito que eu seja a última vítima da inquisição literária deste país e a partir de agora nunca mais uma pessoa seja condenada por suas palavras.

A livre expressão do pensamento é o fundamento dos direitos humanos, a raiz da humanidade, a mãe da verdade. Suprimir a liberdade de expressão significa pisotear os direitos humanos, tirar o fôlego da humanidade e impedir a verdade.

No exercício do meu direito garantido pela Constituição à livre expressão do pensamento, e como cidadão da China que tem consciência de sua responsabilidade perante a sociedade, não sou culpado de nenhum ato criminoso. Contudo, se for condenado em virtude do exercício desse direito, não lamentarei.

Agradeço aos senhores.

A SENTENÇA CONTRA LIU XIAOBO
Texto integral

SENTENÇA PENAL DO PRIMEIRO TRIBUNAL POPULAR INTERMEDIÁRIO DA CIDADE DE BEIJING (2009)
PRIMEIRO DOCUMENTO PENAL DO TRIBUNAL INTERMEDIÁRIO Nº 3.901

Autoridade Pública de Execução Penal: Câmara do Ministério Público Popular da Cidade de Beijing

Réu: Liu Xiaobo, do sexo masculino, 53 anos (nascido em 28 de dezembro de 1955), chinês, nascido em Changchun, na província de Jilin, grau de instrução: professor doutor, desempregado; endereço registrado: rua Qingchun, casa 5 nº 2-1-2, distrito de Xigang, cidade de Dalian, província de Liaoning. Atualmente domiciliado nas residências operacionais do Bank of China, prédio 10, bloco 1, apartamento 502, em Qixiancun, distrito de Haidian, cidade de Beijing. Em janeiro de 1991 foi acusado de propaganda contrarrevolucionária; permaneceu, contudo, sem sanção penal. Em setembro de 1996, por perturbação da ordem social, foi condenado a três anos de reeducação pelo trabalho. Pela acusação de incitação à desmoralização do poder estatal, foi detido em 8 de dezembro de 2008, colocado sob prisão domiciliar em 9 de dezembro de 2008 e, em 23 de junho de 2009, encarcerado. Atualmente no Centro de Detenção nº 1 de Beijing, em prisão preventiva.

Advogado de defesa: Ding Xikui, advogado do escritório de advocacia Mo Shaoping, de Beijing.

Advogado de defesa: Shang Baojun, advogado do escritório de advocacia Mo Shaoping, de Beijing.

A Primeira Seção do Ministério Público Popular de Beijing acusou no libelo acusatório nº 247 do processo penal da Primeira Seção do Departamento de Investigação o réu Liu Xiaobo pelo crime de incitação à desmoralização do poder estatal e em 10 de dezembro de 2009 instaurou publicamente a ação perante este tribunal. Este tribunal, segundo a lei, convocou um tribunal colegiado e realizou uma audiência pública para análise do caso. O procurador público Zhang Rongge e o procurador público assistente Pan Xueqing foram nomeados pela Primeira Seção do Ministério Público Popular de Beijing para respaldar a acusação. Os advogados de defesa do réu Liu Xiaobo, Ding Xikui e Shang Baojun, participaram da audiência no tribunal. O processo encerra-se no presente momento.

Da Acusação

O libelo acusatório da Primeira Seção do Ministério Público Popular de Beijing acusa o réu Liu Xiaobo, com base em sua insatisfação com o poder público da ditadura democrática do povo e do sistema socialista de nosso Estado, de ter publicado sucessivamente a partir de 2005, por meio da internet, em diversos websites estrangeiros como *Observechina* e *BBC Chinese Web* textos como "O nacionalismo ditatorial do Partido Comunista Chinês", "Por que o sistema unipartidário deveria servir para o povo chinês?", "Mudança do regime pela mudança da sociedade", "As muitas caras da ditadura comunista", "O efeito negativo da ascensão das ditaduras sobre a democratização do mundo", "O que aconteceu com as crianças escravas?" e outros artigos provocadores. Neles, ele dissemina os seguintes boatos e calúnias: "Desde a tomada do poder pelo Partido Comunista, o principal objetivo do Partido há gerações é a manutenção própria do poder, ficando a vida humana em último lugar"; "O patriotismo estatal do poder do Estado dos déspotas chineses parte da premissa absurda de que o Estado é equiparável ao Estado e a essência do amor à pátria consiste em amar o governo déspota, o partido déspota e os déspotas. A ideia de patriotismo é mal usada para a criação de uma realidade catastrófica para o Estado e o povo"; "Todos os métodos do Partido Comunista servem única e exclusivamente para a manutenção do poder dos ditadores; contudo, a longo prazo, eles não bastarão para cimentar as diversas rupturas existentes no edifício da ditadura". Ele ainda provoca: "Precisamos mudar o poder estatal pela mudança da sociedade"; "O surgimento de uma China livre é menos de se esperar da 'nova política' dos governantes do que por uma ampliação das 'novas forças' oriundas do povo".

Em cooperação com outros, o réu Liu Xiaobo, entre setembro e dezembro de 2008, redigiu e tramou a Carta 08, na qual, com a intenção de desmoralizar o poder estatal, foram formulados princípios como "Abolição do governo unipartidário no poder político", "Fundação de uma República Popular Democrática da China com a estrutura de um Estado de direito democrático". Liu Xiaobo colheu assinaturas de mais de trezentas pessoas e por fim enviou por e-mail a Carta 08, juntamente com as assinaturas, a websites estrangeiros e a publicou em websites como Democratic China ou do PEN Clube chinês.

Após a perpetração desse crime, o acusado Liu Xiaobo foi localizado e detido.

A Primeira Seção do Ministério Público Popular de Beijing apresentou declarações de testemunhas, uma investigação no local do crime e relatórios de investigação correlatos, a avaliação de provas eletrônicas e outro material para comprovação da culpa do acusado Liu Xiaobo a este Primeiro Tribunal Intermediário da Cidade de Beijing. O tribunal chegou à conclusão de que os crimes do acusado Liu Xiaobo representam uma violação do parágrafo 105, alínea 2, do *Código Penal da República Popular da China*, e ele é culpado pelo crime grave de incitação à desmoralização do poder estatal. O Ministério Público remeteu este caso ao tribunal para apreciação nos termos da lei.

Do Arrazoado da Defesa

O réu Liu Xiaobo declarou-se inocente no decorrer do processo judicial. Não teria feito nada além de lançar mão do direito de todo cidadão à livre expressão de opinião. Todas as suas declarações críticas não teriam infligido dano real a ninguém e não seriam incitação à desmoralização do poder estatal.

O arrazoado dos advogados de defesa do acusado Liu Xiaobo perante o tribunal tem o seguinte teor: os seis artigos apresentados pela autoridade de execução penal como fundamentação da acusação e a Carta 08 não provocaram nenhum rumor e não trazem conteúdo calunioso ou provocador. Os artigos redigidos por Liu Xiaobo pertencem ao âmbito da liberdade de expressão, são expressão de um ponto de vista pessoal e não preenchem o mérito do crime de incitação à desmoralização do poder estatal.

No decorrer do processo ficou comprovado que o acusado Liu Xiaobo, com base em sua insatisfação com o sistema político da ditadura democrática do povo e do socialismo de nosso Estado, entre outubro de 2005 e agosto de

2007, em seu domicílio atual nas residências operacionais do Bank of China, em Qixiancun, prédio 10, bloco 1, apartamento 502, no distrito de Haidian, cidade de Beijing, incitou de diversas maneiras, pela publicação de artigos em websites como *Observechina.net* e *BBC China Network,* terceiros à desmoralização do poder estatal de nosso país e à subversão do sistema socialista. Em seus artigos "O nacionalismo ditatorial do Partido Comunista Chinês", "Por que o sistema unipartidário deveria servir para o povo chinês?", "Mudança do regime pela mudança da sociedade", "As muitas caras da ditadura comunista", "O efeito negativo da ascensão das ditaduras sobre a democratização do mundo", "O que aconteceu com as crianças escravas?", Liu Xiaobo difama o Partido com as palavras: "Desde a tomada do poder pelo Partido Comunista, o principal objetivo do Partido há gerações é a manutenção própria do poder, ficando a vida humana em último lugar"; "O patriotismo estatal do poder do Estado dos déspotas chineses parte da premissa absurda de que o Estado é equiparável ao Estado e a essência do amor à pátria consiste em amar o governo déspota, o partido déspota e os déspotas. A ideia de patriotismo é mal usada para a criação de uma realidade catastrófica para o Estado e o povo"; "Todos os métodos do Partido Comunista servem única e exclusivamente para a manutenção do poder dos ditadores; contudo, a longo prazo, eles não bastarão para cimentar as diversas rupturas existentes no edifício da ditadura". Ele incita à subversão: "Precisamos mudar o poder estatal pela mudança da sociedade"; "O surgimento de uma China livre é menos de se esperar da 'nova política' dos governantes do que por uma ampliação das 'novas forças' oriundas do povo".

Entre setembro e dezembro de 2008, em cooperação com outros, Liu Xiaobo redigiu um texto intitulado Carta 08, no qual são mencionadas teses insurrecionais como "Abolição do governo unipartidário no poder político", "fundação de uma República Popular Democrática da China com a estrutura de um Estado de direito democrático". Liu Xiaobo colheu, juntamente com outras pessoas, assinaturas de mais de trezentas pessoas e por fim enviou por e-mail a Carta 08, juntamente com as assinaturas, a websites estrangeiros e a publicou em websites como Democratic China ou do PEN Clube chinês. Os textos de Liu Xiaobo publicados em páginas da internet foram relacionados a muitos outros websites, publicados e lidos por inúmeras pessoas.

O acusado Liu Xiaobo, após a perpetração desse crime, foi localizado, interrogado e processado.

Das Declarações das Testemunhas

Os fatos supramencionados foram comprovados no decorrer do processo conforme segue. Esse tribunal considera comprovadas as acusações alegadas.

1. A declaração da testemunha Liu Xia comprova: ela é mulher de Liu Xiaobo e vive com ele no conjunto residencial do Bank of China, em Qiaxiancun, prédio 10, bloco 1, apartamento 502, distrito de Haidian, cidade de Beijing. Existem no apartamento três computadores: um computador de mesa e dois notebooks. Ela não entende nada de computadores e por isso nunca utiliza os três computadores em seu apartamento, eles são utilizados exclusivamente por Liu Xiaobo. Liu Xiaobo utiliza os computadores principalmente para redigir artigos e para navegar na internet. Além das duas pessoas, ninguém mais vive no apartamento, e não há visitantes habituais. Quando Liu Xiaobo se encontra com outras pessoas, isso basicamente ocorre fora da residência. Ela não sabe de que maneira os computadores encontrados na residência são conectados à internet, a conexão de internet foi instalada por Liu Xiaobo no final de 2001. O sustento do casal é financiado basicamente pela renda que Liu Xiaobo recebe por seus escritos. Liu Xiaobo mantém uma conta em seu nome no banco, na qual são depositados pagamentos irregulares de honorários. Ela vai mensalmente em diversas datas ao banco para sacar dinheiro.

2. A filial em Beijing e Muxidi do Bank of China Ltd. comprovou por meio de documentos de abertura de conta e extratos bancários que a mulher de Liu Xiaobo, Liu Xia, recebeu e sacou pagamentos vindos do exterior (em moeda estrangeira).

3. A China United Network Communication Corporation Ltd. apresentou uma "Resposta a um pedido de apoio na apresentação de dados relevantes", com a qual se comprova a utilização de internet de Liu Xiaobo por meio de uma conta ADSL.

4. A declaração da testemunha Zhang Zuhua comprova: no final de 2008, juntamente com Liu Xiaobo, ele redigiu, complementou e coletou assinaturas para a Carta 08. Em seguida, Liu Xiaobo publicou a Carta 08 em websites fora da China.

5. A declaração da testemunha He Yongqin comprova: no início de dezembro de 2008, ele recebeu um e-mail de Liu Xiaobo com a Carta 08 anexa e o pedido de análise e assinatura. Após a leitura completa, ele respondeu a Liu Xiaobo por e-mail que ele estava de acordo com a assinatura.

6. A declaração da testemunha Zhao Shiying comprova: no início de outubro de 2008, Liu Xiaobo lhe enviou um e-mail com a carta com o pedido de revisão e pediu para que conseguisse mais signatários. Ele mostrou a carta numa reunião a mais de dez pessoas presentes, das quais quatro estavam dispostas a assinar. Liu Xiaobo solicitou também via internet para que obtivesse em Guangzhou mais signatários, onde ele encontrou outros cinco.

7. A declaração da testemunha Yao Bo comprova: ele se encontrou no início de outubro com Liu Xiaobo, conversou com ele sobre a carta e se declarou disposto a assiná-la.

8. A declaração da testemunha Zhou Dou comprova: no início de novembro de 2008, Liu Xiaobo o visitou em casa, mostrou a ele a minuta da Carta 08 e pediu para que ele revisasse o texto. Mais tarde ele leu o texto e não fez nenhuma alteração. Naquela época não comentaram sobre assinatura, mas quando ele leu o texto on-line mais tarde também incluiu sua assinatura.

9. A declaração da testemunha Fan Chunsan comprova: em uma refeição com Liu Xiaobo e outros no fim de novembro de 2008, Liu Xiaobo lhe deu o texto da Carta 08 para ler e perguntou se ele a assinaria. Ele concordou. Sabia que Liu Xiaobo já havia publicado o documento em websites fora da China, como Boxun e do PEN Clube chinês. Ele já havia lido o texto on-line e sabia que o texto de Liu Xiaobo tratava de comentários políticos críticos.

10. As declarações das testemunhas Xu Junliang, Zhi Xiaomin e Teng Biao comprovam: entre novembro e dezembro de 2008, receberam de um remetente desconhecido por e-mail o texto da Carta 08. Independentes um do outro assinaram o documento e o enviaram de volta ao remetente.

11. A declaração da testemunha Wang Zhongxia comprova: no início de dezembro de 2008, ele leu na internet a Carta 08, com cujo conteúdo ele concordava e a qual ele assinou. Mais tarde, estampou uma camiseta com a inscrição Carta 08, que ele mesmo vestia e deu para outros vestirem, para com isso fazer propaganda para a Carta 08.

12. O relatório de investigação das autoridades de segurança e fotos comprobatórias escolhidas comprovam: com base nas declarações das testemunhas, as autoridades de segurança empreenderam uma busca na residência de Liu Xiaobo nas residências operacionais do Bank of China, prédio 10, bloco 1, apartamento 502, em Qixiancun, distrito de Haidian, cidade de Beijing, em 8 de dezembro de 2008, protegeram e confiscaram dois notebooks com os quais Liu Xiaobo redigia os documentos e publicava na internet, bem como um computador de mesa e uma impressão do documento Carta 08 (com pedido de comentário).

13. O "Centro de Avaliação de Dados Eletrônicos para Fins Jurídicos" da Sociedade do Setor de Rede de Beijing expediu um parecer jurídico com o seguinte resultado: uma investigação legalmente conclusiva dos três computadores confiscados em 13 de dezembro de 2008 descobriu e autenticou em seus discos rígidos os documentos eletrônicos "O nacionalismo ditatorial do Partido Comunista Chinês", "Por que o sistema unipartidário deveria servir para o povo chinês?", "Mudança do regime pela mudança da sociedade", "As muitas caras da ditadura comunista", "O efeito negativo da ascensão das ditaduras sobre a democratização do mundo" e "O que aconteceu com as crianças escravas?"
No registro de software do programa de comunicação nele encontrado, Skype, foi descoberto e registrado que os textos Carta 08 e "Pedido de Revisão" foram enviados diversas vezes de novembro de 2008 a 8 de dezembro de 2008 por essa conta de usuário.

14. A partir da investigação no local pelas autoridades de segurança e de seus registros e esclarecimentos ao seu trabalho, resultaram as seguintes provas:

(1) A Primeira Brigada do Escritório de Segurança e Investigação da Rede Pública de Notícias do Departamento de Segurança da Cidade de Beijing descobriu e baixou de 19 a 23 de dezembro de 2008 o seguinte artigo assinado por "Liu Xiaobo" na internet: "Liu Xiaobo – O patriotismo ditatorial do Partido Comunista Chinês". O documento estava em um website com o nome http://www.epochtimes.com. O servidor desse website está fora das fronteiras da China. A data de publicação era 4 de outubro de 2005. Na data de acesso, 23 de dezembro de 2008, o documento estava relacionado a cinco websites, que o haviam publicado ou republicado.

(2) Entre 19 de dezembro de 2008 e 3 de agosto de 2009, a Primeira Brigada do Escritório de Segurança e Investigação da Rede Pública de Notícias do Departamento de Segurança da Cidade de Beijing descobriu e baixou

o seguinte artigo assinado por "Liu Xiaobo" na internet: "Liu Xiaobo – Por que o sistema unipartidário deveria servir para o povo chinês?" O documento estava em websites sob os domínios http://www.epochtimes.com e http://www.observechina.net. Os dois websites estão fora das fronteiras da China. O documento foi publicado em 5 e/ou 6 de janeiro de 2006. Até 23 de dezembro de 2008, o documento havia sido publicado ou republicado em cinco websites relacionados e aberto 402 vezes no total.

(3) Entre 20 de dezembro de 2008 e 3 de agosto de 2009, a Primeira Brigada do Escritório de Segurança e Investigação da Rede Pública de Notícias do Departamento de Segurança da Cidade de Beijing descobriu e baixou o seguinte artigo assinado por "Liu Xiaobo" na internet: "Liu Xiaobo – Mudança do regime pela mudança da sociedade". O documento estava em websites sob os domínios http://www.epochtimes.com e http://www.observechina.net. Os dois websites estão fora das fronteiras da China. O documento foi publicado em 26 e/ou 27 de janeiro de 2006. Até 23 de dezembro de 2008, o documento havia sido publicado ou republicado em cinco websites relacionados e aberto 748 vezes no total.

(4) Entre 20 de dezembro de 2008 e 3 de agosto de 2009, a Primeira Brigada do Escritório de Segurança e Investigação da Rede Pública de Notícias do Departamento de Segurança da Cidade de Beijing descobriu e baixou o seguinte artigo assinado por "Liu Xiaobo" na internet: "Liu Xiaobo – Os muitos lados da ditadura do Partido Comunista da China". O documento estava em websites sob os domínios http://www.secretchina.com e http://www.observechina.net. O servidor dos dois websites está fora das fronteiras da China. O documento foi publicado em 13 de março de 2006. Até 23 de dezembro de 2008, o documento havia sido publicado ou republicado em seis websites relacionados e aberto 512 vezes no total.

(5) Em 20 de dezembro de 2008, a Primeira Brigada do Escritório de Segurança e Investigação da Rede Pública de Notícias do Departamento de Segurança da Cidade de Beijing descobriu e baixou o seguinte artigo assinado por "Liu Xiaobo" na internet: "Liu Xiaobo – Os efeitos negativos da ascensão das ditaduras sobre a democratização do mundo". O documento estava no website sob o domínio http://www.secretchina.com. O servidor desse website está fora das fronteiras da China. O documento foi publicado em 7 de maio de 2006. Até 23 de dezembro de 2008, o documento havia sido publicado ou republicado em sete websites relacionados e aberto 57 vezes no total.

(6) Entre 20 de dezembro de 2008 e 3 de agosto de 2009, a Primeira Brigada do Escritório de Segurança e Investigação da Rede Pública de Notícias do Departamento de Segurança da Cidade de Beijing descobriu e baixou

o seguinte artigo assinado por "Liu Xiaobo" na internet: "Liu Xiaobo – O que aconteceu com as crianças escravas?" O documento estava em websites sob os domínios http://www.minzhuzhongguo.org e http://www.renyurenquan.org. Os servidores dos dois websites estão fora das fronteiras da China. O documento foi publicado em 1º de agosto de 2007. Até 23 de dezembro de 2008, o documento havia sido publicado ou republicado em oito websites relacionados e aberto 488 vezes no total.

(7) Em 11 de dezembro de 2008, a Primeira Brigada do Escritório de Segurança e Investigação da Rede Pública de Notícias do Departamento de Segurança da Cidade de Beijing descobriu e baixou na internet o documento Carta 08. O documento estava no website sob o domínio http://www.chinesepen.org. O servidor desse website está fora das fronteiras da China. O documento foi publicado em 9 de dezembro de 2008. Como autores é mencionado um grupo de pessoas. No mesmo dia, foi encontrado e baixado nos domínios http://www.boxun.com e http://www.minzhuzhongguo.org um documento intitulado "Pessoas de todas as áreas da sociedade publicam juntas a Carta 08". Os servidores dos dois domínios estão fora das fronteiras da China. A data de publicação foi 8 e/ou 9 de dezembro de 2008. Até 12 de dezembro de 2008, o documento havia sido publicado ou republicado em 33 websites relacionados, dos quais 19 domínios de fora da China. Ele foi aberto 5.154 vezes e teve 158 respostas. Em 9 de dezembro de 2009, o texto foi encontrado no website sob o domínio http://www.2008xianzhang.info (Carta 08) e até esse dia tinha 10.390 signatários.

(8) Em 14 de dezembro de 2008, o Escritório de Segurança e Investigação da Rede Pública de Notícias do Departamento de Segurança da Cidade de Beijing investigou a caixa de e-mail de Liu Xiaobo e verificou que o servidor de sua caixa de e-mail está fora das fronteiras da China. Após a inserção de uma senha para abrir e investigar a caixa de e-mail, foi verificado que o primeiro e-mail dessa conta de usuário foi enviado em 25 de novembro de 2008 e 30 dos e-mails enviados tinham a ver com a disseminação da Carta 08.

15. A declaração autenticada com a assinatura de Liu Xiaobo comprova: Liu Xiaobo confirmou a autenticidade dos seguintes artigos baixados e salvos pelo Escritório de Segurança e Investigação da Rede Pública de Notícias: "Liu Xiaobo – O nacionalismo ditatorial do Partido Comunista Chinês", "Liu Xiaobo – Por que o sistema unipartidário deveria servir para o povo chinês?", "Liu Xiaobo – Mudança do regime pela mudança da sociedade", "Liu Xiaobo – As muitas caras da ditadura comunista", "Liu Xiaobo – O efeito negativo da ascensão das ditaduras sobre a democratização do mundo",

"Liu Xiaobo – O que aconteceu com as crianças escravas?", Carta 08 e os seguintes textos encontrados em seu computador: "O nacionalismo ditatorial do Partido Comunista Chinês", "Por que o sistema unipartidário deveria servir para o povo chinês?", "Mudança do regime pela mudança da sociedade", "As muitas caras da ditadura comunista", "O efeito negativo da ascensão das ditaduras sobre a democratização do mundo", "O que aconteceu com as crianças escravas?" Liu Xiaobo confirma que redigiu os documentos mencionados e os disseminou na internet. Os fatos supracitados indicam que, no caso dos artigos identificados e confirmados com a assinatura de Liu Xiaobo, trata-se de declarações com conteúdo insurrecional.

16. A declaração do réu Liu Xiaobo comprova: Liu Xiaobo confessa que redigiu os documentos supramencionados em seu computador e os publicou na internet. A declaração de Liu Xiaobo e as provas descritas anteriormente confirmam-se mutuamente.

17. O relatório das autoridades de segurança sobre este caso comprova: O Escritório de Segurança Pública da Cidade de Beijing detêve Liu Xiaobo em 8 de dezembro de 2008, em sua atual residência nas residências operacionais do Bank of China, Qixiancun, bloco 10, nº 502, no distrito de Haidian, cidade de Beijing.

18. A transcrição original da sentença do Tribunal Popular Intermediário da Cidade de Beijing (1990), Processo Penal nº 2.373, e a decisão do Comitê Administrativo da Reeducação pelo Trabalho do Governo Popular da Cidade de Beijing (96), Caso Processual nº 3.400, "Designação de uma medida para reeducação pelo trabalho", comprovam: Liu Xiaobo não foi condenado em 26 de janeiro de 1991, apesar da comprovação de crime de disseminação de propaganda contrarrevolucionária. Em 26 de setembro de 1996, em virtude de perturbação da ordem social, foi condenado a três anos de reeducação pelo trabalho.

19. O material colocado à disposição das autoridades de segurança para identificação do réu confirmam o nome, o local de residência e outras informações da pessoa de Liu Xiaobo.

Da Sentença

Este tribunal compreendeu que o réu Liu Xiaobo, com o objetivo de subverter o regime da ditadura democrática popular e do sistema socialista, fez uso da internet com suas possibilidades para a disseminação rápida de notícias, seu raio de atuação estendido, sua grande influência social e o elevado nível de atenção concedido a ele pelas massas para disseminar, por meio da redação e posterior publicação de seus escritos nesse meio, declarações difamatórias e incitou outras pessoas à desmoralização do poder estatal de nosso país e do sistema socialista. Esses atos representam de pronto o crime de incitação à desmoralização do poder estatal. Acresce-se que ele é culpado por esse crime há muito e o caráter maléfico de suas visões subjetivas tem grande influência. Os documentos publicados foram muito disseminados e lidos por meio de *links* e republicações e tiveram um impacto extremamente negativo. Trata-se de um ato perpetrado por um criminoso que deve ser punido com toda a rigidez. A Primeira Seção do Ministério Público Popular de Beijing considera inequívocos os fatos no caso do crime de incitação à desmoralização do poder estatal e as provas, sólidas e suficientes para julgá-lo culpado pelo crime alegado. No que tange à defesa do acusado Liu Xiaobo diante do tribunal feita por ele mesmo e ao arrazoado de seus advogados de defesa, o tribunal considera totalmente comprovado, após exame dos fatos e declarações testemunhais apresentados no decorrer do processo, que Liu Xiaobo lançou mão de recursos específicos da internet como meio de comunicação para cometer por meio da publicação de documentos difamatórios na rede o crime de incitação à subversão do poder estatal de nosso país e do sistema socialista. Os atos de Liu Xiaobo excedem claramente os limites do direito à livre expressão de opinião e representam um ato criminoso. Por esse motivo, os argumentos da autodefesa supramencionada de Liu Xiaobo e o arrazoado de defesa por seus advogados não se fazem aplicáveis. Este tribunal não os reconhece.

Com base nos fatos, na natureza e nas circunstâncias do crime perpetrado por Liu Xiaobo e no grande dano social que provocou, este tribunal profere, fundamentado nas disposições do parágrafo 105, alínea 2, parágrafo 55, alínea 1, e parágrafo 64 do *Código Penal da República Popular da China*, o seguinte veredicto:

1. Condena-se o réu Liu Xiaobo pelo crime de incitação à desmoralização do poder estatal à pena de prisão de onze anos e à perda de seus direitos políticos por dois anos. (A pena deve ser cumprida a partir do dia do proferimento da

sentença. O período anterior ao proferimento da sentença em prisão preventiva será contado por dia de prisão, ou seja, a pena de privação de liberdade será de 23 de junho de 2009 a 21 de junho de 2020).

2. Os materiais utilizados pelo réu Liu Xiaobo para a perpetração de seu crime serão confiscados.

Caso a presente sentença não seja aceita, pode-se interpor recurso entre dois e dez dias após o seu proferimento, diante deste tribunal ou diretamente no Tribunal Popular Superior da cidade de Beijing. Devem ser anexadas ao original do requerimento de recurso duas cópias.

Juiz-presidente: Jia Lianchun
Juiz associado: Zheng Wenwei
Juiz associado: Zhai Changxi

25 de dezembro de 2009

Anexos

BIOGRAFIA DE LIU XIAOBO

28 de dezembro de 1955 – Nasce em Changchun, província de Jilin.

1969-1973 – Enviado ao interior com os pais para a comuna popular de Dashizhai, na bandeira de Horqin Posterior da asa direita da região administrativa de Hinggan, a nordeste da região autônoma da Mongólia Interior.

1974 – Formado na escola secundária como "jovem educado", enviado para trabalho rural na comuna popular de San'gang, no distrito de Nongan, província de Jilin.

1976 – Operário em uma empresa de construção em Changchun.

1977 – Ingresso no Instituto Chinês da Universidade de Jilin.

1978 – Com seis colegas, funda a sociedade lírica "O coração puro".

1984 – Mestrado em literatura chinesa, até 1986 atividades de docente no mesmo instituto. Nessa época, publicação de contribuições controversas sobre estética e sobre crítica literária em alguns órgãos de publicação acadêmicos.

1986 – Participação no "Simpósio sobre Literatura dos Últimos Dez Anos", realizado pela Academia Chinesa de Sociologia, nesse contexto, publicação de um artigo, "A mais nova literatura em crise", no qual ele critica os intelectuais chineses por sua indolência popular, na crença de que eles deveriam romper a tradição e separar-se totalmente da velha cultura tradicional, de outra forma não haveria possibilidade de remover suas algemas dogmáticas. Rapidamente se torna conhecido por todos como a "ovelha negra da cena literária".

1986-1988 – Doutorado no Instituto Chinês da Universidade Normal de Beijing, recebe o título de professor doutor em artes.

1988 – Cientista convidado pela Universidade de Oslo.

1989 – Cientista convidado pela Universidade do Havaí e Colúmbia. Retorno à China pela eclosão do movimento democrático no país.
Participação ativa no movimento democrático de 1989. Em 2 de junho, juntamente com Hou Dejian, Zhou Dou e Gao Xin, como um dos "Quatro Nobres de Tian'anmen", publicação do "Manifesto de greve de fome de 2 de junho" e início da greve de fome. Nas primeiras horas da manhã de 4 de Junho, ações com as tropas especiais, exortação a parte dos estudantes e cidadãos para deixarem a praça.

6 de junho de 1989 – Detenção, acusação de "incitação à contrarrevolução", encarceramento na prisão de Qincheng, em setembro, exoneração do serviço público.

Janeiro de 1991 – Saída da cadeia. Em seguida até o Ano-Novo de 1993, atividade jornalística e participação no movimento democrático em Beijing.

Ano-Novo até maio de 1993 – Cientista convidado na Austrália e nos Estados Unidos, entrevista com Carma Hinton, diretora do documentário *O Portão da Paz Celestial*, palestras em universidades conhecidas.

Maio de 1993-maio de 1995 – Atividade jornalística e participação no movimento democrático de Beijing.

20 de fevereiro de 1995 – Redação de "Recomendações contra a corrupção – para a terceira Plenária do oitavo Congresso Popular", assinado por ele e por mais 11 intelectuais. Em maio, com Chen Xiaoping, minuta do "Exortação ao sexto aniversário do 4 de Junho – Lições do banho de sangue: construção da democracia e do Estado de direito", outros catorze signatários. Antes da publicação, detenção e prisão por meio ano.

Fevereiro de 1996 – Recuperação da liberdade. Em agosto, reunião com Wang Xizhe para apresentar ao Guomindang e aos comunistas chineses "Propostas para algumas questões importantes de nosso país"; em 8 de outubro, nova detenção e reeducação pelo trabalho por três anos em um campo de Dalian. Em novembro, no campo de reeducação, casamento com Liu Xia, sua segunda mulher.

11 de julho de 1999 – Liberação após pena cumprida. Até sua detenção em dezembro de 2008, atuação jornalística e participação no movimento democrático de Beijing.

2003-2007 – Eleito por dois mandatos como presidente do PEN Clube chinês.

2008 – Coautor da Carta 08, coleta de assinaturas, detenção em 8 de dezembro.

23 de junho de 2009 – Detenção oficial, acusação de "incitação à subversão do poder político".

25 de dezembro de 2009 – Condenação a onze anos de prisão pelo Primeiro Tribunal Popular Intermediário. Privação dos direitos políticos por dois anos, indeferimento de recurso, aplicação da sentença original.

Maio de 2010 – Início do cumprimento da pena na prisão de Jinzhou, província de Liaoning.

Outubro de 2010 – Obtenção do Prêmio Nobel da Paz, bem como do Prêmio Hermann Kesten do PEN Clube da Alemanha.

10 de dezembro de 2010 – Recusa da permissão de viagem para ele e para seus familiares para a entrega do Prêmio Nobel da Paz; o certificado e o ensaio de premiação ficam em uma cadeira vazia.

BIBLIOGRAFIA

SELEÇÃO DAS OBRAS MAIS IMPORTANTES DE LIU XIAOBO

Críticas Escolhidas – Conversa com Li Zehou. Editora Popular de Shanghai, 1987.
Críticas Escolhidas – Conversa com o mentor Li Zehou. Taiwan: Storm & Stress, 1989.
Estética e Liberdade. Sociedade Editorial da Universidade Normal de Beijing, 1988.
A decepção da metafísica. Editora Popular de Shanghai, 1989.
Nu e descalço no caminho para Deus. Shidai wenyi chubanshe (Grupo Editorial Jilin), 1989.
O segredo do pensamento e os sonhos dos homens (dois volumes). Taiwan: Storm & Stress, 1989/1990.
A intelectualidade chinesa contemporânea e a política chinesa.Taipé: Tangshan, 1990.
Crítica aos portadores de conhecimento na China moderna (edição japonesa de: *Os intelectuais chineses e a política chinesa contemporânea*). Tóquio: Tokuma Bookstore, 1992.
Monólogo do sobrevivente do Juízo Final. Taipé: China Times, 1992.
Liu Xiaobo e Liu Xia: Poemas. Hong Kong: Xiafei'er International, 2000.
XIA, Lao (pseudônimo de Liu Xiaobo); NI, Wang. *O entorpecente do Belo*. Wuhan: Changjiang wenyi chubanshe, 2000.
O povo que trai sua consciência. Taiwan jieyou chubanshe, 2002.
A liberdade da China reside na sociedade civil. Washington: Laogai Foundation, 2005.
A espada envenenada de um fio – Crítica ao nacionalismo chinês. Estados Unidos--Taiwan: Broad Press Inc., 2006.
O declínio da grande potência – Um memorando para China. Taipé: Asian Culture, 2009.
Lembrança de 4 de Junho – Poemas de Liu Xiaobo. Hong Kong, 2009.
Obras reunidas, organizado por Liu Xia, Hu Ping e Liao Tianqi. Hong Kong: New Century, 2010.
Em busca da liberdade. Washington: Laogai Foundation, 2011.

Literatura sobre Liu Xiaobo

WANG, Zheng; PENG, Li (Org.). *Liu Xiaobo, o homem e seu trabalho*. Beijing: Zhongguo qingnian chubanshe, 1989.

XIAORONG, Li; ZUHUA, Zhang (Org.). *Carta 08*. Hong Kong, 2009.

A Carta 08 e as reformas chinesas. Washington: China Information Center, 2009.

JIE, Yu. *Liu Xiaobo e Hu Jintao: por que a reforma do sistema político na China está estagnada?* Hong Kong: Morning Bell, 2009.

YANZI, Liu (Org.). *Do incidente de Tian'anmen à Carta 08* (em japonês). Tóquio: Fujiwara Bookstore, 2009.

JI, Yu. *Liu Xiaobo vence Hu Jintao*. Hong Kong: Morning Bell, 2009.

KUIDE, Chen; MING, Xia (Org.). *A coroa de espinhos da liberdade – Liu Xiaobo e o Prêmio Nobel da Paz*. Hong Kong: Morning Bell, 2010.

BIN, Hong (Org.). *Liu Xiaobo – Uma análise abrangente*. Hong Kong: Posi chubanshe, 2010.

MILLER, Frederic P.; VANDOME, Agnes F.; McBREWSTER, John (Org.). *Liu Xiaobo*. Alphascript, 2010.

LING, Bei. *A liberdade vitimada*. Munique: Riva, 2011.

LINK, Perry. *A cadeira vazia de Liu Xiaobo: Crônicas sobre o que o Movimento de Reforma de Beijing mais teme* (inclui o texto integral da Carta 08 e outros documentos principais). Nova York, 2011.

Páginas na internet

http://www.liuxiaobo.eu/
http://blog.boxun.com/hero/liuxb/

Índice remissivo

11 de Setembro 58, 72

A

Absolutamente íntimo (An Dun) 186
Academia Chinesa de Ciências 249
Acordo de Estreita Parceria Econômica 136
Açúcar (Mian Mian) 186
Adeus, Leighton Stuart (Mao Zedong) 60
Agência de notícias Nova China 109, 230
Ajudem nossas crianças – quatrocentos pais pedem ajuda 97
Almas dos mortos 299
Ameaça chinesa 70
An Dun 186
An Ji 23
Analectos, Os (Confúncio) 236
Aniquilando o velho mundo, criando um mundo novo (Guarda Vermelha) 63
Aos heróis da Terceira Guerra Mundial (Shi Zhi) 63
Armas nucleares 62, 169
Arte da guerra, A (Sun Tzu) 74
Artigo 23 (lei da subversão) 134, 136, 137, 140
As vítimas do massacre buscam por justiça (Mães de Tian'anmen) 21
Atletas 145, 146, 148-152
Autodefesa de Liu Xiaobo, 301, 316, 338
Autoimolação 92

B

Ba Jin 217-224
Bakhtin, Mikhail Mikhailovich 210
Banco Mundial 71, 128
BBC Chinese Web 329
Bei Dao 50, 52, 54, 205
Belas escritoras 187, 197
Bin Laden, Osama 58, 72
Bo Juyi 188
Brincadeira, A (Kundera) 211
Brown, John 157
Budismo 143
Bush, George W. 71

C

Cadeira vazia 9, 272, 273, 345
Campanha contra a sujeira intelectual (1983) 180
Camponeses 13, 32, 34, 47, 78-84, 86-88, 93, 98, 104, 106, 182, 226, 277, 306, 313
Cao Lei 151
Cao Yu 218-219
Capitalismo 61, 65
Carta 08 7-9, 306, 307, 315-318, 321, 330-334, 336, 337, 344
Carta 77 7, 9, 211, 249, 306
Carta aberta ao Comitê do Partido na Universidade de Beijing: pedido de medidas rígidas contra o discurso contrário ao Partido, de He Weifang 125
Carta aos amigos internautas de Guangdong 233

Cartas abertas 14, 231, 249, 251
Caso das canções de Danzhou, O 226
Caso do fórum de Gaotang, O 226
Caso dos livros de Mengzhou, O 226
Caso dos poemas de Pengshui, O 225
Caso literário de Jishan, O 226
Celular, O (filme) 191
Centro de Detenção Urbano nº 1 do Departamento de Segurança de Beijing 325
Chan, Anson 139
Chauvinismo 141, 164, 171
Chen Jianjiao 106
Chen Kaige 203
Chen Lantao 26
Chen Shuibian 72
Chen Yibing 151
Chen Zhongshi 184
Chen Ziming 27, 250
Cheng Ming Mintly 55, 84, 154, 305
Cheng Renxing 24
Cheng Yizhong 231, 253
Chiang Kai-shek 31, 241, 321
China Economic Times 92
China também pode dizer não, A (livro) 67
Chineses han 141-144
Cidade abandonada (Jia Pingwa) 184
Cidade de hibiscos (filme) 181
Ciência e civilização na China (Needham), 70
Cinismo 30, 36, 209, 224, 236
Cinquenta anos escurecidos por nuvens e chuvas (Li Shenzhi) 302
Citações do Presidente Mao Zedong 239
Clamor por justiça (folheto) 226
Clássicos vermelhos 203, 204, 206, 207
Clinton, Bill 35, 155, 187
Clinton, Hillary 155

Código Penal da República Popular da China 330, 338
Coletivização 80
Colheitas, revista 179
Colombo, Cristóvão 157
Comercialização, globalização e 75, 132, 133, 197, 201
Comitês distritais 228, 230
Como os *Lunyu* se tornaram um clássico (Qin Hui) 239
Comunas 47, 80
Comunas populares, sistema de 47, 80
Comunismo 8, 32, 36, 51, 61, 132, 209, 296
Conflitos étnicos 158, 159
Confúcio 57, 119, 235-245
Confúcio na China moderna (Lu Xun) 243
Congresso Popular Nacional (CPN) 89, 98, 103, 104, 183, 223, 308, 316, 317, 325
Congressos Populares 103, 104
Congwen, Shen 219
Conselho Estatal 88, 89, 98, 99
Constituição 39, 41, 57, 77, 138, 139, 191, 310, 313, 326
Coreia 58, 60, 61, 73, 127, 153
Corrupção 8, 46, 86, 87, 90, 91, 93, 98, 113, 119, 120, 190, 198, 227, 249, 309, 318, 344
Corvos (Jiu Dan) 187
Cristãos 11, 11, 253, 253
Cui Jian 204, 205
Cui Weiping 253
Cultura Chinesa 32, 239
Cultura Comercial 178-180, 183
Cultura ocidental 75, 163, 164, 166-171
Cultura popular 119
Cúpula do Fórum de Cooperação Sino-Africana em Beijing 127

D

Dai Jinping 24
Dalai Lama 14, 142-144, 159
Damos as boas-vindas ao ano da tolerância das Nações Unidas e clamamos pela concretização da tolerância em nosso país 249
Dang Guoying 126
Declaração de greve de fome 289
Deixe-nos ir para as ruas e propagar o comunismo! (Liu Di) 209
Deng Haiyan 231
Deng Xiaoping 37, 49, 51-53, 64-66, 68, 75, 117, 127, 184, 214, 249
Diário da Juventude Chinesa 44, 124
Difamação 137, 182, 206, 225-227, 317, 321
Dignidade humana 42, 212, 298, 304, 312
Ding Xikui 328, 329
Ding Zilin 21, 175, 250, 303
Direitos humanos 7, 9, 12, 15, 43, 48, 50, 52, 54, 70, 72, 86, 92, 93, 106, 107, 113, 118, 121, 126, 134, 139, 142, 143, 152, 232, 234, 249, 290, 306-309, 311, 312, 315-318, 320-322, 325-327
Dong Wei 226
Dong Zhongshu 245
Du Guangxue 25
Duan Changlong 26

E

Economia 12, 31, 38, 47, 61, 62, 64, 69, 71, 74, 86-88, 102, 103, 117, 118, 121, 123, 126, 128, 132, 135, 143, 151, 184, 197, 202, 308, 313, 324, 325
Economia de mercado 117
Elegia ao rio (série de TV) 124, 125

Embate entre a civilização chinesa e a ocidental 65
Enclosure movement (movimento de cercamento) chinês 81
Epoch Times, The (website) 216
Era pós-totalitária 30, 301, 302
Escritores 7, 181, 184, 189, 232, 241
Esportes *ver também* Jogos Olímpicos 75, 148, 150, 153
Estábulo 219, 220
Estados Unidos 35, 36, 58, 60-62, 64, 65, 71-75, 77, 119, 122-124, 127-132, 142, 147, 149, 155-158, 173, 323, 344, 346
Estatutos de administração para demolição e transladação de residências nas cidades (Conselho Estatal) 88, 89
Estética e liberdade (Liu Xiaobo) 10
Exército da Libertação Popular (ELP) 73
Exortação ao sexto aniversário do 4 de Junho – Lições do banho de sangue: construção da democracia e do Estado de Direito (Liu Xiaobo) 344

F

Falun Gong 13, 144, 198, 301
Família (Ba Jin) 34, 37, 78, 79, 92, 100, 105, 155, 158, 192, 195, 196, 206, 218, 220, 222, 240, 244, 258, 302
Fan Chunsan 333
Fan Dainian 250
Fang Lijun 206
Fang Lizhi 249, 297
Feng Youlan 175
Filmes 31, 50, 123, 126, 179, 180, 190, 192
Forças inimigas 229, 308
Forças militares 57, 130, 151, 194, 289, 312
Fórum Estado Forte (sala de bate-papo) 195, 232

Freud, Sigmund 181, 281
Fu Zhenzhong 105
Fundação de Educação para Democracia Chinesa (*Chinese Democracy Education Foundation*) 298

G

Gandhi, Mahatma 215, 296
Gao Hongyuan 96
Gao Xin 289, 294, 343
Gao Zhisheng 253
Gelo Negro (série de TV) 64
Genghis Khan 129
Google 126, 204
Gorbachev, Mikhail 31, 51
Governo totalitário, pilares do 241
Governo unipartidário 306, 330, 331
Grã-Bretanha 122, 123
Grande Salto para Frente 61, 62, 81, 147, 308, 317
Grandes nações, nove 122, 132, 150, 315
Gu Cheng 185
Guarda Vermelha 63, 183
Guerra Civil, China 61, 308
Guerra do Ópio 56
Guerra Fria 43, 61, 71, 76, 154, 157, 211
Guo Feixiong 253
Guo Jingjing 151
Guo Moruo 175, 218, 219, 241

H

Han Feizi 37, 243
Han Qiaosheng 146
Havel, Václav 3, 7, 8, 211, 212, 249, 296
Hayek, Friedrich 11, 51
He Weifang 125
He Yongqin 333
Hegel, G. W. F. 10, 240

Hegemonia americana 58, 75
Hegemonia ocidental, grande rejeição da 74
Heng Tinghan 96
Histórias da redação (Wang Shuo) 206
Ho, Albert 139
Hong Kong 39, 55, 69, 84, 134-140, 142, 143, 146, 154, 179, 180, 305, 314, 346, 347
Hong Ying 199
Hou Dejian 289, 294, 343
Hu Dongchen 226
Hu Feng 220, 221
Hu Ge 203, 209
Hu Jintao 96, 98, 102, 104-107, 109, 113, 122, 126-128, 134, 137, 139, 141, 144, 146, 147, 217, 347
Hu Ping 10, 50, 52, 346
Hu Quanzong 111
Hu Yaobang 48, 52
Hua Guofeng 49, 51
Huang Huahua 233
Huang Jianzhong 190
Huang Jinping 21
Huang Qi 208
Huang Rui 54
Humanismo marxista 52
Humor frio 203, 204
Husák, Gustáve 249

I

Iluminismo 10, 51
Imóveis 80, 81, 85, 88
Imperialismo 58, 60, 61, 63, 325
Incidentes 13, 82, 102, 108-111, 192
Incidentes com as olarias clandestinas 13
Índia 72, 73
Industrialização 81
Inquisição literária 15, 317, 320-322, 327

Intelectuais 7, 9-11, 14, 43, 50, 57, 75, 79, 120, 121, 124, 125, 163-165, 181, 186, 196, 204, 209, 223-225, 229, 236, 238, 240, 241, 244-246, 249, 250, 253, 289, 302, 306, 321, 343, 344
Inundações outonais (Zhuangzi) 168

J

Japão 35, 50, 58, 60, 119, 122, 124, 127, 128, 131, 132, 173, 194, 307, 308
Ji Xianlin 250
Jia Pingwa 184
Jia Qingling 218
Jiang Jielian 21, 25
Jiang Peikun 10, 250
Jiang Qing 239
Jiang Yanyong 253
Jiang Zemin 32, 58, 64, 68, 127, 138
Jin Yong 179
Jintian, revista 49, 50, 52, 180
Jiu Dan 187, 206
Jogos Olímpicos 66, 70, 75, 108, 127, 129, 141, 142, 145-151, 154, 200, 225
Johnson, Lyndon B. 157
Jornal Vespertino de Jinling 223
Judou (filme) 184
Juventude 13, 25, 33, 34, 48, 63, 64, 121, 128, 194, 205, 206, 299

K

Kang Youwei 239
Kangxi, imperador 129, 321
Khrushchev, Nikita 51, 211
King, Martin Luther 11, 156, 157, 215
Koizumi, Junichiro 72
Kundera, Milan 211

L

Lan Qinghua 225
Lanterna vermelha (filme) 184
Lao She 218-220
Lawrence, D. H. 180
Lee, Ang 129
Lee, Martin 135, 139
Lei Antissecessão 127
Lei Contratual 90
Lei de propriedade 85
Lei Feng 74, 207, 208
Lewinsky, Monica 187
Li Datong 44, 253
Li Fenglian 151
Li Haocheng 24
Li Heping 253
Li Hongzhi 144
Li Jianqiang 253
Li Ling 236-239, 244, 245
Li Minying 231
Li Peng 289, 290
Li Runshan 226
Li Shenzhi 302
Li Shufen 108
Li Xianting 250
Li Xiaolin 220
Li Yang (pseudônimo) 125
Li Zongwu 69
Liao Yiwu; carta de Liu Xiaobo para 26, 28, 295
Liberalismo 11, 12, 45, 57, 77, 125, 221
Liberdade 10, 12, 13, 27, 28, 36, 41-46, 48-55, 72, 76, 82, 89, 90, 92, 102, 108, 112, 118, 124, 132, 134-136, 140-144, 150, 156, 169, 174-177, 180, 181, 199, 202, 205, 210, 229, 231-234, 247, 249, 251-253, 260, 290, 295, 296, 299-301, 303, 304, 307-310, 312-314, 316, 317, 319,

321, 322, 324,-327, 330, 339, 344, 346, 347
Lin Yifu 74, 128
Lin Zhao 53, 174-177, 217, 321
Lincoln, Abraham 11, 157
Literatura 9, 11, 13, 48-50, 52, 174, 179-181, 184, 185, 187-189, 198, 204, 206, 217-219, 221, 222, 239, 294, 343
Literatura de cicatrizes 49, 50
Literatura sexual 179
Liu Di 208, 232, 252, 302
Liu Junning 253
Liu Mengxi 239
Liu Xia (mulher de Liu Xiaobo) 3, 10, 13, 14, 295, 297, 326, 332, 344, 346
Liu Xiaodong 206
Liu Yandong 138
Liu Zheng 326
Lu Xuesong 252, 253
Lu Xun 27, 129, 164, 165, 218, 219, 236, 239, 243
Lu Yuegang 44, 253

M

Ma Chengfen 22
Mães de Tian'anmen 250
Mai Tianshu 124
Mang Ke 50, 52, 54, 250
Manifesto dos direitos humanos chineses (Ren Wanding) 50
Mao Dun 218, 219
Mao Yushi 85
Mao Zedong 24, 33, 48, 49, 51-54, 56-66, 69, 75, 79, 80, 87, 127, 147, 175, 178, 184, 196, 198, 207, 214, 222, 225, 227, 229, 236, 239, 241, 242, 246, 302, 321
Martin-Liao, Tienchi 3, 9, 14
Materialismo 178

McCain, John 155
Meio ambiente, Proteção ao 314
Mentiras 60, 131, 240, 260, 275, 290, 298, 299, 300, 301, 303
Metropolitan Museum of Art, Nova York 170
Mian Mian 186, 187, 206
Mídia 33, 34, 71, 100, 102, 109, 124, 128, 129, 135, 141, 145, 149, 152, 158, 183, 185, 187, 188, 192, 200, 217, 229, 230, 232, 236, 248, 251, 252, 293, 303, 324
Missionários 60
Mo Shaoping 253, 328
Movimento Antidireitista 308
Movimento de 1989 22, 24, 248, 249
Movimento de 4 de Maio 12, 57
Movimento de 5 de abril 48, 321
Movimento dos direitos civis, nos Estados Unidos 109, 156, 157
Mozi 243
Mudança do regime pela mudança da sociedade (Liu Xiaobo) 40, 318, 329, 331, 334-337
Muitos lados da ditadura do Partido Comunista da China, Os (Liu Xiaobo) 335
Muro da Democracia, Movimento 47, 48, 50-54, 302, 307, 321
Música 37, 50, 75, 186, 191, 245, 326

N

Nacionalismo 32, 34, 35, 54, 56-58, 60, 66-69, 72, 76, 77, 109, 119, 122, 128, 130, 141, 148, 154, 164, 195, 196, 235, 244, 329, 331, 334, 336, 337, 346
Nacionalização 41, 147
Nações Unidas 75, 142, 249, 307, 315, 316, 320, 322, 325
Não tenho inimigos – uma última declaração (Liu Xiaobo) 15, 17, 323, 324

Natureza humana 49, 179, 324
Needham, Joseph 70
Neoconfucionistas 238-240, 244
Netease 194, 195
Nietzsche, Friedrich Wilhelm 10, 165
No carvalho (Shu Ting) 181
Noite de neve e chuva (Wan Chi) 50
Nova esquerda 124, 197
Novos Três Princípios do Povo 32, 33

O

O cão sem dono – minhas leituras dos 'Lunyu' 236
O céu (Mang Ke) 50
O perfume das flores das acácias em maio (drama televisivo) 191, 196
O primeiro congresso nacional de delegados do Partido do Óleo de Caqui do Bairro de Xici foi aberto em Nanking (Liu Di) 208
Obama, Barack 14, 155, 156, 158
Ocidentalização 65, 164
Opinião pública 35, 43, 52, 54, 65, 66, 68, 70, 82, 91, 95-97, 99, 109, 112, 123, 140, 141, 155, 156, 185, 187, 204, 212, 225-234, 251, 252
Organização Mundial do Comércio 70, 127
Organização para a Cooperação de Shanghai 127
Os efeitos negativos da ascensão das ditaduras sobre a democratização do mundo (Liu Xiaobo) 335
Os intelectuais chineses e a política chinesa contemporânea (Liu Xiaobo) 163, 346
Ossietzky, Carl von 9
Otan 69, 75

P

Pacto Internacional sobre os Direitos Civis e Políticos 307
Panchen Lama 143
Partido Comunista 7, 8, 13, 32, 33, 68, 101, 107, 118, 123, 126, 131, 137, 141, 142, 145, 150, 153, 159, 184, 262, 290, 294, 300-303, 308, 321, 325, 329, 331, 334-337
Partido Progressista Democrático 72
Patriotismo 35, 36, 56, 57, 58, 59, 61, 63, 64, 65, 67, 68, 69, 70, 74, 75, 76, 77, 126, 129, 137, 138, 147, 154, 166, 195, 196, 198, 235, 329, 331, 334
Patriotismo ditatorial do Partido Comunista Chinês, O (Liu Xiaobo) 334
Patten, Christopher 139
Pecado original 169, 170
Pedra maluca, A (filme) 206
PEN Clube chinês (grupo de escritores) 330, 331, 333
Pensamento 10, 11, 13, 40, 47, 48, 50-54, 63, 123, 165-167, 171, 176, 179, 219, 228, 235, 241, 243, 246, 253, 282, 293, 299, 305, 317, 327, 346
Período de Primavera e Outono (770-476 a.C.) 66
Petöfi, Sandor 300
Planície do veado branco, A (Chen Zhongshi) 184
Pobreza 34, 65, 69, 86, 93, 209, 308
Poder 8, 14, 33, 34, 37, 38, 40, 42-44, 46, 51-54, 56, 57, 60-62, 64, 67, 69, 70, 72, 75-77, 79, 80, 83, 86, 91-93, 98, 101, 103, 104, 106, 107, 110, 112, 117-121, 126-128, 130, 131, 133, 135-143, 146, 148, 150, 152-154, 158, 159, 163, 189, 192, 198-200, 202, 210, 214, 215, 220,

223, 224, 227, 228, 233, 237, 238, 240-247, 249, 289, 291, 292, 296, 299, 301-303, 309-312, 314, 316-318, 321, 322, 324-326, 328-331, 338, 344
Poemas 3, 9, 10, 28, 49, 50, 174, 175, 225, 279
Poética carnavalesca: pesquisas sobre a teoria literária de Bakhtin, A (Wang Jian'gang) 211
Política 11, 12, 14, 30, 31, 33, 38, 40-43, 45, 47-52, 54, 58, 59, 61, 62, 64-70, 72, 74, 76, 77, 79, 83, 84, 96, 97, 99, 101, 102, 105, 106, 109, 112, 113, 117-120, 122, 123, 126-128, 132-144, 147, 151-153, 155-159, 163, 173, 174, 180, 182, 184, 188, 191, 196-198, 200, 202, 208-214, 218, 220, 221, 225, 227-230, 240, 242, 244, 249, 289-293, 300-302, 304, 307-312, 315, 316, 318-322, 324, 325, 329, 331, 346
Pontes de Madison, As (livro) 185
Por que o sistema unipartidário deveria servir para o povo chinês? (Liu Xiaobo) 329, 331, 334-337
Pornografia 184, 198
Powell, Colin 158
Prática é o único critério para a investigação da verdade, A 49, 50
Prêmio Nobel da Paz 9, 13
Prêmio para personalidades democráticas de destaque, agradecimento pelo 298, 303
Previdência social 81
Prisão de Jinzhou 9, 344
Prisão de Qincheng 184, 324, 344
Prisão domiciliar 143, 324, 325, 328
Proclamação de Emancipação 157
Projeto Escudo Dourado 247
Proof of Man (filme) 50

Proposta de renúncia do diretor da agência de seguridade social e segurança do trabalho de Shanxi (Wang Quanjie) 98
Proposta para abolição da reeducação pelo trabalho 233
Propostas às reformas políticas de 1980 (Xu Wenli) 50
Propriedade privada 80, 81, 88, 93, 125, 131, 132, 308, 309, 313
Prostituição 178, 180, 192, 198
Pu Zhiqiang 253
Pupila verde-bambu (pseudônimo) 188

Q

Qian Liqun 239
Qianlong, imperador 129, 321
Qin Hui 239, 253
Qin Zhongfei 225
Qingming, festa de 175, 176
Qiong Yao 179
Quatro Princípios Fundamentais 32, 52
Que aconteceu com as crianças escravas? (Liu Xiaobo) 95
Quinta Democratização (Wei Jingsheng) 50, 51

R

Reagan, Ronald 157
Reeducação pelo trabalho: campo de reeducação pelo trabalho de Dalian 233, 249, 312, 324, 328, 337, 344
Reforma financeira e fiscal 314
Reformas 7-9, 12, 31, 40, 47-54, 57, 65, 66, 70, 79, 81, 84, 86, 109, 113, 117, 121, 125, 131, 132, 135, 140, 149, 150, 153, 159, 178, 184, 199, 204, 220, 227, 228, 247, 301, 306, 308, 309, 316, 318, 319, 321, 347

Relato testemunhal (Liao Yiwu) 295, 296
Religião, liberdade de 313
Relvas selvagens (Lu Xun) 165
Ren Wanding 50
Renmin wenxue (Literatura Popular), revista 179
República Federal 314
Republicanismo 310
Réquiem (Liao Yiwu) 28, 296
Revolução Cultural 10, 48, 49, 53, 63, 143, 180, 182, 183, 198, 205-207, 217, 218, 220, 221, 225, 242, 292, 299, 308, 317, 321, 323
Revolução de 1911 308
Revolução de Veludo 212
Rice, Condoleezza 158
Rogge, Jacques 149, 150

S

Sarcasmo 205
Segredo de Brokeback Mountain, O (filme) 129, 203
Seguimos com o Partido rumo à eternidade (jogo on-line) 208
Sem violência 159
Senhorita Hibisco (pseudônimo) 206, 207, 252
Sentença penal 328
Seus crimes precisam ser punidos com severidade, Wenhuibao 220
Sexo 33, 178, 182, 184-188, 190, 192, 193, 195, 197, 201, 207, 310, 328
Shang Baojun 328, 329
Shikan (Poesia), revista 174, 179
Shu Ting 181
Shu Yi 218
Sima Qian 241, 321
Sina.com 195
Sistema de petições 112

Sistema de responsabilidade 48, 81, 86, 87
Sobre a liberdade de expressão (Hu Ping) 50, 51, 52
Sobre a viabilidade da integridade: O cão sem dono – minhas leituras dos Lunyu (Wu Si) 239
Sociedade 9-13, 30, 33-35, 37-49, 51-54, 59, 68, 72, 77, 80, 85, 86, 90, 92, 95, 97-100, 103, 111-113, 118, 119, 121, 123, 124, 129, 131, 132, 156, 161, 166, 170, 171, 181, 186, 188, 194, 195, 197-200, 202, 204, 205, 209-213, 225, 227, 229-234, 240, 242, 243, 247-253, 292, 296, 301, 302, 304, 308, 309, 313, 315, 318, 321, 324, 325, 327, 329, 331, 334-337, 343, 346
Sociedade civil 12, 13, 30, 34, 39, 40, 42-49, 51-54, 86, 90, 92, 98, 111-113, 181, 195, 200, 204, 205, 210-213, 225, 227, 229-234, 242, 247-253, 308, 318, 346
Sociedade patriarcal, China como 186, 197
Sorgo vermelho, O (filme) 181, 182
Stuart, Leighton 60
Suicídios 85, 86
Sun Dawu 232, 253
Sun Hui 25
Sun Lanyu 226
Szeto Wah 135, 139

T

Taiwan, Independência de 34, 56, 75, 119, 128
Taiwan, independência de 34, 56, 75, 119, 128
Tang Yaoming 71
Tang Yijie 250
Tchecoslováquia 7, 8, 211, 306

Tschiang Ching-guo 159
Televisão Central da China (CCTV) 122, 123, 145-147, 190
Tempos dourados (Wang Xiaobo) 182
Teng Biao 253, 333
Teoria do Escuro e Espesso (Li Zongwu) 69, 99, 214
Teoria do Terceiro Mundo 62, 150
Terremoto 93, 108
Terrorismo 58, 72, 453
Thatcher, Margareth 139
Tibete 14, 108, 141-144, 158, 159, 283
Tie Ning 185
Tigres de papel 59, 63
Tomás de Aquino 43
Tong Qinbing 10, 250
Trabalho itinerante 95, 102, 106, 109, 111
Tráfico humano 100, 102
Três ensaios sobre a teoria da sexualidade (Freud) 181
Três minutos quentes (Huang Jianxiang) 203
Triste caso da explosão de uma escola primária em Fanglincun 252
Tung Chee-hwa 136, 137
Turistas 126, 131, 172

U

Um país, dois sistemas 134, 136, 137, 139, 142, 143
União Soviética 12, 51, 57, 61, 62, 64, 65, 73, 132, 153, 154, 165, 210
Universidade de Beijing 10, 24, 25, 35, 36, 125, 174, 175, 176, 236, 239, 250, 294
Universidade Normal de Beijing 28, 208, 236, 250, 343, 346
Universidade Qinghua 25, 26, 63, 71, 128, 239

V

Vias Administrativas para Demolição de Residências em Beijing 85-92
Vietnã 58, 61, 63, 73
Vingança do pãozinho no vapor, A (curta-metragem) 203, 204
Visões ocidentais da China 173

W

Wang Anyi 181
Wang Binbin 104
Wang Dongji 104
Wang Furen 250
Wang Ganchang 249
Wang Guangyi 206
Wang Jian'gang 211
Wang Juntao 27
Wang Junxia 129
Wang Lixiong 158
Wang Meng 218
Wang Nan 23, 25
Wang Ping (pseudônimo) 230
Wang Ruoshui 250
Wang Shuo 203-206, 209
Wang Weiping 26
Wang Xiaobo 182, 183, 205
Wang Xinlei 105
Wang Xizhe 344
Wang Yang 233
Wang Yi 26, 253
Wang Zhen 205
Wang Zhengjun 96
Wang Zhengsheng 23
Wang Zhongxia 333
Wang Zifeng 226
Wang Zisong 250
Wanzhou, incidente de 110
Washington, George 157

Web 329
Wei Hui 186, 187, 199, 201, 206
Wei Jingsheng 50, 52, 53, 249
Wei Jizhong 153
Wen Jiabao 98, 102, 104-107, 109, 113, 122, 136-138, 141, 144, 146, 222
Wen, imperador 321
Weng'an, incidente de 108, 110, 112
Wenhuibao 220
Wu Bangguo 138, 139
Wu Si 239
Wu Xiangdong 24
Wu Yang 74
Wu Zheng 200
Wu Zuguang 250
Wu, imperador 321

X

Xangai Baby (Wei Hui) 186, 201
Xiang Dongmei 151
Xiao Jun 52
Xie Ye 185
Xu Guangchun 100
Xu Junliang 333
Xu Liangying 249
Xu Wenli 50
Xu Youyu 253
Xu Zhiyong 253
Xue Zhijing 226

Y

Yang Aizhi 105
Yang Fan 74
Yang Lan 188, 200
Yang Qinyu 226
Yang Wu 74
Yang Xianyi 250
Yang Yansheng 25

Yang Zili 302
Yang Ziping 23
Yao Bo 333
Yao Ming 129
Yu Dan 236, 237
Yu Huafeng 231
Yu Jie 253
Yu Jikui 111
Yu Luoke 53
Yu Qiuyu 218
Yu Youjun 98, 99, 100, 101
Yuan Li 26
Yuan Shikai 57, 241
Yuan Weishi 125
Yue Daiyun 250

Z

Zhang Henshui 185
Zhang Jie 180
Zhang Kangkang 185
Zhang Rongge 324, 329
Zhang Sizhi 253
Zhang Xianling 21, 23, 24, 181
Zhang Xiaogang 206
Zhang Xiaoping 146
Zhang Yimou 152, 181, 184
Zhang Yue 194
Zhang Zai 245
Zhang Zhiguo 227, 231
Zhang Zhixin 302, 321
Zhang Zuhua 253, 332
Zhao Shiying 333
Zhao Wei 194, 195
Zhao Yanbing 96
Zhao Zhongxiang 190
Zhao Ziyang 297
Zheng Enchong 92, 93
Zheng He 129

Zhi Xiaomin 333
Zhou Deping 25
Zhou Duo 294
Zhou Enlai 48, 49, 242
Zhou Fucheng 250
Zhou Wei 225

Zhou Zhengyi 93
Zhou Zuoren 240
Zhu Jiuhu 253
Zhu Rongji 252
Zhu Wenna 226, 227, 231
Zhu Xueqin 221

IMPRESSÃO:

Pallotti

Santa Maria - RS - Fone/Fax: (55) 3220.4500
www.pallotti.com.br